U0570152

总 主 编　李红权　朱宪
本卷主编　李红权　朱宪

近代蒙古文献大系

政 治 卷

◇ 第 十 三 册 ◇

中华书局

目　录

蒙古政治发展之地理障碍

张印堂　撰

　　蒙古地理概言之为一大陆高原，高出海面平均在四千尺上，周围环山，重叠绵连，拔海自五千尺至一万尺以上不等，其界限均极明显。蒙古高原虽属一大而明显的区域，惟其内尚缺乏一综合之自然的政治中枢区域，如四周山岭或因地壳之变动，或因风雨之侵蚀，多为河流所切割倾向四方。东南面经中国流入太平洋者有克鲁偷〔伦〕（黑龙江水源之一）、上都河（滦河上游）、洋河（永定河上游）、大黑河（黄河支流等）；西北经俄属西比利亚流入北冰洋者有乌鲁克穆河（叶尼塞上流）、色楞格与鄂尔浑二河（勒纳河上流）等，形成外向或内侵之自然孔道；而高原之中部又为一广阔之戈壁沙漠，东自兴安岭起，西伸直至葱岭山垠，东西绵延一万二千余里，南北最窄处宽约三百里。戈壁本为蒙古高原上之宽阔低地，宕〔岩〕石曝露，或为沙质石块所覆，既乏自然雨水，又少湖河之灌溉，因而草木不生，人兽绝迹，形成蒙古南北之自然分野，是以内外蒙之分，势如天造。再观漠之南北各部，自然景况亦非同一。漠南草原，又为阴山所分，山南多属陷落所成之山间盆地与谷底平原，要者如洋河谷底平原、丰镇高盆地、归绥平原、后套平原、宁夏沃野等，地土稍肥，有灌溉之利，为汉族移民会聚之所。山北则多〔草〕高原、草野与半沙漠〔水〕区属，〈水〉有丰厚者，亦有贫瘠者，参差不齐，广远四散，均不连接，如鄂尔多斯、阿拉善、塔里木诸地，则皆各自成为一区。而各区之中，又复如整个蒙古高原自然景象之不齐，更分划荒山、沙漠、草原、水草区、盐荒、碱地及可灌溉之肥美田野等，穷极其地理景象之纵错。

因而漠南内蒙之政治组织在各省治下，除已垦土地设有县治外，尚有蒙人自治之盟旗组织。迩来因外患之压迫，汉蒙人士虽同感内蒙蒙人自治政治统一之必要，但因蒙族部落之分散，与地理环境之阻隔，势又难能。故自民国二十二年蒙政会成立以来，复因各部位置关系之不同，与内部联络之困难，近又分为锡盟自治委员会、乌伊盟自治委员会及阿部蒙人自治委员会。三会〔区〕分掌察、绥、宁蒙人自治之政务，察其内蒙自治政务之不统一，非尽如一般人所憶〔臆〕揣，乃由外界分化之影响所致，实因其分布之地理环境使之不得不然者也。盖在近代极开化之国家中，民族之团结与夫军政之统一，即有极单纯之地理之基础，其国民尚需有充分的国家观念及敏捷之交通方能造成。况在当今地上广邈，人口分散，而交通困难，民智未开，内部互相倾轧，毫无团结，且外界牵引复杂之蒙古乎。

即在漠北蒙古，内部居民与外界影响，虽然皆较简单，因各地环境不同，仍有乌梁海、外蒙古与新属准叹〔噶〕尔及黑省管辖之呼伦贝尔蒙区之分。而在外蒙古除其四汗之区分外，科布多复因地理之差异，则又几成一特别区矣。漠北蒙人因与苏俄接触较早，民智略开，其民族自治与统一之观念，远超漠南蒙人之上。如此划区分治，其所以终未脱外强之钳制者，究何故耶？考其原因，乃亦有由地理环境使之不得不然者，如乌梁海区，为乌鲁克穆河盆地，拔海约在一千六百尺以上，比西比利亚高七百尺，但比外蒙高原尚逊千余尺，叶尼塞河发源于此，西北向西比利亚有自然之倾斜，为西比利亚平原与蒙古高原之变换区。

　　蒙古地势多山，介于萨彦与唐努之间，植物畅茂，且多森林，实为西比利亚自然林之一部，与外蒙他部之干燥草野迥异。南面有唐努山，东西长的〔约〕一千五百里，形成外蒙古与乌梁海之自然分界。虽与外蒙分离并立，其东面有宽约一百二十哩之通蒙古高原的自然溪口，故其居民与外蒙古亦具深切关系，但因环境各异，历来与外蒙分而并立。科布多及准噶尔两区与外蒙之关系亦与乌梁海同，二者均属盆地形势，各成一区。乃〔前〕者为唐努及阿尔泰二山所形成，后者乃介于阿尔泰大山之间，东面虽皆开向蒙古高原，但均为戈壁所隔，故于政治组织上皆独成一区。因是漠北蒙古各点或则分区自治，或则隶属邻省，其政治之不统一与漠南蒙古同统。

　　况蒙古高原，面积辽阔，纵横千八百万方里，而原有之蒙古人口总计不过五百万，其中半数则分布于松辽盆地中，余则星散蒙古高原之下。交通艰阻，民智未开，欲其精诚团结政治统一，实已难矣。内部既无政治实方〔力〕，外又与强邻毗连，欲求保其领土完整，不为外人所垦殖侵略，岂不难乎其难也。是以现在蒙人政治组织之得以保存，而较为完整者，仅限于蒙古高原整个内地流域之盆地耳，为漠南之锡、乌、伊、阿诸部盘踞之地，漠北之科布多与准噶尔盆地之一部是也。其四周自然开向外界之缘，肥土早为异族所侵入，其在东、南两面者多为汉族移民所占，西部则为中亚回族所侵，北部外蒙之四汗部及乌梁海区则尽为俄人所据。近日人则又有自东蒙西侵攫得我内蒙全部之势。况蒙人惯于游牧为生，而现在保存之土地，则又仅宜于发展牧畜事业。然游牧事业素无定所，而其政治组织因之必为散漫，欲求精密团结，政治统一，不独为其地理环境所不许，即揆其惯例之生活，亦实所不能者也。然则世人必有质疑者问焉，何成吉思汗与忽必烈既可树立威震四方、空前绝大之元朝蒙古帝国，独其后裔尚不能统

一蒙古耶?

《西北导报》（半月刊）
南京西北导报社
1936 年 2 卷 3 期
（李红菊　整理）

抗议苏蒙订立议定书

学衡　撰

　　自九一八事变以后，远东和平的局面，已转变成险恶的波涛，一直到现在，这种波涛是在继续澎湃着。本来维持远东和平局面，是要基于中、俄、日三国能维持外交之常态，三国邦交，一旦不幸失于调整，便使远东就陷于动乱的状态中。验诸以往，征诸现实，完全就是这样。

　　苏俄自一九一七年革命告成后，对于弱小民族有所谓列宁的国策，予被侵略者之一种同情，然而中国自沈阳事变以来，苏俄始终未曾确守列宁国策的立场，中俄恢复邦交后，中国人民渴望苏俄能以平等原则，而解决一切悬案，孰料悬案未曾解决，竟然片面的与伪满谈判，出卖中东路权，如此牺牲我国的利益，开事实上承认伪国之恶例，难道此即所谓列宁的国策吗？这也罢了，讵知月前苏俄反而变本加厉，竟破坏中国之主权的尊严，以与外蒙订立《互助协定》，而为军事攻守同盟之企图，这是我们坚决抗议，而断难承认的。

　　查民国十三年五月三十一日签订之《中俄解决悬案大纲协定》第五条中，苏联政府明白"承认外蒙为完全中华民国之部分，及尊重在该领土内中国之主权"，那末，外蒙为中国的领土，中国在该领土内有完全之主权，苏联完全是承认了。苏联果为尊重条约神圣之国家，自当和中国政府直接洽商一切，不应与外蒙交涉以签定任何协定或条约，现在苏联竟违乎法理，背国际信义，私自和外蒙订立议定书，显然系以外蒙为其保护国，这不仅侵犯我国的主权，而且是破坏神圣的条约！民国十三年《中俄解决悬案大纲》经我国外长顾维钧与加拉罕在北京外交部正式签字，该项大纲，系属一种政治协定，在两当事国未提出修改前，在国际公约上永久发生法律的效能。今苏俄对此竟然不顾，试问列宁的国策在哪里？

苏蒙协定内容经苏俄正式发表后，苏联驻沪外交机关发言人称：该协定除序言及四项条件外，并无其他秘密换文，苏联政府仍尊重一九二四年五月卅一日《中俄解决悬案大纲》之诺言，承认中国在外蒙之宗主权，苏联绝无侵占之意，协定目的只在维护外蒙主权，防第三者侵犯，明了远东情形者，谅必同情云云。然而吾人细按其公约序言与四项条文，纯系军事同盟性质，所谓"以全力互相援助，以避免及防止武装攻击威胁，并于任何第三国攻击苏联或蒙古人民共和国时，彼此援助"，这种协定，不是种明白的军事攻守同盟的协定吗？我们认为蔑视中国主权的行为，决不能缄默的。

中国现在已濒于危境，乃苏俄竟乘人之危，而为侵略之行动，不啻是在远东又放一烟幕弹，使远东和平日趋于绝望，中国政府及人民为保全领土之完整，准备抗御任何一国的侵略，我们希望苏俄政府应该有所觉悟才是。

《西北刍议》（月刊）

南京西北刍议社

1936 年 2 卷 4 期

（朱宪　整理）

外蒙事件之检讨

张子衡　撰

苏联与外蒙于三月十二日，签订互助协定，旋经我国一再抗议，苏方饰词巧辩，迄无圆满之结果。苏联此举，非特侵袭我国之主权，且对远东和平，又加一层严重之威胁，我人可得而探讨之。

夫外蒙为我国领土之一部分，此为世人所共喻，苏联且曾于民国十三年《中俄解决悬案大纲协定》中，确切承诺，该协定第五条规定："苏联政府承认外蒙为完全中华民国之一部分，及尊重在该领土内之中国主权。"条文俱在，班班可考。据此，则外蒙政权者，在法理上，不过一中国地方当局耳。夫一国断无诱致他国地方当局，擅与订定国际条约之理由，此乃一般之铁则，国际间所必守之立法，苏联宁不知之？今乃反此精神，以外蒙政权者，为独立之对象，而与签订对等之条约，此非侵袭中国之主权而何？苏方虽以《奉俄协定》为借口，肆其巧辩，顾事实俱在，固难一言而抹煞其侵略之迹象也。曩者，李维诺夫氏对侵略国之解释，阐明详切，词旨激昂，言犹在耳，今苏联所昭示我人之事实，将何自解于李氏之言耶？

在法律观点上，外蒙事件，当为苏联侵袭我之主权，殆无疑意。在事实上，苏方动机，当不在我。何以言之？盖此次所订之协定，等于一攻守同盟，观于该协定第二条所规定，词意固甚清晰。——第二条规定："苏联及蒙古人民共和国政府，承认在缔约国之一国，受军事攻击时，相互予以各种援助，包括军事在内。"——夫我外蒙主权，在事实上受苏联所蹂躏者，由来已久。溯自日俄战后，旧俄即以外蒙为其南进之重要对象。举凡外蒙历来之事件，如民国元年，外蒙之脱离中国而独立；一九二一年，蒙古革命国民党之组织临时政府；一九二四年，外蒙人民共和国之成立，其背景若何，何人操纵，我国宁不知之？徒以国势积弱，实无诉诸战争之实力，不得已忍辱包羞。而况目下国难愈重，国势愈弱，苏方宁反惧我作恢复失地之想耶？由此论据，《苏蒙协定》其动机另有所在也。

自九一八后，某国向大陆积极侵袭，迈进不懈，苏联当之，至感不安。其间虽情态张弛靡定，未届最后关头，顾剑拔弩张，弯弓盘马，早已充满紧张之姿态，阴霾之空气矣。苏联为万一计，不得不收外蒙为其外卫之机构，《苏蒙协定》之动机，殆在此耳？

《中华邮工月刊》

上海全国邮务总工会宣传部

1936 年 2 卷 5 期

（朱宪　整理）

俄蒙协定问题

黍甘　撰

一　俄蒙协定的由来

在这样的一个世界里，俄蒙协定是必然的结果。

在弱肉强食的原则，还没有失掉支配时代的力量以前，一切的弱小的被压迫的国家，都逃不了被凌辱被宰割的惨运！俄蒙的《互相协定》，就是在这一个惨运下面成立的。因为资本主义经济的高度发展，促进了日本帝国主义侵华的野心，建立了所谓的大陆政策。同时，苏俄为了发达国内经济，也势必要获取原料市场，供给它工业上的需要，最适合这种条件的，可以说只有中国。于是日本与苏俄在同一目标下，在中国边境就发生了频年不绝的纠纷，这就是日俄冲突的基本原因。

苏俄在从前，因为国内经济与军事，都没有充分的准备，所以与日本在中国边境的各种冲突，都抱了一种退让与柔和的态度。现在苏俄第一次五年计划已经完成，第二次五年计划又在实行，国内重工业更是突飞猛进，在国防上已建立完成，对日本在华边境的疯狂态度，自不甘长期忍耐，任其独吞这一块肥肉。但是，外蒙古究属是中国的领土，日本积极侵略外蒙，在表面上当然与苏俄无关，苏俄亦当然无权干涉日本的侵略，因此苏俄为了本身利害起见，不得不与外蒙成立一种协定，借以保障其在外蒙的利益，在必要时可以武力干涉日本的侵略行动，所以俄蒙的协定，就在这样情形下成立了。

由此可以知道，俄蒙协定，是苏俄独占中国外蒙的把戏，直接干涉日本侵占的一种工具，所以我们认为是一种必然的结果。

二　俄蒙协定的内容

三月十二日，苏俄没有征求中国的同意，违背一九二四年五月三十一日《中俄协定》的诺言，擅与外蒙古签订《互助条约》；据苏俄所发表者，全文如下：

苏联政府与蒙古人民共和国，现因两国友谊，自一九二一年蒙古人民共和国得红军之助，将与侵占苏联领土军队互相联络之白卫军队〈击〉退出蒙古领土以来，始终不渝，且因两国俱愿维持远东和平，继续巩固两国现存友好关系，故已决定将一九三四年十一月二十七日即已存在之《绅士协定》，正式重订此项草约，现在以全力互相援助，以避免及防止武力攻击威胁，并于任何第三国攻击苏联或蒙古人民共和国时，彼此援助，为此目的，余等签订此项草约：

第一条　苏联或蒙古人民共和国之领土，如受第三国家或政府之攻击威胁，则苏联及蒙古人民共和国应立即共同考虑发生情形，并采用防卫及保全两国领土所必需之各种方法。

第二条　苏联及蒙古人民共和国政府，承认在缔约国之一国受军事攻击时，相互予以各种援助，包括军事在内。

第三条　苏联及蒙古人民共和国政府认为缔约国中一国军队根据互助公约，为完成第一条或第二条之义务起见，屯驻另一缔约国内，至无此必要时，应立即退出，有如一九二五年苏联军队之退出蒙古人民共和国领土，此乃不言自明。

第四条 此项草约共有两份，一用俄文，一用蒙古文，两份俱有同等效力。

此项草约将于签字后发生效力，于此后十年内继续有效。这就是俄蒙协定内容。

三 俄蒙协定与我国的影响

苏蒙的《互助协定》，一面固然是反对日本侵占外蒙，但一方面却是侵害了中国主权。事经我国外交当局查询证实，以其犯违《中俄协定》第五条"苏联政府承认外蒙为完全中华民国之一部〈分〉，及尊重在该领土内中国之主权"的规定，特于本月十日向苏政府提出严重抗议，并声明中国政府断难承认该议定书。兹将我国向苏俄提出抗议书录之于下：

为照会事，本月二日准贵大使面交一种文件抄本，称系苏联与外蒙签订之议定书。查民国十三年卅一日签订之《中俄解决悬案大纲根〔协〕定》第五条规定，"苏联政府承认外蒙为完全中华民国之一部分，及尊重在该领土内中国之主权"，外蒙系中华民国之一部，任何国家自不能与之缔结任何条约或协定，前苏联政府不顾其对于中国政府所为之诺言，擅与外蒙订上述议定书，此种行为，侵害中国之主权，违反民国十三年《中苏协定》之规定，实无疑义。本部长兹特向贵大使提出严重抗议，声明苏联政府与外蒙签订议定书，系属违法，中国政府断难承认，并不受其拘束。相应照请贵大使查照，转达贵国政府，予以满意之答覆为荷。

然而苏俄方面竟以强词夺理，于本月九日答覆我国的抗议，且称俄蒙协定为未违《中俄条约》；如苏俄外长李违诺夫，答覆我国驻俄大使馆代办吴南如之说帖，原文如下：

　　四月七日君奉贵国政府命令，授余说帖一份，另有一份，于同日递交苏联驻华大使鲍格莫洛夫。说帖内容，申述一九三六年三月十二日苏联与蒙古人〈民〉共和国政府签草约事件，据谓该约侵犯中国主权，且违反一九二四年五月三十一日之《中苏协定》，因此南京政府认为可以提出抗议。

　　兹为答覆上述一切，余特声明，苏联政府不同意于中国政府说帖中对苏蒙草约所作解释，因此亦不能认为中政府之抗议为有理由。

　　无论签订草约事实，或草约各条，均未丝毫侵犯中国主权，苏联亦未向中或蒙古人民共和国，作何种土地要求。

　　草约之签订，在形式上及事实上均不致使苏联与中国，及苏联与蒙古人民共和国间关系有所变更，此种关系久已存在，苏联签订互助草约，乃因鉴于一九二四年在北京所结《中苏协定》，不致因此歪曲，且仍继续有效。

　　苏联政府兹特重行申明，上述协定关于苏联部分，此后继续发生效力。

　　关于与中华民国各自治区城〔域〕缔结协定之形式权利问题，此可回顾一九二四年九月二十日，苏联政府与东三省政府在沈阳所订协定，该约并未引起中华民国政府任何抗议，甚至中国政府且已承认上述《沈阳协定》与北京协定俱有同等效力。

　　同时且须注意，苏蒙协定悉不妨碍第三国利益，因只苏联或蒙古人民共和国成为侵略牺牲，被迫保卫自己领土之际，始有效力。

　　根据上述一切，苏联政府不得不认为中国政府抗议悉无理由，同时表示深切保证，使中华民国政府确知苏蒙草约悉不违反北京协定，且亦符合蒙古人民以至中国人民之利益。

此种说帖直视中国为愚呆！现在我国当局又提抗议，据理驳覆。为增进中俄邦交设想，我们甚愿苏俄迅速撤消此种有妨中国领土主权的协定，如以所谓"共同防共"或"共同反日"做借口，而牺牲中国利益，这决不会为中国人民所接受！

四　俄蒙协定后的日俄关系

《苏蒙互助条约》之性质究竟如何？其缔结之主要目的及原因何在？此俱为国人应在目前获得明确认识之问题。关于前一问题，就近所公布之条文观之，自为一种防御的军事同盟，兹不赘论。对于第二问题，即《苏蒙互助条约》之主要目的及原因如何之问题，从理论上言之，与苏及蒙接壤者，只有日"满"及中国两种势力，如《苏蒙互助协定》为防御的军事同盟，则其主要目的当不出防御日'满'或防御中国二者中之一。然因中国素爱和平，且方自讲防御之不暇，断无形成《俄〔苏〕蒙互助条约》之假想目的之理，故《苏蒙互助条约》之主要的假想目的，在远东局势上，应为日"满"。观日本因《苏蒙互助条约》之宣布而更增重兵于满洲，及"满"外交当局于本月六日排击苏蒙条约之声明可知。至《苏蒙互助条约》何以在最近缔结并宣布之主要原因，则甚明显。试观一方面《苏蒙互助条约》之缔结在三月十二日，其宣布在三月二十八日，而另一方面德国进兵莱因在三月七日，日本广田举国一致的强力内阁之成立在三月十日，《法苏互助条约》之全部批准在三月十二日，日本积极要求中国协力防共在三月下旬，德正式决定拒绝罗〔条〕约国之建议在三月二十六七日，可知

《苏蒙互助条约》之缔结及宣布之主要原因，当在德国积极对外行动，及日本之自主积极的外交政策。

如以上之分析不误，则在苏蒙缔结《互助条约》证实以后，日苏关系之日趋紧迫，殆有必然之势矣。盖依吾人所屡述，日苏间之问题虽有渔业问题，国境确定问题，"蒙古国"建设问题或全蒙"赤化"问题，及远东兵力均衡问题四者，而中心问题则为后二者。今《苏蒙互助条约》之成立，既显然表明苏联对后二问题之决不让步，则为保持满洲既得权益及巩固"东亚安定力"起见，日本必起而采用进一步之办法，乃理之当然，势所必至也。然于此应注意者，此后日苏关系虽当日趋于紧张，然未必即有正式战争之爆发。何则？吾人屡言，日本新阁成立未几，准备未周，苏联又本存可以不战则不战之心，加以不战而胜之心理，人所同具，待机而动之原则，更属铁则。在目前中国尚无意作左右袒，德国问题又显然尚有数月间之僵持倾向之际，无论从日方或苏方言之，与其遽以实力决胜负，实远不如一方面作必胜准备，一方面尽量作外交战及宣传战之为得策。

五　我们的态度

我们认为苏蒙的《互助协定》，是一种侵害中国主权与占领中国领土的协约，我们要坚决反对到底。

因为蒙古是我们中国的土地，苏俄与其直接订定协约，无异日本要中国承认伪组织满洲国一样，日本强占我们东三省，制造伪组织，固然是我们的奇耻大辱，同样的苏俄与蒙古订定《互助条约》，也是我们的重大的耻辱！

可〔所〕以这种协定，我们不仅不能承认，我们应该积极起来反对，我们应该言论与行动配合起来，使苏俄彻底的认清我们中国的国格。

《上海党声》（周刊）

国民党上海特别市执行委员会

1936 年 2 卷 6 期

（朱宪　整理）

国人应注意绥东形势之开展

君平　撰

察北事件发生后，绥东危机日深。某方图绥，处心积虑，已非一日。察北近日麇集匪军甚多，背景显然。七月三十日，绥东已发现匪军侵扰事件，幸我驻军早有防范，先后被击溃退。然自九、十日而后，绥东形势又告紧张，被压迫下之德王，已失去其自由，更遵照某方意旨，扩充军队，有所企图。绥东之兴和、丰镇、集宁、陶林、凉城五县，早为其目的地。除德王原有之蒙队约有千人，察盟旗总管卓什海统辖之蒙保安队千余人外，其他则有李守信部伪军，该部原数为千七八百余人，刻在地方增募，复得有千余人，总数则为三千人。被委任为蒙军第八师师长〈之〉包悦卿，正积极招募扩充军额中，现已有二千人在哈尔沁地方。其他土匪改编成为部队者，计有原驻延庆之王道一部所属于子谦、马子荣两部，人数约二千，原驻热河经棚、围场之吕存义部，近则被募，经宝昌西进，总计察北实力约有万人左右，均号称蒙古边防自治军。伪军张海鹏部，最近亦有由热河向察北集中讯，是其背景，更为彰著。据八月十一日各通讯社所传：匪军向绥东相继来犯，携有装甲汽车二十余辆，坦克车四五辆，飞机二架，大炮八尊及其他新式武器。而承德日军二千开往察北，飞机二十架，飞往张北一带视察，其居心何在，识者皆知。由是以观，绥东之危，已成为必然之事实，殆毫无疑义！

　　国人每以事小而不注意，殊不知事无不由小以致大，以为小而忽，此乃危亡之端！往者察北六县告警，吾人曾大声疾呼当局，勿失此土地，以为失此土地，则将来绥东旦夕不安矣。今也未及一载，绥东已呈岌岌不可终日之状。吾人更敢断言，倘绥东不幸而为某方所侵占，不仅整个之内蒙古沦于敌手，而华北之危，中国之不安，自此始矣！古语有之："骄奢生于富贵，祸乱生于所忽。"今日绥东之告警，非细事，非寻常事也。若以为细事或寻常事而忽之，则不久黄河以北之地，恐非为我所能保矣！是以吾人敢郑重告国人曰：西北国防，以察哈尔与绥远为今日最重要者，倘失此，则宁夏、山西、陕西皆将相继濒于危境，稍有地理常识者，要能注意及之。迩者绥东五县情势，日形紧张，国人其转移视线，而重视绥东形势之开展，并望政府应作充分之准备，庶几我西北边陲得以安全，不然，后将噬脐矣。

《西北刍议》（月刊）

南京西北刍议社

1936 年 2 卷 6、7 期合刊

（朱宪　整理）

绥东问题之再检讨

天津《大公报》社评

作者不详

八月十日天津《大公报》社评，对于绥东问题，更有详尽之发挥。论曰："绥东之事，苟经扩大，势必发生重大结果"，再论曰："……而在中国中央政府负保卫国权国土之责任者，对于此类外来之侵略行动，亦断无容忍不问之理由"，并以为："绥东如果被攻占，是即侵害领土主权之事实"，实足使我中央当局警惕，而应为国人所注意者。

——编者附识

自绥东匪扰事件发生，吾人曾于前日为文申论，以明其问题之重大。日来各方对此事已共起注意，惟内外关系尤有需要阐明者，爰更论之。

查绥远省辖境旧为内蒙乌兰察布、伊克昭二盟及归化土默特旗之牧地，自清末大举放垦，汉人麇集，人口既多，遂设县治，蒙人亦接受汉人文化，种族界限，长久相忘，如土默特旗已无疆界可寻，仅有总管一人保存名义。大青山以北黄河流域，悉由乌、伊二盟放垦而成，蒙汉杂居，感情融洽。且绥省及蒙旗人民文化程度较高，有识青年几已全部汉化，与官厅向能合作，尤以傅作义主政数年，扶植蒙旗进步，情感更见亲密。去冬察北多事，绥境各蒙旗王公深以百灵庙蒙政会环境恶劣，惧被万一之利用，相约吁请中央，许其别立政会，使具有共同切身利害之领柚〔袖〕及人民，分区自治，团结救亡。中央尊重民意，因于本年一月二十五日，明令发表《绥省境内蒙古及〔各〕盟旗地方自治政务委员会暂行组织大纲》，成立开会之日，蒙汉腾欢，为绥边数十年未有之盛。其间更有可以重视者，绥东四旗即察哈尔旗群之右翼四旗，亦并入绥蒙政委会，益令绥境蒙人团结坚固。按绥东四旗原属察哈尔十二旗群范围，旧有牧地，即现在之集宁、丰镇、陶林、凉城、兴和等五县。北接乌盟四王子〔四子王〕旗，东接察北之商都、康保两县，南界山西大同边城，旧隶察哈尔都统治下。入民国后，政府以直隶、山西之口北十余县地，划归察哈尔，而将集宁等五县属之绥远。顾民政虽随土地转移管辖，旗政则仍归察哈尔蒙旗处理，平日办事已感不便，自去年底察北六县被伪军侵入之后，察哈尔旗群亦被迫归附。右翼四旗牧地，既久受绥省保护，其人民自愿完全受绥远省府治理。加以地近山西，开化最早，民智较高，有力分子重感外侮，益殷内向，因之有与乌、伊二盟同请中央改移管辖确定省籍之举。由此可以证明绥省蒙汉界限已泯，民族团结一致，外人绝对无假借利用阴谋操纵之余地，此其一。绥东四旗自愿改隶绥省蒙政会，以免陷于察北六县之同一运命，其总管等长期驻在归化，可见李守信等任如何窃用"自治"名号，亦不能掩其为虎作伥侵略中国领土之罪恶，此其二。明此两点，则更可晓然于绥蒙内部结合之固，与匪方借题取巧之难，斯其足以稍慰国人之不安心理乎。

不特此也，绥境并大股土匪亦经剿办肃清，外人纵欲在省内勾结构煽，势不可能。而依地方戒备情形观之，李守信辈欲袭去年十二月突攻沽源进据六县之故技，巧占绥东，更断断再无此便宜事。盖察北失陷之时，李守信明有背景，而土肥原在平犹自居于调人之列，巧言如簧，和缓抗战。卒之冀东迄今未还，察北则不复有人说起。可知察北往事，乃外交失着，非关军事。今日创巨痛深之余，宁能许李守信再演察北一幕乎？然则绥东之事，苟经扩大，势必发生重大结果，此不能不望发纵指示者之审慎从事也。

　　夫绥远内情如此，在外人之侵略者任如何巧谲伪饰，决不足以欺蒙世界。而在中国中央政府负保卫国权国土之责任者，对于此类外来之侵略行动，亦断无容忍不问之理由。盖中央在五全代会声明外交方针为"和平未到绝望时期，决不放弃和平"；而蒋委员长在上月二中全会中解释其义为"中央所抱最低限度，就是保持领土主权的完整"；又重言以声明之曰，"我们绝对不订立任何侵害我们领土主权的协定，并绝对不容忍任何侵害我们领土主权的事实"。今绥东如果被攻占，是即侵害领土主权的事实，在政府立场上何能容忍？全国国民又岂能听政府容忍？吾人因是以为政府今日一面须对地方为有效之应援，一面须在外交为严重之防止。如能挽回危机，诚东亚大局之幸也。

《西北刍议》（月刊）

南京西北刍议社

1936 年 2 卷 6、7 期合刊

（计麟　整理）

绥东形势紧张声中我应有的对策

云鹤　撰

最近一月间，绥东形势的紧张，至为可虑！据连日电讯所传：张北西南五十华里地方公会村一带，目下集有多数番号不明之军队，冀图分窜察西四旗边境，现绥东五县暨察西四旗，情况颇紧张，交通断绝，正黄旗总管达飞凌苏龙有被掳走毙命讯。绥东兴和、丰镇、集宁、陶林、凉城等五县，蒙汉杂处，为纠纷焦点，绥方现戒备甚严，傅作义令赵承绥部沉着应付，盛传蒙伪军不日将再大举犯绥，借图一逞。八月十日以后，绥东形势益见紧张，据华联社张垣电讯：麕集商都之伪军万余人，编成若干纵队，陆续向西南方面移动，顷又有某国军队数千人开入商都，并运来大批枪械及粮秣，似将大举侵犯绥东五县，前途殊堪忧虑。又据北平十日电传：绥东方面虽未续有战事，但据可靠外人方面之消息，谓日军两联队，已开抵张北，绥远与察哈尔间之交通，似已梗阻，去冬夺据察北六县之亲"满"军司令李守信之部队有积极进犯模样。而察北商都、德化间，大批蒙伪军源源而来，续有增加，匪众亦愈聚愈多。天津日驻屯军部对绥东情态极为注意，且曾由田代于十日晨召开幕僚会议，对今后绥东形势之发展，作一细密之讨论。我绥省主席傅作义亦于十日晨召所属会商应付绥省治安方策。阎锡山连日电传指示一切。由此可知察、绥边境形势，已日趋于万分危急之中，此实大堪注意者。

自察北六县沦陷之后，绥东随时有被侵扰之可能，识者皆知。今者绥东既日告紧张，则华北情势又逼进一步，更无疑义。而其背景，极为雪亮。盖因日本势在取得绥远，本为其所谓大陆政策一贯之政策。土肥原于本年二月讲演日本大陆政策与"满"苏及内蒙之关系时，指明应使内蒙古团结坚固，包含于日本势力之下，将中俄分开，并在蒙古树起军事的边界，以防苏俄，而贯彻其大陆政策为目的。是以今日绥东形势之严重，殆为必然之事实。然则如是，我国在西北各省益濒于危境，将来黄河以北之地，非我可得保全，黄河以北之民，将无噍类，此诚中国前途一大危机，吾人不能不急急采取对策，以资挽救。

第一，由山西大同进兵，北守丰镇，派重兵入驻杀虎口，以固凉城。由张北出兵，西渡洋河，协御兴和。调派劲旅，固守卓子山，以防集宁以西。由武川东进兵，以固陶林之防。一面中央速调主要军力北上救援，巩固平绥铁道，使蒙伪军无以得逞。

第二，饷械应予以充分接济，此在当局尤须担负全责。由归绥以东之驻军，枪炮子弹，不但不可缺，更应有精锐之配制。

第三，中央应准许全国各报馆，充分揭破某方之阴谋。

第四，向日方提严重抗议，使其制止蒙伪军之骚动。

第五，西北各省国防之建设，应积极准备。

第六，设法收复蒙古民心，使其不为敌人所利用。

上述数点，皆为荦荦大者，吾人应知绥东之危，非仅绥远整个亡而后已，是华北整个之危机，中国整个之大患。据天津《大公报》电讯，中央政府对绥东情势，已极注意，但吾人深盼政府更有进一步之决定。救绥东所以救华北，救华北所以救中国，吾人幸毋轻忽此连环性、联锁性之危机！

《西北刍议》（月刊）

南京西北刍议社

1936 年 2 卷 6、7 期合刊

（李红权　整理）

《苏蒙协定》及其关系文献

时事研究所　撰

三月十二日，苏联、外蒙订立《军事互助议定书》；四月七日，我国提出第一次抗议，声明不能承认，并不受其拘束。苏方次日答覆，于领土主权各点，措辞既殊闪烁，而于《奉俄协定》，则谓十三年订立之际，中国并无任何抗议，尤属与事实不符。我外部接到此项答覆后，即起草第二次抗议，于十一日送交苏联驻华大使馆；除对于苏联确证《中俄协定》仍属有效之一点，表示阅悉外，余均层予驳斥；指明其事实之上错误，并郑重申明我国仍维持第一次抗议所表明之态度。该项抗议尚未答覆，兹将该协定与来往照会全文四件及日苏二国对该协定之论调录后。

（一）《苏蒙协定》全文

苏、蒙二国政府根据二国间，自一九二一年，蒙古民国领土借红军帮助，自与侵犯苏境军队相连系之白俄军解脱后，所存在不变之友谊关系，同时为维持远东和平之欲望及进一步巩固二国间友谊关系之欲望所驱使，决意以现议定书之形式，列出自一九三四年十一月二十七日以后二国间即已存在之君子协定。该协定规定关于避免及预防军事威胁及倘有第三国攻击苏联或蒙古民国时，互相帮助事宜，应互相全力帮助。本议定书即为此种目的而签订。

（第一条）倘第三国对于苏联领土或蒙古民国领土有攻击之威胁时，苏、蒙二国政府应立事共同筹商已起之情势，并应采取为保护彼等领土及其安全所需要之一切步骤。

（第二条）苏、蒙二国政府遇有立约者任何一方受军事攻击时，应互相给与一切帮助，包括军事帮助。

（第三条）苏、蒙二国政府默认任何一方之军队为履行第一条及第二条所规定之义务，互相同意驻扎于另一方之领土上，应于此种驻扎之需要停止时，立即自关系者之境内退出，如一九二五年苏联军队自蒙古民国境内退出故事。

（第四条）本议定书以俄文及蒙文作成二份，该二份同等有〈效〉。本议定书自签字时起生效，并在签字后十年内有效。

（二）我国第一次抗议照会

为照会事：本月二日，准贵大使面交一种文件抄本，称系苏联与外蒙签订之议定书。查民国十三年五月三十一日签订之《中俄解决悬案大纲协定》第五条规定："苏联政府承认外蒙为完全中华民国之一部分，及尊重在该领土内中国之主权。"外蒙系中华民国之一部，任何国家自不能与之缔结任何条约或协定。兹苏联政府不顾其对于中国政府所为之诺言，而擅与外蒙签订上述议定书；此种行为，侵害中国之主权，违反民国十三年《中苏协定》之规定，实无疑义。本部长兹特向贵大使提出严重抗议，并声明苏联政府与外蒙签订议定书，系属违法，中国政府断难承认，并不受其拘束，相应照请贵大使查照，转达贵国政府予以满意之答覆为荷。须至照会者。

（三）苏方答覆之照会

本月七日贵代办遵贵国政府训令送交本委员长照会抄件，该照会贵方已于同日面交驻华苏联大使鲍格莫洛夫。该照会理由，因苏联政府与"蒙古人民共和国"于本年三月十二日签订议定书，认为侵害中国主权，并抵触一九二四年五月三十一日《中苏协定》；为此南京政府认为得以提起抗议。兹对于该照会答覆如下：苏维埃政府对于该〈照〉会所载对《苏蒙议定〈书〉》之解释，不能同意，且对于中国政府所提抗议，亦不能认为有根据。议定书之签订与议定书内各条款，均无丝毫损害中国主权之处。该议定书并不容许亦不包含苏联共和国对于中国及"蒙古人民共和国"有任何领土之要求；议定书之签订，于中国及苏联共和国间，及苏联共和国与"蒙古人民共和国"间，至今存在之形式的或实际的关系，绝无变更。苏联于签订《互助议定书》，认为〈于〉一九二四年在北京签订之《中苏协定》并无损害，且仍保持其效力。苏维埃政府兹特重行确证，上述协定就苏联方面言，仍保持其效力以及于将来。至于形式上是否有权与中华民国自治部分签订协定问题，兹仅须提及苏维埃政府曾与东三省政府于一九二四年八月二十日在奉天签订协定，此事并未引起中华民国政府之任何抗议，且经其承认该《奉俄协定》与《北京协定》有完全同等之效力。同时应予以注意者，《苏蒙议定书》并不反对第三国之利益，因其仅于苏联或"蒙古人民共和国"成为侵略者之牺牲并不得不防卫自己之领土时，始发生效力。基于上述理由，苏维埃政府以为不得不拒绝中国政府之抗议，认为并无根据；同时并表示深信中华民国政府必能确信《苏蒙议定书》并不违反《北京协定》，且适合于中国人民及蒙古人民之利益也。相应照请贵代办接受本委员长最诚之敬意。中华民国代办使事。（署名）李特维诺夫。

（四）我国第二次抗议照会

为照会事：关于苏联共和国与外蒙签订《互助议定书》事，本部长业于四月七日向贵大使递送抗议照会，声明该议定书之签订，侵犯中国主权，违反民国十三年《中苏协定》，中国政府断难承认。本月九日，准贵大使递到贵国外交委员长致中华民国驻苏联代办照会钞件一份，答覆本部长上述去照。来照谓："苏维埃政府，兹特重行确证上述协定（民国十三年《中苏协定》），就苏联方面言，仍保持其效力以及于将来。"苏联政府于此谓外蒙为完全中华民国之一部分，及尊重在该领土内中国之主权，本部长对于苏联政府此项保证，〈业〉已阅悉。惟查苏联政府对于此次苏联与外蒙签订议定书之各项解释，本部长认为并无充分理由。所引民国十三年在奉天所订之《奉俄协定》，尤不能作为先例。来照谓《奉俄协定》之签订，并未引起中华民国政府之抗议一节，适于事实相反。查该协定在未经该处地方当局呈经中央核准作为《中苏协定》之附件以前，送经前北京外交部于民国十三年八〔九〕月二十五日、九〔十〕月十一日先后向彼时贵国驻华大使提出抗议，并经中国驻莫斯科外交代表向苏联政府抗议各在案。嗣该协定经中央政府核准完成法定手续后，始于民国十四年三月间通知苏联政府，作为民国十三年《中苏协定》之附件。此项事实，原为贵方违反国际惯例之不合法行为，经中国政府予以纠正，固不得援引为贵方有权向中国地方政府签订任何协定之先例。此项苏联政府与外蒙签订之议定书，侵及中华民国之主权，与民国十三年《中苏协定》根本抵触，中国政府对于该议定书不得不重申抗议，并维持上次照会内所表明之态度。相应照请贵大使查照，转达贵国政府为荷。须至照会者。右照会大苏维埃社会主义联邦共和国驻华特命全权大使鲍格莫洛夫。

（五）日本朝野对于该协定之意见

关于莫斯科发表《蒙俄互助议定书》，因与日本及"满洲国"国防上有重大影响，日本政府及民间各方面均唤起甚深注意；而检讨其对日之影响，一般见解如下：

（一）《蒙俄互助条约》系使俄在外蒙之军事支配合法化，就中第一条规定之"发生受攻击威胁之时"字句，即俄在未受攻击之前而攻敌；所谓防守之攻击，公然表明，此可视为俄军进攻与敌意之露骨的表示。

（二）第二条"第三国攻击外蒙时，俄政府确保其一切援助权利"，此乃预测对日战争之时，赤军可由外蒙领内攻击日本之侧背。本条约第二项完全为对日，置赤军于进攻的体势。

（三）俄方在本条约缔结后，积极的攻势大为显著。对于从来之指导地位不以为满足，进而公然以优势之兵力驻外蒙领内，结果使警备薄弱之"满洲国"境，爆〔暴〕露于不断之威胁。

要言之，本条约为确认俄国在外蒙之军事支配权，为甚大之威胁，日"满"必须采取应付之手投〔段〕。（东京同盟社电）

（六）莫斯科《消息报》对于该协定之论调

三月十二日签订于库伦之互助草约，为坚定不移争取和平之一显例，亦为苏联在完全平等及互惠基础上，扶助和平及友好人民，英勇争取其生存与独立权利之一显例。

苏联及蒙古人民共和国人民，十五年以来密切不懈之友谊互相联系，此种友谊产生于一九二一年共御外敌之际，彼时苏联政府接受蒙古人民共和国之请求，遣红军入外蒙，与蒙古人民革命军联合击溃日本干涉者之佣兵劫掠队伍，彼欲奴役蒙古人民，并使外蒙变为日本之殖民地，及日本帝国主义继续进攻苏联之根据地，在此共同胜利斗争中，诞生并实现苏联政府及蒙古人民共和国政府间之互相协定，即在将来，缔约国之一国再受第三者军事攻击威胁之际，亦仍有效。由于外蒙政府请求，苏联政府允于同年暂将一部分军队留驻蒙古人民共共和国境内，直至蒙古人民共和国受人攻击危险消灭时止，迨远东情势，使苏联驻兵外蒙已不需要之际，苏联政府得蒙古人民共和国政府之同意，于一九二五年初，将全部军队退出外蒙。

余等检视一九二五年二月二十七日蒙古人民共和国政府说帖，曾称谢苏联政府予蒙古人民之援助如下："政府代表蒙古人民共和国全体人民，表示其对红军予蒙古人民共和国人民以不可磨灭友谊之深切满意及感谢，请君以蒙古人民之深切感谢，传达苏联之工人、农民及英勇红军世界被压迫被奴役民众之永久保护者，及贵国政府之领导机关。

蒙古人民共和国之劳动人民及其政府，咸信两国将来必将于共同患难时期继续其真诚友谊及相互援助。我国人民及政府尤敢深信如竟复见一九二一年之情形——此非吾人所愿——苏联及其红军必将予以援助。"

由此，余等可见即在一九二五〔四〕年《北京条约》签订之际，苏联与外蒙仍保持其深切友好及相互援助关系，此种关系建立于一九二一年，且与中国之利益完全吻合。毕生从事中国人民解放事业之孙逸仙博士之伟大革命，完全证实苏联援助与保障外蒙之神圣及完整，使其不致变为进攻苏联及中国之根据地，实属必要之举。孙逸仙博士于一九二三年一月与苏联驻华代表联合公报之中，指出："俄国军队之立即退出外蒙，既非急要，亦非中国之真正福利，尤因现今北京政府不能保障在俄军退出以后，反俄白军不再施其阴谋，造成较现今更严重之形势。"

苏联保障外蒙边境完全，不仅对于苏联完全为第一首要工作，即对中国亦然，且中国政府负有责任不使外蒙成为攻击苏联之根据地，曾载于《北京条约》之中，该约第五条谓苏联政府承认外蒙古为中华民国之构成部分，尊重中国在该地之主权，同时该约规定，苏联将其军队退出外蒙之手续："苏联军队之自外蒙全部撤回，关于撤回军队期限，及设法保证边境安全，应开会商定。"

此条业已明示，中国政府亦曾承认苏联有权于一定时机采用各种方法，例如派兵入蒙古人民共和国，以保障其边境；至撤兵办法，早应根据《北京协定》召集中苏会议商定甚明，然而此种会议竟未召集，此非苏联之过，乃被中国内战及中国政府之不稳定所阻止；然而苏联政府不待召集中苏会议，业已自动提出，并得蒙古人民共和国政府同意，于驻军蒙古人民共和国境内已非必要，立即撤其驻军；同时苏联政府固仍负有义务，襄助蒙古人民以维持其领土之完整及尊严，与夫经济、文化建设；因此至一九三四年，蒙古人民共和国复受领土侵略威胁之际，蒙古人民共和国内阁总理庚登乃向苏联政府提出，于蒙古人民共和国受人攻击时要求予以援助，两国即重申其在彼等受第三国攻击时，作各种相互援助，包括军事援助之义务，此固理所当然；此项协定，未经正式订约，乃为口头谅解，即所谓绅士协定。

当一九三五年，日"满"军队开始屡次进攻蒙古人民共和国领土之际，苏联政府屡请日本政府注意其深切关心于维持外蒙尊严；事实上在日"满"军企图攫取外蒙领土之际，苏联决难旁观，然而不顾此等严厉之反覆警告，日"满"军之攻击蒙古人民共和国领土，不仅继续进行，且采取更挑衅大胆之性质，因此蒙古人民共和国政府至一九三五年一月，认为必须派遣代表团，至莫斯科要求将原有口头协定正式改订互助公约，允给蒙古人民共和国以援助，今年一月二十五日，蒙古人民共和国"小库拉尔"主席团及内阁会议，再向苏联要求援助，特作书面申请，递交加里宁及莫洛托夫，由"小库拉尔"主席阿穆尔及内阁总理庚登签名。

苏联政府同意蒙古人民共和国政府之要求，于一九三六年三月十二日在库伦签订草约，次乃更明确规定相互援助义务之具体化，此项义务，远在一九二一年即已建立于联合反抗干涉基础之上。此项协定且与一九二四年之《北京协定》完全符合，日本军阀中之最无理由冒险分子，现正努力再谋攫取外蒙；显然，苏联政府如此行动，完全符合彼对蒙古人民共和国之各种义务，且为维持和平，此种自卫行动，决不致丝毫侵犯中国人民之利益。

在霍华特与苏联人民领袖史丹林会谈之中，史氏曾以率直及明白态度，宣称："如日本竟敢攻击蒙古人民共和国，企图侵犯彼之独立，则余等不得不援助蒙古人民共和国，一如一九二一年所为。"此语曾在苏联及蒙古人民共和国引起狂热，且得全世界全部和平友人最大之同情及了解。中国广大民众，亦自此说明中窥见苏联政府争取和平之坚决表示。并知苏联政府此种立场，亦与中国利益相合，盖中国正在疲于反抗侵略，无力保障蒙古人民共和国之领土安全也。

《正风》（半月刊）

北平正风杂志社

1936 年 2 卷 6 期

（李红权　整理）

绥东事件的透视

光焕 撰

正当中外当局大唱其中日邦交调整的时候；正当西南事件中的广东问题相当解决，南京中央政府致力于对内"统一"，调集数十万大军于西南边境，与广西当局武力对峙，内战即将爆发的时候，日帝国主义便指使它的蒙伪军，开始向绥东积极地进攻了！这是一个多么严重的，值得我们转移目光并集中注视的问题。

自七月三十日与八月二日，李逆守信率领蒙伪杂军两次进犯绥东，经我驻军赵承绶部痛击败退后，现正大招新兵，积极扩充实力，与由滂江进驻商都的新编蒙军，及由热河向察北推进的伪军张海鹏部会合，企图大举再犯绥蒙。据十八日华联社电："商都、宝昌各县，伪军云集。察北商民所藏粮食，均被征发一空。并强迫壮丁，组防共自卫团，由日人中泽某任总指挥，随军出发，在绥、察边境，大肆活动。"又廿四日电："刘桂堂残部及赵大中匪股，最近得日方接济军火、款项后，现积极扩充……闻张垣日特务机关决即收编该两匪股，并命日内集中永宁云。"廿六日的《申报》又载着："张北匪军，现已准备再图绥东。日方飞机七柴〔架〕现仍停张北。传此次匪军进扰，第一线在商都一带，为王英、刘桂堂党羽，约三千余。第二线在化德、张北间，为李守信、卓什海等部，近万众。第三为沽源、多伦，有日伪军。"今天（廿七日）的《立报》更载着："察北伪匪军廿五日发饷，廿六日各匪开始向西移动，嘉卜寺附近十五里以内，被匪蹂躏，不堪言状。"
这些事实告诉我们，近几天来绥东的危机，不但没有减轻，并一
天比一天的严重，现在内蒙已到了整个沦亡的最后阶段，我们不
能不大声疾呼，唤起我们全国同胞一致联合起来，促醒勇于内战
的实力派，掉转枪头一致对外。

内蒙与华北局势的紧张，本不自今日始。日帝国主义的大陆政
策，根本就是根据田中奏折上所说的"要征服支那，必先征服满
蒙。要征服世界，必先征服支那"，"满州〔洲〕"、热河既已为
日帝国主义占领，不可避免的现在它要侵占我们的内蒙与华北了。
日帝国主义对内蒙的处心积虑已非一日，对绥东的进攻亦系久已
预定的计划。自今春察北六县（沽源、宝昌、康保、张北、商都、
化德）被伪军李守信部进占后，即积极建设军事设备，扩充军队。
日关东军并在滂江、多伦设立无线电台，与长春互通消息。建筑
飞机场，及由多伦至康保、商都各地之汽车路，以便利军事运输。
近又企图在多伦至平地泉一段筑铁路，计划接通平绥线，同时冀、
察、晋、陕，以至甘、宁各地，皆遍设特务机关，装设无线电，
并派有武官主持，与关东军及华北驻屯军直接通报。这些特务机
关更以勾结汉奸，收买地痞流氓，扰乱地方为能事。近平绥路走
私的猖獗，增加了日本对绥远人民的榨取，及汉奸的横行。最近
的怂恿德王组成独立政府，与策动大喇嘛攻击西公旗石王，也都
是与绥东事件互相呼应，以遂行其并吞整个内蒙的阴谋。这一切
不能不说是睦邻政策所造成的结果。

当蒙伪军进攻绥东开始以后，日驻华武官与外交人员即忙着召
开会议，大肆活动。八月七日天津驻军即开武官会议，讨论绥东
事件的应付方策，会后特务机关长羽山并即飞绥。十五日日军突
向察北增兵，携带坦克车七架；并有轰炸机九架，侦察机五架，
飞停于商都日军飞机场。二十日张北、康保间，又到有日军一混

成旅团，仍尚有部队开到，日军将在该地配备一师团。除掉军事调动外，连日以来，更不嫌重复地在津召开了四个重要会议：什么华北外交及经济提携会议、时局重要会议、华北日领事会议，和华北日武官会议等。参加的除有川越、田代及其他大批驻华军事、外交人员，还有东京外、陆、海三省的代表。会议后的情形呢，那是"绥东事件已至严重阶段，日方背后鼓动，已至公开行动趋势。津武官会议，对绥东事件已有军事、政治进行步骤决定，并拟要求某当局成立谅解"（华联廿五日电）。今天（廿七日）的《申报》，更有日关东军参谋长板桓〔垣〕飞绥，要求将绥东五县合并于察北六县的消息。绥东事态的发展，已到了日帝国主义单刀直入的最严重阶段。

我们看，日帝国主义为什么要这样积极地进攻绥东呢？所谓绥东，是指丰镇、凉城、集宁、兴和、陶林等五县，面积有十四万多方里，人口有六十五万人。这样小的地方，怎么值得日本如此的大动员，可见我们的敌人是"醉翁之意不在酒"了。绥东的会成为问题，是在它占有极重要的军事战略的地位。实际上第一，日帝国主义只要占领绥东，后则长约八百七十多公里的平绥铁路，必成为北宁铁路第二，而为它所控制了。第二，绥东失陷，内蒙不保，则敌人已打开我西进门户，直驱宁夏、甘肃，是易如反掌。第三，无疑的，内蒙与宁、甘占领后，便是日帝国主义包围外蒙，与进攻苏联的军事根据地的完成。但是苏联，是有它强大的劳动者国防，它是彻底和平的抵抗主义者，日本是轻易不敢动手，亦不愿立即单独发动反苏冒险战的。在目前宁可说，它是借对苏进攻的烟幕，以掩护它向中国的侵略吧。最后，主要的日伪军占领绥东的目的，是为着强迫冀察政权"明朗化"，并囊括绥、晋、鲁三省，而造成华北五省的"独立自治"，更进而席卷宁、甘、陕、豫诸省，使黄河以北，全为日帝国主义所有。同时威胁南京，投为日本的殖民地，以完成它的大陆政策，并吞全中国的好梦。这昭示我们，敌人的进攻是有计划的，敌人的贪欲是无限制的，退让是会造成敌人更顺利的进攻条件，只有抵抗，才是中华民族的生路。

绥东情形是那样的危急，绥东问题又是这样的严重，因此绥东事件，无疑的是"和平已到绝望时期"、"牺领已到最后关头"的最后警号。中央政府在二中全会向人民宣布的是：不再以尺寸领土和丝毫权利让人，现在我们要政府实践这诺言，以全力援助绥远抗战军队，并立调大军北上增援，保持我们察、绥两省土地与主权的完整。我们中央政府有什么理由从事与广西的内战，而眼看日军进占绥东不管呢。广西总是中国人的广西，同时广西将领已以御侮为听中央调动的条件（见廿四日《华美晚报》）。所以我们要求中央调遣数十万对峙在西南的大军，立刻北上抗日。中央政府只有以抗日行动，取得全国人民的信仰，也只有从抗日的号召与行动中才能求得全国的统一。

对于华北与西北各地方当局，我们热诚的要求从"唇亡齿寒"的感觉上，自动的起来援助绥远抗战军队，并自动的一致联合起来，发动全国的抗日神圣战争。我们全国民众对于抗日将领，都是拥护的，爱戴的。同时我们民众应当组织绥东抗战后援会，上街头宣传募捐，以捐助与慰劳抗战将领与士兵，并组织抗日义勇队，参加军队上前线抗日，担负起国民应尽的责任。

投降还是抗战，现在已是最后的时光。

《生活知识》（半月刊）

上海生活知识社

1936 年 2 卷 8 期

（朱宪　整理）

外蒙问题的过去与现在

张迪虚　撰

最近，由于日本大陆政策的急进，以及苏联抵御日本西进的积极，外蒙骤然成为世界注意的中心。但外蒙问题的发生，像其他国际问题〈一〉样，有一个很久远的由来，这个久远的由来，是我们所不能忽略的。本文拟根据中外史料，将外蒙成问题的经过，扼要叙述一下。因为篇幅的限制，挂一漏万之讥，在所不免，读者以此为参考之一助可耳。

一　俄国势力的侵入

外蒙与俄国的关系，说得远一点，是在十三世纪初叶。那时，发祥于蒙古的大元帝国，征服亚洲全部和欧洲的大半部，而俄国即为其征服地之一。后来，从十六世纪的末年开始，情势倒转来了，横跨欧亚的大元帝国，早已崩溃，而俄国则国力骤盛，渐向东方发展，侵略者与被侵略者互相掉换位置了。

成吉斯汗帝国崩溃以后，驻居蒙古的民族，大别可分为三：居南部者自为一族；居东部及北部者，称喀尔喀人；居西部者，称厄鲁特人。满清崛起辽东，入主中原，南部蒙古人及喀尔喀人次第上表称臣，厄鲁特人独负隅，且屡兴兵寇边。当俄国人深入西伯利亚之日，正是厄鲁特人与清军相拒于漠南的时候。

但是俄国的东进政策，那时是侧重在靠近太平洋的一带区域。所以当他们踏遍西伯利亚荒原，掉头南向的时候，就在满洲方面，与中国发生急剧的冲突。为了遏止俄国人的侵入满洲，满清至不得不以数万的兵力与数载的抗战，迫俄国人接受以外兴安岭为界的条约，这便是一六八九年的《尼布楚条约》。至于对那毗邻南部西伯利亚的外蒙，俄国好像并无若何异念。她冷眼旁看满清将噶尔丹的叛变削平，将蒙古收入大清帝国的版图，方才慢条斯理的向清廷要求与蒙古通商。

事情是很巧的，雄图大略的俄皇彼得，竟碰在精明英干的清帝康熙手里。他对满洲的领土野心既见遏于《尼布楚条约》，而他的俄蒙通商要求，也被康熙打了一个很大的折扣。康熙虽允俄商于国境贸易，而所以限制之者綦严，俄方屡次要求改订商约，清廷迄未允诺，终康熙之世，俄蒙关系毫无进展。及至雍正五年，即西历一七二七年，俄女皇加他邻一世遣使复申前请，清廷以其时边境贸易频繁，纠纷时起，亟有划定国界并缔订商约之必要。是年八月，遂与俄国订《布拉条约》，划定外蒙与西伯利亚之境界，同年九月又缔结《恰克图商约》，规定以恰克图以南、买卖城以北一带，为贸易地点，商人须从正道行走，倘或绕道，或有往他处贸易者，将其货物充公。该约并规定乌带河（在外兴安岭北，东流入鄂霍次克海之乌带湾）等处为中立地带，彼此不得占据。

《恰克图商约》是俄国伸张其势力于外蒙的起点。然当该约订立之时，清朝气运方盛，主持外交之人，又尚知以国家主权为重，故虽应允俄国之请求，与之订立贸易契约，但并没有给俄国占去了大便宜。嘉、道以降，清运日衰，而朝廷大员，又多昏庸暗懦，不知外交为何物。狡猾的俄人，乃乘机肆其蚕食手段，满洲与西伯利亚的旧界碑，既渐向南移，而外蒙方面，俄国势力亦日渐滋长。一八六九年（同治八年）中俄增订商约，规定俄蒙边界百里内之贸易，概不征税，凡持有执照之俄商，得往蒙境设官或未设官之地方贸易。一八八一年（光绪七年）《陆路通商章程》，亦有同样之规定，于是我国在外蒙之樊篱，荡然无存。俄国派人调查外蒙的矿产，连络外蒙的活佛、王公，种种活动不一而足。一八九七年，俄国在满洲设立华俄道胜银行，经营中东路，该银行同时也辅助一个开发蒙古矿产的公司。当此之时，俄国盖欲以道胜银行为东印度公司，以满蒙为印度矣。

二　库伦条约

时候进了二十世纪，俄国对于外蒙，也由温和的经济的侵略，进为积极的政治的侵略。一九〇七年的《英俄协定》，英国承认将外蒙划归俄国势力范围以内，这是俄国对外蒙侵略由温和转趋积极的第一个证据。现在我们考求俄国之改变其对蒙政策，大概是受两件事情的刺激。一九〇四—五年的日俄之战，将斯拉夫民族在南满的势力，逼退至长春以北，外蒙与东部西伯利亚，一同变了俄国的第二道防线。故日本的崛起，是俄国改变对外蒙政策的一种刺激。第二种刺激比第一种更为直接而强烈，那便是我国之经营蒙古。

中国历来的统治者对于外藩，向来不大重视，只要外藩能够年年进贡，岁岁来朝，其他即非所问。但是满清对于蒙古，我们可不能说他一点也不曾用过心思。他老早就把内蒙古开放，奖励汉人移殖。在一八七〇年（同治十年）及一八七〇年以后，又曾经移殖过若干汉人到外蒙古的北部，靠近西伯利亚的地方，冀有以防止俄罗斯的东进政策。但是除了内蒙古因为距离较近，去的人比较的多一点外，几次移民外蒙，都没有什么成绩。直至日俄战争以后，满清政府努力鼓励移民满蒙，于是汉人往外蒙者日众。

其中有从商的，有从事农垦的，但以经商的为多。

这些人都是中国的殖边英雄，我们是应该对他们致钦佩之意的。可惜他们虽有殖边的勇气，却缺乏殖边的远识。不论我们自己的历史或外国人所著述的历史，都说他们到达蒙古以后，全然不顾作生意的道德，唯以盘剥重利，夺取蒙人牲畜为事。他们显然没有懂得国家对他们的期望，只想搜括一批金钱，回老家去享福。

这桩事情，对于外蒙的局势，是有很大的关系的。因为从中国本部去的移民，既以自私自利为目的，外蒙的人们，自统治阶级的活佛、王公，以至被统治阶级的平民，无不栗栗忧惧，担心他们的利益，会被那些移民抢去，这使俄人的煽惑技俩，更易见效。再加那时清廷驻蒙大员，奉清廷命令，大行新政，添设衙署，加课赋税，并于库伦营造兵房，预备练兵。以是蒙人益懔然自危，俄人亦益加疑忌，库伦与圣彼得堡之间，信使往还，密谋不轨。一九一一年（宣统三年）十月十日，正当武昌首义之时，哲布尊丹巴（库伦活佛）给了库伦办事大臣衙门（清代分外蒙为三大区，一曰喀尔喀，辖车臣汗、土谢图汗、三音诺颜、札萨克图汗四部；二曰科布多，辖杜尔伯特等七部；三曰唐努乌梁海。官制于喀尔喀首都（亦即外蒙首都）库伦置办事大臣，于三音诺颜部的乌里雅苏台设将军，于科布多置参赞大臣）一个通告，说外蒙将脱离中国而独立，其理由为："内地各省，既皆相继独立，脱离满洲，蒙古为保护土地、宗教起见，亦应宣布独立，以期美全。"已而活佛果自立为"大蒙古国"的皇帝，逐走库伦办事大臣三多。第二年（民国元年）又派蒙兵联同俄国派来的援兵，进攻乌里雅苏台、科布多两处之满清官员及军队，满清官员及军队，狼狈遁归，外蒙乃完全入独立状态。

俄国既以实力援助外蒙独立，乃乘机与外蒙订立条约，以巩固俄国在外蒙之势力，这便是一九一二年（民国元年）十一月三日的《库伦条约》。其内容大概，为俄国承认蒙古政府，并允援助其拒绝华军开入蒙境，及华人在蒙境殖民，而蒙古则允许以多种特权，畀予俄国。这些特权订在条约的附件《商务专条》中，详细项目兹不列举。总之借着这章程，俄国已把外蒙的全部经济权，攫取到手。俄国开始于十九世纪末叶之对外蒙侵略，至此，已达到极高峰了。

当外蒙发生巨变之时，我国的全部注意力，正为本部的事情所吸引，对于外蒙事变，极不关心，即或知之，事实上只能任其自然推移。及至清室颠覆，民国成立，本部秩序渐定，南京新政府，乃对外蒙发出一个檄文，通知清室已亡，五族共和，意思是劝外蒙重复来归。但是库伦方面，却以实行征收华货入口税一举，作为对于该檄文的答覆。其后北京政府又数电库伦活佛，劝取销独立，但活佛则以"独立业经布告中外，起灭何能自由，必欲如此，请即商诸邻邦"数语报之。同时我国对俄国的抗议，亦未有效果。北京政府逼不得已，乃从俄国的提议，由外长陆征祥与俄国驻华公使互商折衷办法。两方交涉了一载有余，我方内部则发生一次重大争执（陆征祥与俄使议定之条款，为参议院所否决，陆氏愤而辞职，由孙宝琦继），才于民国二年（一九一三年）十一月成立一《中俄声明文件》，规定：俄国承认中国在外蒙之宗主权，而中国则承认外蒙之自治权，放弃在外蒙驻兵、殖民之权利。翌年八月，根据文件中的"关于中俄在外蒙之利益，应另行商订"的规定，我国派遣代表，与俄、蒙代表会议于恰克图。至四年六月，成立《中俄蒙协约》，亦名《恰克图条约》，凡二十二条。约中规定中国、俄国承认外蒙自治，承认外蒙自治政府有办理一切内政，并与各外国订立关于工商事宜的国际条约之专权，外蒙则承认中国宗主权，中国得派大员驻库伦，其卫队不得过二百名，又得派佐理专员驻乌里雅苏台及科布多等处，每处卫队不得过五十名，库伦大员及各地佐理专员之职务，为监视外蒙自治政府，使不犯中国宗主权。至于一九一二年十一月三日《库伦条约》的附件《商务专条》，则由三方共同承认其继续有效。由是可知，中国除了空洞的宗主权，以及派遣几个职司保护空洞的宗主权的代表外，毫无所得，而俄国混水摸鱼手段所获的既得权利，则由我国一一予以承认。在事实上，这条约倒给与一九一二年的俄蒙《库伦条约》以一层坚固的保障了。

三　　"蒙古共和国"

俄国的布尔什维革命，曾给予我国以规复外蒙的绝好机会，且我国亦非不知利用此机会，徒以所托非人，致外蒙得而复失，说起来是很可痛心的。

布尔什维革命发生于一九一七年，即民国六年。翌年三月间，库伦当局以过激党势力，逐日东渐，蒙古内部惶〔隉〕杌不安，致电北京政府，求派大军赴蒙，以资镇慑。盖蒙人向分两派，一派亲俄，一派倾向中国。辛亥革命，中国内部紊乱，外蒙亲俄派之主张得势，乃有独立之举，此时俄国内部扰攘不宁，外蒙亲俄派失势，乃复想起中国，其势然也。自是以后，外蒙乞援之电，如雪片飞来。北京政府乃于民国八年（一九一九年）六月，特派徐树铮为西北筹边使，统率由参战军改编之边防军，往外蒙进行殖边事宜。

徐树铮如今是盖棺论定了，他为人如何，不在本文范围以内，不欲深论，但其在外蒙的措施，确乎替中国制造一个祸根。因为他在外蒙的行为，与其说是在安抚人心，毋宁说是在"为丛驱雀"。他对活佛、王公，百般威胁，又捕囚与蒙人有相当感情的库伦都护使陈毅，凶横鸱张，不可一世，结果遂把蒙人倾向中国之念，顿时一扫而光，为外蒙之二次独立，种下一颗种子。

但机会究竟太好，所以我国那时在北疆的收获，至可使本部人闻讯起舞。外蒙是取销自主了，那曾经一度连宗主权也属于俄国的唐努乌梁海（唐努乌梁海在一九一二年脱离中国独立，一九一四年，又宣布将宗主权隶属于俄国，其后几经交涉，俄国始允将宗主权交还中国，以驻乌里雅苏台佐理专员，兼管唐努乌梁海事务）也收复了。还有那呼伦贝尔特别区（呼伦贝尔本为东蒙之一部，逊清末叶，将其划入黑龙江省。民国四年《恰克图条约》成立以后，我国复应俄国要求，承认该地为特别区，许其自治），也取销了。支离破碎的外蒙，至是竟金瓯无缺，全部璧返了。

然而到了第二年，国人对外蒙的注意力，就又为内战所吸引。徐树铮的边防军，不去防边，却用来防吴佩孚，结果还是不免被吴佩孚所击散。当国人兴高彩烈的在鉴赏这一场伟大的内战时，外蒙也在准备重演一九一一年的历史了。

民国九年（一九二〇年）冬，著名白党谢米诺夫的部将恩琴，因为不敌红军的进攻，率领败兵，由西伯利亚逃入外蒙，企图进攻库伦。继徐树铮为西北筹边使之陈毅，一面令徐树铮时代派驻外蒙的些许军队（褚其祥一旅及高在田一团）严密防备，一面飞电中央告急。中央派张景惠为援蒙总司令，往保库伦，讵料张氏逍遥京、津，按兵不动，翌年二月，恩琴遂厚集兵力，击破褚旅、高团，攻入库伦，陈毅仅以身免。在恩琴劫持之下，外蒙又复脱离中国而独立。

自从恩琴占据库伦，外蒙遂成为赤白势力的战场。恩琴背后受日本主持，他的攻入库伦，便是由日本供给军火，如果他有一点统治的才能，也许还可维持于一时。无如他凶狠暴戾，摧残蒙人，无所不至，蒙人恨之刺骨。外蒙的有志青年，乃组织国民党，招集军队，建立蒙古国民临时政府，与恩琴所建立的专制政府相对峙。旋即借苏维埃俄国的军队，进取库伦，将恩琴捉获枪毙，肃清白俄余党，平定外蒙全境。时为民国十年（一九二一年）七月，距恩琴攻入库伦，仅五阅月耳。

先是外蒙国民党于三月间，在俄边境的买卖城开全体代表大会，议决废除王公、喇嘛等封建制度，实现社会主义纲领。及至扫灭白党，于十一月间成立"蒙古共和国"，却仍戴哲布尊丹巴为名义上的领袖。直至一九二四年（民国十三年）五月，活佛逝世，国民党支配下的政府这才因利乘便，不再指定别的继承人，使外蒙的政制，愈具革命的形式。同年十一月，国民党大会制定"蒙古共和国"的宪法，规定政治的最高实权属于大国民会议，闭会期由中央执行委员会行使，政府即转属于最高执行机关。在政府以下的行政组织，有"汗"、"旗"、"索木"、"亚巴尔"，而以"亚巴尔"为政治机构的细胞。在党大会闭幕后，又发表《权利宣言》，规定一切权利均属于劳动人民，取销王公、喇嘛之特权，并认土地、财源、森林及河流等为国有。这些，显然都是以苏维埃宪法为范本的。

如像帝俄控制下的"大蒙古国"一样，苏联控制下的"蒙古共和国"，也与它的保护者订结密约，将外蒙的利权全部出送。这密约是以民国十二年（一九二三年）二月，在莫斯科订立的。其内容，充满了一九一二年的《库伦条约》的气味。而第九条"许苏俄军队长驻外蒙，协助蒙人保全领土，以御中国"，那样露骨的规定，倒是《库伦条约》所拿不出的。

但是同年三月，我国与苏联的复交谈判（按中俄国交于民国九年中断），在北京开始了。当此之时，苏联为博得我国好感，开口取销不平等，闭口援助弱小民族，然而对于外蒙问题，就不爽气起来。因此王正廷与加拉罕磋商了一年，一直到民国十三年三月十四日，始订立《中俄协定》十五条。待王、加拟好条件之后，忽然又发生一点小波折，改由外长顾维钧亲与加拉罕交涉文字之上之修改，荏苒至五月卅一日，条约始正式告成，内容与王、加所拟，殊无出入，是为一九二四年的《中俄协定》，现在单将其中关于外蒙的四、五两条录下：

（四）苏联声明前俄帝国政府与第三者所订立之一切条约、协定等项，有妨中国主权及利益者，概为无效。

缔约两国政府声明，嗣后无论何方政府，不订立有损害对方缔约国主权及利益之条约及协定。

（五）苏联政府承认外蒙为完全中华民国之一部分，及尊重在该领土内中国之主权。

苏联政府声明，一俟有关撤退苏联驻外蒙军队之问题（即撤退兵期限及彼此边界安宁办法），在本协定签字一个月内所定会议中商定，即将苏联一切军队，由外蒙尽数撤退。

说话是很好听的，然而撤兵一事，却迁延到民国十四年三月方才实行，而且苏联之撤退外蒙驻军，完全因为"外蒙共和国"基础已固，无需苏联武力保护之故，并非真有爱于中国在外蒙之主权。以此之故，在一九一五年的《恰克图条约》以后，我国犹能派遣代表率领少数卫队往驻外蒙，而在一九二四年的《中俄协定》以后，我国政府代表就不能越漠北一步了。

末了还有一件事要说，就是那唐努乌梁海，也于一九二一年独立，嗣成立"多瓦共和国"，颁布以苏维埃宪法为蓝本的宪法，并与苏俄订结友好协定。因了历史上和地理上的关系，它比"蒙古共和国"，更与苏联接近了。

四 日俄相遇在外蒙

一九三一年（民国二十年）九月十八日夜沈阳的炮声，震惊在酣梦中的中国，震惊在恐慌深渊中的世界资本主义列强，此外，它更其震惊社会主义国家的苏联。自从那夜晚起，苏联就清晰地感到，她的远东领地以及在她控制下的"外蒙共和国"，不久就要变成她在东方的第一道防线了。

其实，日本夺取蒙古的野心，在她战败俄国，伸足于满洲大陆之时，即已有其表现。缔结于一九〇七年并在一九〇九年加以补充的《日俄条约》，除划分日俄在满洲的势力范围外，对于两国在蒙古的势力范围，亦有规定。一九一二年，外蒙脱离中国独立，东京政府曾用极谦恭的语调，请圣彼得堡勿忘一九〇七及一九〇九年之条约，并请详细确定，俄国所谓"蒙古"这个名词，其含义究竟如何。为讨好日本起见，俄国是年与日本将那个条约又补充了一次，使其包含这样的规定：俄国不干涉日本在内蒙的活动，日本不干涉俄国在外蒙的活动，其势力范围界线，以经线一百十八为准。那时，日俄两国是客客气气的分割蒙古的。

欧战对于日本的向外发展，给与极大的推动。在这其时，日本对于蒙古的野心，显然有更明白的表现，最好的证据，便是在二十一条中，并没有忽略蒙古。而那有名的田中奏折，又于是时开始泄露于外，田中奏折的内容，至今犹是一个哑谜，局外人莫有能晓，然而它主张日本欲遂行大陆政策，必须以并吞满蒙为前提这一点，大概是可以无疑的。

又来了一个好机会。俄国的布尔什维革命，使日本做了东半球的讨赤十字军总帅，她一面从西伯利亚进兵，图实现其策马乌拉岭的梦想，一面则在外蒙大肆活动，以期一举而奠定大陆政策之基础。日本是时在外蒙的活动手段，可分为好几种，一种是逼迫中国允许日本有在外蒙活动的权利，一种是煽惑蒙人反对中国，还有一种是利用白党扰乱外蒙秩序。第一种手段的证据，便是民国七年的《中日军事协定》，其中有"日本军队一部得由库伦进兵贝加尔湖"的规定。第二种，徐树铮征蒙凯旋以后，日本对外蒙的王公、喇嘛大施其蛊惑与笼络手段，挑起他们对中国的恶感，外蒙的二次独立，日本的阴谋可说也是一个重要因素。第三种，日本暗助恩琴攻陷库伦，建立了一个寿命仅数月的库伦政府，这件事，前面一节已有述及了。

日本此类阴谋，自从外蒙境内秩序渐定，则改在内蒙及毗邻外蒙东部的一带区域继续进行。自从一九一四年（民国三年）以来，中国对于内蒙十分重视，将内蒙的各盟旗，改组为特别区（热河、察哈尔、绥远），后来则又将其列入普通行省，其目的即在遏阻日本的煽动阴谋。但中国的防范虽严，而内蒙却在日本蛊惑之下，不断的发生独立风潮。如果不是健忘的人，他定会记得九一八事变的几个月前，内蒙是曾经发生过一次很凶猛的独立运动的。苏联方面曾证明这运动的大本营，是在日本关东租借地大连。又如一九二八年（民国十七年）贝尔虎（在黑龙江的呼伦区内）蒙古人发生叛变，反对中国政府，当时日本方面说这事同苏联有关系，而苏联方面，则明白的揭穿这一事变，完全出自日本的鼓动。

但在九一八事变以前，日本夺取蒙古的图谋到底是不很顺手的，是循着曲线进行的。此后，日本的满蒙政策才依照直线猛进。

事情确乎是意外的快。九一八事变后仅半年有余，日本已先后击破义勇军主力，席卷北满，建起了傀儡国家，正式与苏联接壤。再隔半年，日本又攻陷热河，打通"满洲国"侵内蒙的孔道。一九三四年，日本利用边境事件，迫苏联出让中东路，将苏联在满洲仅有的一点经济势力，亦驱出满洲。一九三五年初头，日本以察东事件发动夺取内蒙与华北的战争，以哈尔哈庙事件发动夺取外蒙的斗争。同年秋季，借着意、阿事件的机会，日本从中国取去了华北某几省的支配权，继又武力占据察北数县，把握自内蒙进攻外蒙的交通枢纽——张库大道，使外蒙顿时陷于日本的弧形包围中。

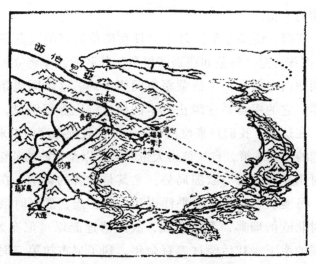

图示日本与俄国及我东省之交通，虚线者为海道，实线者为铁路

自九一八事变以来，到现在不过五周年，即自日俄战争以来，至今亦不过三十周年，但情势的迅速的进展，竟使日俄两国，在外蒙的边界上会面了。

五　苏蒙协定

展开亚洲地图，我们可以看的很明白，日本若能夺得库伦，从那里冲出去，截断西伯利亚铁道，她便可以不须担忧那驻屯在黑龙江以北的二十万苏联大军和六百架苏联飞机。而夺取库伦，则有两条路线，一条是从蒙伪边境的贝尔湖，沿克鲁伦河向西直进，一条是从察哈尔沿张库大道向西北进。现在日本在这两条路线上的活动，如前节所述，都已开始，而且在后面一条路线上，以强占（如强占察东与察北）与煽惑（如煽惑倾心我中央政府的内蒙各盟领袖，使其倾心"满洲国"）手段的兼施，日本似乎不久就要成功的样子。在此紧要的关头，苏联遂给与日本以一个非常显明而且确切的答覆。

这个答覆，便是今年三月十二日在库伦签订的《苏蒙互助协定》。根据该协定，外蒙如遇别国侵袭，苏联的红军将立即出而援助。这明明白白的是一个俄蒙军事同盟条约。这个同盟条约的对象是日本，它的用意系在阻止日本的西进，也都很明显，可以不必深论。在这里，我们且来检视一下苏联的强硬态度的由来。

俄国的远东政策，自从彼得大帝时起，以至目前的苏维埃政府止，无时不受其国力与欧洲局势，尤其是后者的影响。在彼得大帝时代，虽屡次表示将于太平洋岸建一都护府，然当时俄国方在用心对付北欧的瑞典，无暇东顾，故满清遂能以《尼布楚条约》遏阻俄国的南下。其后经过二百余年，到了尼古拉第二时代，国内承平日久，欧洲亦安静无事，俄国觉得经营远东之时机已至，结果遂引起日俄战争。

自从在日俄战争中见败于日本，俄国的远东政策，便十分审慎起来。一九一一年外蒙脱离中国独立，俄国一部分政治家曾以为时机不容坐失，俄国应立即出兵占据外蒙，然而另一部分政治家，例如外相沙善诺夫，则以占据外蒙，非俄国国力所能负担，且巴尔干半岛的不靖，颇使俄国怀抱忧虑。因此俄国终于拒绝外蒙代表绝对援助的请求，而使外蒙继续为缓冲地带（一九一一年初，蒙古王公派一代表团赴圣彼得堡，请求俄国赞助外蒙独立，愿以承认俄国保护为交换条件，并请求军事上与财政上之援助。但俄国外部却对该代表团，指陈与中国完全脱离政治关系之危险，劝其与北京政府觅一妥协之道，又对于蒙代表之军事、财政援助要求，亦表示未能全部应允。事见俄人郭索维兹著《从成吉斯汗到苏维埃共和国》书中，郭氏曾任俄国驻华公使，其后又任《库伦条约》中之俄方代表，见闻甚广，其言似属可信）。

故帝俄时代的远东政策，其根本方针是"俄国应为欧洲的强国，而不应为东方的强国"（沙善诺夫语，亦见前揭郭索维兹书中）。苏维埃政府成立，推翻了帝俄时代的一切制度，同时也推翻帝俄时代的远东政策。斯太林不仅口头说要使俄国成为亚洲国家，而且他的行动，也依照这方针前进。他把俄国的工业区域，逐渐从靠近俄国西境的地带移至乌拉岭附近及乌拉岭的东边。

古语说无巧不成书，我们可以说，无巧不成国际关系。在一九三一年九一八事变爆发之时，苏联的第一次五年计划，也将近完成，而第一次五年计划的结果，显示斯太林的要使俄国成为亚洲国家的理想，是有实现的绝大可能。为了要扫除那阻止"亚洲国家政策"的实现的障碍，苏联遂于进行第二次五年计划之时，并以绝大的努力，充实远东的防务。先后就黑龙江以北、乌苏里江以东一带，配驻重兵，建筑坚固的防御工程。此外又建立远东航空网，与筑新铁道，改良旧铁道，以利便东西两部的军事联络。由于苏联建设能力的伟大，这些工事都加速度的向完成的目标迈进着。

在这其时，又展开了苏联的外交活动。自从一九三三年冬季以来，李维诺夫的和平外交，先后博得资本主义列强对于苏联的谅解，美国与苏联的复交，使苏联防卫远东边疆的计划，受了极大的鼓励。而一九三四年九月苏联的加入国联，又使社会主义国家免去了西境的威胁。一九三五年，事情发展得更快了。由斯太林与艾登在莫斯科的会晤，向来以西方"讨赤"总帅自居的英国，竟亦有与苏联释嫌言好之势。已而《法苏协定》、《苏捷协定》相继成立。苏联至是，已可不须担忧德国与波兰的进攻，而以全力——至少是大部分的力量——来对付东方了。

自然，"外蒙共和国"的经济能力与军事能力，也是苏联的一粒壮胆丸。自从外蒙政府在苏联指导下，推行像五年计画那样的计画以来，外蒙的各项生产部门，都呈飞跃的进步。在一九三五年，十六万五千家的农牧户数中，已有九万二千户加入集体农庄，开始大规模之生产。全蒙家畜头数，由一九三○年之八百万头，激增至一九三三年之一千一百五十万头，更增至一九三四年之二千二百五十万头。在工业方面，除对手工业加以改造外，并积极创办大工业，发展轻工业，如制革、金属制品、炼瓦、电厂等都在开始建立。此外，矿业的发展，亦有显著的进步，如在库伦与恰克图之间，共有产金地二十一处，现已开掘十五个地段。由于农畜业与工业、矿业迅速发展的结果，使外蒙的对外贸易总额，由一九二九年之一，○四六万元，增至一九三三年之四，一三九万元。讲到军备，外蒙男子年在十八岁以上，四十五岁以下，均有当兵的义务，其正规军为十万人。军器都由苏联供给，甚为精锐，凡飞机、大炮、装甲自动车等优秀设备，应有尽有。士兵由苏联籍顾问担任训练，并设政治部，以养成士兵之政治知识。由上，可知外蒙的经济和军队，均很可一战。

无论从哪点说，苏联在外蒙问题上，没有不对日强硬的道理。

所以，由《苏蒙协定》，我们可以看出东亚的危机，是已经到了最后的关头。苏联是决定不再容忍日本的西进政策了，她以外蒙的边境为日本西进的限界，过此限界，她就要不惜与日本一战。只要日本的满蒙政策再循直线进行，东亚的大战是立刻可以爆发的。

日本对苏联的挑衅，据中外许多政论家的观察，以为只是日本用来掩饰对华侵略的烟幕。从最近日本政界发出的"北守南攻"

的口号，以及日本在华北、华南一带的活动看起来，这种观察是有理由的。但日本法西斯领袖荒木有言："无论哪一种敌人要抵抗日本帝国的扩张，我们得消灭它。"这样看来，日本对俄行动，岂永远只限于为对华侵略的烟幕。现在的日本，对于她将来的战争对象，似还在迷离倘忽之中，她现在还不能确定将来是与英国或美国在太平洋上作战，抑是与苏联在蒙古高原及西伯利亚平原上作战。但是从目前的情势推断起来，日俄战争的可能性，究大于日英或日美战争的可能性啊！

不管日本的对俄行动将引起东亚大战，抑或仅为对华侵略的烟幕，受损害最大的总是我们中国。旁的且不要讲，只就《苏蒙协定》成立后的情势，就够使我们为难。我们对苏的第一次抗议，只换得了苏联的一纸狡辩，第二次抗议去后，则至今犹未得覆。看起来外蒙很有同中东路一样，连宗主权的空洞名义也给取销的可能。同时，受着《苏蒙协定》的刺激，日本正在迫我华北当局订什么"防共协定"。这协定如果成立，其对我国的意义，是不堪设想的。

历史是复演的。三十年前，日俄为争夺满洲，以满洲为战场，举行恶战。现在，他们为争夺蒙古，又要以蒙古为战争舞台了。唯一的不同，是三十年前的日俄战争，我们犹可据辽河西岸，觍颜中立，而在将来的日俄战争中，则恐怕连这点自由也要给剥夺了。

《文化建设》（月刊）

上海文化建设月刊社

1936 年 2 卷 8 期

（朱宪　整理）

绥西之隐忧

乌盟西公旗变乱事件，自八月六日再度发动后，绥西顿呈不安之象。虽经傅作义氏派兵实行武装调解，现在叛徒表面虽已就范而未有诚意，此实一大隐忧也。

七月间，石王奉中央令返旗复职，不料伊锡大喇嘛、额宝斋等，谋乱之心未泯，突于六日发动变乱，与石王为难，且分为两股进攻王府。后经石王奋力戡乱，始将乱事敉平。叛众首领伊大喇嘛，当时逃至沟中被石军生擒，就地正法，残众一部窜往乌拉山后，拟投百灵庙，被固阳及安北之保安队堵剿，卒未得逞。至于额宝斋、格格喇嘛等，则已率部百余人，由乌拉山后经安北、固阳、武川，而往投百灵庙，此辈前在西公旗，均为军队首领，其号召能力，不减于伊大喇嘛，均有被人利用之资格。是以乱事虽经戡平，然若辈犹徘徊于百灵庙间，而企图待机蠢动，此乃绥西隐忧之又一证也。

日来盛传王英派人来绥西罗致此辈，以谋大举，倘成为事实，则其卷土重来，势所必然。

叛众自经此次倡乱后，获得新式武器不少，其新式武器之来源，想国人已可了然。以是被〔彼〕辈谋乱之心，不但未曾气馁，且更有变本加厉之势。石王有虑及此，除派兵把守各要口以为防御外，并派重兵驻守公庙子。盖公庙子占绥西军事上之最重要位置，庙建于山腰，石墙高丈余，虽大炮亦不易摧毁。四周山沟，曲折通达，庙中可容五六万人，有井水泉水，不缺饮料，距包乌路约有十里许，登山俯瞰，了如咫尺，以高临下，可以控制东西，极擅形势之雄壮，可为扼要之天险。此次叛众据之以顽抗，最后仅十余人，犹能使官兵无法前进，可见其险要之重大矣。迩者蛮〔蜇〕居村野之旧匪颇有蠢然思动之意，而随额宝斋往投百灵庙之匪徒，为数甚夥，此亦绥西之危机，颇堪注意者也。

绥西形势之严重，与绥东问题，可视为同一某方之所策动者。证之以伊、额两方，各有某国人十名左右，帮助指挥，加格齐庙，且有某国飞机场一处，可见伊大喇嘛等之变乱，其背景已昭然若揭。迩来绥东形势一紧一弛，绥西危机四面潜伏，整个之绥远，皆在风雨飘摇之中，我西北最前线之国防，惟此而已，倘一旦绥远不保，则不仅黄河以北之地，将为敌人铁蹄所蹂躏，而我黄河以南之地，诚恐亦未能高枕而痯〔寐〕矣。际此千钧一发之时，吾人望中央迅速图之，免为噬脐之悔耳。

《西北刍议》（月刊）

南京西北刍议社

1936 年 2 卷 8 期

（李红权　整理）

《苏蒙互助协约》之检讨

赵管侯　撰

一　《苏蒙互助协约》实开国际空前恶例

昔史丹林氏在第十六次苏联共产党大会演词中曾谓："我等不求外国领土之一吋，然亦不让他国占我领土之一吋。"依此意义而言，即苏俄之外交政策，乃为防御而非侵略，意至显明，无须解释，其于近年与各国签订"互不侵犯条约"，尤为世人所知。讵料最近，西既与法国订立互助协约，激起希特勒出兵莱因〔茵〕，几酿欧洲二次战祸；而东又与我主权下之地方自治外蒙政府，擅立攻守同盟协约，而植日俄二次战争祸胎。苏俄是否由消极的防御，突变为积极的侵略，余姑不论。其最为吾人所坚决反对者，即苏蒙订立之互助协约，诚含有制造远东战争之严重意义，尤其最重者则为蔑视中国主权，违反《中俄解决悬案大纲协定》是也。据四月七日，苏俄政府发表《苏蒙互助协约》，及其《附属议定书》，借知该约正文，系于三月十二日，经苏联代表戴洛夫与外蒙小国民会议议长亚摩尔、国务总理兼外交部长庚登所签订，其要点如下：

（一）苏蒙约定任何一国，遇受第三国攻击之威胁时，为保全领土起见，另行协商对策；

〈（二）约定任何一国，受第三国攻击时，有互相出兵援助之义〉务；

（三）为履行（一）（二）两条之义务，关于援军之驻扎及境域之通过事，约定战事结束后，援据一九二五年苏军退出蒙古之例，立即撤退本国。

据此，则苏蒙协约之性质，显系一种攻守同盟之军事条约，而非普通条约可知。先就苏俄而言，《苏蒙互助协约》与法、苏、捷克、罗马尼亚等互助协约，乃苏俄所设对德、对日之包围阵线，作成东西呼应之势，俨然仿佛大战前一八八二年德、奥、意三国同盟，与四国协商（一八九三年法俄同盟、一九〇二年英日同盟、一九〇四年英法协商、一九〇七年英俄协商）之对抗形势。其用意虽在于防御侵略，而其结果实助长甲乙两国间之轧轹，非使全世界陷于战争状态不可。再就外蒙而言，外蒙为中国领土之一部，中国对于外蒙，有宗主权之关系。依据国际向例，凡有自治权之领地，与他国订立协定，只限于该自治领域单独利益之一部；不论享有如何权限之自治领土，绝无擅与他国订立协定或军事协定之理；而他国亦不得与之强行订约。此种范围，即系限于通商经济方面，为自治领土单独之利益部分。例如《英帝国运河条约》（一九三三年）等，未经英国参加，仅由加拿大自治政府与美国为之。而至于以参如〔加〕战争为意义之同盟及互助条约，实无一例可援。盖订立政治或军事条约，必须有完全之国际人格者，即主权国，始能为之。以自治领无此对外签约之特权故也。故苏蒙签订互助协约，实为国际创一空前之恶例。而况苏俄"赤化"外蒙之关系，向皆秘未公开，今竟明目张胆，公然发表，是有意蔑视中国主权之行为，不啻昭然若揭矣。

二　苏俄援引《奉俄协定》之马脚已露

从中、俄、蒙间之历史关系而言，盖自外蒙归藩有清，在中国主权之下，业已二百余年。民国建元，号为五族共和政体。当时活佛哲布尊丹巴因受俄人策动，乃宣布独立，秘密通款于俄。俄皇尼古拉二世，乃乘机派员于一九一二年，在库伦，签定《俄蒙修好条约》及《附属议定书》，援助蒙人自治，自行编练军队，不许中央军队驻扎外蒙，俄人遂获得"外蒙之居住、通商、土地取得、赁借、无税输出入各种权利"。于时，我国與〔舆〕论激昂，群起反对，几经交涉，卒于翌年（一九一三年）十一月五日，成立《中俄宣言书》及附属公文，俄国乃承认"外蒙古在中国之主摧〔权〕下"及"外蒙之地域为中国领土之一部"，中国政府仅允许"外蒙之自治权"而已。此外，我国外交失败之点，即规定"关于政治及领土问题，中国政府，须与俄政府协商"，但不许俄蒙间，另有何种协商，只准外蒙派员参与中俄协商。至一九一五年六月十五日，订立关于政治或〔及〕领土之国际条约之权。嗣因帝俄崩溃，共产政府成立，中俄关系，忽然中断，外蒙亦于一九一七年十一月取消自治。翌年十二月，徐树铮任西北筹边使，率兵四师进驻库伦，陈毅继之，遂恢复中国在外蒙之原有势力。于是活佛一派，复勾结白俄余党恩琴等，率兵万余人，占据库伦，乃有一九二一年赤军驱逐白党，侵入外蒙之事实。至一九二一年之《俄蒙协定》，一九二四年之《中俄协定》，系规定旧订条约无效（第三条）。前事虽属历史陈言，但一九二四年春，王正廷与加拉罕之交涉后，复经顾维钧与加拉罕继续交涉，成立同年五月三十一日《中俄解决悬案大纲协定》，其第五条，载明"苏联政府承认外蒙为完全中华民国之一部分，并尊重中国在该领土内之主

权"，又同条并载有"即行撤退驻外蒙之苏俄军队"。至翌年（一
九二五年）三月六日〔日〕，苏俄代表加拉罕，始以公文对我政府
照会"撤兵完竣"之旨。是则中苏间既受如此协定之拘束，苏俄
今日，有何根据与外蒙订立攻守同盟，即互助协约耶？故自该约
发表后，外交部长张群，即根据上述《中俄解决悬案大纲》第五
条之规定，提出抗议。旋据苏联政府答覆，略谓："苏蒙协定各
款，毫不损及中国主权，对中蒙亦无领土要求。并谓一九二四年
九月二十日之《奉俄协定》，未引起中政府之抗议。该议定书，不
反对第三国之利益，仅限于为防卫自己之领土，苏蒙受侵略时，
始生效力。苏联政府，重行确证上述协定（民十三《中苏协
定》），仍保持其效力，以迄于将来。……"云云。复经外交部驳
以"《奉俄协定》，地方当局，未得中央允许以前，曾经北京政府
外交部，于民国十三年九月二十五日及十月十日，两次提出抗议
书，并经中国驻莫斯科代表，向苏俄政府抗议各节，不得援引为
苏方有权向中国地方政府，签订任何协定之先例。……"列举当
时种种事实，发出第二次抗议。要之苏方"赤化"外蒙，其心目
中，早已不认外蒙为中国之自治区域，而作为独立处分，不过为
摆脱苏俄回避侵略上之恶誉起见，仍然承认在外蒙之中国主权；
而滥引《奉俄协定》，以搪塞国民政府之抗议。孰知苏俄所持
"《奉俄协定》未引起中国政府之抗议"之词据，已露出一大破绽。
至少苏联政府，在外交上，应负失言之责。而在政府方面，依据
《中俄协定大纲》，业已明白承认中国在外蒙之主权，并列举《奉
苏协定》之事实，抨击《苏蒙互助协约》之违法性，在理论上较
有智〔根〕据。但苏俄是否讲理论之国家？此吾人所深为疑惑
者也。

三　就共产国之国际法观主权观亦属违法

有谓苏俄之国际法观、主权观，全与他国相异者，此语诚然。苏俄本属倡导阶级争斗、世界革命，期使世界共产化之国家，其一切见解，与近代普通号称文明国家，容有独异之点。据日本有名之法学家，米田实博士，所援引之俄国国际法文献，例如科洛沃宛所著之《过渡期国际法》、塔拉库奇所著之《苏维埃联邦与国际法》等，及其余书籍，可资参考者殊多。例如普通所立国际法之定义，乃指以"国际语"。而在苏俄，如科洛沃宛，则解释为"国际法，应以国际社会组织员之支配阶级团体之权利义务，作为规律之法律规范总体"。再则世界国家，均须互相尊重其主权独立，故以不干涉为原则。但苏俄则以"赤化"世界为目标，认为应加干涉（《塔拉库奇》三七页）。又苏俄系以"民族自决"为最高不可变易之权利，所谓国家主权者，则视为"表现于民族自决，阶级斗争之无产阶级国家的社会改造权"（同上二七页）。然主权一语，姑无论其意义之解释，容有互异或矛盾之处。例如苏联宪法第一条，就苏俄联邦构成之各自治苏维埃，称之为"国民主权"。虽谓其联合出于自由，然各自治苏维埃宪法，非经全苏维埃大会之最后批准不可。故根据苏联宪法之制定权而论，即依苏俄一方之见解，则上述《中俄条约》所规定"在外蒙之中国主权"，不得发生种种互异之解释，更不待言。再依据现代之国际法而论，主权之意义，业已确定，在外蒙之中国主权，既经苏俄政府承认后，最低限度，苏俄与外蒙间，不得以任何借口，订立关于外蒙之政治或军事条约，已属明白无疑。何况世界之国际团体，法律事实，久已规定。苏俄既与各国交际往还，当然为国际团体之一员，即负有遵守国际团体规则之旨意。无论苏俄提出任何修改新意见案，而在国际团体未采用以前，即不能谓"与国际法无关系者也"（日本《外交时报》五月一日第三号）。米田博士，恐苏方另有特见，就共产国家方面之文籍，参加研究，卒未发现理论上之根据，益足证明苏蒙签订互助协约之非也。言亦系事实。据史丹林对美国新闻记者哈瓦多氏之答问，曾谓："万一日本攻击外蒙，企图毁灭其独立，吾人必起而援助外蒙。"又谓："现在含孕战争之危机，在日本与德意志二国。"又据苏俄外交副委员长斯特摩尼科夫，通知驻苏日本大田大使，谓："苏联与外蒙之友好关系，仍旧不变，故援一九二一年应援外蒙之成例，今日必须援助之。"实际当日本占领东省后，苏俄五年计画，尚未完成，羽毛不丰，事事退让，不顾中国政府之抗议，出卖中东路，放弃北满，使日本势力坐大，苏俄政府实尸其咎。今则第二五年计画既已成功，对欧多角外交，又得法、英、捷、罗诸国之支持，减轻西顾之忧。于是苏俄旋而东向，突取积极武装强化政策，充实极东之军备。一面于东部沿海州方面，设备大规模的航空路网，建筑防垒，增添军队，及开辟利源，其投资额，据报已达四十亿六千万卢布。一面复收外蒙于掌中。在苏俄极东司令官蒲纽赫路与外蒙陆军部长德米多谅解之下，由苏俄从赤塔起至乌兰巴特尔贺达，建设航空路、军用铁道，并对蒙军之训练，增派苏方多数将校。据报现在调驻桑柏士、哈尔哈河一带之苏俄军，已超过五师之多。如桑柏士则以对满军事行动之基点，增派军用机四百五十架，并于乌兰巴特尔贺达主要各地，配置军用机、高射炮、重轻机关枪队、战车、装甲自动车队，及其他近代机械兵团，与满洲里相去不远之克鲁伦河左岸齐齐哈尔飞机场（该场有爆击机三十架）相呼应。而在苏联将官指挥下之蒙兵，约达十万至六万之数，且与华北边境之突，蜿蜒迄于"满"蒙国境线界，布成大马蹄形之包围阵势，虎视眈眈，日"满"对苏蒙之战机，大有一触即发之势。

盖自苏俄得西欧各国外交上之声援以后，俄"满"国境线之步哨冲突，自去年一月二日，新巴尔虎左翼旗附近开衅起，至十二月二十四日坡伦德鲁事件止，前后冲突，已达十一次。今年则从一月四日新巴尔虎右翼旗蒙机飞越哈鲁伯特事件起，至五月十五日长岭子附近苏"满"军冲突止，前后亦达八次。中间虽经去冬"满洲里"会议，就俄"满"国境问题，希图双方解决，但会议时，只闻"赤色奴隶"与"日本傀儡"之对骂声，结果不独一哄而散，反而激成外蒙国务总理兼外交部长庚登等赴莫斯科之一行，致有苏蒙订立互助协约之举。

　　总之在苏方认为互助协约之对象，不在对华，故其答覆第一次抗议书之要点谓："苏蒙受侵略者之牺牲时，始生效力。"然无论其对象为何，要之，《苏蒙协约》实孕育战争之危机，战争者虽属他国，而战争之地域则为中国土地。甲乙两国宣战，而丙国不能行使中立，坐任其土地、人民，饱受炮大〔火〕牺牲，世界之不平事，莫甚于是。昔日俄之开战也，我东省土地、人民，曾受无限之牺牲，日既胜俄，旋占据辽东半岛，嗣被俄、德、法三国干涉，始将其退还，今日人又以胜俄之功而进据之。日人之取青岛胶州湾也，由参战国境内龙口进兵，我山东半岛人民、土地，复受无限之炮火牺牲。日据青岛，亦赖华盛顿会议之力，始行退还。吾人饱尝过去之教训，认为人类应有道义的互助性，不应自相残杀，故始终反对战争，尤其反对任何国家在我中国领土主权之范围内，任意制造战争。吾人根据此种理由，认苏蒙所签订之互助条约，将继法苏互助协约，而使远东步第二莱茵之后尘，结果有促成远东战争之虞。《苏蒙协约》之对象，虽不在中国，而其直接所受之利害关系，完全属于中国，故吾人为世界和平计，为远东安全计，为国家自身利害计，强调反对《苏蒙互助协约》之非是。何况苏俄既承认中国在外蒙之主权，即不应蔑视主权国，而与我自治属领之地方政府，擅订军事、政治等类条约。苏俄以倡导国际和平为名，尤应遵守国际规范，毋作俑始，庶几有实现和平之一日。

《正风》（半月刊）

北平正风杂志社

1936 年 2 卷 8 期

（朱宪　整理）

绥远在西北上之关系

林美　撰

　　绥远这个省份，得名的缘故，是因为清季绥远将军驻节而得名的。在汉代时，属云中郡，隋杨时，为定襄郡，唐代时，置大都护府，辽为西京道，元属大同路。到了清季，热河、察哈尔、绥远大半属于内蒙古境。绥远面积约有九十二万方里，人口约二百十二万，平均每方里二人稍强。

　　自从××帝国主义者利用汉奸扰乱以来，绥远成了最重要而最引人注意的一个地方。何以是最重要而最引人注意呢？因为绥远和西北各省的关系太密切了。其疆域是这样的：北和外蒙古相连，西与宁夏、西南与甘肃相接，南介山西、陕西二省，东和察哈尔相邻。

　　从这种情势看，我们来一个假定的说法，如果绥远不幸被××帝国主义者侵夺去，除掉东边察哈尔已经被××以武力占领察北六县，察省整个被占外，西边宁夏立刻丧失，尤其山西、陕西、甘肃三省感受极重大的震动。山西、陕西、甘肃三省失了保障，眼见遭受×军马蹄的蹂躏，当然是毫无疑义的。晋、陕、甘三省不保，中原更是危险了，整个的中国立刻会受××的控制了！我们这种"逻辑式"的推论，不是凭空制造出来，乃是根据实际的情势论断出来的。所以说，绥远和西北各省的关系，在地理上是太重要、太密切了。我们不能放弃绥远，为的是要保障整个的中国，不使整个的中国在××帝国主义者压迫之下！

《西北刍议》（月刊）

南京西北刍议社

1936 年 2 卷 10 期

（朱岩　整理）

绥远与察北

记者　撰

浩浩乎黄沙无垠，夐不见人之塞外，察、绥一向是被人们认为衰草荒凉不大注视的区域，但是自从东北四省失陷，敌人梦想大陆政策，渐次演进，驯至察北六县，以锡盟防疏，复沦于敌，兹绥远方面又告警矣。藩篱尽撤，固圉无能，溯本穷源，全国国人对于边防之过于放任，实难辞责。

自绥远事起，中央、地方当局及晋、绥两省军民，在最高领袖指导下，均能团结精诚，一致御敌，东隅已失，桑榆非晚，卒能于最短时间，克复百林，收回大庙，使绥远之西北以及阿拉善、额济纳失其威胁，于此次匪伪之侵略，可说是给以猛烈之创伤。但是绥东以及绥远之东北，仍在匪伪鹰瞵虎视、眈眈欲逐之下，不能一日安定，故欲有保存绥远全部安全决心，最低限度，必须以全力规取察北，否则察北六县终不可复，而绥远亦永无安枕之日也。

查察、绥二省，原为唇齿相关，不容任何一部分丧失，致感唇亡齿寒之戚，故现今抗敌计划，应以"以守为攻〔攻为守〕"政策，先规复张北、商都、嘉卜寺、滂江等地，以完成张库大道之交通，然后再向匪伪军之总兵站多伦，本擒贼擒王之义，直捣巢穴，更完成察、绥两省之整个领土。

自此次百林庙、大庙先后被绥军克复，在冀察当局领导下八万余健儿，是受了一种强烈的刺激，我们要知道，凡是有过英威历史的决不肯落人之后，而况一年来他们所受的敌人压迫，简直是无处宣泄，现在眼见前线抗敌斗士受全国人热忱爱戴，极端拥护，以往有过英威的岂不怦然欲动，跃然欲试。我们现在郑重告诉国人，绥战之扩大，察北之规复，中央与地方当局，已均有相当准备，在必要时机到来，也许有一幕雄壮的、激烈的事实演出，以慰国人爱国守土之望。

《西北导报》（半月刊）

南京西北导报社

1936 年 2 卷 10 期

（李红权　整理）

外蒙与日苏关系

〔日〕 职田精雄　作　　敦牟　译

本文载《中央公论》四月号，适值日、俄、"满"、蒙边境冲突剧烈期间，日本人的观点，以及外蒙的真实状况，吾人均有加以检讨的必要，本文即能供给吾人以检讨的资料，爰为译出，以饷阅者。译者

A. 东亚之日苏关系与"满"蒙国境纷争

自"满洲国"成立后，日本的大陆势力，直接与其接壤诸国，发生了利害冲突。因此远东苏领及华北一带，曾屡次的惹起了日本的注意。但在去年以前，"满洲国"与外蒙之间——接壤境界约有七百粁——并未发生何等纠纷。此决非两国间根本没有什么纷争原因之存在，却因"满洲国"之暂时无暇顾及此方面而致。可是自去年一月哈尔哈庙事件发生后，两国间的关系突然急转了。为解决此事件，也曾举行过"满"蒙会议，但旋即破裂。故自去年初旬以来，两国国境上屡次发生的纷争事件，遂一跃而演变为惊动世界的"满"蒙问题。

"满"蒙问题所以被重视的理由，主要的是由于东亚大陆上的日苏势力之对立。苏联借中国旧版图，得以确保外蒙，伸入新疆，更窥伺西藏；且拟使中国内地的红军占据绥远，以图外蒙赤色势

力之横断中国。这企图如能实现，则中国的赤色势力就可占一牢固的阵形。为应付此局面，日本的大陆势力遂伸展至华北——冀察政权之成立，借此以遮断赤色势力之横断中国；更驱逐"满洲国"境内的苏联势力——收买中东铁路——以日本的势力范围包围作为苏联东亚根据地的外蒙。东亚大陆上的日本势力之积极扩展，结果必然会引起日苏战争，故日本对外蒙态度如何，是颇足以左右东亚时局之动向的。

现在先说"满"蒙国境纷争。

所谓哈尔哈庙事件，即去年一月二十四日，日"满"军宪赴"满"蒙国境哈尔哈庙附近视察，当时受外蒙兵的非法射击，死伤数名，至一月三十一日，日方遂以武力扫荡外蒙兵。事件发生后，"满洲国"为谋此事件之急速解决，曾提议举行"满"蒙会议，外蒙也表示同意，于是"满"蒙会议遂于六月三日在满洲里举行。

在开会当时，"满洲国"为防止再发生此种纷争，且为处理此种事件方便起见，曾主张两国各自在本国首都及国境地带设置常驻代表机关，以图两国国交之恢复。但外蒙认为此种事件应作为地方问题去处理，且拒绝两国之恢复国交。如此两国的主张就异常悬殊。

此后六月二十三日，在哈尔哈庙附近工作中的关东军测量员，突然被外蒙兵捕去，于是会议遂更因此事件而稍有进展。

但两国的主张总没有接近之可能。会议继续了半年，而依然毫无结果，遂于去年十一月二十五日决裂。

外蒙何以拒绝恢复国交呢？它的理由如下：

A. 外蒙在政治及经济上完全为苏联所支配，因此其根本没有作为独立国家与他国结连国交的必要。

B. 外蒙不愿使他国知晓其国内的政治不安及经济混乱。

C. 在日苏关系紧张当中，恐将外蒙之重要军事设施泄漏。

D. 如与"满洲国"发生关系，恐因此而引起国内的政治变革。

十二月十九日（去年）事件　会议决裂后不久，十二月十九日，日"满"军在贝尔湖西南奥兰赫道次克附近，扫荡越境驻屯的外蒙国境监视队，并捕掳外蒙兵十名。本事件是"满洲国"为自动目的解决纷争而积极行使其实力之表现。

海尔慕特事件　以前的"满"蒙国境纷争皆集中于贝尔湖附近，但至今年一月十五日，突然移至海尔慕特，此地距贝尔湖约三百五十粁。该日，外蒙兵三十名袭击海尔慕特"满洲国"监视所，捕去"满洲国"哨兵七名。此种举动，在外蒙方面则完全为使"满洲国"交换十二月十九日所捕去的十名外蒙兵。至一月十七日及二十二日，在同地又有小冲突，双方死伤数名。

二月十二日事件　自去年底以来，两国的纷争中心地总是奥兰赫道次克附近，至本年度，一月十四日、十六日、二十六日及二月五日，接连着都有小冲突。但至二月十二日，却惹起了极可忧虑的大事件。该日，日"满"军在奥兰赫道次克附近，与二百名外蒙兵发生冲突，夺还了该地，日"满"军死伤十八名。且传说当战斗时苏联曾派飞机二架爆击日"满"军。

这是最后的战斗，确实是"满"蒙国境上的最大冲突，据云现在其解决已移至外交交涉，但两国的关系既属处于断交状态，则很难期望圆满的结果。外蒙对解决纷争，将持以何种态度，是颇可注目的。本年二月二十一日，大田会见斯特磨尼牙可夫时（苏联外交次长），曾提倡设置"满"蒙国境调查委员会。

在此会见时，大田大使曾要求苏联率直的阐明苏蒙关系，并请苏联阐明苏联政府以何种根据而对外蒙效斡〔斡〕旋之劳。因为苏联与外蒙的特殊关系，固为大众所知晓，但外蒙是中国主权所明定的中国领土，而苏联根据何种法律竟与外蒙结连国交，这在苏联方面却未曾表明过。

关于有无明文条约之规定，苏联外交次长斯特磨尼牙可夫并未提及，但斯氏宣称，为保证外蒙之独立，苏联有援助的必要。且谓，外蒙与苏联直接连壤，如第三国对外蒙有所干与，则无异于对苏联威胁，故两国间曾有攻守同盟的特殊协定之存在。

"满洲国"接受了苏联的提议，故在最近的将来，"满"蒙间的国境调查委员会势必成立。但"满洲国"却急切的希望两国间恢复正常的国交，而苏联方面又断难允诺。不过，自去年年底以来，屡次爆发的"满"蒙国境纷争，至此总算稍见缓和。

E〔B〕. 苏联与外蒙

一九二一年，外蒙在苏联〔俄〕援助之下，脱离中国而独立。此蒙古新国家，于一九二四年曾暗杀国王活佛而宣布共和制，并改称蒙古人民共和国。自对〔外〕蒙独立开始，苏蒙两国间之关系，即保持着一种其他独立国家间所未有的特殊之调协政策。

现在先观察其政治关系。苏联是承认外蒙的唯一国家，曾与外蒙交换外交代表。两国的首脑人物，也屡屡有所往复，外蒙的数百个政治机关，差不多都在苏联人的指导下运用〔行〕着。

特别使人注意的，是把持蒙古独裁的蒙古人民革命党之存在。此党在名目上虽非共产党，而实际上，却是第三国际之一盟员（但无决议权），现在的党员数，是一万六千人。

两国的经济关系，则更密切。苏联以国营贸易机关，代替旧来的私营商人，借本国经济的发展，而利用两国的特殊关系，自一九二九年以后，差不多整个的独占了外蒙市场。在一九二七年苏蒙输出入额只占外蒙全输出入额的百分之三十四，而至一九三四年却增至百分之九十一。

苏联之独占外蒙市场，也颇得外蒙方面的协助。一九三〇年末外蒙政府曾发布国营贸易法，以统制贸易。自此以后，苏联遂成为外蒙的唯一通商国。外蒙若与他国通商，必先经过苏联机关及苏联领土，这样，除苏联以外，外蒙对其他诸国，都施行着经济的封锁。

不只贸易关系，此外苏联更获得了外蒙的铁路敷设权、内河航行权，以及通信与航空等特殊权利。苏联更获得两国合资的汽车运输业，及工业企业之建设权，此外，外蒙一切的经济部门，若无苏联的援助，或共同经济，是不得存在的。

如此，苏蒙关系，不仅只是密切，而简直可以说是已成为一体。

苏联所以要确保外蒙的最大理由，是因为从苏联国防的立场上看来，外蒙领域，是苏联最重视的地方。苏联以日本为假想敌人，而开战时，外蒙是最重要的战线。

海拉尔方面的日"满"军，如占据苏联军事根据地桑贝子，则日"满"军可侵入苏领，且可占据贝加尔湖附近诸军事根据地，这条战线，是明显的。因为西伯利亚铁路，是贝加尔湖以东诸地方全赤军之唯一兵站供给，故此退路一断，则必制全军的死命。

此外，外蒙之地理的特殊性，对苏联也是个自然的重要防备物。外蒙是广大的沙漠地带，且异常缺乏水源。故如战线延长，则兵站的供给，必感困难，因而此地的大部队之移动亦异常困难。这样，苏联在战斗时就可利用汽车及战车等机械化部队，在地势上占很大的便宜。

而且外蒙又是食粮及军马的供给地，外蒙拥有二千万头的家畜资源，因此外蒙在战时更加重要。

这就是苏联不顾一切牺牲，而坚决要确保外蒙的理由。

C. 外蒙 "赤化" 之真相

外蒙共和国得面积是一，五○三千平方粁（四倍于日本内地），人口约有八十万，其所拥有的家畜数则有二千万头。

自外蒙共和国成立以来，外蒙之 "赤化" 已成为不可抹杀的实事。但数年来政策的左右化纷争，却争斗的很利害，到底还是右倾政策占了优胜。然至一九二八年末，左倾派突然压倒右倾派而获得政权，自一九二九年至一九三二年初期，实行了急激的 "赤化" 政策，此政策曾受国民的反对而激起大暴动，因此政府遂不得不再趋右倾，外蒙之急激的 "赤化"，至此才算受一大挫折。

外蒙首相承认此政策之错误，曾这样说：

> 左倾派政策的错误，是在于使外蒙走入社会主义的发展阶段，而建设社会主义国家。但现在的外蒙并非社会主义国家，它是站在非资本主义的发展过程上而渐次转移的布尔乔亚民主主义共和国——新型的民族革命，反帝及反封建的共和国（一九三四年末第七次大国民会议的演说）。

现在再看极左政策之如何影响于各方面，且如何招国民的反对，更略述其现在的情势。

外蒙的主要产业是牧畜业，此产业约占国民总收入的百分之八十。极左政策实施时的外蒙家畜数（一九二九年一月）如下：

骆驼　四七二（千头）

牛　　一，八五七（千头）

山羊　三，三三九（千头）

马　　一，五七五（千头）

羊　　一四，七○四（千头）

共计　二一，九五○〔四七〕（千头）

外蒙的土地并非私有，游牧经济中根本没有不动产，财产的多寡完全以家畜之所有关系而决定。但蒙古民间的贫富之差却很大，其社会阶级的分化尚未发达。不过大体上旧王公贵族及大喇嘛僧侣等多是经济的富裕层。

蒙古政府将此个人经营的牧畜经济，改为共营经济组织。以中农及贫农为中心而组织的共营经济，没收了僧侣及富农的家畜，以此为共营经济的基础财产。且对僧侣及富农课以苛酷的累进税。结果在一九三一年末，外蒙的全产业之三二·五％已被共营化。

但共营经济的内容怎样呢？共营化的中农及贫农并不理解共营经济的本质，只是为了无代价的获得家畜而参加。富农等惧怕重税及没收，都拼命的将所有的家畜或出卖或屠杀。结果，三年间外蒙的家畜，减少了七百万头。

同时其他诸部门，极左政策也是同样的失败。例如农业上因共营化的结果，使耕种面积急激的减小。工业及手工业之过激的国家统制，显著的使生产减少。以国营商业弹压私人商业，结果惹起了商品饥馑。苛酷的宗教征伐，即寺院家畜的没收，及下层喇嘛僧之强制还俗等，也激起了宗教心异常强烈的大众之反感。扑灭文盲运动，也使游牧民众异常不安。

苏联实行极左政策的结果，使大多数的国民增加了对政府的反感，此等国民更与从来就积极反政府的旧王公贵族及上层喇嘛僧勾结，爆发了颠覆政府的暴动，时间是一九三二年春季。暴动区域是外蒙产业的根据地，外蒙政府感到本身的力量难以抑止暴动，遂接受苏联军队的援助，于同年秋季始渐将暴动镇压下去。

自此暴动爆发后，外蒙政府才急激的转向右倾化政策，借以平定民心。结果，遂撤废了牧畜业及农业上的共营化，缓和了苛酷的累进课税，允许了私营商业，其他诸部上也都表示了政策之右倾化，总之，此可谓之以前的右倾政策之恢复。

现在是大暴动勃发后的第四年，外蒙的现状又怎样呢？

牧畜业曾因极左政策而急激减退，但现在却增至二千一百万头左右。而外蒙的牧畜业，若不从朴素的经营而进至合理的经营，则终无充分发展的可能。政府方面也曾注意到此点。但这对于财政异常困苦的外蒙政府，却也是一件很坚苦的工作。

外蒙的农业，现在只有四万三千公顷的耕种面积。蒙古人多食肉类，谷类食粮的需要量并不大。且外蒙所需要的谷类食粮量（约有五万五千砘），外蒙本身连全量的四分之一都不能自给。从地质及气候上看来，外蒙农业的前途是没甚么发展的。

说到工业，除二三所羊毛及兽毛工场外，只有几所铸造机械工场、制酒工场及小规模的炼瓦工场和制材厂。此外，也有采煤业及采金业，但都很贫弱。外蒙的矿物资源，虽未经充分调查，但大体上是并不甚丰富的。以前外蒙的劳动者全都是中国人，而最近却也有不少蒙古人出身的。

在国内商业方面，废止了官商独占主义，许可私商之存在，而从事私营商业的，大多数是中国人。现在，除酒精及酒类制造外，大部的商工业是可以私营的。自然大资本的经营，依然为国家独占。

外蒙的国营贸易，现在完全依赖着苏联。输出的大部分是畜产品，输入品则以食粮及绵布等占大量，最近煤油、铁及汽车等输入，却异常活跃。入超的情势，是很显然的。

苏蒙贸易关系（单位：千金卢布）

年度	自苏联输入	对苏联输出	入超	出超
一九二九年	一〇，〇四六	一五，二七六		五，二三〇
一九三〇年	七，八一九	一九，七四五		一，九二六
一九三一年	三七，三四三	二八，八三三	八，五一〇	
一九三二年	四一，三九四	一九，二七八	二二，一一六	

续表

年度	自苏联输入	对苏联输出	入超	出超
一九三三年	三八，五六二	一七，二六九	二一，二九三	
一九三四年	四四，八一〇	二〇，五六一	二四，二四九	
一九三五年	一一，六三三	七，九二一	二一，七二二	

　　继续入超的外蒙，自一九三五年以后已实行紧缩方针而逐渐使入超减少，因此去年度的输入额较前年约减少四分之一。

　　宗教问题怎样呢？外蒙"赤化"工作上的最大障碍，是喇嘛教与国民的密切关系。极左政策废止后，对喇嘛教的苛酷压迫也取消了，更实行归还没收的家畜。但政府认为喇嘛教是反革命的祸根，故在各大喇嘛庙，都派遣政府的全权委员，监视喇嘛僧的举动。且僧侣无选举权，及从军义务。

　　蒙古人的教育程度很低。一九三四年末，官厅公务员的四分之一，还是文盲。而同年度的学生人数，初等及中等学校，合计还不到四千人。蒙古民族的教育及文化程度如此之低，由此可知外蒙"赤化"速度所以迟缓的理由了。

　　苏联对外蒙的政治支配，还不满足，更想"赤化"外蒙全体国民。但喇嘛僧、旧王公贵族及国民大众中的反政府气势，依然在严重的取缔下潜行着。因此，苏联及外蒙政府无时不在警戒着，以防他国之策动。

　　外蒙将来怎样？此问题却不能单以外蒙本身去推断，而应该在日苏关系的演变中，去追索外蒙前途的动向。

《秦风周报》
西安秦风周报社
1936 年 2 卷 12、14 期
（李红权　整理）

冀、察交涉之症结及其潜伏之祸根

记者　撰

日本的蚕食政策，既将东北四省，放在自己卵翼之下，遂进一步而侵及华北。冀、察两省，在地域上，首当其冲，受祸最烈而交涉特繁。日方守其既定之国策，巧取豪夺，气焰不可向迩，我负责当局，处处碍于既成事实，形格势禁，顾虑特多。所以半载以还，会晤无数次，谈判无数次，而结果则一无成绩可言。察北六县，横被伪军占据，冀东傀儡，依然倒行逆施，走私日甚，破坏我海关行政，毒品密输，戕贼我国民精神。因为割裂领土主权的大问题不能解决，其他小的接触，小的交涉，更无从谈起，民生日困，汉奸益多，祸根潜伏，不至亡国灭种不止。自伪、蒙边境，屡起纠纷，陕北共党渡河"窜"晋，日方发动中日防共问题，认为绝对急需，其他交涉，似可概从缓议，此中隐伏之祸根，尤有不堪设想者。吾人忧心边警，痛感危亡，爰就冀、察交涉中之荦荦大端，一为检讨，求症结之所在，知祸根之依伏，邦人君子，共同警惕，当不至诋为无病之呻吟也。

一、中日防共问题："共党之祸"，中日两国，在大体上，一致排击，这是不是因为两国的政治、经济、社会，以及其他方面，与共产主义不能相容，不在本题研究范围之内，姑且从略。但是两国的防共，有一个根本不同之点，却不能不明显的指出。在中国完全为防御式、保守式的防共，像过去的江西"剿共"，豫、鄂、皖"剿共"，今日的川、滇、黔、"剿共"，陕北晋西"剿共"，都是共党凭借第三国际的援助指导，扰乱我内地，蹂躏我人民，侵害我主权，我为清除内患，永绝"祸根"，不能不兴师动众，从事讨伐。又因共党之根源，在第三国际，我为断绝其种种接济，阻隔其消息互通，在边境上、海口上，不能不施以严密的防范，这完全为内政上的防御保守问题，与其他欧美国家之防御共党，无少差别。日本基于其大陆侵略政策，表面上虽云防共，实际上则准备攻击，准备进取。因为打击苏俄的东亚进出，方可完成其大陆上的独占霸权。所以在侵略东北之后，急急的经营内蒙，深入华北，其目的皆为肃清、镇压侵苏的后方，而强化其攻击军事的基础，适于此时，在中国内地的共党，"侵入"山西，与伪国边境上的赤军威胁，遥相呼应。日方认为时局紧迫，机会不容错过，意在提挈伪满，强制中国，在日本领导之下，与苏俄一决雌雄，以驱逐其势力于贝加尔湖之西。所以日本的所谓防共，完全为侵略的、攻击的一种方策，与中国的立场，根本不同。因而在现阶段的冀、察交涉中，中日防共问题，简直成了争论之焦点了。日本高唱中、日、"满"紧密关系之不可分，对冀察当局之防共，不惜与以种种实力之援助，其症结全在于此。现在入晋的共党，经过国军的扫荡，消灭即在目前，日方虽明知其无侵入冀、察、绥远的可能，但是防共问题，却不肯一步放松，这分明是要将中国拉入侵苏战线，使为日本的大陆政策牺牲，这种祸根，正在一天一天的潜滋暗长，非中国完全供日本驱策，在势日本不能放手，这是冀察当局及我政府、国民，所应一致警惕慎防的！

　　二、冀东、察北问题：在冀、察交涉中，我当局所坚持的先决条件，自以察北六县之返还，及冀东伪组织的撤销为最重要。然而日方则认此为既成事实，勉强交涉，则要挟万端。察北毗连蒙疆，消息隔绝，真相不易明了，然自伪军李守信部占据以来，联结蒙古保安队卓什海部，训练壮丁，扩充军实，时时有侵入绥东的可虑。察省政府，投鼠忌器，对此无可如何，只能徐待冀察政委会之从容交涉。而冀察政委会，又先求冀东伪组织之撤销，对察北亦不能多顾。殷逆汝耕，乘时僭号，一味的依傍日伪，上月中派其爪牙，历访日本关东军及伪国政府要员，要求缔结政治、经济、军事上各种协定。据同盟社长春四月十六日电：植田关东军司令，对殷逆特使池宗墨，曾作以下之援助词令：

> 关东军对于贵政府之发展，与对"满洲国"同样，不惜加以侧面之援助，且鉴于山西方面之情势，觉贵政府之责任，尤为重大，深望勿误方策而善处之！

同时伪国政府要员，亦允许殷逆特使，将在长春或山海关，开两伪会议，以便缔结共同防卫协定、关税协定、开发产业协定，以及其他（见上月十七日《大阪每日新闻》长春特电）。又据日方消息，殷逆且有派使正式访问日本政府之意，特请关东军要员，为之介绍。根据以上种种消息，可知冀、察交涉之结果，不特取消殷逆汝耕之伪组织为不可能，而殷逆之活动，且如水银泻地，无孔不入。我们鉴于满洲伪国成立之历史教训，殆无人敢信殷逆之傀儡组织不至扩大。自《苏蒙协定》成立，日方之侵苏战线，急切间必须作成，中国对伪，既不能反颜承认，而日本之侵略，又为四万万同胞之所深恶痛绝，则日方之所谓日、"满"、华互助同盟或者尚须利用殷逆之伪组织，而积极的侵我华北，因为殷逆的伪府头上，僭用中华民国四字（殷逆称"中华民国冀东防共自治政府"），大为可虑故也。日方利用殷逆以挟制冀察当局，且进一步而要挟我国政府，这尤其是极堪忧虑的一种祸根。我们再看目前的冀察当局谈话，不说冀东伪组织，日方无意维持，即说伪府不日可以取销，自日本天津驻屯军参谋长永见返任后，此种宣传，不复再闻，有殷逆的活动，且甚积极，我们于此，可以推测日本政府对冀东伪组织之态度变迁，未来之祸患恐将不堪想也。

　　以上的指陈，均系政治上冀、察交涉的症结所在，其他如华北日货的走私漏税，立意在破坏我海关信用，以笼〔垄〕断华北经济利益，要非从各方面，造成以日本为中心的独占霸权，不足以完成其侵苏侵华的强固基础。汉奸之流如殷汝耕者，其卖国献媚，罪固不容于诛，然而我政府当局，仅欲凭恃和平交涉，以纾华北无穷之隐祸者，当亦能如大梦之初觉，而知其无济于事乎？

《秦风周报》

西安秦风周报社

1936 年 2 卷 13 期

（李红权　整理）

"日德同盟"暗影下蒙古的命运

黎世芬　撰

一　日德同盟的主动者

我绥远忠勇将士，方于冰天雪地的荒漠边塞，与太阳旗掩护下之匪伪军喋血苦战的时候，突有日德两国缔结同盟之惊人消息传出。美国《太阳报》记者柏特逊于十六日过沪时，对英文《大美晚报》记者发表谈话，称日本已于两星期前同意与德国缔结同盟，意大利亦将参加云。此消息之传出，不仅震惊全世界，且使欧美各国（尤其有关远东之各国）加紧幕后之外交战。二十三日莫斯科电，宣称苏联政府将于外交上取报复行为；二十五日又有中国政府之郑重否认"中英同盟"，远东外交坛上之因而混沌，可以概见。

蒙古风光

天苍苍，野茫茫，风吹草低见牛羊

　　二十五日一般视为"日德同盟"的外表文字的《反共产国际协定》全文，在东京、柏林同时公布。除日德两国协议"对于共产国际之活动……采必要之防卫措置"外，且含有"劝诱"第三国加入之意思。此协定之成立，影响所及，实无异将"欧陆暗影，投射于太平洋之上"，使扰攘欧洲安宁的集团战线和对立，延伸扩展至远东，"欧亚问题，更密切的混做一团"。

　　此同盟的缔结，我们特别重视其当蒙伪匪军侵入绥东，与乎"共党匪军"窜入宁夏及凉州一带之一点。此"二种匪军"，尽人皆知，皆为有显明国际背景的"武装汉奸"，且皆以蒙古及西北为目标。无论德国如何声辩，谓此协定，不以中国为目标，然而依远东情势的推演，我们可以断言，任何国家与日本所缔结的协定，不论其具备军事同盟的形式与否，抑不论其对象为何，只须具有与日本合作或互利的性质在，则其效果，必使中国成为战神祭坛上的牺牲品无疑。其对于中国的关系，或至少对于中国的影响，是极端的不利的。内蒙情形混沌已久，近数月以来突急转直下，不能不谓有外来的甚且国际的因素推动。而"日德同盟"——退一步言，日德反共的共同观感——实为一具有重大嫌疑的暗影。

日本想将满州〔洲〕、蒙古、新疆都连成一片

　　根据日本最近外交的行动，以及军部外交之抬头，我们认定更具体的同盟之缔结，实有其事，且其主动者必为日本。何则？盖立于与俄国利害关系直接冲突者为日本；与俄国疆土相接，随时有战争爆发可能，而须预为觅取同盟者为日本；欲利用同盟的缔结，虚张声势，蒙蔽列强，吓退俄国，屈服中国，攫取中国利益者为日本；万一战争爆发，军火及军需供给，亟需补助充实者为日本；其第二条的解释，无异替日本在中日邦交谈判中，所提的"中日共同防共"，下一注脚，故最有利之一方，非德国而为日本；就同盟适用之机会言，其具最大可能性者非德国，而为日本；就反共之立场而言，欲利用为侵略另一国之副作用者，非德国，而为日本。因此，我们可以认识，"德日同盟"不是为防俄，而是为亡华，因欲亡华，而须防俄，因欲防俄，而有日本与德国的立场一致，而有所谓日德《防共协定》的成立。表面的目标是苏俄，实际的目标是中国；字面的意义是反共，内容的动机是亡华。身为人家侵略之目标的中国，切不可为其表面字句之烟幕作用，忘其自身之危机，已如立于一燃烧引线中的炸弹旁，尚可盼顾德日，说风凉诰〔话〕。（德国之甘弃对中国的利益，与中国作对，自然当系日本予以另一交换利益所致，请参看本期纪硕夫君《国际阵线与中国》一文。）

明乎以上各点，我们即可知，"日德同盟"的缔结，受直接威胁者非苏俄，而为命运乖戾之中国，而危机之焦点所在，即今日方在血肉横飞黄沙蔽天的内蒙。

这一页是历史所埋伏的，到了现阶段自会演出。日本大陆政策的实现，非征服中国不可；征服中国，非囊括满蒙不可。满洲既由"九一八"一役，轻轻夺去，蒙古自然是其第二步。而"日德同盟"便是日本预想不会遭遇的蒙古争夺战具体化后不得不有的步骤。

欲明了这一串事实与其推演，则必须明了蒙古在远东舞台上的地位，更回顾到日俄两国争夺蒙古的历史，然后才会了解何以有蒙古的离心运动，何以会有"日德同盟"，更足以助吾人透视今日远东的真面目。

二　日本与蒙古

日本之觊觎蒙古，远在一九〇四年日俄战争之时。而伊藤博文之远涉重洋，来游哈尔滨，即为一种觇国势的行动，不幸此翁竟为一朝鲜志士刺杀，使日本之积极政策，竟展缓至田中义一再起之后，始再度猛进。然而即在其时已有日本驻沈阳领事，收买大批喇嘛，组织所谓"观光团"，前往"朝觐天皇"的勾当。可知日本之计划吞并蒙古，早怀鬼胎矣。

捉迷藏

在地图上大撒烂污

民国四年日本向袁世凯提出之二十一条，其中之第二项即为对蒙古之要求，日本隐藏数十年之野心，可谓为第一次公开于世界。以后，南满铁路即被运用为执行满蒙政策的"东印度公司"，向内蒙伸展日本之势力。四洮、郑白、打通三铁路，即为日本经营东蒙之交通网脉。观三路告竣，蒙古形势遂丕然一变，无论经济的政治的出口皆东移，不复再南向，可知日本计划之周密。随而在日本关东军的援助下，蒙人企图独立的故事，遂一再出演。最显明之例，如民国十七年巴尔加蒙人之叛变。而九一八事变前尚发现蒙古独立运动之阴谋，大连即为当时之大本营。及至田中义一之奏议——满蒙积极政策——被揭露，日本处心积虑以谋满蒙的野心，乃再度公开于世界，中国政府欲图补救，而势已噬脐弗及，一切努力与抵制，不惟徒劳无功，结果反促"九一八"沈阳的事变，提前发生。侵略者索性除去其假面具，实行占领东北三省，秘藏于参谋本部之大陆政策遂为第一着之实行矣！

颟顸的德王

　　所谓"满洲国"私生子既产生，日本多年来对蒙古的野心，乃渐渐具体化。日本一方面以金钱或军火供给蒙古王公或喇嘛等，激发其民族主义，宣传中国之暴政，使蒙古人民对中国抱反感，一方面展其挑拨离间之宿技，鼓动蒙境的中国军队，造成满〔蒙〕汉的对立仇视。而在伪满方面则划兴安为蒙古自治省，且以蒙旗王公为主席，其用意即在收买蒙古的民心，预备更进一步地囊括西三盟，洞穿外蒙古围篱。由于大批特务机关长〈期〉活动的结果，日本的势力遂由满洲而热河而察哈尔而绥远，甚且远至阿拉善旗及甘北额齐纳蒙古，如入无人之境。民国二十三年黄绍竑竟不得不以"外交"的谈判，与德王妥协，允许在百灵庙设立一内蒙自治政务委员会。两年"自"治结果，毕竟不能逃开日本所设隔断内蒙与中国关系的圈套，百灵庙竟变为日本的外府。迄至今日，德王竟居然以蒙古军总司令名义，率同伪匪进犯绥东、绥北，两年来不敢宣布的内蒙投日谣言，毕竟成为事实矣。

三　俄国与蒙古

俄国之经营蒙古，可分二期，前期为帝俄时期，后一期为苏俄时期。

又舞一套龙灯

骑在龙上的是德王

帝俄在经营蒙古，与经营西伯利亚同其时日。清初的边疆，即常有哥塞克兵来扰。其后虽有雍正五年《恰克图条约》的订立，然决未防堵俄国势力的横流；以至庚子之役，满蒙几全部陷于俄国。一九一〔○〕四年日俄战争，俄国之势力虽被排出南满，然两国随即谅解，各就计划势力范围内发展。俄国于是集全力于外蒙之经营。宣统三年乘中国革命发生之际，俄国遂劫持蒙古王公，发表宣言，脱离中国。自此以后，外蒙遂永远保持独立状态，中国之主权，虽经两度交涉，一度出兵，仍无恢复之望。外蒙古不幸竟终沦为俄国之殖民地，成为赤党与白党之政治争夺目标！而中国亦自徐树铮经略外蒙失败后，不复再言主权，听令其自生自灭，予他国以侵凌之机会，言之诚令人痛心也。

俄国革命成功，苏维埃成〔政〕府成立，遂以铲除白党为名，继承帝俄未竟之策，经营蒙古。首先出兵援助蒙古国民党，推翻白俄所树立之政权，成立外蒙临时政府，挟活佛哲布尊丹〈巴〉以号令全蒙。一九二一年左翼青年党得势之后，苏俄与蒙古更实行密切合作。青年党挟苏俄之劳〔势〕力，监视国民党，励行清党运动，将封建势力的王公及宗教势力的喇嘛，铲除殆尽，实现清一色的亲俄政府。一九二四年五月活佛哲布尊丹巴圆寂，六月蒙古共和国即出现，情势乃益见俄化。一九二九年复开始"强迫的社会主义建设"，没收喇嘛财产，励行集体化运动。乃不幸竟蹈苏俄之覆辙，发生普遍之"商品荒"。一九三二年七月，遂不得不改行一种类似苏俄新经济政策的运动，生产、分配方面都模仿俄国制度。

苏俄说："阁下散步时请另找较远之僻径。"

据前西北国民军苏俄参考团从蒙古归来言，外蒙各政府机关，各部总长，各校校长，虽皆为蒙古人，然各机关大半有苏俄顾问，至空军总司令，摩达车司机，皆为俄国人；是事实上外蒙已为苏维埃联邦之一部，无容讳言（见余鹤著《国民革命中的外蒙问题》）。今年四月，蒙、伪在贝尔湖边境发生冲突时，史坦林竟公开宣称："蒙苏已订有《互助协定》，如日本进犯蒙古，苏俄将以全力保护之。"则不啻表示，蒙苏已打成一片矣。

四　蒙古的地位

日本尽力量所友〔及〕，经营内蒙，以谋继续北展；蒙〔苏〕俄亦不相让，出死力卫护外蒙，期伸其势力南下；双方皆以将内外蒙打成一片为目标，唆使各自豢养之傀儡出动；结果，此国际上两大逆流乃冲突激荡于此广漠无垠的戈壁。据报纸统计，在一九三五年，双方冲突达一百零六次之多，在今年的最初三月中，而已有二十二起。由此可以看出，日俄两国蒙古的争夺战，已达到白热化程度，远东霸权的夺取，已临决赛的时期了，则"日德同盟"正是此决赛开始的信号呢！

可是这一段历史，徒然"野心"二字，实不够解释。我们须从经济上、政治上、战略上，去观察蒙古的地位，及日俄二国利用的目的，方能求得二国真正之动响〔向〕，及"日德同盟"产生的背景。

就经济的观点看，我们不易寻出蒙古对于日本有何特殊的经济价值。蒙古（尤其外蒙）为一片沙漠高原，除开产牛羊外，并无多大资源。即此二种原料供给，日本亦非必需品，即在战时亦不难由太平洋获得，故就对俄备战一点言，日本殊无赖蒙古供给其战时必需品之必要。若云市场，则内外蒙古一起尚未超过五百万人口，其消费力殊属有限。况蒙古民族逐水草而居，生活异于日本，日本工业品实少适应性，以赌国运之危险，仅欲于荒漠中辟一市场，日本资本家决不至一愚至于斯。然则日本究从何观点重视蒙古？

日政府某负责官吏曾泄露一阴谋于《纽约时报》记者，据云：日本想诱内蒙王公建一独立的"蒙古国"（日人曾一度宣传为大元国）。"满洲国"已允将兴安省并合于"蒙古国"之内。而该计划之最令人惊讶者，即其憧憬的“蒙古国”，不仅包括内蒙，且将外蒙以及现为苏联领土之一部分的布里雅特蒙古共和国亦包括在内。合计此三部土地，人口约四百余万，面积及一百万平方里。该日本官员为述此事，犹自称赞不已，以为将为日本在远东之大贡献云（Russia Faces Japan on Vast Asia Front，NewYork Timei，April 5，1936）。

外蒙的内阁总理

观此，则日本经管蒙古，政治上的理由实大于经济。盖日本之视蒙古，认蒙古对整个远东而言，为一苏维埃化之走廊，共产思想和势力皆可由此走廊而渡入“满洲”、朝鲜及中国。对于日本帝国主义自然为一至大的威胁，为谋关闭此走廊，故有“蒙古国”的计划。

然更深一层的解释，则为纯就战略上取观点者，彼辈以为蒙古在军事上特别对日本重要，日军通过外蒙，即可袭苏联军队的侧面，因而蒙古的得失足以决定日苏战争的胜负。

惟此际我们绝不可误会，所谓在战略上重视外蒙，并非谓日本侵略之目的在西伯利亚。要知无论外蒙或西［西］伯利亚，在经济上吸引日本之价值，皆不及中国一省。此贪饕之豺狼，目光所视，乃在中国之一块肥脔。彼惟恐此肥脔在将到而未到手之际，为另一北来之竞争者所夺去，故不得不预先戒备，对苏联采攻势的防御。（作者用攻势的防御，非意指日本无进攻的野心，乃指日本刻仍无进攻的力量。苏联领土横跨欧亚，日本欲征服苏联，则非逾乌拉岭，用兵于俄罗斯平原不可，此尚非现在的日本兵力所能为。故日本对俄仅能言守，而守系处于绝对的不利，故取攻势，而仅以贝加尔湖附近为决战地，目的仅在压迫苏俄退出远东，使不再干涉其宰割中国、独霸远东。如第一次之日俄战争取得南满后，即与俄媾和然。盖国力已尽，不克再行支撑，战争延长，反无胜利把握也。）

外蒙古军总司令丹米

既取攻势防御，则蒙古对于日本之战略，有极大的价值，何则？

第一，就对苏俄而言，日军取道外蒙进攻苏俄，比由东北三省或苏俄的东海滨省进攻，更为危险可怕。其优势正如德国在一九一四年之取道比利时。盖日军占领外蒙即可横断西伯利亚铁路，使贝加尔东西两端首尾不能相应，然后垂手可得贝加尔湖以东各省，再西向与苏俄一决雌雄。

第二，就对中国而言，又分消极的意义与积极的意义。消极的方面，日军占领蒙古可以遮断中国政府的国际路线。在预想中的世界大战中，日军可以很少的兵力，以外蒙为屏障，对俄戒备；用优势兵力，在最短期内扫清中国的抵抗力，再返旆北向，与苏俄周旋，以中国广大的富源，众多的人口为支撑力，对苏俄决战，如德国在第一次世界大战中最初所预定之计划然。在积极的方面，日军占领内蒙后，即可与陕、甘之"共匪"相接，而可完成日军直接参加"剿共"或"共同防共"之目的，将德国希特勒所倡导的国际反俄阵线，移殖于中国，将攘扰欧洲大陆的国家阵线与人民阵线的对立，如法泡〔炮〕制，不自然地投入中国乃至远东，使徬徨歧略〔路〕之中国，无可奈何地被牵入反俄阵线，充当日本的牺牲品。在另一方面，内蒙之形势，对于中原，宛若高屋建瓴，内蒙不守，中原万难瓦全。日军只须以优势兵力，利用现有之交通，出晋、绥，扰陕、甘，问鼎中原，则中国军队疲于奔命，全盘瓦解，与西晋丧亡，明室自屋，如出一辙。"如是，不特亡华北，亡西北，整个中国且将无以为抗敌复兴之具。"

前察境蒙政会的所在地百灵庙

　　本年六月英国《圆桌季刊》，《东亚之安定》一文内有："日俄边境冲突，只为一种虚声恫吓，作讨价还价之姿势，并非日本真有意与苏俄开战。因苏俄富源在欧洲与亚〔西〕伯利亚西部，而不在西伯利亚东部与外蒙古，是以日本经济目标，不在海参崴、库伦，而在天津、上海。质言之，日本大陆政策之目的在中国，不在西伯利亚，特为其实行便利起见，必须在中国与苏俄间取得一块土地，将中俄分开，并在蒙古树起军事的边界以防苏俄。"可为本文佐证也。

　　根据以上各点，我们认定日本之侵略蒙古，正是战略上之作用力，更可进一步认识，侵略蒙古仅为日本大陆政策中的一个副题，谓为日本向外发展的目标，毋宁谓为日本并吞中国之一屏障（对外）或工具（对内）。所谓《日德防共协定》对国际作用是掩护日本吞蒙古亡中国的烟幕，对中国的作用是加于中国使忘却其遭日本蹂躏的痛苦的一副麻醉剂。

至于苏俄之对于蒙古，其关系之密切，地位之重要，远过于日本。无论经济的、政治的，抑军事的观点言，苏俄皆不能放弃蒙古。一、在经济上，外蒙古占苏俄对外贸管〔易〕的第四位。外蒙出产的牛羊、羊毛，几全部卖给苏俄。自一九二四年以来，苏俄竟越出共产主义范围，步入新型的资本主义者阵线，将外蒙的输出输入皆全部垄断，使外蒙形成苏俄剩余工业品的消费市场及原料取给地，陷外蒙之经济为殖民地经济。二、在政治上，外蒙为苏俄一手所扶植，且自一九二四年苏俄助外蒙成立"人民共和国"以后，外蒙对苏俄的关系颇似伪满之对日本。今年四月史坦林且公开宣布苏蒙已订《互助协定》，中国虽提抗议，终无效力。若云苏俄仍尊重中国之宗主权，无论怎样解释，究难圆满。故，在政治上外蒙实已等如苏联之一邦。三、在军事上，外蒙对于苏俄更有战略的价值。言守则外蒙为西伯利亚之右翼。贯通欧俄与远东的唯一大动脉西伯利亚铁路，有千余英里接近外蒙古边界，苟日本的"蒙古国"实现，则西伯利亚铁路即有被截断的危险。故守蒙古，即守西伯利亚。言攻，则东可以取"满洲"，出黄海；南可以并内蒙，包幽、燕；西可以窥陕、甘，与"共匪"及新疆连成一片，建立苏俄的外围组织"赤化"中国的根据地。即使苏俄因外交的掣肘，不公然派兵占领中国，亦可乘中日长期苦战之际，接济"共匪"，以抗日为名，乘虚而入，而俄则以兵力位置东蒙，坐收渔人之力。于是则一旦中国战败，日本仍无法取得中国，苏俄反得用卡〔卞〕庄杀虎之策，再对日本作战，以逸待劳，日本自不能敌，结果日本固亡不了中国，而中国亦无复再有中国。幸而中日战争中国战胜，则日本从此一蹶不振，而中国呢，苏俄早已乘中国军队全部调出中原，对日作殊死战之际，已驱陕、甘之"共匪"，入豫、鄂，问鼎中原矣。抗日、亡华，两场战争，并为一场打，与欧战时，布尔维克党对待克伦斯基政府，如同一步骤，苏俄之战略可谓最聪明矣。结果，无论中日战争中，中胜日败，或日胜中败，操最后胜利者，皆为俄国。其所以能如此者，蒙古之优势地位也。总之，蒙古在动荡中的远东，所处地位，正如日本所虑，为苏联的卫星，为"赤化"远东的走廊。此际更有一点，我们须认识者，即蒙古之骑兵，精悍善战，不下于哥萨克兵，益以俄国的精神教育及新式训练，必可成为劲旅，在异日远东战场上，用以增加苏俄之战斗力当为意料中事，故苏俄之重视蒙古，一如日本，观点全在战略上。

伊金霍洛之成吉思汗陵寝（绥境蒙政会会址）

总结以上所论各点，蒙古的地位，在日本是侵占中国的桥梁，在苏俄是"赤化"中国的走廊。对于主权者的中国呢，则无论对日对俄，蒙古是中国陆上国防的重心；蒙古一亡，则中国之咽喉已为敌所扼，虽欲图挣扎而亦不可能。蒙古失于何，则中国亡于何。故不欲求民族之生存则已，欲求民族生存则必守蒙古，必复蒙古。在将来远东的大战，总不外中、日、俄三大主角，谁夺得蒙古，谁守住蒙古，则在最后决胜时，谁取得最后胜利。

五　蒙古的命运

蒙古为一弱小民族，其在经济上与文化上本无独立自树一帜之能力，亦无此意志。不幸居宗主国地位之中国，自救无遑，遂使彼弱小民族孤栖塞外，频遭异族之蹂躏。是当此日伪军阀，伙胁蒙人内犯之际，我们绝不能以为蒙人甘心附逆，绝其生路。盖年来蒙古离心运动有加无已，不外下列原因：

一、政治方面：民国以来，军阀内争，干戈扰攘，中央无暇更无力顾问边政。蒙古介二强间，事齐事楚，自无决〔抉〕择，中央既一味放任，遂不得不就利之所在，冒险赴之，冀保此阙，苟延残喘。"九一八"后，日本临之以兵力，迫之以利刃，中原呼吁无应，绝望之余，自惟有东向一途；重以地方官吏，不能负国家寄托之重，置省设县，以削蒙土，既鲜抚蒙来苏之政，复惟争土夺税是务，以是使有觉悟之蒙古青年失望，乃张自治之帜，思以自存。连年蒙政会虽告成立，而省县仍不能仰体中央抚民绥边之旨，遂使汉蒙隔阂日深，予野心之日本以进谗之机会。

日本侵略蒙古的路线图

二、经济方面：蒙地寒瘠，富源不多，蒙人生活，惟赖牧畜，穷年游移，逐水草而居，以视中土，生活程度相差远甚。然连年置省设县后，税卡林立，衙门设署之费，多赖所出，负担之重，什倍中土，以是蒙人多裹足不前，敢怒而不敢言。复有不屑〔肖〕游民，假开垦为名，滥圈牧地，擅立垦场，沃土草原，皆为所夺。蒙人见所赖以为生者日惟穷蹙，自易激发其反抗意识。兼以民国以后，王公俸金告绝，彼等挥霍成性，自难甘居贫苦，于是日人乃施其伎俩于其间，接济罗致，备极优隆。彼辈原无甚政治认识，经此引诱，遂不免心生离贰。

绥东重镇平地泉

三、文化方面：蒙人语言、宗教、风俗、习惯，皆与中土迥异。且各盟有各盟之特点，各旗有各旗之特点。若非熟悉全情，政令每有失策之虞。强令执行，尤徒惹蒙人恶感。而深入蒙疆之汉民，每每借势凌弱，或故意与蒙民扞格。如侮辱其宗教，破坏其风俗，使蒙汉之间，心理上存一不可磨灭之鸿沟。政府年来整饬边政，虽政令频发，究实行无几，而于教育，尤未见深入推广，徒局促一隅。因而维系蒙民内向之文化力，日益薄弱。

观以上三因，咎在政府自身者实多，故身居宗主国之中国，既不能尽其保护之天职于前，复坐视蒙民迫而投入异族于后，当此绥边烽火高举之际，实愧对蒙古同胞，不惟赧〔赧〕颜，尤应反省。

今日日德已宣布其共同《防共协定》，此后，最显著的影响，无疑地为日俄两国加紧蒙古之争夺。则身居宗主国之中国，究坐待蒙古投入日本之怀抱呢，抑以同情的态度，与蒙古民族携手，共同争取民族生存呢？

就现势言，蒙古民族无论东向投日，或北向入俄，历史推演的结果，皆不离一最悲惨的命运。因为，日本之无诚意扶助蒙古，仅在利用其为奋〔牺〕牲品，固无论已，而苏俄又何尝事事为蒙古民族自身着想？布尔塞维克主义根本即无民族主义之因子存在，今日之外蒙人民，尚苦于沦为苏俄新型资本主义式经济控制下之殖民地，莫能自拔，则异日苏俄获胜远东，又岂有抬头之一日？要言之，"非我族类，其心必异"，日俄二国所执之外交词令不一，而利用蒙古为工具，则同其一理。工具运用的结果，中华民国能挣脱帝国主义之束缚，蒙古固不难获得真正之解放，否则，亦惟与全中华民族同归于尽而已。日俄二强大异族，何曾有民族主义一词存于心耶？

内蒙古最大之佛塔

两年前的一幕　国防第一线的将领

宋哲元　王靖国　蒋委员长夫妇　傅作义夫妇

　　蒙古之地位，对于中国之前途，具有极大之决定力，前已言之。即此一点，我们即可以看出蒙古民族与中华民族实相依为命，亡则偕亡，存则共存，利益全然一致。而中国现在正进行之革命，即在求整个中华民族之生存，所抱主义，为争取世界一切弱小民族的解放。其最高的主张为：

　　一、中国民族自求解放；

　　二、中国境内各民族一律平等；

　　三、世界一切弱小民族的解放。

　　故，当此强敌已准备一切，且已发出其屠杀的信号之际，敢以最大之呼声，向蒙古民族播送觉醒的自由钟声。中华民族已决然不顾牺牲，走上以铁血辟生路求解放之途矣，极愿与中华民族同其命运的蒙古民族亦与之携手，在一条战线上共同奋斗，以奠定大同世界的基础也。

十一月二十六日写完

《上海党声》（周刊）

国民党上海市特别执行委员会

1936 年 2 卷 18 期

（李红权　整理）

我们的绥远

振远 撰

我们的绥远：

（一）在民国三年划为特别区，民十七年九月始改特别区为行省，设省政府于归绥。辖丰镇、兴和、集宁、凉城、陶林、归绥、包头、武川、萨拉齐、托克托、清水河、临河、和林格尔、固阳、东胜、五原等十六县，安北同沃野两地设治局。其余两盟（乌兰察布盟计六旗；伊克昭〈盟〉计七旗）及一总管（归化土默特旗总管）仍归蒙旗治理（现属绥蒙政会）。

（二）"它的边境与五省交界，东以平绥铁路与察哈尔接连，南凭长城与山西、陕西邻近，西包河套与宁夏并界，北临瀚海与外蒙古连接。"阴山山脉横卧绥北、绥东一带，以大青山最高，黄河包有全省西南半壁，后套一带颇饶水利。

（二〔三〕）全省区面积计三〇四，〇五八平方公里（根据廿五年《申报年鉴》统计），并多未开垦。

（四）全省人口总数计一，八〇五，七九九丁口（根据内政部统计），除蒙族、回族外均为汉人，许多系从陕西、山西、河北、山东迁去的。

（五）那处的气候一年中平均最高为摄氏表二五·五三度，最低为○二·七一度①（依王恩著的观测），变化甚大，河套一带变化尤剧，一日之间早晚相差二十度，故土谣有"早穿棉衣午穿纱，抱着火炉吃西瓜"等语，雨量亦甚稀少。

（六）那边的物产，动物以牛、马、羊、骡最多，皮革、毛绒亦为大宗出品。植物以粮食、药材出产最多。矿产以煤、铁、食盐、曹达出产最多。手工业品以绒毛皮、革制品同绒毯、毛布最著。

（七）交通方面：

（甲）铁路有平绥路丰镇至归绥段，由丰镇起，经新安庄、红纱霸〔坝〕、苏集、平地泉（即集宁）、三岔口、八苏木、十八台、马盖图、卓资山、福生庄、三道营、旗下营、陶卜齐、白塔、归绥等十六站，计长四百三十九华里。归绥至包头段，由归绥经台各木、毕克齐、察素齐、陶恩〔思〕浩、麦旦台、板神气、公积板、磴口、包头等站，长三百余华里。

（乙）公路已完成的：（一）绥白路，自归绥起经武川、召河至白灵庙（一作百灵庙，为蒙军集中地），全长一八六公里，中以蜈蚣坝为最险要。此线同绥新（疆）线衔接。（二）包乌路，自包头起经麻池镇、公庙店（一作公庙子）、五原县、临河县，至乌拉河，由此出省境入宁夏，全长三六四公里。（三）陶卓线，由陶林至平绥路卓资山站，全长五二公里。其余不甚重要同未完成的从略。

（丙）电政，有线电报、无线电报、长途电话均有，不过不甚发达。无线电台设在归绥，包头、萨拉齐、五原等县均设有线电报局。

（丁）邮政，约有六十余局所。

---

① 似应为"零下二○·七一度"。——整理者注

（戊）航空，归绥、包头均有飞机场。欧亚机航线可飞至包头。

（己）水运仅有黄河，在水大时有船只来往于包头、宁夏间。

（八）归绥民国三年我国自行开放为商埠。包头民国十一年我国自行开放为商埠。

（九）宗教在那处除佛教、喇嘛教、道教、回回教、基督教外，天主教势力最大。在后套一带地方的居民对于天主教神父非常的推崇、信仰、服从。因为神父们常借给他们金钱，供给他们牛马，替他们见官，替他们医病，替他们拒匪，所以就造出来后套的教民问题来。至于外国人常川在绥的以法国神父最多。

（十）俗语常说"天下黄河，惟富一套"，黄河自中卫而下，沿着贺兰山麓向东北流，为大青山所阻，于是折而东流，既又折而南流，凡黄河三曲所包围的地方，都叫做河套。在绥远境五原、临河、安北等县的黄河二支流中间的原野叫作后套。这些地带土地肥沃，最宜开垦。现下绥区屯垦督办负责办理那一带的垦务。

（十一）绥北乌兰察布盟境内的百灵庙、滂江现在已成了蒙伪匪部的根据地。某国势力在包头、归绥、百灵庙、滂江一带暗地里很活跃。

总之，从上面所写的可得以下的结论：

（一）自外蒙与内地隔绝后，绥远的地位越发重要了。

（二）阴山一带为绥境屏障，万一不保，影响陕、宁、晋、甘等省甚大。

（三）绥远地广人稀，防守不易，故有志健儿应实行到国防前线上去，以卫国土。

（四）某国人正苦于羊毛、皮革不够用，得到了绥远，便尽可如愿以偿。

（五）绥远出产丰富，地域重要，自无怪某国亟欲使以成为将来的"蒙古大元国"的一部了。

所以，在我们认识了绥远之后，应该振起我们的精神，发挥我们的力量，来保卫我们的绥远！

《上海党声》（周刊）

国民党上海市特别执行委员会

1936 年 2 卷 20 期

（朱宪　整理）

我国对《苏蒙协定》之抗议

光　撰

三月十二日，苏联政府和外蒙（即所谓蒙古人民共和国）订立一种军事互助议定书，这件事，对于东亚的影响如何不说，从国权一方面看，总不能不说苏联侵犯了我国的主权，所以我政府对苏联提出严重抗议。

外蒙为我国土地之一部，不但为列强所共认，就是苏联政府也是承认的，不但过去承认，就是现在，似乎也还没有改变这一个观点。民国十三年五月三十一日签订之《中俄协定》规定："苏联政府承认外蒙为完全中华民国之一部分，为尊重在该领土内中国之主权。"这可见苏联过去确承认外蒙为我国土地之一部分；四月九日苏联政府答覆我国抗议之照会，也说："苏维埃政府兹特重行确证上协定（十三年《中苏协定》），就苏联方面言，仍保持其效力，以及于将来。"这可苏联不但现在仍保持过去的主张，并及于将来。因此，外蒙为我主权之所在，根本不成问题，所该研究者，《苏蒙协定》，是否侵害我国主权？

依照国际惯例，任何国家，不能和邻国中央政府以外之机关或团体，订立协定，除非已承认该机关已足以代替原有政府行使政权之新政府，或承认其为交战团体。就已〔以〕联邦国来说，例如美国和苏联，我们也不能听其一邦订立攻守同盟的条约，又何况我国？此其一。至于苏俄与奉天订立协定，乃苏政府违反国际义务所开之恶例，根本不足为训，况我国前曾先后抗议，并经我政府核准后，始认其为《中苏协定》之附件，当不能与《苏蒙协定》相提并论，更何能作为有权向我地方政府签订协定之先例？此其二。

因此，我们确认《苏蒙协定》，侵害我国主权。

《民鸣周刊》

上海学术研究会

1936 年 2 卷 38、39 期合刊

（朱宪　整理）

察北、绥东的新形势

杨公怀　撰

一

察北与绥东之成为日本侵略目标，我国国防前线，实非今日始。自辽、吉、黑、热相继沦陷，多伦亦为日本据为军事重心后，日方为完成满蒙政策及防御苏联势力之南渐计，早有席卷察、绥之野心，顾未即发动者，时机未熟耳！

以满蒙政策言：日本虽以暴力劫得东北，但从地理及民族条件上观察，满蒙实不仅限于东北，宁夏、察、绥为旧蒙古地，自亦在内。日当局以为仅使东四省地图变色，而任宁夏、察、绥仍隶中央，不能使满蒙政策全部完成，实为遗憾。故自日军占领热河后，即移兵察省，强占多伦及沽源，其用心所在，昭然若揭。去冬，华北自治运动的呼声高涨，日伪军即指挥李守信逆部侵入察北，占领商都、宝昌、康保、归〔德〕化、张北、沽源六县以后，李部曾一度进扰绥边。惟其时，国人方注意于华北分离运动，同时日方亦以为华北独立如果成功，绥远乃华北五省之一，自是脱离中国独立，无采取武装行动之必要。又因当时李部实力单薄，故察北问题，仅由我外交当局与日方交涉，经数度会商后，我驻察北之军队，完全撤退，另编保安队以维秩序，绥远乃得暂时宁静。旋日方又要求察北以蒙保安队驻扎，行政权仍属吾方，而盘踞察北之李守信部，则丝毫未动，遂形成一特殊之政治区域。嗣后，日又将察北改之为康德；强迫蒙保安队设日籍指挥官；各县长因不堪压迫而离职，致政治上陷入极度混乱之状态。今春，日更借口察北应以长城线为界，准备将蒙保安队及伪军南开至大境门（距张垣一里）驻守，经吾当局一再折冲，日方始允将蒙保安队及伪军退归张北，不再南犯；同时亦限制吾驻军及保安队不得擅越汉诺尔坝。其后察省蒙旗总管卓世海在张北开会，僭将察省四旗四群改盟，在张北成立察哈尔盟政府，蒙保安队归盟政府统辖，改年号为成吉思汗纪元七三〇年。至是，太阳旗招展天空，察北已非复中国领土矣！日本乃更进而威胁德王，叛离中央，李守信、卓世海及德五〔王〕前驻平代表包悦卿等分任德王部军、师长等伪职，招募土匪，扩充军额，准备西掠绥远，席卷宁夏，以完成其整个之满蒙政策。

以防御苏联言：自沈变后，日苏矛盾之加深，冲突之尖锐，使双方不得不在北满积极配置一悠长之战线。此战线东起海参崴，北沿乌苏里江，向西沿黑龙江而达漠河，复折而南向，沿额尔古纳河直达热河与外蒙间之内兴安岭，而至察哈尔与外蒙之边境。一旦日苏有事，在西段阵线上，日参谋本部计划将张家口、多伦、索伦、呼伦为四大军事根据地，企图在战事爆发后，能以最高速率攫取库伦，直捣贝加尔湖，将西伯利亚纵断为二。迩来苏联之竭力与外蒙取得联络，在外蒙南境，察、绥、宁夏以北，积极配置防御工程，此种措施，一方明示日本进攻库伦将遇最大之障碍，一方苏联如果一举得下察、绥，则立可粉碎日、满军数年来之配置，而予伪满以根本动摇。日本瞰破此点，故亦企图将战线从热、察北部起向西南开展，经绥远、宁夏而至甘肃、青海之北境，对外蒙及新疆取大包围之势，由是以观，可知日本之策动伪蒙军之进占察北与绥东，仅为满蒙政策之开端，而实非其终极目标。如将察、绥问题视为单纯之地方事件，是则陷于严重之错误中矣！

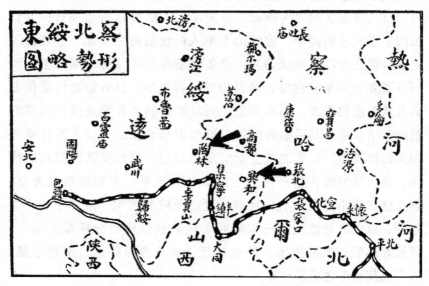

二

　　察北六县自被伪军窃踞后，其政治、经济、军事之现状，因交通之被封枪〔锁〕及对旅客稽查严紧，故甚少确凿记载。其所以须钳制者，无非因察北已由中国领土而转变为帝国主义之准殖民地耳！兹据各报及各杂志所载之张家口通讯分析，将察北近况演述如下。

　　甲、军事方面　察北目前主要之部队计有：

　　一、伪内蒙古第一军李守信部，据多伦时，兵力尚有四千，经几度编缩，现存二千余，编成二旅一团。自去冬进据张北，乃扩为一军，编成三旅六团，内有步兵一团，炮兵一团，重炮二门，迫击炮十六门，机枪八挺，但虽系一军，因虚额太多，人数亦仅只三千左右。该部之指挥与教育，名义上为李守信、包自成担任，实际则为多伦特务机关长田中久，彼以顾问官头衔，受关东特命，有主持及因应一切戎机之责任。该军驻在地带，为宝昌、商都、尚义、沽源、多伦等处，即此次进犯绥东之主力部队。

二、伪内蒙古第二军宝得勒额部，其队伍系在热河所新编，人数约一千八百，枪枝不全，纪律紊乱，现正由伪方积极训练。

三、伪边防自治军于子谦部，现有部队五六百人，枪二三百枝，集合于张北三宝沟、七甲村、大虎山一带，因系乌合之众，故正在候编中。

四、伪兴安联合军团金甲三部，尚未入察，闻金等在平曾与某国机关长接洽，正酝酿一阴谋，不久将集合察北。此部人数当较雄厚，伪方已允将察北私枪及自卫团枪械拨给。

五、伪西北防共军王道一部，由某国驻德化特务机关长组成，其部队多为匪众。七月中旬，始集张北、二泉井、三义城一带，饷糈无着，给养全由地方负担，民众不堪其扰，迁避一空。此部人数约二千，枪械仅一千余，此次进犯山西阳高，王被害，所部归王英统率。现伪方因察北兵力单薄，特强选六县及察盟壮丁，严施军训，准备扩军。

乙、政治方面　察哈尔盟长现为卓特巴扎布，公署设在张北。盟以下设总务、教育、保安三厅，管辖各县，该旗军政各权，亦为某国特务机关长所操纵。察北之德化县（即嘉卜寺，旧称化德）近改为市，不属察盟。各县县长都已更易，县政统由土豪把持，大权则操诸日籍顾问官手中，其情形与东北伪组织无殊。现各县捐税，无不比前增加数倍，用政治力量强迫人民缴纳。近又因蒙人多数不肯附逆，且时与绥军互通消息，伪军乃实施封锁政策，不但蒙人及汉人之行动大受限制，即外人之在察北经商、传教者，亦难驻足。其政治实已陷入无边之黑暗中。

丙、经济方面　察北近因对旅客检查严厉，尤以出关者为甚，且又强征商民通行税，使商人裹足不前，是以百物腾贵，市面萧条。在昔，察北与库伦通商时，贸易额年在千万元以上，今则不及半数矣。商家被累者，十居八九，莫不叫苦连天。据传：日方现拟出资七十万元，繁荣察北。此种款项，皆由伪满中央银行以发行之伪币供给。该行伪币，现已在察北流通甚多，但是否因七十万之投资即可使察北恢复繁荣，尚属疑问。因察北之被占，使察省经济，大受打击，单以田赋收入论，察省十六县，年征田赋总额为三百余万元，现预计本年收入，已不足二百万元。其他间接蒙受之损失，更难数计。可证察北在察省经济地位之重要，今为暴力所劫，实至可痛惜之事也。

三

绥东之范围，包括丰镇、凉城、兴和、陶林、集宁五县及镶蓝、正红、镶红、正黄四旗，原属察省。至民国十八年，特区改省，始将五县划归绥远，四旗则仍隶察省府。今春，察北沦陷，四旗不愿从逆，乃划治于绥省府，故在某方视之，绥东实一察省离叛之部分耳！

据《绥远日报》统计，绥东五县之面积，共十四万五千八百方里；户口十二万零三百零二户；人口六十五万零九百七十九人，大部均系蒙民。自察北弃守、德王叛国以来，绥东实已成我国国防之最前线，设绥东不靖，受侵扰者，绝非绥远一省，甘、凉、宁、青等地，烽烟殆难避免。

在数月前，日伪军犯绥之说，已风传遐迩。至七月底八月初，果乃见诸事实。其犯绥战略：中路由李守信、王英、王道一等部匪军在七月卅日、八月二日两度向陶林、集宁进袭，被吾驻军击退，伤亡颇重。八月十五日，又第三度侵扰，又不得逞。南路于八月三日至七日，在平绥路上晋省阳高北面，先后发见王道一匪部，其目的在窃据阳高，截断平绥路交通，阻止由北平至绥东之军事供应，更进而由独石口窜入绥东之丰镇、凉城一带，但因驻军势力雄厚，被击而退。北路方面，伊大喇嘛得某国人四名之指挥，于八月七日进攻石王府，以七十余人对五十余人之优势，将石部战败，石王驱走。复由绥主席傅作义派兵两营，前往调解；调解不成，遂以武力解决，使石王仍回原地。

此次进犯绥东之敌军实力，较有稽考者为：一，李守信部军士约三千人，有大炮、机关枪、装甲汽车、坦克车及飞机等新式武器，现分驻德化、商都一带。二，德王之蒙古卫队千余人，驻德化、滃江一带。三，察盟总管卓世海之蒙古卫队千余人，原驻内蒙，现在商都。四，包悦卿部，新编之二千人，在百灵庙一带。五，宝得勒额部一千八百人，现驻张北一带。六，王道一匪部约二千余人，驻察北、绥东一带，该部现归王英统辖。七，王英新招之部下，约千人，分驻绥东、察西边境及察北等处，闻其在绥西之僭〔潜〕势力颇大。八，由热河开来之张海鹏旧部，约千余名。九，此外如伪独立师及其他乌合之众，亦约有数千名。总计敌兵实力约在二万左右，枪械大多不全，战斗力之薄弱，不言可知。据传：伪军第一次（八月二十八日）进犯，为数约仅千人，第二次（七月三十日）进犯，已达二千余人，第三次进犯则仅数百人。其实，此乃伪军之试探战，将来全部出动，吾方应付当较艰于过去。

我方在绥之实力，以傅作义、赵廷绶、王靖国为主，再加上绥东正黄旗总管达密苏龙等部，实力亦不弱。依军事专家观察：集宁山险可恃，晋军具有坚忍特长，尤长于守。傅作义部为晋军中之翘楚，往年涿州一役，震烁中外。倘伪军不挟任何背景而东，遑论二万，即伪满第五军管区队倾巢进扰，亦不足虑。况吾军在集宁一带，刻已筑有工事，军队已可随时下壕抗战。所虑者，某国若显著参加进扰，我如无和战适宜预策，是则非孤悬绝塞之部卒，所能肩起卫士重任者矣。现敌方部队，正集中在商都、张北二处，我方则以集宁为重心，遥相对时〔峙〕，随峙〔时〕有发生战事之可能。故绥东最近之形势，实入于一种表面沉寂而实际紧张之状态！

四

自绥东事件发生，华北日军部即在津召集重要会议，以田代为中心，出席者有永见、石井、中村等，及绥远特务机关长羽山等。内容由羽山报告绥东近况，和李守信、德王两部情势。会后羽山即飞返绥远，观察形势，并另派和知向绥东一带观察。据今井武官谈话，绥东事件为中国内政问题，与日本无涉；和知则谓绥东形势复杂，将来演变至若何程度，尚不可知。惟今井、和知均矢口否认日军有援助伪军之嫌。但外电则谓日军已有两联队开抵张北，承德日军二千亦向察北出动；多伦方面，日本大军云集，并举行空军大演习，派机二十架飞往张北天空视察。此种事实，均足表明绥东问题之严重性。

据八月九日《申报》北平通讯所载，谓："某方军事计划，系首先占据绥东，再进窥绥远省城，夺取晋北。如果此项计划实现，冀、察即唾手可得，是其目标既转注晋、绥，故进犯部队，乃分三层以进，以土匪为前锋，伪蒙军居间，某国军则在最后督队。另息，伪满游击司令某，月初曾到津，时殷汝耕亦由通县赴津，共同秘商将战区保安队张庆余、张砚田、李允声、赵雷各部，一律改为游击队，共分八队，并准备派一部赴察北，协助进犯绥东。"故照上述事实观察，某方对绥东五县实是志在必得，边徼无日不呈遑遑之状，战事之在最近将来，恐不得幸免。

绥远蒙政会在此严重局势之下，为自卫计，曾召开会议，议决绥东五县，今后仍由蒙绥共同防守，以杜伪军侵入。但正当绥蒙会集议声中，窜扰绥东之匪军，又复图侵绥西，而阿拉善旗与宁夏东部又都发见伪军踪迹。绥远前途实是满天阴霾，但愿全国上下不以等闲事视之！并望傅主席能实践其"决心守土，寸步不退"之壮语！中央能尽力协助绥边军士抗战，做到如蒋委员长在二中全会时所说之"不容领土主权之新受侵害"！

《绸缪月刊》
上海绸业银行
1936年3卷2期
（计麟　整理）

内蒙问题之严重性

林景仰　撰

一　引言

　　蒙古与我国发生关系最早，其名称亦屡次变更，在夏称獯鬻，周称狝〈狁〉，秦汉称匈奴，唐称突厥，宋称契丹，至明初始定名为蒙古，清代及民国均沿用之。长城以北，新疆以东，辽宁、黑龙江以西，俄属西北利亚以南，有一个广大的平原，就是我们通常所称的蒙古。在这个平原之内，因为戈壁大沙漠的横亘，自然的分为两部，漠以北就是外蒙古，漠以南就是内蒙古。在行政区划上说，内蒙古包含热河、察哈尔、绥远三省，它的疆域东与辽宁、黑龙江接界，西与甘肃、新疆接界，南与河北、山西、陕西分界，北与外蒙古分界。

　　内蒙古的政治组织是以盟旗组织为单位。所谓盟旗组织不过类似于古代的部落，脱不了封建的世袭制度，换句话说，不过是一种酋长—家族的集合而已。旗的长官是札萨克，盟的领袖是盟长，旗是内蒙政治组织的最小单位，而且是惟一的自治区域。至于部，是同族集合的名称。盟是建于若干旗之上，略等于内地的省份，但是不能直接干涉蒙旗的行政，旗内发生重大事件，也必须会同札萨克办理。

　　内蒙原分六盟及察哈尔部，即哲里木盟（属辽宁）、昭乌达盟、卓索图盟（即热河全部）、锡林郭勒盟（与察哈尔部均属察省）、乌兰察布盟、伊克昭盟（即绥省），自东三省及热河被日本侵占后，内蒙本已非完整的内蒙，现在连察北六县（即前日察哈尔全部）被日人指挥伪满军队李守信部占领。自然，在六县以北察省地区（即锡盟）是早已做了日人活动的一个中心地。察省所剩余的只是长城以南十县，这十县原是旧直隶省（即今河北省）的属地，并不属内蒙范围，干脆一句话：察省以东的内蒙地域是已完全被伪军占领了。内蒙地域现在还未丧失的只有乌、伊两盟，那就是绥省。但日伪军的进逼决不会到此止步，据最近消息，且有继向绥东进侵的企图。而蒙政会德王等的态度又有种种的谣传，谣传纵未可信，但若为势所迫，其发展也很难料。据最近传闻，日人企图造成之蒙古自治政府，大致筹备就绪，虽此时未能正式宣布，但其组织及人选，业经内定，所有各部厅首脑人员，均由日人充任，间或以蒙人为副，此项人员，现均住德王府中。内蒙仅有的半壁江山，眼看也就成了伪满洲国第二了。

二　日本侵略内蒙之企图及其步骤

　　日本的侵略内蒙是它满蒙政策的一部分，更是所谓大陆政策中的一小部分。日本人侵略蒙古，有两条路线。第一条利用蒙古的王公贵族阶级。田中义一的奏折中说："内外蒙既以王公旧制为治，其主权明明在王公手中，我如欲进出内外蒙，可以与蒙古王公为对手，而缔结权利，便可绰有机会，而增我国力于内外蒙也。"从上面的话里可以看出日本对内蒙的野心。第二条路线是利用高级的喇嘛，这些喇嘛正支配着无数有势力的寺院。日本人的策略是各色各样的。对于最有势力的人用行贿的方法，供给军火，或金钱，怂恿之使其脱离中央，鼓吹民族主义，捏造是非，煽起民族间的仇视心理。甚或出以暴力胁迫造成畸形非法的局面。在一九三一年，日本终于达到了目的，驱使"满洲国"的军队，把原属满洲的内蒙各省，都攫取在自己手里。浸假而扩张至热河全部和察东六县。这种一半和平一半武力的侵略政策，大约非等到内蒙古的全部，变为日本的属地，不能算告一段落。侵略满蒙本来是日本征服中国的第一步，所以廿年东三省的沦亡是日本满蒙政策的一部分成功，二十二年热河的沦亡是侵占蒙古的开端，最近内蒙事态的严重化更显出了帝国主义者的狡滑的面目。我们撇开蒙古目前的情况不论，我们只提出这样一个疑问，为什么日本一定要把满蒙连锁在一起，视为自己极重要的利益？日本图占内蒙的企图何在？自然，在经济方面，我们可以找出好多理由。蒙古不仅仅有牲畜，有羊毛，还有各种的矿产，那些矿产的蕴藏量，都是很丰富的。国际间的情势同先前一样，市场的争夺加紧的尖锐化，倘使日本占有了蒙古，则日本在蒙古可以开辟相当大的一片市场。不过，我认为蒙古之所以被日本重视的主要原因还是战略上的原因。在军事方面，日本如能控制内蒙，则控制中国的华北、西北，以作攻俄的基点，是不成问题的，并且可以作西进新疆，与英俄争雄中亚的出发点。我们知道，日本军部所励行的田中计划，是包括中亚与印度的，这计划将来是否能实现是另一问题，但他们现在是正在抱着这样大的志愿，却是事实，而且因为东三省、热河或是东内蒙的容易被占，更使他们觉得田中的奏折并不是空想，而是大有实现的可能性。无论准备对俄作战或图将来称霸中亚与印度，都是首先要以中国为牺牲的。这便是日伪军要深入内蒙的最主要的原因。日本侵略内蒙的步骤有大略以下四点：

（一）将内蒙的政治形态分化，旧有的政治组织打碎，置于

"满洲国"体系之下。

（二）挑拨满、蒙感情，施行以华制华之毒计。

（三）用种种方式煽惑西蒙王公，造成半独立的局面，然后将东西蒙溶成一体，实现"蒙古大源共和国"的计划。

（四）将东西蒙的交通打通，如西蒙王公不受煽惑，则袭用攫夺东四省之故智，以武力占据西蒙，然后成立"蒙古大源共和国"。以上四点已经在酝酿着逐步实现。

三　内蒙之严重性

在日本帝国主义者得寸进尺的步骤之下，内蒙事态的恶化将愈不利于中国的统一，影响所及或如以下述：

（一）影响西北牵动内地　自外蒙古宣布独立以后，实际上中国北方的边疆，已经缩短到漠南的内蒙，九一八事变以后，东北四省相继沦亡，东蒙亦随之而去，硕果仅存者，不过察、绥两省所属的西蒙而已。所以现存的内蒙，实在是民族生存线所寄托的西北各省的第一道国防线，东可以窥〔规〕复已失的四省，北可以窥〔规〕复独立的外蒙。而且在中国的领土中，自东至西，如辽宁、黑龙江、热河、察哈尔、绥远、山西、陕西、甘肃、宁夏等省都和内蒙有密切的关系，现在除了辽、黑、热三省以外，因为内蒙事件而有发生纠纷受到牵动的可能的还有六省，假如内蒙不保，则藩篱尽撤，西北的生存线，也被人截断，民族复兴便会受到重大的阻碍。因为内蒙事态的扩大，势必致使中国的外祸从东北而逐渐延及西北，从白山黑水间一直延到黄河上游。

（二）经济方面的损失　内蒙在整个中国的经济上，实在具有特殊的性质。现在虽尚在处女的状态中，但已表现过的经济力很足以使侵略者垂涎了，若加以开发，那无疑地将为世界大生产地之一。内蒙的富源，如畜产、盐碱与矿产，都是大量的生产，尤其是蒙马为我国国防上骑兵劲旅所必需的。其它如羊皮、牛皮、骆驼毛、马尾毛、乳类，每年输出于内地的也不少。内蒙四大区的盐碱，假如能够尽量开采，不但可以供给内地各省的食用，而且也可以成为出口货中的大宗。大青山有烟、无烟等煤产，毋庸开采，俯拾即是。然则大好财富，我不能自守而一旦沦落于外人手中，岂不可惜！

（三）分裂国土之傀儡的再出现　日本对付中国最毒辣的手段，就是所谓"以华制华"政策，在我国领土之内，制造许多傀儡国家，先由日本军队占据，由日藉〔籍〕官吏统治，今日的华北，有已经完成的傀儡"满洲国"和"冀东自治区"，内蒙方面，日本也想以兴安自治省为核心，又制造一个扩大的傀儡组织，这是日本的故技，虽然有各盟旗的世笃忠贞，又岂是筹边的好办法。

四　内蒙自治之起因及其经过

内蒙自治的起因：自东北四省沦亡以后，日本所谓满蒙政策，仍是继续进行，日本在满洲已设傀儡的"满洲国"政府，在内蒙又想设立傀儡的自治政府，日本在华北停战协定之后，又进占了多伦，作为蒙古自治区，造成进窥内蒙的根据地。二十二年九月间驻多伦的日本长官通知内蒙各旗王公，赴多伦开自治会议，但内蒙各旗王公，深知这种恶意，只派代表去敷衍，自己都没有去参加，日本一方面在多伦召集会议，一面又派武装军人到各旗恐吓。内蒙各旗王公，以及人民，因此非常惶恐，不得不筹对付之策，于是内蒙各旗王公，深知外侮日亟，事机迫切，还不如自己组织自治政府，开自治会议，想把会议结果，呈送中央，静待中央处理，希望中央处理妥善，以免除各种向外之心，这是内蒙自治第一个起因。自民国以来，内蒙边疆受了军事和经济的双层压迫，内蒙人民痛苦万分，深知长此以往，如没有新的发展，决不能够生存，于是想在自治方面，谋补救的方法，以解除这种痛苦，这是内蒙自治的第二个起因。现在内蒙各旗王公感于目前状况和本身地位的动摇不安，他们为永久保持计，所以很想把政治现状改革一下，以维持其原地位；同时留学国内外的内蒙青年们，觉得内蒙根本未有政治组织，而他们未能参与地方上的政治，很觉不满，于是就想到内蒙自治的问题，乃与各旗王公联合起来，提出内蒙自治运动的口号，这是内蒙自治第三个原因。有了这三个原因，内蒙自治问题便发生了。

内蒙自治的酝酿，是在民国二十二年四月间，当初倡导自治工作的，只有一二人，到八、九月间，各旗王公自由通信，召集联合会议，在百灵庙开会，开会的人数不多，并且有许多人不明了什么叫做自治，因此会议中所通过的自治条例，不甚妥善的地方颇多；同时决议组织自治政府，并于九月十八日拍发要求自治通电。中央先电询自治真相，继派黄绍雄、赵丕廉巡视各盟旗，与自治会议主席团晤商办法，内蒙旋有请愿代表到京。二十三年一月十八日中政会议决《内蒙自治办法》十一条，蒙代表未能接受，迨至二月二十八日中政会复议，决定《内蒙自治原则》八条，蒙方代表，始表满意。三月七日国府公布《蒙古地方政务委员会暂行组织大纲》十一条，及《蒙古地方自治指导长官公署暂行条例》九条；同时任命蒙古自治政委会会员。四月二十三日内蒙自治政务委员会宣布成立，会址设在百灵庙。该自〈治〉政委会之组织，分二厅四处、财务委员会，经费由中央每月拨给五万元，内蒙问题至此始告一段落。

五　吾人对内蒙问题应有之认识

中国内地一般人对于边疆问题，向来漠不关心，譬如熟稔西藏情形者，国人瞠乎英人之后，热〔熟〕稔蒙古情形者，日、俄反居我人之前，因国人向视边疆为无足轻重，所以考察研究的种种工作，向无所闻。但是像英、日和苏俄诸国，久已视蒙藏为其生命线，为其囊中物，他们的政府和国内一般社会团体，不断的前往调查，考察，借作侵略的张本。外人对我们国家边疆情况，了如指掌，而我人想要明了蒙古的地理历史以及社会风习等等，反不得不借重日人、俄人或英人出版的载籍。号称一个独立国家，一部分土地、社会、经济状况等等，本国人反不如外人明了，真是大笑话，这样的国家，怎能不被外人欺侮？自北伐完成，国民政府建都南京以来，外侮迭乘，内乱频起，中央不得不以整个的精神和力量，消耗于外患的应付与内乱的弭平，因此对于绥辑边疆，只能有纸上的决策，无力为进一步的实行，这是事实。九一八后内蒙古因为和满洲接壤，日本帝国主义者又想一口吞下去，我们看最近德王的态度之暧昧，可知谁是幕后的牵线人。

中央政府遵奉总理的三民主义以及国民党的政策，对于蒙民之要求自治并无歧视之意，然而我们必须认清解决蒙古自治问题，必须有中央的扶植。中央在物力、人力上尽可能予以实际的扶植，这样子自治前途，才有希望。我们认为内蒙自治如果想顺利推行的话，主要的关键是在绥远、山西两省当局；绥、晋两省如能竭尽全力做蒙境各盟旗的后盾，那么自治的前途是可以乐观的。

同时我们对蒙古王公、青年们也抱了很大的热望，王公负各盟旗行政的大任，青年为改造蒙古的动力，对于蒙古的盛衰兴替关系至为重大。内蒙自治运动，鼓动者为青年，倡导者为王公，王公青年，在政治上，各负有相当的重任，我们不妨说蒙古民族的兴亡，其责任完全在执政的王公和青年的肩上。

　　蒙古王公、青年，除对于现存的蒙古负起建设的责任外，关于外蒙和东蒙的规复，在同种同族的立场上，亦属责无旁贷。我们看苏俄制外蒙多年，蒙人不但未享实惠，至今犹不胜其压迫，而逃难内蒙者，时有所闻；东蒙新亡于暴日灭国亡种的大陆政策，已使蒙人惊心悸胆，比之三民主义，中央政策，判然有"王"、"霸"不同之感。这时候蒙古王公、青年，应当设法申明蒙古与整个国家离合的悲欢，向背的利害，使身在敌境的蒙人养成"矢志向内"的意识，掉首归来的决心，这是内蒙王公、青年们应负的责任，也是内地人士所不可忽略的一点。

　　今日蒙古的王公的〔和〕青年，必须对蒙古及整个中华民族所处的地位和关系有明确的认识。现在整个中华民族，陷于赤白帝国主义者的束缚压迫中，未有中华民族不得解放，而蒙古民族自己能够抬头的道理。蒙古在整个中华民族中，生死相同、存亡与共的命运，已为这残酷的时代所决定；五族共存共荣，已成颠扑不破的铁则。故解救中华民族的三民主义，也就是解救蒙古民族的唯一主义。蒙古自治，必须本三民主义的原则而实行，蒙古青年的思想，必须统一于三民主义的旗帜之下，本着这个前提作为改革蒙古的指针才不致误入迷途。

《江苏保安季刊》

江苏省政府保安处

1936 年 3 卷 2 期

（朱宪　整理）

内蒙傀儡国

吴敏　撰

读过历史的人，都还记得田中首相一九二七年七月廿五日所提出的奏折，那里我们可以找到许多"应时"的话：

……为要争取中国，我们必须先争取满蒙，为要争取全世界，我们必要先争取中国……

……因为满蒙还在王公们的手里，我们必须承认他们是这些地方的主人，并且帮助他们……

……为了实现这个计划，必要从军部的"秘密基金"中，支出一百万元，派遣四百个退伍军官到外蒙和内蒙去。这些军官，应当穿着中国服装，混杂在中国居民中间，用教师的地位，取得蒙古王公们的信任，从他们那里得到畜牧权、采矿权，这样，奠定近百年内我国利益的基础。

这奏折是一个悲喜剧的剧本，我们的"友邦"派了许多文的、武的、经济的、教育的各种"导演"，走到华北这广漠富丽的舞台，细心的把这出哄动全世界的戏剧，一幕一幕演出。

这出戏已经演了四年多，现在正是演到一个最热闹，最精彩，最紧要的关节，当着一九三六年的初头，"仆仆风尘"的"导演"们，作为送给全世界的新年礼物，把这伟大的历史剧，又开始了新的一幕，这幕的题目，叫做"内蒙傀儡国"。

中国目前的历史，真可称做"光怪陆离"，"目迷五色"。在一个国家的版图上，有许多小政府存在，有伪满洲国政府，有伪冀东自治政府，又有什么政府，什么政府，现在又加了一个"内蒙自治政府"。

蒙古自治会主席德王和蒙古保安队司军〔令〕卓世海一月十七日连名发表独立宣言，成立了"内蒙自治国"。他们的首都，设在张北，就是被伪满洲国军队侵入的张北。他们竖起了红、黄、蓝、白四色的新国旗，并且用成吉思汗诞生后七百三十六年，代替中华民国二十五年。

这新的傀儡国，完全是××和伪满洲国策动之下成立的。德王最近曾到长春去过几次，有××军事领袖派飞机迎接。德王还和伪满康德王——溥仪签订了条约，为着取得后者的军火接济和经济援助。并且伪满司令李守信的部队已改编第一军，归新傀儡国的政府管辖。

这些事实只是说明，这新傀儡国从它成立的时候起，就和伪满洲国保持着难解难分的联系，在以后更必然的要变成为伪满洲国的一部分。

这事情是不值得奇怪的，鸡蛋受了孵化，到一定时候，总要有小鸡产生出来。内蒙的"孵化"工作，进行得很久了。

伪满的军队自从占领沽源等六县以后，不断的向绥远及内蒙各旗进展。张库公路早已截断，张北事实上是变成了××军事根据地。察哈尔中部六县，也处在×"满"军控制之下，德王统治的西伦格尔十二旗又被伪满军切断。

所以内蒙独立，很早就有谣传，土肥原也说过："内蒙现在被共产势力所威胁，中国政府无力加以防御，所以日本、满洲要同中国合作来防共，以免内蒙受外来的侵略及干涉。"

×伪军队取得内蒙以后，还要更积极的向西侵略，经过绥远、宁夏、甘肃，一直达到新疆，××并且准备建筑一条由华北到新疆的铁路，同西伯利亚铁路平线，完成它包围苏联的大计划。

××的整个侵略工作，都是在反苏的口号下面进行的。有人说反苏是侵华的烟幕，这话看来好像很聪明，其实完全是错误的。

进攻苏联和宰割殖民地，是有机的相连着的，是目前帝国主义备战政策不可分开的两面。希特勒的第三帝国，左手举着攻苏先锋的旗子，右手却忙着攫取殖民地，并不是偶然的。帝国主义者把这两种办法（当然还要加上更残酷的压迫、剥削国内劳苦大众）看成危机和骚动唯一可能的出路。

××的进攻，使苏联和中国民众同样地受着威胁。苏"满"边境的纠纷，"满"蒙关系的紧张，日德集团的形成，都证明进攻苏联并不是幌子，而是铁一样的真实。只是侵略者一块一块夺取中国土地，引得别的强盗们眼红，所以才特别强调反苏的色彩，使别人不来非难。但想消灭苏联和想奴役中国，这两种要求是没有差别的。

中国有些人，一方面衷心赞成日本的反苏政策，确实愿意和日本缔结反苏同盟，替人家当进攻苏联的走卒，而同时又不愿意失掉自己的独立和主权。这真是一个矛盾。这矛盾就是统一在许多对于××侵略的态度中。但是前一种力量比较大，占了上风，结果，就形成了一种半推半就，而终于还是任人家牵着鼻子走的政策。

"半推半就"这几个字我觉得最能够描绘出中国许多上流社会人们的心理。一个少女可以在"半推半就"中，变成许多孩子的母亲；中国这样大的领土，假使没有广大的民众们起来，也可以被许多人在这"半推半就"中完全送掉。

"非常的"一九三六年刚才开始。内蒙独立，只是"友邦"本年份工作计划的第一项，今年是美国总统选举的时候，又是英、意地中海冲突的时候，所以也是侵略者宰割我们最好的时机。

一九三六年在中国必然是充满着伟大事件的一年。

我们看吧：伪满的外交次长大桥已经和殷汝耕订结了军事、外交、交通等协定，"冀东自治政府"在最近将承认"满洲国"，同它缔订军事同盟条约，并且在××与伪满的帮助之下，成立独立国。华北的所谓"自治派"领袖，要求宋哲元"实行真正的自治"，把冀察政委会变成真正的"自治政府"。青岛方面也在效法着平、津进行"自治运动"。更有人在要求，冀察政委会上，另设包括五省政权的组织。

整个的形势都是在等待着华北国的产生。土肥原说道："黄河不过只是目前日本活动的标准，中国全国，迟早会接受日本的势力与意志的。"

我们看吧：在目前敌人正拿台湾做根据地，在向福建和广东伸张他的魔手，福州、厦门、汕头、潮洲〔州〕、梅县实际上已经殖民地化了。对方还在要求中、日、"满"经济合作，承认日本在华中、华南的特殊权利。负有扩展日本经济势力的中日贸易协会，最近已经在上海成立。整个向中国侵略的计划正在积极的全面开展。

内蒙傀儡国，无疑的只是今年的许多伟大事件中的第一炮。

有些人主张用"逆来顺受"、"卑躬屈节"的办法去感化敌人，希望他放弃对中国的侵略政策，希望他用平等的态度对待中国。所以通缉令还未取消的石友三已经做了北平保安司令了。

这并不只是幻想，而是一种恶毒的欺骗。敌人正在全面进攻，节节胜利的时候，希望它回心转意，下令撤兵，三岁小孩，都知道是不可能的事情。那么，这种方法，很明白的，只是个烟幕，用它来掩盖那不能见人的丑态罢了。

要停止敌人的侵略，只有一条出路，就是掀起救国运动的浪潮，发动民族解放的战争。

民族危机已经到了最严重的关头，敌人和汉奸们共同进行的殖民地化中国的工作，是疯狂般在进行着。"内蒙自治国"的成立，使中国又失去了一大块肥沃的领土。在敌人步步进逼的下面，我们的自卫，成了一分钟都不能迟缓的任务。我们紧急的敲着警钟，号召全国伙伴们：为祖国而战，立刻团结起来！

《通俗文化》（半月刊）
上海通俗文化社
1936 年 3 卷 2 期
（朱宪　整理）

宁夏与阿拉善旗小纠纷唐柯三昨谈即可解决

唐定今日谒傅主席后明日赴包头即飞宁夏

作者不详

绥新社云：蒙藏委员会委员唐柯三奉中央命北上调解宁夏与阿拉善旗设口磴办事处纠纷，由京抵平，稍事勾留，前日由平动身，昨日抵绥。事前唐电在绥之中央监察委员巴文峻，约在绥晤谈，昨日唐抵绥后，巴文峻、土默特总管荣祥、蒙藏委员会驻绥〔绥〕调查组组长杨芬等多人均到站欢迎，唐下榻绥远饭店。以昨日星期，定今日谒傅主席，明日由绥赴包，即由包乘欧亚航空机飞宁夏，先晤宁夏马（鸿达〔逵〕）主席，然后往阿拉善旗再晤阿旗扎萨克达王，共商解决办法。昨日唐对记者发表谈话，略谓：宁夏省之磴口县治，设立于民国十八年，因地面辽阔，马主席拟在"光成公"地方设一磴口办事处，其他〔地〕适在阿旗境内，达王误会，以为磴口县治将设于此，因起争执。双方呈报中央，阿旗近并派人晋京报告。中央以值此边疆多事之秋，因此小事引起之误会，亟应泯除，因派本人北上就实〈际〉情形加以调查，本人俟在绥晤傅主席后即由包头飞宁夏，先晤马主席接洽一切，然后再赴阿拉善旗晤达王，为之调解。马主席与达王系世交，彼此感情，向极融洽，磴口事件，起因至微，误会甚小，本人将拟于互相谅解、尊重双方地方之原则下，谋一妥善之解决。

《突崛》（月刊）

南京突崛月刊社

1936 年 3 卷 2 期

（朱宪　整理）

蒙古人的社会

苗迪青　译

现在我国可以说是内忧外患俱急之秋，国内各处问题的研究，当然是非常须要。内蒙为我国出入西北的关口，又紧接外蒙和东北，其重要早为读者所共认了，此篇由日本善邻协会编的《内蒙古》中译出，以供读者参考。

——译者

第一节　社会制度

蒙古人的社会制度，一看好像很单纯，而是不好解释的。也不能说那是纯粹的种族社会，并且也不能说那是典型的封建社会。据克尔莫德（Calmette）氏所讲：封建制度是一方面和古代的制都〔度〕（régime Antique 对比，同时他方面和现代的制度（régime modern）对比的中世特有之社会及政治制度。那末，蒙古人的社会较建封〔封建〕制度，至少也是不进步的。

在牧人的社会里，根基于牧畜生产的畜类所有关系，所行的社会制度，是类似封建制度的，但是结果不能称为封建制度。这是因为封建制度是根基于土地——可以说是中世初期唯一主要生产的农业的重要生产手段——的领有，也即是庄园的制度。

因之在封建制度之下，当然可以预想得到的是：（一）作为主要生产而占支配地位的农业的存在，和（二）其结果所生的土地领有的两点。

但是在蒙古，没有发生封建制度要素的农业。并且王公的土地私有，好像大概能够认定是领有似的；但详细考察的时候，能够发现那不过是伪装。所以无论蒙古王公对于清朝的关系，和王公与各旗民的关系，是那么样的封建色彩，也不能断言那是封建制度。

那么，蒙古的社会，是古代制都〔度〕（régime Antique）的种族社会吗？这是大概可以肯定的。可是同时，至少是在现在，又有可以完全否定的性质。

在所谓部族社会（Tribal societies）里，同一氏族的人们，都主张自己是从同一祖先——多数是传说的——传下来的子孙。并且同一部族的人们，同样地都想着他们有一个英雄的祖先，那部族的名称是那祖先所给与的。希腊人称那样的英雄为名祖英雄（héros eponyms）〈（一）〉。

（一）社会思想社编《社会科学大词典》，5259 页。

关于这一点，蒙古的各旗王公，无论哪一个都传说是成吉思汗的子孙，但是王公和旗民的关系却不明了。不，反而王公和旗民的主从关系的历史，能够生出相反的结论。成吉思汗已经是半传说的人物了，但却不是蒙古人的名祖英雄。

蒙古人的名祖英雄，不能不到成吉思汗的很久以前，而尚未有复杂分化以前的太古社会里去寻求。

然而按经济史家的指示，氏族组织的社会出现以后，古代社会和亚细亚的社会，相继出现了。"这些经济组织的两个型态，无论哪一个都是在建筑于氏族的社会组织里活动的，且最后由于生产力增大的结果，使这种组织解体了。这两个型态是很明显地不同，那两者主要的区别特征，是在地理环境影响之下形成的。在一种情形之下，地理的环境给与有一定发展阶段的生产力的社会，以此种生产关系的总体。在其他的一种情形之下，给与社会和第一种不相同的生产关系的总体。"〈（二）〉

（二）马地亚尔《亚细亚的生产方法》，日本《满铁中国月志》第40号。

蒙古人的社会，也就是因地理的影响而有一种特殊性质，例如我们能够在那里发现古代的，封建的及资本家的各种不同形式的财产制度。

"我们可以把财产分作四种形式：第一种形式是氏族财产，第二种形式是古代的，共同体的及国家的财产。和共同体的财产同时发展的，还有动产，后来又有不动产。但是后者不是经常的，而是附随于共同体财产的。第三种形式是封建的或等级的财产，现代资本阶级社会的私有财产，是财产的第四种形式。"〈（三）〉

（三）Marx Engels Archive，VolⅡ，pp. 303-5.

蒙古人的社会，因有奴隶制度的存在，所以能够认为是已经离开氏族社会了，但土地所有的财产形式，还是没有发展到封建的财产形式，这点，以后还要详述。想是可以明白，但是了解这种财产形态，我们相信才是了解蒙古人社会的关键。

结果我们可以相信蒙古人的社会，是带有封建色彩的亚细亚的社会。同时又不能不认为是混有很多种类的要素，而呈极复杂的形相。但那种封建色彩，自然是蒙古人到了附庸于满洲族以后才附加上去的。

我们在下判断以前，第一，我们必须理解蒙古的盟（Chigolgan），部（Aimak），旗（Hoshigu）以及总括盟部旗的国（Olos）的概念。

上述四种之中，最小的社会单位是旗（hoshigu）。旗又是部（Aimak）的构成要素，但"部有的是由一个旗而成的，有的是由数个旗而成的。并且由数个而成的时候，各旗也有相互邻接的，也有相当隔离的"〈（四）〉。总之没有旗的部，或没有部的旗，是没有的。

　　（四）O. Lattimore, Mongols of Manchuira, 1634.

　　这种关系极类似种族社会里的种族和氏族的关系。

　　社会学上所用的氏族，是指称特定的"原始的"社会集团的概念，杜尔克母氏把氏族型态，看作是能够实证的最原始的社会型态，再往上推论，假定还有荷尔特（Horde）的存在，并且以为氏族是荷尔特分化的最初形态。"由氏族更进一步的地域的集团，称为部族，氏族仅仅是部族的构成要素，假设不然，是和部族没有关系——实际上尚没有这样的事实发见——那末，那不是氏族，而是荷尔特了。"〈（五）〉

　　（五）社会思想社编《社会科学大词典》，440页。

　　但在这个地方须要注意的，是种族概念之中，"地域"的概念为本质的要素；正相反，在氏族概念之中，那样的事实是一点也没有。

　　旗元来没有包含任何的土地概念。为要理解这一点，不能不想起在一切牧人种族里，能够找出一种潜在的主权概念。换句话说不包含属性的土地概念的主权概念，才是族集团的枢纽。旗是除了王公和部下的人的关系以外，什么都没有的，系随从同一王公的部下，后来发展成功的大集团。所以看一看清朝以前的蒙古史，例如王公和他的部下离弃旧土，大举移住他处，或随从小王公的部下集团，统一于大王公之下，或相反地在大王公死后，分解到许多小王公之下的等等〈移〉动、合并及分列〔裂〕不〔之〕常常发生，便可以明白。蒙古人到现在还有一种不喜欢是一个自由人，固着于一片土地的传统。在历史上，由一个地方移往他一个地方，把从前的土地放弃，不但不觉得有任何耻辱，反觉得能够自由移动是强者的佐证。

例如，锡林郭勒盟乌珠穆沁部，是元太祖十六世孙图鲁博罗特，从杭爱山移到沙漠南游牧，传到他的孙，称他的部下为乌珠穆沁。乌兰察希〔布〕盟乌拉特部，是元太祖之弟哈布图哈萨尔十五世孙尔海，由呼伦贝尔迁来而成的〈（六）〉。

（六）《蒙古游牧记》。

此外，这些原始的集团，各将各所有之家畜作一定记号，以资和他部识别等的事实，可以认为颇与氏族制相接近。

但到成吉思汗的时候，蒙古人的社会成了氏族社会，却不能否认。

毛尔干（L. H. Morgan）在他的《古代社会》里说："氏族制度是人类制度中最古而且最普及的一个制度，这差不多是亚洲、欧、非洲、美及澳洲的古代社〈会〉组织的一般基础形态。那是组织社会维持社会的用具和手段。"

所以 N. A. Riasanovsky 教授引用上节来决定："氏族制度以两种基本型态，即是以父权制及母权制，和以种种变态呈现。蒙古人是游牧的父权氏族文化代表者。可是不能说蒙古诸部族是这种社会组织型态的唯一的代表。在亚细亚土俗的民族中，有不少都是游牧的父权氏族文化代表者。（例如几尔吉斯人、雅古特人、通古斯人等。）但是蒙古人，这样的社会组织，比其他民族更为明鲜，而是更是好好地保存着。"〈（七）〉又说："蒙古人、布里雅特人及克尔米克人的蒙古法，在基本的部分，呈现着父权氏族关系的一定的构成体型。"〈（八）〉且把成吉思汗的雅沙断片等举作证据。

"蒙古人的父权氏族制最明显表现着的，是以下的地方吧！依蒙古的欧以拉特法典：血统仅仅由男系才能决定。在布里雅特的惯习上也是一样，依男系的氏族员，禁止婚姻，依女系则全不考虑。据克尔米克法，也是血统仅仅依男系来决定，母系的血统，不阻碍婚姻。"

同时在蒙古人的社会里，父权氏族制如此明显地表现着，可是在习惯法上母权制的痕迹还能够认出来，并且可以指摘出进化的过程，那不能不说是很有趣味的〈（九）〉。

（七）N. A. Riasanovsky《蒙古习惯法之研究》序文。

（八）同书日文版，400 页。

（九）同书日文版，410 页。

但是他一方面，又能够让人认为是已经脱离了氏族社会的证据的，是内部的团结性很弱，在属于同一图腾（Totem）的同一氏族内，能够看见的密切亲缘关系没有。

例如，诸集团的常有离合集散，不是可以说明相互之间没有密切的亲缘关系吗？《元朝密〔秘〕史》中有以下的一节：

"这个时候，兄弟们（成吉思同他的兄弟）因为还年幼，麾下的种族，都认定泰衣几告特族强大，都背反离去了。随从太子（成吉思）的仆役荷尔姜也要离去的时候，太子追上去，拉着袖子落泪恳求了。但是荷尔姜说：千寻的湖水也干了，山岭的岩石也碎了。你有什么事情留我呢？他挥挥手去了，永远的背离了。"〈（十）〉

（十）　《元朝秘史》O. Lattimore 所引《成吉思汗实录》，49 页。

"旗"（hoshigu）的一个字，元来是"尖端"、"丘陵的支脉"、"犁的金器"。汉人译作旗，英语将旗直译过去称为 Ranner。但是华语的旗，和英语的 Ranner，都不能把蒙古族的旗和满洲族的旗区别出来。这两种旗显然不同，"满洲族的旗制在占据中国以前，即是指兵的集团，起初是四旗，后来成了八旗，更增设了许多禁卫旗"〈（十一）〉。由这些地方一看，便知道是军事的单位。

（十一）O. Lattimore，ibid 日文版，123 页。

但是蒙古人的旗，已如前述，是类似氏族的原始集团。现在常常把这旗和满洲的旗混同，只是因为清朝给它增加了封建色彩的原故〈（注）〉。

（注）结果支配王公（札萨克）的地位，成了世袭了，但元来却不是世袭，依前述之离合集散的事实就可以明白。并且到元太祖以后才大概成世袭了，可是那还须要经过大会及其他种族民的承认，或者依他们的提醒才能决定，所以不是纯粹的世袭制度。

清朝警戒由于旗移动而生成的合并，和因之而生成的强大势力，才把旗固着到一定的领域了。"使种族一面分裂，一面从新纠合的蒙古特有过程，生出伟大的指导者，且有带施行大征服的危险性，所以满洲族，采取对于各种族，配给特定的地域，或者统一几个王公割据支配的种族，使一个王公统治等方法。"〈（十二）〉

（十二）O. Lattimore，ibid 日文版，60 页。

结果，从来王公的"旗下"的观念消失了，从新生出"王领"的观念，以主旗固着在一定的土地，旗民侵入他旗也被禁止了。"关于疆土依山河，或立鄂博，分定游牧的地界，越界者受罚。"〈（十三）〉

（十三）矢野仁一著《近代蒙古研究》，85 页。

《蒙古律例》之九中有："全旗逃走时，则不问何旗，均依军制出发追之云云。"文中含意颇不详细，但很显然是明示上述的束缚。同时对于土地的观念也变了。不，不如说系从新生了土地观念是对些。也即是从来氏族，对于土地没有关心，现在集团的共有土地的观念发生了。依蒙古人的传统，王公对于一定地域前的自己旗民，有广泛的自治权，但土地不是属于他自己的私有，这便是和封建领主不同的地方。换句话说，王公身体，对于土地没有任何权利，土地有集团——旗民全产的共有。这一点和恩格尔斯的《反杜林论》中的话"在一般东方,土地私有财产之主人,是共同体及国家"相符合。

这种观念,到后来变化了很多。及至汉人移民来到蒙古地方经营农业以后,对于处理土地有很多发言权的王公,为要因此得到巨额的不劳所获,就把那些土地好像当作自己的私有物,以王公地券卖却了。这是在农业移民很多的满洲蒙古常见的事实,但王公对汉人的这种契约,表面上大部分也不是买卖契约,乃是单以占有使用为目的的永代借地契约,但是在锡林郭勒盟地方,尚没有这种实例,并且对于土地好像还没有发达到共有观念以上。

这样的旗,一个或二个以上相合而成为部。例如哲里木盟的杜尔伯特部及札赉特部,照乌达盟的敖汉部、奈曼部及克什克腾部,乌兰察布盟的四子部落部、茂明安部等,都是一个旗。又如锡林郭勒盟的各部,都是由二旗而成。又如卓索图盟的喀喇沁部,系由三旗而成。旗多的,也有像哲里木盟的科尔沁部,有六旗,伊克昭盟的克尔多斯部有七个旗。多数是相互邻接的,但是像照乌达盟的阿鲁科尔沁旗,比较哲里木盟的科尔沁六旗还要离开了的例子也有〈(注)〉。

(注) 这些很明显地是强调人的要素远过于地域的要素之实例。

据来蒂毛尔氏(O. Lattimore)说,部(Aimak)是蒙古人的种族。且在膨胀达到国民的规模时,称为国(Olos)。因之,外蒙古共和国,可以称为国吧!但本身的喀尔喀族,普通分为四部,正确地讲应属于一部。外蒙共和国即由上述的部和西部蒙人(近于新疆的额鲁特)的部而成的国。

最后我们知道盟(Chigolgan)和前三者的性质全然不同,是清朝行政的范畴。那也可以说是为要强行封建的旗制,软化蒙古人团结的手段。盟的官吏,一部分由盟内,一部分中央政府任命,使由其他部族出身的官吏在某种程度可以监视各部族的内务,因之相互控制，可以使蒙古诸族更多服从中央。所以清朝的势力比较达不到的外蒙，便没有盟制度，并且在内蒙对于有特殊旗制，及行政组织的一部分蒙古人，也未曾编入盟内〈（注）〉。

（注）民国二十三年四月，把察哈尔部改称为盟，可以说单是为要求名目上的均衡。

第二节　社会构成

蒙古人的社会，是受特殊限制的土地共有为基础之亚细亚的生产社会，在前面已经讲过了。这种社会自然不能是原始的共产社会。

"在原始状态人口很稀少的时候，土地和原料都很丰富，以劳动无论想使用任何部分的土地，和任何种类的素材，没有把别人的欲望满足作为牺牲的。到了各人都想把自己劳动的结晶留到自己手中，这样的财产私有，才成了社会公认的制度了。这也是最不开化的人们之间，武器、家具、装饰物及其他的人类劳动生产物，也被认为是人之所有的缘故。"〈（十四）〉

（十四）Lewinski Jan St.，"The Origin of Property"，London，1913，pp. 10-11.

蒙古人的财产私有观念，不是如此的单纯，及初发萌芽的了。在他们，不仅是武器、家具及装饰物，而且占财富大半的家畜也是属各人所有。并且蒙古人的社会是知道剩余价值存在的社会。换句话说，那种劳动的生产，已经发展到特定的程度了。这些事实，就蒙古人社会里有奴隶阶级的存在，也是能够证明的了。

那么，蒙古人的社会构成，详细来说，它的社会形态中所看到的支配及被支配关系，应当如何观察？我们第一要知道蒙古人的社会里，有贵族、平民及家奴三层阶级。

蒙古社会里的贵族，都是由博尔济特及乌梁海两系统出来的，可大别如次：

（1）由成吉思汗的子孙所出，分为南北二派。

（2）由成吉思汗之弟哈萨尔生出的一派。

（3）由成吉思汗之弟别里克台生出的一派。

（4）由成吉思汗之弟斡楚因生出的一派。

（5）由成吉思汗的功臣，乌梁海姓济拉玛生出的一派。

（6）由元臣翁汗生出的一派。

（7）由孛汗生出的一派。

（8）称为辉特的一族，姓伊克明安，系统不明，但传说是由准噶尔的台吉生出的。

（9）称为唐努乌梁海的另外一派，是属于达旦系蒙古种。

这些贵族，由清朝赐给亲王、郡王、贝勒、贝子及公（镇国公、辅国公）節〔爵〕位，此外有台吉和塔布囊的身份，在外蒙古及西蒙古称为汗。起初这些都是因为家系的高下，部众的多寡，或功劳的大小来封，都是所谓世袭制度。

王公里头，支配旗务者，特别称为札萨克，称为管旗王公。未授与札萨克的王公，不能参与旗务，也就是不管旗闲散王公。

此外因功劳赐给的，有子、男、轻车都尉、骑都尉、云骑尉等五种世袭官员，也可以称为下级贵族。

以上所述是一般贵族，以外还有特殊贵族，便是寺庙中的喇嘛，和前者一样有奴隶支配权。不过后者没有一定系统，社会的地位比前者也不免要低些。

这些贵族们，纯系消费者，对于生产毫无所关，虽然有些人的祖先立了伟功大业，子孙们多是只求安逸，惯习奢侈，是始终只知消费而不知生产的寄生阶级。

各旗的札萨克、闲散王公和台吉等的世传下属人阿尔巴图，以及贵族、台吉下降而成庶民者，和家奴独立而成一家者，这三系统成为一阶级，称为平民（hara human），认为有特定的权利义务。就户口、婚姻、优恤、赋役及兵役等的规定来看，也很明显地可以证明。这些旗下下属人，对于旗长负有绝对无限的服从义务，随意脱离旗籍等行动，自然是不能允许的，就是代代也必须尽臣仆的义务。我们要是看到他们所负的义务那样大，如兵役的义务，和牧畜札萨克所有的家畜，以及六岁至十七岁的女儿使役于王府，或进贡、移营、嫁娶及葬祭时的赋役等，和我们所谓平民的观念完全不同，能够使我们认为是极类似封建制度下的农奴。但是，虽然是如此，下属人却不是奴隶，因为他们不是被贵族的主人当作"物"来看待，是当作基础的生产阶级，而和后述的"奴才"显然是绝不相同的。理藩院道光则例中有"阿尔巴图馈送禁止规定"，以及在往时所行的阿尔巴图相互馈送，和奴才的相互馈送是全然不同的，馈送阿尔巴图，只是在旗下下属人因骑马、弓术、摔角等武艺出众为他旗王公所知而希求的时候，或是在异旗婚礼时，以有能之士使随行王女出归等的时候。并且受赠的他旗，遇到相当的机会，也以同样的阿尔巴图的户口还礼，再报告于理藩院。

对于平民（hara human）像这样地有法律来决定权利，有习惯又来公认人格，所以当然和是"物"的奴隶，在观念上不能不作一种区别。特别是有才干的人，被提拔也有渐次升到梅伦等重要职位的。其次还有属于王公、台吉等贵族及富裕者、平民的家奴阶级。他们没有户口，没有兵役义务，没有其他对于所属旗札萨克的任何义务，只有对于自己直接的主人负有无限的义务。这些家奴很多的都是由战争获来的虏掳，以至于子子孙孙，妻、子、眷族都是属于主家所有的，他们的生死大权也是全由主人掌握的，就是极苛酷极惨虐，也不能不唯命是从。

并且奴才很普遍地是馈送及卖买的对象〈（注）〉。

（注）道光年间，设有奴隶卖买的限制——卖买的范围，限于同一旗内，禁止对于别的旗人及满、汉人卖与奴隶，但是实际上依然仍旧继续着。

现在把三种阶级的从属关系用图表示出来：

图表中的箭丁、随丁、陵丁、庄丁及庙徒都是平民阶级，他们的权利义务如次：

（A）箭丁　替代主人对于旗公署有交纳一定数额税金的义务。有学识才能的，可以任职管旗章京以下的文官官职。

（B）随丁　是贵族的随从者，依主人要求而交纳差金以外，还有种种差役，并且替代主人对于旗公署负一切义务，他们的权利和箭丁相同。

（C）陵丁　以看守所属贵族的陵墓为职责，交纳一定祭祀金，有修缮墓所等服役，他们的社会地位比前两者低，只可以作陵墓管理人及其他下级官吏。

（D）庄丁　向所属贵族交纳一定数额的税金，从事于各种差役，他们的社会地位，同陵丁一样低下。

（E）庙徒　向所属寺庙庙主交纳一定数额的税金，服务差役，能够任下级行政官吏。

像这样来看，身份的束缚，是非常明显。即如所谓他们的权利，虽然是公认的，但实现也是稀有的。又如家奴，虽然没有视之为财产，但也是差不多的。这是因为蒙古人的社会，是封建的身份固定社会。这种奴隶制度的存在，就致成有力原因，使蒙古社会的生产力发展到某种特定阶段即被阻碍。因此，在蒙古没有生产力和生产组织极端矛盾，随之上部构造的社会制度，也沉滞着没有发展了〈（注）〉。

　　（注）奴隶制度社会的生产力发展，有一定的限度，生产力和生产组织相互因果，彼此牵引，是大家都知道的，所以由于技术的发达等原因，生产力到飞跃进展的时候，生产组织当然随之改变，由此社会制度也要改新。

　　现在蒙古高叫着打破这种风弊〔弊风〕。

《科学时报》（月刊）

北平世界科学社

1936 年 3 卷 3 期

（李红权　整理）

绥境蒙政会自治区域现状之检讨

边衡　撰

一　引言

绥境乌、伊两盟各王公，最近鉴于陕北"共匪猖獗"，有企图扰乱内蒙之趋势，关于绥省各旗，非力图团结，殊不足以"防共自卫"。而二十三年中央允许之蒙古地方自治政务委员会，又因辖境辽阔，交通梗阻，值此边事紧急之秋，殊难应付得宜，势非各盟分区另组自治委员会，以各旗札萨克为委员，优发经费，实不足以因地制宜。当将此种急迫需要情形电呈中央，吁请恳中央允许绥省各盟旗另组自治委员会。中央据电后，即制定《绥省境内蒙古各盟旗地方自治政务委员会暂行组织大纲》，国民政府于一月二十五日明令公布施行，绥境蒙政会，于焉诞生。

关于该会成立之原因与种种背景，非此篇论列范围，不赘。兹仅引蒙藏委员会委员长黄慕松氏，对该会成立之谈话于下，亦可见该会之成立，确为分区自治之性质，与原有之百灵庙蒙政会并行不悖。黄氏之谈话，为：

> 该会原根据绥垣各蒙旗官民请求，中央于蒙政会成立时，原拟渴望蒙古自治在整个统一组织下进行，近以试行结果，困难甚多，始允其划区分治之请。至各盟旗制度，原属分治，强

以合一，不免事倍功半，今绥境蒙政会设立，可因地制宜，进行较便。原有之蒙政会，亦得专致力于锡盟及察哈尔境旗群事务，收效自巨。今后同在中央领导下，分工合作，蒙古地方自治前途发展，殊有希望。（一月二十七日《北平晨报》）

既系分区自治，昔日辖境辽阔，交通梗阻等等弊端，均可一扫而空。惟当兹绥境蒙政会成立伊始，区内蒙旗情况，究竟若何，外间多不明了，因之对该会之认识，时有误谬之解，用特将该会自治管辖范围内之各盟旗（乌盟六旗、伊盟七旗、土默特一旗暨绥东右翼四旗）一切现状，就见闻所及，分别检讨于下，想亦注意边事者所乐闻。

二　乌盟六旗

乌兰察布，乃一河名，发源大青山麓，各旗盟会于此，故以乌兰察布名。共分六旗，由东向西数，最东为四子王旗，依次为达尔罕旗（亦称喀尔喀右翼旗）、为东公旗、为中公旗，中公旗居最西，其南尚有西公旗，中间隔以狼山，中公、东公、西公三旗，通常称为三公旗（亦称乌拉特前、中、后三旗）。兹再列为下表：

乌兰察布盟统系表

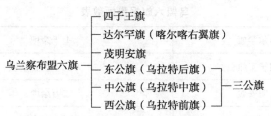

乌兰察布盟，居绥远省北部，东连察北，北接外蒙，西邻阿拉善旗，南临大青山与黄河，交通上、国防上、政治上，均占极重要之地位。论交通，则目下新绥汽车路在绥远境者，悉在乌兰察

布盟境内，平时商贾至宁、甘、新之驼，亦咸取道于此大青山后之草地，此乃大西北交通之整个干线。自外蒙关系断绝，绥、包商业，大受打击，然赖此线之通，尚能敷衍支持。虽新疆方面情形特殊，亦赖此路之通，借以保持若断若续之连系。此就交通言，关系已如此重要。再就国防言，更属令人注意，北为外蒙，充满赤俄势力，东则察北失陷，日方势力伸入，处赤白二帝国主义之前线，举足有轻重之势。况且百灵庙即在该盟，某方常借游历考察为名，不时至各旗输送秋波，赠礼结欢，飞机示威，形势紧张，不减绥东。再就政治方面言，各旗衙署状况，仍与前清时无异，一切事务，概由王公专权，人民思想简单，缺少爱国观念，所幸对于中央，尚知拥护，不甘从逆，此乃中央历年对边人优待提携之结果。然徒优待提携，而不再进一步，促其发展，走入进化之途，前途亦甚可虑。

乌盟六旗，自清末办垦以来，各旗皆有报垦地亩。就中以四子王、茂明安二旗报地最多。不过于此有一点应须说明者，即乌盟报垦地，尽在南部，北部仍是一片草原，因是蒙汉仍各分居，有民地、草地之别。汉人所居者曰民地，蒙人所居者曰草地。蒙人仍保持其原始牧畜之生活状态。兹先将乌盟六旗报垦顷数列下，然后再论及旗县关系。

乌盟六旗报垦顷数表

达尔罕旗	七千余顷
四子王旗	三万三千四百余顷
茂明安旗	二万余顷
中公旗	六千三百余顷
东公旗	一万三千三百八十余顷

续表

西公旗	一万四千八百余顷
总计	约十万顷

地报垦后，即归县管辖。乌盟六旗报垦地，据上表所记，共有十万顷之多。此与绥远添设县治，大有关系，如武川县即因四子王旗报垦，方能成县，又如固阳县亦因茂明安旗报垦乃成县等是。县治愈多，与各旗关系亦愈多。关系指两方面：一为纠纷，一为情感，相处不洽，则纠纷多，相处甚善，则情感好。放垦虽为蒙旗所不愿，但放时有荒价，放后有岁租，蒙人权利，并未全失。荒价不必详加解释，即荒地售与垦民，垦民须出相当之代价，此代价即名荒价，除垦务局提出一部分外，余悉归蒙旗。至于岁租，则是荒地售与垦户垦熟升科时，一方缴纳官租（即国税），一方尚须付给各旗岁租（亦称蒙租），其性质亦是年年缴付有如官租，仅不过为数较少而已。现各旗财政，大半以此为定款，并成立岁租处，于每年秋收后，至县境内民户征收。因有此岁租之存在，旗县遂发生更密切之连锁。兹再将乌盟六旗报垦地属于何县，列表于下，以示旗县之紧接关系。

乌盟六旗报垦地属于何县表

达尔罕旗	武川、固阳
四子王旗	武川
茂明安旗	固阳
中公旗	安北、包头、临河
东公旗	固阳、安北、包头
西公旗	包头、五原、临河、安北

观上可知旗县关系，实不能分开。下再论人口。

乌兰察布盟人口，据吾人去年秋亲自调查之结果，无一旗满万人，计普通人口为二万余，喇嘛人口八千余，总共只三万有零。以如此稀少之人口，几占绥远全省面积之四分一，又当绥远之北部，实觉万分空虚。兹将各旗人口列下：

乌盟六旗户口表

旗别	户口	普通人口	喇嘛人口	总人口
达尔罕旗	八〇〇	四，〇〇〇	一，二五〇	五，二五〇
四子王旗	一，二四〇	六，二〇〇	三，〇〇〇	九，二〇〇
茂明安旗	一九二	八四〇	一五〇	九九〇
中公旗	五〇八	四，〇五二	二，二〇二	六，二五四
东公旗	二六八	一，一五〇	二四五	一，三九五
西公旗	一，一四〇	五，七〇〇	一，五五〇	六，七六〇〔七，二五〇〕
总计	四，一四八	二一，九四二	八，三九七	三〇，五五九〔三〇，三三九〕

因其人口稀少，同时其财政能力，亦极薄弱，军事能力，更属脆微。上表之东公、茂明安二旗，一仅二百余户，一仅百九十余户，尚不及内地一镇或一大庄人口之多，则其财富能力，自无何等可言。人口稀少，财政缺乏，军事薄弱，当此国防之最前线，殊属危险异常。

兹再叙一叙各旗个别情况。

（1）达尔罕旗 云王本为盟长，又是蒙政会委员长，又是绥省政府委员，在乌盟地位、声望均隆。惟以年老多病，不愿多问政治，连向中央请辞，中央一再慰留，乃以其坚持，遂照准，擢升其为国府委员。该旗衙署，在百灵庙北六七里，现任札萨克（一旗之长）齐色特巴勒真尔年青，于去秋方袭位，现尚延师学习。袭位之前，由东协理沙拉布多尔济代理。沙氏为人，极具才干，伊在百灵庙蒙政会代表云王，并任民治处长，与德王极相契洽。云王无子，当代理札萨克时，颇有真除之可能，后以旗下事官，大半对之不满，未能实现。然亦是事官，妒其才能，于此可见其为蒙人中之杰出者。此次绥境蒙政会所发表之十九个委员中（见后附录①）伊亦在内。按其余十八人，非札萨克即总管，仅伊一人为协理，亦可见其重要矣。

（2）四子王旗　现任札萨克兼乌盟副〈盟〉长潘德恭札布，平时甚活动，与省府亦极联络，省府特聘之为顾问，晋绥绥靖公署并委之为蒙旗区剿匪司令。旗地当乌兰察布盟之最东部，当此目下察北吃紧，该旗尤见重要。

（3）茂明安旗　地小民少，报垦地几报去二分之一，人民仅及千人。衙署在百灵庙西百里，固阳城北百八十里，仅蒙包三个，无屋。现任札萨克齐密的尔林沁忽罗喇，年龄尚轻，旗下事务，多由东西协理等重要官员负责办理。因地小民少，又无特出人才，在乌盟中不占地位。

（4）东公旗　地本不大，报垦又报去三分之一，所余无多。益以该旗人口不多，在乌盟中，如茂明安旗，亦不占重要地位。该旗衙署，在茂明安旗衙署之西八九十里，安北城之东北百余里，与垦地极近。现任札萨克额尔克色庆占巴勒，喇嘛出身，亦尚忠厚待人，惟精神稍欠振作，是其缺点。

（5）中公旗　居乌兰察布盟之最西北部，亦绥远全省之最西北部，距垦地稍远，该旗报垦地无多，因之该旗各种情况，一仍

---

①　未见此附录。——整理者注

旧昔，较他旗为闭塞。目下该旗札萨克及各事官，对外采取维持现状及冷淡态度，在乌盟六旗中，要以此旗尚成为一独立区域，其经济固充足，其人才亦精明，故其地位甚占重要。现任札萨克林庆僧格年壮有为，其父现为盟长，年老多病，对政治以多一事不如少一事为宗旨。晋绥方面，因其地位重要，特委之为绥北护路司令，至今尚未正式成立，即因其老来多病，厌谈政治之故也。

(6) 西公旗　居乌盟全区之西南，与垦地关系最为密切。境内有乌拉山林木，为绥省硕果仅存之天然林，所有权属三公旗，将来可设公司开采。该旗衙署东距包头百余里，西距五原二百余里，北距安北百余里，四周均是垦地，衙署有房一院。现任札萨克石拉布多尔济，疑心特大，不能用人，以致旗下时生纠纷，幸赖当地驻军时时为之维持，尚能相安。该旗附近，蒙汉杂居，全旗懂汉语者，几占二分之一，故与汉人关系，甚为紧接。

三　伊盟七旗

伊克昭盟七旗，居河套之内，边墙以南，三面环河，一面临长城，自成一区域。七旗之名称，在包头至陕西榆林线上有四旗，由包向南数：一曰达拉特旗（左翼后旗）；二曰郡王旗（即左翼中旗）；三曰札萨克旗（即右翼前末旗）；四曰乌审旗（即右翼前旗）。达拉特旗之东，有准噶尔旗（即左翼前旗），达拉特旗之西，有杭锦旗（右翼后旗），杭锦旗之南，紧接宁夏，有鄂托克旗（即右翼中旗），以上共七旗。该七旗又统称鄂尔多斯部。兹再列表于下：

伊盟七旗统系表

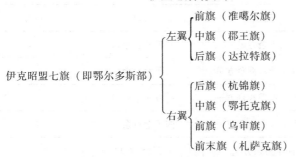

伊克昭盟七旗（即鄂尔多斯部）

左翼
- 前旗（准噶尔旗）
- 中旗（郡王旗）
- 后旗（达拉特旗）

右翼
- 后旗（杭锦旗）
- 中旗（鄂托克旗）
- 前旗（乌审旗）
- 前末旗（札萨克旗）

伊克昭盟七旗，突出绥远之西南部，东西界陕、晋，西与宁夏以黄河为界，四周沿河、沿边墙一带，均已开垦，田连阡陌，屋舍相望。独其中央留为草原，牛羊成群，且沙丘散布，有不堪耕种者，因有此区域之存在，无形中使绥远与陕西、宁夏关系生疏，不能融合为一片。近年陕北"共匪猖獗"，时有"北窜"之企图，该盟首当其冲，形势极关紧要。且陕北"共匪"欲打通至外蒙之国际路线，亦非舍此莫属，防范尤不可不严。

伊盟七旗所处之地位，重要既如上述。但若吾人一检其面积与人口，则与乌盟无异，同样使吾人兴地广人稀，异常空虚之感。伊盟七旗面积、人口，据绥远省政府出版之《绥远概况》所载：面积共约四十余万方里，人口则仅九万余口，但据吾人与熟习蒙旗情形者言谈之结果，即九万之数，亦嫌过巨。兹将伊盟七旗面积、人口列表如下，则更为清晰。

伊盟七旗面积人口表

旗别	面积	人口	备考
达拉特旗	五万八千余方里	一万三千余口	
准噶尔旗	四万三千二百余方里	三万七千余口	此数较实际过大
乌审旗	四万二千余方里	一万一千余口	

旗别	面积	人口	备考
札萨克旗	三千余方里	三千八百余口	
杭锦旗	八万三千八百余方里	八千六百余口	
鄂托克旗	十七万六千八百方里	一万三千余口	
郡王旗	八千八百余方里	四千七百余口	
总计	四十万余方里	九万余〈口〉	

　　观上表所记，已可了然各旗面积之大，人口之少。虽沿河沿边城一带，尚有不少垦民，但其中部，则仍是十里无人，百里无家，平均四方里始有一人。又兼各旗之间，无甚联系可言，益显散漫无力。

　　通常人对盟之于旗，犹省之于县，将盟旗与省县并称，以为县受省管辖，同样旗受盟管辖，实则盟旗与省县，形式差可比拟。管辖方面，则各旗各自为政，盟长无实际能力。其原因即在盟长无实际力量，军事、财政一无所把握，不过徒拥一虚名。如去年乌盟盟长云王呈由百灵庙蒙政会免西公旗石札萨克职，遭受阻碍，以及伊盟乌审旗与鄂托克旗界限不清，引起纠纷，沙盟长处理此事，不能立见效果，均足表现盟对旗管辖关系之松懈。因之，全盟之中，不过九万余人，而此九万余人，又复分为七旗，力量之涣散，精神之不集中，尚何庸言。

　　伊盟七旗因垦务之故，逐渐与各县发生密切关系，而各县统属于省，于是各旗与省府亦往还频繁，无形中使各旗之中心，不在盟，而在省。省府因地位之关系，对各旗亦可施恩施威，以行其政策。虽中心在省，而其直接接触关系则在县。兹将伊盟各旗报垦地之多寡，及其属于何县，列表于下，以示旗县不可分离之一斑。

伊盟七旗报垦地亩及其属于何县表

旗别	报垦顷数	现属何县
达拉特旗	一万三千四百八十余顷	包头
准噶尔旗	一千五百八十余顷	托克托、府谷、河曲
乌审旗	一千九百三十余顷	东胜、榆林
札萨克旗	一万余顷	东胜、神木
杭锦旗	七千三百余顷	五原、临河、安北、包头
鄂托克旗	一万余顷	沃野、平罗
郡王旗	九千六百三十余顷	东胜、包头

据上表所列，伊盟七旗，因地势与垦务发展两种原因，虽中央尚保持游牧状态，其四周已与邻近之县，发生紧密关系。除鄂托克旗，接近宁夏，与宁省关系较近，乌审旗近榆林、横山，与陕省发生一部分关系，札萨克旗与陕西神木县发生一部分关系，准噶尔旗与府谷、河曲发生一部分关系外，大部中心，则集中于绥远，现各旗在包或在绥设有办事处，即其明证。同时绥省府亦设有乌伊两盟办事处于省垣，每旗有一处员，在内办公。

兹再叙述伊盟七旗中各旗之个别概况。

（1）达拉特旗（即左翼后旗）　由包头南行渡河即至。现任札萨克康达多尔济，头脑新鲜，青年有为，西服革履，在伊盟七旗中，可称时代人物。于包头建有康王府，举止极其阔绰。因其用费浩繁，对于垦殖兴利，颇为认识，现虽停止放垦，然该札萨克仍自行招佃放垦，不甘落伍，颇为可取。绥远省政府，并委之为该旗剿匪区司令，以示器重。

（2）准噶尔旗（即左翼前旗）　居达旗之东，经几次变乱惨杀后，情况不如昔日之佳。目下该旗札萨克年幼，由东协理奇文英代理，与西协理奇凤鸣，尚未能十分密切合作，实则不啻分区治理。该旗私垦地特多，汉民在该旗垦种者，几达十余万人，其中管辖权限与邻县关系，甚形复杂。二奇亦不时与省有所接洽，省府对之亦极契重。

（3）杭锦旗（即右翼后旗）　在达拉特旗之西，与包头亦甚接近。该旗札萨克阿拉坦鄂齐尔交际甚好，省府委之为乌、伊两盟办事处处长，同时，太原绥靖公署委之为绥西护路副司令，正司令为驻包七十师师长王靖国。查各旗原有商路，由各旗自组之蒙古游击队自行护路，并征收护路费，省方为统一全省路政起见，省蒙实行合作，分任正副司令。该旗地面辽阔，未垦之地尚多，札萨克阿王为促进蒙民自行开垦起见，业实行分地于民。阿王在绥垣并有阿王府，不时来绥垣长驻，与省府极相契洽。

（4）郡王旗（即左翼中旗）　与东胜县关系最为密切。该旗约居伊盟七旗之中心，略偏于东北，成吉思汗陵寝所在之伊金霍洛，即在该旗。此次绥境蒙政会会址，即定在伊金霍洛，该旗以后繁荣，定受莫大之促进。且由此中心向外扩充，伊盟七旗自难不久，均向繁荣之途迈进。现任札萨克图布斯济尔噶勒，五十岁，忠厚诚实，不喜交际，为一安分守己之王公，东协理贡补札布及其他重要事官，头脑清楚，且有善汉语者。

（5）札萨克旗（即右翼前末旗）　在郡王旗南。该旗在伊盟七旗中，地小人少，然因盟长即在该旗，故颇惹人注意。盟长沙王声望平平，此在前已言之，盟之对旗，绝不似省之对县。此次被任为绥境蒙政会委员长，一则为其盟长偶像之故，二则尊重盟旗系统，三则乌盟盟长巴王厌弃政治，四则会址设伊金霍洛，沙王就便不时至会主持会务，因该旗距伊金霍洛，仅数十里之遥也。该旗札克萨〔萨克〕鄂齐尔呼克雅图，为盟长沙王之子，为人极守本分。

（6）乌审旗（即右翼前旗）　该旗地位，逼近陕北，因交通不便，其与陕北榆林关系，转较绥远为密切。札萨克特固斯阿穆固郎楞，无权，大权悉操诸孟克乌勒济等人之手。昔百灵庙蒙政会，伊盟正副盟长，均曾派人前往调解，未得良好结果。并闻该旗尚有少数青年，已受"赤化"思想陶冶，前途大可注意也。

（7）鄂托克旗（即右翼中旗）　该旗远处绥垣西南隅，距省垣千余里之遥，而与宁夏只一河之隔。益州〔加〕以伊盟中部沙漠起伏，遂使该旗经济与地势两层关系，转与宁夏接近。当孙殿英西窜时，马鸿逵主席曾委该旗保安大队长彭苏道尔计为宁鄂边境巡防司令，即是一证。惟因绥远于此设有沃野设治局，政治上与绥远尚有连系。同时该旗札萨克噶勒藏勒玛岸札勒札木苏之子旺庆札布，亦在绥远两盟办事处当参议，不时来往太原、绥远间。旺氏年青，颇聪明，前途甚有希望。该旗地广，为七旗之冠，富源亦多，欲知其详，请看周颂尧所著之《鄂托克旗富源调查记》（绥远垦务总局出版）。

四　土默特一旗

土默特一旗，东至察哈尔右翼四旗，西至乌拉特前、中、后三旗，南至长城，北至达尔罕、四子王、茂明安等旗，计东西长九百里，南北宽六百里，面积颇广。查绥远之有土默特，自蒙古谙达始，盖绥远一带之地，在明宣德初，犹筑玉林、云川等城设兵戌〔戍〕守，后为蒙古所据。嘉靖时，谙达筑城于丰州滩，将木架屋以居，谓之拜申，隆庆中，封顺义王，万历中，名其城曰归化，是为西土默特。清天聪八年，太宗征察哈尔，土默特部众悉降，后编为二旗，领以左右翼都统及副都统。自此而后，垦地日辟，汉人日多，且系混合居住，经数百年之融合，现已界限无有。

因之，该旗比之乌、伊两盟十三旗仍留有原始畜牧状态者，迥乎不同。兹分别说明之如下。

先从设治说起。土默特旗土地，自清初即行设治，经数百年之演变，现所有土地，分属于归绥、武川、和林格尔、萨拉齐、托克托、清水河、包头等七县。兹将该七县设治年代分记于下，以见其开化颇早之一证。

土默特旗境内七县设治年代表

归绥县	自雍正元年设归化理事同知厅演变而来
萨拉齐县	自乾隆初设理事通判演变而来
和林格尔县	自乾隆初设理事通判演变而来
托克托县	自乾隆初设理事通判演变而来
清水河	自乾隆初设理事通判演变而来
包头	自萨县分出，民十二设治，民十五成县
武川	自光绪二十九年设武川厅演变而来

观上所述，乾隆初，即已文化大开。民国初年，因平绥路筑成，更析萨县为二，增包头一县。可想见非但开化而已，抑且文化发达矣。

次论及其衙署。该旗创置，远在明朝中叶，自顺义王谙达，历传数世。迨满清入关后，改为都统制，至民国纪元，犹沿旧制，以副都统为该旗长官，嗣因绥远划为特别行政区域，以该旗副都统，与区长官之绥远都统，有名称重复之嫌，遂于民国四年一月，由蒙藏院呈准改为总管制，昨年八月一日，复改为旗政府。设总管一人，掌理全旗事务。该旗旗政府，设于绥垣，业已近代化，分科办事。平常公事，悉用国文，因该旗人民，无不熟操汉语，所读之书，亦汉书之故也。另于总务处设一蒙文翻译员，以备必要时翻译蒙文公事。兹将该旗组织列下，可见其近代化，已与内地无异。

土默特旗组织系统表

土默特旗政府——总管

- 秘书处（设秘书长一员，秘书一员，监印兼庶务一员）
- 总务科（设科长一员，科员三员，蒙文翻译员一员，收发员一员，录事二员）
- 财政科（设科长一员，科员三员，办事员一员，录事二员）
- 教育科（设科长一员，科员三员，录事二员）
- 司法股（设主任一员，股员一员，录事二员）
- 生计股（设主任一员，股员一员，调查员二员，录事二员）
- 参领办公处（设事务主任一员，调查员一员，录事二员）

上表所列土默特政府组织，为三科两股两处，昔日衙署全恃全旗之十二参领办公，今则只存一参领办公处，实际办事则在三科两股与秘书处，盖其衙署已完成近代化也。

再论其人口。该旗所辖有左右两翼参领十二员，每参领一员，管五属目，每一属目，设佐领一员，计两翼十二参领六十佐领，共有一万余户，男女大小，约为六万余口，散处于归、萨、和、托、清、包、武等县境内。请注意散居二字，且久已筑室耕田，一如汉人。兹再将归、萨、和、托、清、包、武等七县人口，根据绥远省政府出版之《绥远概况》录出，与之比较，则该旗之散处六万余口，殊为渺小。

归、萨、和、托、清、包、武七县人口总计表

归绥县	一八四，六三一〈人〉
萨拉齐县	三三〇，三九四
和林格尔县	一二二，七二三
托克托县	一二九，二二四（注：该县尚有其他旗地）
清水河县	五八，九一一
包头县	一二二，七二三（注：该县非全是土默特旗地）
武川县	一四七，四八二（注：同上）
总计	一，〇九六，〇八八

上七县总人口一百余万，混合散居之六万余蒙古人，此在事实上，蒙汉隔阂，不啻完成打破。况区内之交通、建设、保安、土地、行政等事项，十九操诸省县。前该旗政府组织系统表，无建设、保安等科，即可说明。因之土默特旗旗政府之任务，专以管理保护并教育该旗民众，与召庙黄黑徒众为职，除此以外，别无所辖。

再从财政方面观看，每年收入地租、房租及煤炭税，共计洋四万八千五百余元。其中煤炭租税占十分之七，取之于地者，占极少数。田赋因垦地划归县管辖，故多由县征收，蒙旗仅不过征收极少之旗租而已。支出方面，因衙署近代化，所有收入之大半，概充给为旗政府职员之薪俸。

再从教育方面观察，现有土默中学一处，高、初两级小学校一处。归、萨、包三县分设国民小学校六处，其课程亦如内地普通小学，仅每周多习蒙文二三小时，稍有不同耳。学生不分蒙汉儿童，一律招收。

根据上述各点所述，得知土默特旗区域内蒙汉杂居已久，双方畛域早泯。且在此区域内，因汉户之增多，业已分设七县，除包头、武川、托克托三县，尚有其他旗地外，余归绥、萨拉齐、和林格尔、清水河四县，则全在该区内。而该旗人民则亦散居各县，融合一体，其与省县关系已打成一片，而无可为分。依据惯例，该旗对绥省府公文，均用呈，故此机关亦直隶于绥远省政府。省政府对该旗公文，则用令，与对乌伊两盟十三旗用照会者，不可并为一谈。

该旗总管荣祥，对于国学颇具深造，常言："蒙汉关系，由来久矣，合则两益，分则两害"，实亦学者之流，为蒙古有数之人才。

五　绥东右翼四旗

"绥东右翼四旗"标题，本不可通，但从通俗之称，如此反易使人明了。爰有右翼，则有左翼，"绥东右翼四旗"可通，"绥东左翼四旗"则无此事实也。

左右两翼，原尽属察哈尔部，左翼四旗、右翼四旗，再加上四牧群，通称为察哈尔十二旗群，其十二旗〈群〉名称，列之如下：

察哈尔十二旗群统系表

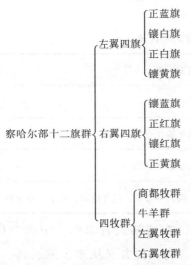

察哈尔十二旗群，在前清称为内属游牧部，开化颇早，故至今多已设立县治。在初，无论旗县，均属察哈尔行政区域，盖亦事实上，旗县关系密切，不容分离之故。民国十八年，各特别区改省，乃将右翼四旗区内所设之丰、凉、兴、陶、集五县划归绥远，但右翼四旗，则仍归察哈尔管辖。当时因右翼四旗与左翼四旗及四牧群统称为察哈尔部，而察哈尔部则仍归察省管辖，未便将右翼四旗与察哈尔部脱离，故其境内之县，虽划与绥省，而其旗之

系统则仍旧。最近察北失陷，右翼四旗不愿从逆，现划归绥省府管辖，已由中央明令发表。因此，一般人不称察哈尔右翼四旗，而称绥东右翼四旗。惟其根原，则吾人不可不知，故述之如上。

　　绥东右翼四旗之境界，东至左翼四旗，南至边城，北至大青山，西至土默特旗，广袤数百里，现设有五县，为丰镇、兴和、陶林、凉城、集宁。各县所属旗地，在凉城为镶篮〔蓝〕、镶红旗地，在陶林为镶红旗地，在丰镇为正红、正黄两旗地，在集宁为正红、正黄、镶篮〔蓝〕等旗地，在兴和为正黄等旗地。各旗旗民，散处五县境内，蒙汉杂居，久已同化。兹再将各县设治之始，列之于下，以见其开化之早。

绥东五县设治年代表

丰镇县	自清初丰镇厅演变而来
凉城县	自清初宁远厅演变而来
兴和县	光绪二十九年从丰镇厅分出
陶林县	光绪二十九年从宁远厅分出
集林〔宁〕县	由丰、凉、兴、陶四县分出，民九设治，民十一升为县

　　观上表，可知绥东右翼四旗，在清初只有丰镇、宁远二厅，厥后从丰镇、宁远二厅，划出兴、陶。民九又从丰、凉、兴、陶四县中，划出集宁一县，开化之速，进步之快，不减于土默特旗。

　　绥东右翼四旗情况，因开化颇早，与土默特旗相仿。现再从蒙汉人口、土地上比较之，则更为明显。兹以县为单位，列之于下。

绥东五县蒙汉人口土地统计表（摘十二月三十一日《绥远日报》）①

县别	面积（方里）	户数	人口	蒙户	蒙口	蒙人地亩（亩）
丰镇	三〇,六〇〇	四四,三五七	二五三,三三五	二七三	六三五	四一,五六三
凉城	三六,〇〇〇	三八,五一〇	一九二,六一〇	一八八	八〇〇	九七,二〇〇
兴和	一一,二〇〇	一六,九三七	九二,六八一	一二六	四三八	五六,八三〇
陶林	四〇,八〇〇	九,〇六六	四二,二三九	五四三	二,四四八	一八二,六八五
集宁	二七,二〇〇	一一,四三二	六九,一一四	二九〇	二,三〇〇	四二,五〇〇
总计	一四五,八〇〇	一二〇,三〇二	六五〇,九七九	一,四二〇	六,六三一	四〇三,五七八

据上统计，绥东五县面积共十四万五千八百方里，户口十二万零三百零二户，人口六十五万零九百七十九人，蒙户共一千四百二十户，蒙口六千六百三十〈一〉人，蒙人地亩共四千零三十五顷七十八亩，故得下列结论：

绥东右翼四旗，蒙民约占五县总人口九十八分之一，蒙民土地，约占五县总土地面积一百九十五分之一。

根据上述说明，蒙民因地小人少，自然其能力薄弱，无论从财政、军事任何一方说，总觉为力有限。

绥东右翼四旗，划归绥远后，现在筹备组织绥东四旗驻绥办事处，以便传达消息，接洽公事，因行政区域之联锁，以后与绥省府关系之密切，自无庸言。

兹再将该四旗个别情况，略述于下。

（1）正红旗总管衙署　距集宁（即平地泉）不远，于集宁设有办事处。前总管富龄阿于去腊逝世，现由正参领鄂斯克济勒格尔（字善臣）代理。最近即可真除，真除后，可加派为绥境蒙政会委

---

① 表中"人口"与"蒙人地亩"两项数据疑有误。——整理者注

员。鄂氏为人,五十余岁,染有嗜好,惟头脑极清楚。旗下人民,尽皆汉化,无有草地,完全改牧为农。军队有五支队,共百五十人,然无固定军饷,全靠地面维持。衙署经费,昔由察省府财政厅按月发给办公费若干,今归绥省,此项经费,当由绥财政厅拨给,除由省府发给办公费外,概不准在地面征收款项。其他三旗衙署经费,亦皆同此。

(2)正黄旗　东邻张北、商都等县,东西长二三百里,南北四五百里,辖境在察哈尔右翼四旗中为最大,现分属集宁、丰镇、兴和等县。旗内有常备兵二三百人。自察北失陷,该旗首感威胁,总管达密凌苏凌于去腊已将其家眷送至集宁县城居住,一方避免威胁,一方表示自己坦白态度。最近不时来绥与傅主席有所请示。

(3)镶蓝旗总管衙署　距平绥铁路卓资山车站不远,居右翼四旗之东部。总管孟克鄂齐尔蒙汉语言均通,年五十余岁,思想态度,均极和顺,言谈亦佳,绥省府特聘之为顾问,以资联络。该旗现有常备兵百余人,但军饷无着,训练缺乏,非加以整顿,不足以抵抗外敌。有学校一所,因民多贫困,上学儿童不多。

(4)镶红旗总管衙署　距平绥路卓资山车站亦不远,与镶蓝旗相距只三四十里,此二旗关系密切,因在右翼四旗之东部,故其地位,在目下不感受威胁。总管巴拉贡札布,年四五十岁,为人亦极诚恳。

六　结论

总观上数节所述,吾人可得下列三种结论:

(1)省县盟旗关系之密切　如土默特旗,业已全化为县,绥东四旗,与土默特旗无异,乌盟南部与伊盟四周,亦大半开垦设县,由此可窥见绥远境内之蒙旗,与绥远境内之县治,有其紧接之连系。例如,开垦后之地亩,虽归县治管辖,但尚有蒙租之规定,其利害亦有其共同之点,较之其他各省之蒙旗,因所处环境不同,固不能混为一论。此可表明绥境成立蒙政会,诚如蒙藏委员会黄委员长所言:"因地制宜,进行较便",分区自治,转合蒙古实际情况也。即以地势而论,平绥路筑至包头,伊盟经济中心所向,即聚于包头,乌盟西四旗(中公、东公、西公、茂明安)经济中心,亦是在包头,绥东右翼四旗及乌盟东部二旗(四子王、达尔罕)则均可集中至归绥。故从经济地理方面观察,分区自治,亦极相宜。兹再将绥境蒙旗设县情况列如下图,更可明了县旗关系之不可分,以及绥境蒙旗之自成一区。

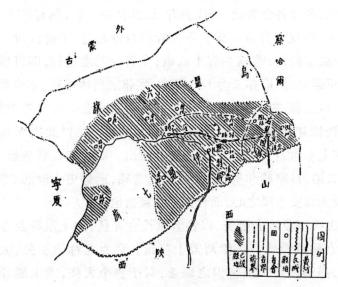

绥境蒙旗设县情况图

(2)蒙旗能力之薄弱　此可从两方说明,一为各旗各自为政,各旗之上,虽有盟长,而其统治各旗之权,极为脆弱,今一旦聚积各旗于一堂,欲使一盘散沙之盟旗,变为坚固牢结,短期间为不可能。二则各旗人口衰落,乌盟六旗,连喇嘛在内,亦不过三万余人,伊盟七旗,亦不过九万余口,土默特旗亦仅约六万余口,绥东右翼四旗合并才六千余人,总共尚不到二十万人。除去老弱、妇女、喇嘛,真正壮丁能有几何?况各旗财政不充,军队概未受正式训练,一切近代战争智识,盲然不知,以为给其自治,集其力量,即可令之负国防之责任,岂非笑话?吾人根据上列所述,无论治边救边,要非一道自治命令所能了事,又无论统一组织之自治,或是分区之自治,均不过使其自觉,增其内向之心而已,此仅为筹边之初步。如何使其不受外力威胁,如何使其始终倾心相安,则仍有待于实力之援助与扶持,此方为治边筹边之根本要点。

(3)边防责任之加重　蒙旗之能力薄弱,既如上述。未有整个组织以前,各旗各自为政,所代表者,仅其自身一旗,偶有外力压迫,所遭害者,亦仅有自身一旗。今为合作对外起见,于每区设一自治会,即以绥境而论,管辖亦有十八旗,今后一人之言行,即可影响全体。水可载舟,然而亦未尝不可覆舟,强邻之利诱威吓,亦可采擒贼擒王之办法,择一以临其余。前次百灵庙蒙政会听其自然发展,演成今日恍惚迷离谣诼频传之境界,可为殷鉴。尤以此次绥境蒙政会,事实上不啻自百灵庙蒙政会划分而出。而绥东右翼四旗,亦系因察北失陷,自察哈尔劈出,改归绥远管辖,形势更为险恶,非加重边防,固无以安边民之心,而杜强邻之窥视也。

此次绥境蒙政会委员,以各盟旗长官充任,除土默特及左翼四旗之长官称总管外,乌、伊两盟十三旗札萨克通称为王公,大多智识缺乏,愚而多疑。因智识之缺乏,对于整个大势,或未能详为明晰,因愚而多疑,对于中央自治处施,或未能竭诚拥护。且人各有私,各旗王公稍活动者,或利用此会,干其泄忿之事,准则与中央根本政策不符,不准则起其外倾之心,前次百灵庙蒙政会擅自撤西公旗石札萨克职,引起重大纠纷,即是一例。吾人固知绥境蒙政会指导长官,业已特派阎锡山充当,决不似前次何应钦之指导长官有名无实,前此走入轨外之举动,自可避免。然吾人身在边地,亲目观察,总觉边防责任之加重,与绥境蒙政会之成立,为不可分离之事实。吾人不愿绥境蒙政会之成立,将原有成吉思汗神圣墓地之伊金霍洛,变为如百灵庙疑神见鬼之情形,故特提出此点,促国人与当局之注意也。

《边事研究》(月刊)

南京边事研究会

1936 年 3 卷 4 期

(朱宪　整理)

日本的大陆政策、苏俄的东方政策与蒙古

江铎　撰

前言

　　本土为太平洋中群岛，经中日战争，已跃上大陆之日本，及壤地横跨欧亚二大洲，亚洲领土，且包括我国北、东、西三面之俄罗斯，据近日消息，二者已由战争之酝酿，进而为战争之实现，吾人置身事外，乍闻之，似莫明其所以，然一加研究，此中盖有故焉。

　　夫俄罗斯自彼得秉政以后，锐意图强，国势蒸蒸日上，然在欧洲之发展，卒受列强牵制，未克为所欲为，转而向亚洲大陆抵抗力薄弱地方进击。时适逊清末季，政治腐败，日趋贫弱，大有可乘之机，而最为其注目者，厥推我东三省、外蒙及新疆。东三省，以《中俄密约》，俄人获得东清铁道建筑权，东三省之政治上、经济上势力，遂强半握其手中矣。外蒙古原与俄属西伯利亚接壤，自西伯利亚铁道成功后，外蒙大受其威胁，且一方唆使外蒙王公、喇嘛独立，我以蒙古大戈壁沙漠横亘，不易抵抗俄人之侵略，而外蒙之政治上、经济上势力，又强半握其手中矣。至新疆，虽伊犁曾经占据，卒以曾纪泽力争收回，然伊犁河下游，划为俄有，又树俄人侵略新疆之基矣。

　　斯时也，东邻日本，明治维新，发愤图强，树立大陆政策，甲午一战，竟将朝鲜夷为保护国，由海岛而跳上大陆，且与强俄角逐于东三

省,而发生日俄战争,日俄战后,俄人在东三省势力之强半,由日本代之,而日本此后,且与俄人角逐于蒙古矣。

然一九一七年俄国革命,帝政覆灭,成立苏维埃共和国,其对于东方,虽一时停止前进,惟自第一次五年计划成功,国力稍形充实,又赓续帝俄时代对东方一贯国策,向我国推进,惟其所取方略,与帝俄时代,大有不同,简言之,易白化为"赤化"之东方政策耳。

日本自我国革命后,乘我频年内战,积极向东三省、蒙古经营,九一八事变,东三省为其占领,以外蒙尚在苏俄保护下,于其大陆政策之完成,不无阻碍,年来遂谋夹击,以驱逐苏俄在外蒙势力,进而夺取西伯利亚,苏俄颇不示弱,节节抗争,二者剑拔弩张,针锋相对,以致酿成今日严重之局势;换言之,即日本的大陆政策,及苏俄的东方政策,在蒙古作激烈之斗争,而又以蒙古为刀俎也。惟蒙古屏蔽中原,久属我领土,汉蒙一脉,载诸史乘,吾人岂能任日俄宰割,而不加拯救,特此中症结,仍在日之大陆政策与俄之东方政策作祟。吾人当此蒙古问题益趋严重之际,应将此二政策,作一整个检讨,庶国人彻底明了,进而可计议应付方略,以期挽救于万一。

蒙古的一斑

蒙古久为我西北屏藩,与本部关系最密切,其地域,在长城以北,俄属西北利亚以南,新疆以东,东三省以西,为亚洲一广大高原,戈壁大沙漠,横亘其中,通常称漠南曰内蒙古,漠北曰外蒙古。内蒙古面积为二八四,四九〇平方里,外蒙古面积为六二二,七四七平方里。外蒙古人口为六,一六〇,〇一六人,每方哩平均约十人,内蒙古人口为一〇,三七三,二五五人,平均每平方哩约十九人,就中以热河人口密度最高,每平方里约九十八人①。

我国对于蒙古,向来只以沙漠为天然界限,别称曰内蒙古、外蒙古,从无对于内蒙古再有东蒙古与西蒙古之称。惟日本自确定大陆政策以后,〈为〉便于侵略计,将内蒙复分为东蒙古与西蒙古。所谓东蒙古者,其所占区域,系黑龙江省之呼伦贝尔八旗及伊克明安旗、辽宁省之哲里木盟十旗、热河省之卓索图盟七旗、昭乌达盟十三旗、察哈尔省之锡林郭勒盟十旗是也。所谓西蒙古者,系指察哈尔四牧群,绥远省之乌兰察布盟六旗,伊克昭盟七旗,宁夏省之阿拉善、额济纳二旗及甘肃、新疆之一部是也。此种任意强称东西蒙,扩张西蒙区域,其意盖在分裂我领土,囊括我西北也。

蒙古原为游牧民族,逐水草而居,文化程度,与内地既有天渊之别,国家设治,亦与内地不同。在民国初年,对于内蒙已汉化地方,改为热河、察哈尔、绥远三特别区,民国十八年,更建为行省,又将西套蒙古划为宁夏省;但一方面,无论外蒙、内蒙,仍维持旧有盟旗制度。所谓盟旗制度者,系由封建的游牧所产生一种政治组织,盟则与内地之省相等,旗则与内地之县相等。盟设正副盟长,旗设扎萨克,盟长与扎萨克,虽均为各盟或各旗之政治袖领〔领袖〕,然以旗为蒙古政治组织单位,扎萨克之权甚大,盟长虽居旗之上,但盟系各旗一种集合体,盟长无直接干涉各旗行政之权,即旗内有重大事件发生,盟长亦不能如普通长官之处理下级衙署事件,擅自裁决,须会同该旗扎萨克处理之。盟长、副盟长,由政府于本盟扎萨克中选任,扎萨克,则由世袭。此蒙古政治制度的盟旗组织之大概情形。盟旗之外,尚有部与群,其意义,与内地之特别区或设治局相同。

明太祖统一中原,元之后裔,被驱逐于沙漠南北,而此被驱逐之元人,自王各地,终明之世,未克臣服。清太祖,崛起满州〔洲〕,借元

---

① 原文如此,"里"与"哩"混用。——整理者注

裔平定中原后,复分封于内外蒙古,世袭罔替,此蒙古之所以有盟旗制度也。民国成立,蒙古爵位世袭,从未变更,而与此有关系之盟旗制度,仍保留迄今,且此制度在蒙古政治上,至关重要,吾人研究蒙古问题,须将内外蒙盟旗分布略述之。

内蒙古原有六盟,东部四盟,西部二盟。东四盟者,曰哲里木盟十旗,跨辽宁、吉林、黑龙江三省,面积之大,为内蒙各盟中之最;曰卓索图盟七旗、昭乌达盟十三旗,在热河省境内;曰锡林郭勒盟十旗,在察哈尔省境内。西二盟者,曰乌兰察布盟六旗、伊克昭盟七旗,在绥远省境内。此外归化城土默特二旗,亦在绥远省境内,此地域内地人移往,远在数百年前,今日文化程度与内地相埒。呼伦贝尔八旗及伊克明安一旗,在黑龙江省境内,阿拉善一旗、额济纳一旗,在宁夏省境内。而呼伦贝尔,西界俄属西伯利亚,南接外蒙古,为我国国防要地。阿拉善旗,滨临河套,出产丰富,土地肥美,在内蒙经济上,颇占重要位置。

外蒙古区划,为喀尔喀四部落及唐努乌梁海、科布多,而以喀尔喀四部落为中心,唐努乌梁海与科布多附属之。喀尔喀四部落,共八十二旗,东路曰土谢图汗部二十旗,位于土腊河沿岸,又车臣汗部二十三旗,位于克伦鲁河沿岸;西路曰扎萨克图汗部十八旗,兼管辉特一旗,位于杭爱山之西;北路曰三音诺颜汗部,兼管厄鲁特二旗,位于翁金河之北;至科布多,原为准噶尔旧地,有杜尔伯特、扎哈沁、额鲁特四部二十旗;唐努乌梁海,位于乌里雅苏召〔台〕卡伦外,有五旗四十六佐领。

惟内外蒙此种盟旗之世袭制度,原属封建之遗留,在外蒙方面,自共产党执政后,所谓王公等名号,业经取消,内蒙方面,九一八事变后,伪兴安省成立,亦被破碎,今后时势推移,此制度能否维持久远,颇属疑问。

蒙古气候严寒,飞沙弥漫,我国一般肤见之辈,辄因此漠视,以为系一片瘠土，不事开发。然吾人一加研究，则蒙古正为一广大宝库，内外蒙到处之盛产羊毛、驼毛，热河、察哈尔、绥远，及外蒙之与西北〔伯〕利亚接壤一带之宜农耕，内蒙之盐湖、东部内蒙之天然碱、察哈尔及外蒙之马，以及山岳地之盛藏金、银、煤、铜、铁等矿，在经济上观之，是具有相当价值。

近数十年来，蒙古之富源，已为世界所注意，尤其日俄两国，垂涎欲滴，俄人之汲汲由西伯利亚南下外蒙，日人之汲汲由伪满东侵内蒙，皆此之故。即最近喧传之日德在荷京谈判蒙境经济合作，修筑铁道，是蒙古富源，足以促起远处欧洲之德人开发心，蒙古经济的价值，更可想见。

大陆政策之涵义及蒙古今日之重要性

日本原属岛国，大陆政策，据普通解释，是使日本由岛国而变为大陆国家之政策，换言之，即岛国之日本，积极向亚洲大陆侵略，而建立大陆国家之政策，此种解释，固失之抽象，然其为侵略政策，毫无疑义。

日本明治维新后，向外侵略，固有所谓南进政策、北进政策。南进政策者，即海洋政策，系向南洋方面侵略之政策；北进政策者，即大陆政策，系向亚洲大陆侵略之政策。南进政策，其发展，侧重在南洋群岛，主张此政策者，为海军军人及一部分官僚政客；北进政策，其发展，侧重在亚洲大陆，尤其对我国之侵略，主张此政策者，为陆军军人及多数官僚政客。此二派，在日本数十年来，分道扬镳，互相辉映，陆军的大陆政策派，往往欲扩充师团，增加陆军预算，以图贯彻其主张，海军的海洋政策派，往往欲扩充舰队，增加海军预算，以图贯彻其主张。职是之故，日本海陆军扩充无已，其南进北进，向外侵略，舍战前之德意志，无有出其右者。

　　然南进政策、大陆政策，同属对外侵略，惟吾人一加研究，则又觉南进政策，为大陆政策之一面，日本首相田中义一于民国十六年七月二十五日，奏日皇折中，有云"以支那之富源，而作征服印度及南洋各岛，以及中小亚细亚及欧罗巴之用"等语，是大陆政策已包括印度及南洋群岛、中小亚细亚及欧罗巴。且揣其意，大陆政策之成功，必赖优越海军之卫翼，盖征服中国固无须海军，至征服印度、南洋及欧罗巴，非赖海军力不可。矧今日世界，大海军国如英、美、法等国，既在亚洲大陆，有相当势力，而南洋群岛，又为其所分踞，日本并吞此等地方，自不甘于慑服，而与发生战争，因此，须具有优越海军力，在南洋附近地方，更须具有海军根据地。故其于中日战后，即要求割我台湾，盖建筑台湾以为海军根据地，则北可进攻中国，南可进攻南洋，西可进攻印度支那及印度。又自九一八事变以后，大陆政策，甚为得手，然终觉海军力量，逊于在太平洋有广大势力及殖民地之英美，遂借口要求海军平等不遂，于本年一月十五日，退出伦敦海会，俾便自由扩充海军，护翼其大陆政策之完成。由是观之，南进政策，可谓大陆政策之一部，换言之，即所以护翼大陆政策前进，或日人认为完成大陆政策之必要部分也。

　　夫南进政策，为大陆政策之一面，吾人既经证明，则大陆政策，为日本惟一的对外政策，不待言矣。大陆政策之涵义，吾人前虽抽象言之，究其具体意义，据田中义一奏折及日本少年军人对外同志会会长佐苏〔藤〕清胜所著之《满蒙问题与日本的大陆政策》一书，可窥知矣。

　　田中义一奏折曰："欲征服支那，必须〔先〕征服满蒙，如欲征服世界，必须〔先〕征服支那。倘支那完全被我征服，其他如中小亚细亚及印度、南洋等异服之民族，必畏我敬我而降于我，使世界知东亚为我国之东亚，永不敢向我侵犯。"

　　"我对于满蒙之权利，如可真实的到手，则以满蒙为根据，以贸易之假面具,而风靡支那四百余州,再以满蒙之权利为司令塔,而攫取全支那之利源,以支那之富源,而作征服印度及南洋各岛以及中小亚细亚及欧罗巴之用。我大和民族之欲步武于亚细亚大陆者,执握满蒙利权,乃其第一关键也。”

“第一期征服台湾,第二期征服朝鲜,皆既能实现,惟第三期之灭亡满蒙,以便征服支那全土,使异服之南洋及亚细亚全带,无不畏我服我,而仰我鼻息之下之大业,尚未能实现,此臣等之罪也。”

佐藤清胜曰:“大陆政策者,其意义虽含混,然要之欲发展于亚洲大陆而言也。亚洲大陆,有印度、中国、蒙古、满洲及西伯利亚,但主要,乃向满蒙及西伯利亚。”

吾人归纳田中义一奏折及佐藤清胜著述,则知大陆政策,应有左之涵义。

一、大陆政策,须征服台湾、朝鲜、满蒙、中国、西伯利亚、中小亚细亚、印度、南洋以及欧洲。

二、大陆政策之对象,目下则为中国、俄国以及在远东有势力之英、美、法等国。

概括言之,整个亚洲、欧洲,以及并世列强,皆须为其征服,供其牺牲,与德皇威廉第二之征服世界政策,毫无二致。至蒙古在日人心目中,对于完成大陆政策,甚为重要。观田中义一奏折中,一则曰“欲征服支那,必先征服满蒙,如欲征服世界,必先征服支那”,再则曰“再以满蒙之权利为司令塔,而攫取全支那之利源,以支那之富源,而作征服印度及南洋各岛以及中小亚细亚及欧罗巴之用”。是知征服满蒙,为征服中国、西伯利亚、印度、南洋及欧罗巴之必经过程。盖满蒙如被征服,在资源上,既可利用其煤铁等,使满蒙为日本军需工业之重要地带;在地理上,则南下可征服中国及南洋,北上可攫取西伯利亚,西进更可侵略中小亚细亚及印度,所谓“司令塔”云者,甚为恰切。现满洲既已占领四年,日人为完成其征服世界之大陆政策,亟须取得蒙古,故蒙古年来多事也。

惟蒙古既为征服世界之大陆政策所必争,则蒙古一方面固为大陆政策成败之所系,又一方面为大陆政策对象国家如中国、俄国及英、美等国争存亡之壁垒,蒙古今日之重要性可知矣。

东方政策之意义及外蒙"赤化"

一九一七年苏俄大革命后,布尔塞维克党,倡导一种东方政策,并以东方政策之成功,关系世界革命之成功,颇有倾其全力,促成东方政策,进而完成世界革命。

然则所谓东方政策,意义维何,方略维何?身处东方之吾人,诚有研究之必要。东方政策之意义,一般人即称为东方"赤化"政策,究竟"赤化"云者,系打破一切现状之运动乎,系严格共产之意味乎,抑系指苏维埃俄罗斯势力向东方进展乎?惟吾人研究列宁自瓦沙战败,深觉西方"赤化"之不易,乃采西守东进策略,由背面向帝国主义攻击。盖布尔塞维克党视西洋为帝国主义的正面,东洋为帝国主义的背面,在东洋方面,帝国主义如英、美等帝国主义,拥有广大殖民地,压迫多数弱小民族,如能将东洋弱小民族,先由民族上解放,使成为独立国家,则各帝国主义基□破坏,而世界革命目的容易达到。

虽然,布尔塞维克党以马克思"非新式工业极发达之国社会革命不能成功"为原则,对于东方政策之实施,固不抛弃共产,亦不固执共产,吾人观其援助土耳其、波斯、阿富汗及外蒙古之革命,可以知之。在土耳其之凯末尔,为代表小资产阶级之民主派,苏俄援助其革命成功后,并未采用共产主义,波斯之利查汗、阿富汗之阿马奴拉,均得苏俄援助,以"苦得打"手段,而行以帝制代帝制之革命。此种革命,是不特不接受苏俄共产,且反共产,至外蒙古,则苏俄于其援助蒙人,逐走白俄,夺回库伦,组织蒙古人民共和国,所有外蒙一切政治、经济、文化制度,皆苏维埃化,由是观之,苏俄同一援助革命,而其结果,共和制度也,帝制也,共产化也,皆无不可,是知苏俄东方政策,其意义,既非仅严格共产,亦非仅绝对打破一切现状,又非仅苏俄扩张势力于东方,简而言之,以民族革命,解放东方弱小民族,驱逐帝国主义,而以苏俄势力,代替帝国主义势力。

在布尔塞维克党,对于东方政策,恒称之为民族政策,因苏俄政府,欲将东洋政策眼目,置于东洋被压迫民族上,以援助此等民族解放独立之手段,驱逐欧美列强在东洋势力。至苏俄政府,对于东方被压迫民族,别为左列二类:

一、苏维埃联邦内之东洋民族;

二、东洋各殖民地及各半独立国的民族。

苏俄政府,对于此二种民族,为实施东方政策,其所采办法前者则予以广泛自治权,使其文化与经济地位向上,以图苏维埃主义之彻底,后者则援助其民族解放运动,驱逐欧美列强之势力,使其为世界革命预备队,以进攻帝国主义的背面。故苏俄于其领土内之民族,如后高加索,建设阿尔巴的亚、阿美尼亚、就尔的亚三共和国;如土耳其斯坦,建设乌兹白克、突厥曼二共和〈国〉;如西伯利亚,建设布里雅特蒙古自治共和国。于其领土外之东洋各殖民地及半独立国民族,如土耳其在《色弗尔条约》缔结后,英人欲并吞之,苏俄则援助凯末尔,击走以英为背景之希腊军,而组织民主国家。波斯在一九一九年《英波条约》,波斯之军事、财政、交通实权,已完全操于英人之手,苏俄则援助利查汗,推翻波斯王室,驱逐英国势力,另组独立国家。阿富汗在欧洲大战前,完全为英之附属国,迄一九一九年春,苏俄则援助阿富汗亲俄派,杀哈比蒲拉王,以其子阿马奴拉,继承王位,将英之势力,亦驱逐于阿富汗之外。苏俄援助此三国革命,系着眼在民族上,使三国均由民族解放,组织真正独立国家,以驱逐英人势力。

然吾人又研究苏俄对其领土内之东方民族,予以广泛自治,对于领土外之东洋民族,则援助其民族革命,其作用果何如乎? 以吾人观之,前者系一种实物宣传方法,将苏俄领土内之东洋民族,苏维埃化,以引诱他国内之同民族,如对于布里雅特蒙古,使建设自治共和国,即以布里雅特蒙古共和国为策源地,引诱我领土内之外蒙及唐努乌梁海,均组织共和国,纳入苏维埃势力范围之下。后者,以三国内均系英人势力,同时三国人民,均反英,苏俄为扩张势力于其境内,自以民族解放,为最能迎合三国人民心理,为最能驱逐英人势力的武器,简言之,即扩张苏维埃势力于东方之唯一方法。

由上以观,苏俄十余年来对于东方民族所施策略,在其领土内者,固极力苏维埃化,在殖民地及半独立形态者,则以增长苏维埃势力为要谛耳。

虽然,在土耳其、波斯、阿富汗三国之民族革命,深有赖苏俄,苏俄且不以共产主义强三国接受,惟对我国革命,自党军到达武汉后,硬欲将中国共产主义化,卒酿成中国十年来"共祸",今虽"共匪"已见消亡,国力损失不赀矣。吾人于此,对于苏俄东方政策之进行方略,深怪其极不一致也。

尤可异者,苏俄对我外蒙之"赤化",并有违马克思"社会革命须实行于新工业极发达之国"原则。盖外蒙系游牧经济之半开化地方,无新式工业,依此原则,不能实行共产主义,乃布尔塞维克党夺得库伦后,渐将外蒙共产主义化,由此,可证明布尔塞维克党并不严格遵奉马克思革命理论,且有与事实不相符者。

然吾人试一推论外蒙之所以易于"赤化"者,其间颇有原因,兹列举如左。

一、外蒙南部,与我国本部,中隔大砂漠,交通极不便利,反之,外蒙北部,与俄国西伯利亚,既无大砂漠之间隔,而地势较平坦,交通便利,因交通便利与不便利,则发生"难于控制""易受支配"事实。且西伯利亚境内,有布里雅特等蒙古人,与外蒙人同一民族,俄人极易利用此布里雅特等蒙古人,作实物宣传,以引诱之,此地理上原因也。

二、外蒙社会,仅有两阶级,即王公、喇嘛及游牧民是也。其政治组织,系以少数王公、喇嘛,支配多数游牧民族之专制统治体,此等王公与喇嘛,恰与俄罗斯、法兰西,未革命前之帝王、贵族、僧侣等权力,熔为一炉相似,绝对握有专制之权。且彼等由迷信入于懒惰,不能随时代谋进步,迄至二十世纪之今日,仍依赖旧有之传统地位,与人民无知的应从,维持其权力,除此王公、喇嘛外之大多数人民,为满清之愚民政策所牺牲,与世界文化完全隔绝,锢闭于愚昧无知之境界中,而外来新思想,极易发放光明,盖人民愚昧,头脑简单,对于新思想,不特无批评能力,且易为其感染,在欧美文化程度较高国家,尚不易实行之共产主义,到此蒙昧无知之群众中,经其一番天化〔花〕乱坠的宣传,必相惊为至宝,故苏俄"赤化",入境得售,此政治及社会状态原因也。

三、实行共产主义之最大障碍,为土地所有权与个人所有权。在外蒙地方,除都市有土地所有权外,其他广漠无垠之游牧场,伊古以来,即属公有,蒙古人民,原系游牧民族,逐水草而居,其个人所有权,则以"蒙古包"及牛、羊、马等家畜为主,如实行共产,则此等物之分配,在分配技术上,较之农、工、商业国家,容易百倍,此经济上原因也。

外蒙具有上述三种原因,故苏俄"赤化",容易成功,吾人观赤色外蒙之过去与现在,无不酷似苏俄,兹由外蒙党务、政治、军事、经济、文化各方面考察,以证明其"赤化"程度之十足。

一、党务　外蒙之蒙古国民党,原由苏俄共产党所产生,其党的组织及目的,与苏俄共产党无异,兹由左列之《蒙古国民党党章》及其领袖林第演辞之《蒙古国民党最终目的是实现共产主义》，可以知之。

《蒙古国民党党章》：

1. 蒙古国民党党员，须绝对服从党规，严厉履行党律。

2. 行极端中央集权主义，党之干部，对于党员，有绝对权限。

3. 各机关、各地方，张贴党纲，俾党员遵守。

4. 对于新入党党员，须经过一定候补试验期间，而试验期间长短，以出身阶级而异，平民四个月，贵族及喇嘛，则在八个月以上。

蒙古国民党之下，有蒙古青年革命团，其组织及作用，与苏俄之青年共产党及幼年共产党相似。惟一九三二年清党完成，蒙古青年革命团，并合于蒙古国民党，党设中央执行委员会，指导蒙古行政，并直接受与苏俄同一鼻孔出气之第三国际指挥。

二、政治　握外蒙政治上最高权力者，为大富拉尔旦及小富拉尔旦。大富拉尔旦，则等于全俄苏维埃联邦大会；小富拉尔旦，则等于苏维埃联邦中央〈执〉行委员会。大富拉尔旦闭会期间，其职权由小富拉尔旦代行，又等于全俄苏维埃联邦大会，于闭会期间，其职权由中央执行委员会代行。

外蒙各地方，复有富拉尔旦之设立，即设有爱马克富拉尔旦、贺甸富拉尔旦等（即盟旗苏维埃），此又与俄国省县市苏维埃相同。

三、军事　外蒙赤军，原由苏俄编练而成，所有兵器，多来自苏俄。军官，除一部分留俄学生外，余为苏俄人，其政治工作之严密，亦若苏俄之赤军，且驻蒙苏俄赤军，现达五师之众，因此种种，外蒙军事，已苏俄化。

四、经济文化　外蒙经济，原为游牧封建经济，自共和政府成立后，关于经济方面，逐渐革新，迄至一九二四年，则社会主义化。吾人观是年大富拉尔旦，关于劳动国民权宣言，以 1. 土地、森林、水泽及其他地壤，均为劳动国民之共产；2. 外国人跋扈时代，对于外人所生之个人债务,在国民经济上为不可忍受之负担,故凡未偿还之个人债务,一律无效等原则为政府施政方针,其共产程度,与一九一七年十月苏俄政府宣言之经济条项相当,至劳动民众之免费教育、教育部之充满赤俄顾问,及新闻杂志,多以俄文印刷,在文化上,尤充分表现苏俄化。

综观以上外蒙党务、政治、军事、经济、文化等方面,其共产程度,以较苏俄,有过之无不及者。吾人试一计量苏俄十余年来东方政策之成绩,当以外蒙为一意外收获。

大陆政策之动机及其向蒙古推进步骤

日本抱侵略主义者,往往以日本对外侵略,向大陆发展,具有不得已苦衷,揣其意,一若为求生存也。然吾人今日探讨日人大陆政策动机,据其所言者,为左列种种,兹分述之,并批评其得失。

一、人口过剩　日本人谓:"统计本国人口,每年有七八十万之增加,而每年耕地与食物之增加,不能适合此数,为解决过剩人口,有向亚洲大陆发展之必要。"此种论调,乍观之,似具有相当理由,果一加研究,则日本人口问题,并不严重,盖日本国内之可耕地,即至现在,尚有未辟,而今日科学昌明,改良耕地,又可增加若干食物生产,且树立大陆政策之明治天皇时,其未开辟之耕地,正不知多少,日人以此为大陆政策之动机,得非饰词乎。

二、资源不足　日人以日本为一岛国,煤、铁等资源,蕴藏不丰,如欲屹立世界,成一富强国家,则惟有向亚洲大陆发展,攫得丰富资源。然以此为大陆政策之动机,殊有未是,何则？日本原来领土,煤、铁等资源,亦有相当蕴藏,足资工业及国防之需,但日本如极度工业化,及抱征服世界野心,浪费煤、铁,则近将来,固感不足,设不如此,则决可维持久远,是以资源不足,而倡导大陆政策,得又非饰词乎？

三、地理环境　日人以日本位于太平洋中，四面环水，壤地褊小，地理环境，甚为不良，苟欲永久生存于世界，非如英吉利之向五洲发展不可，故倡导大陆政策。然世界上地理环境不良之国正多，如以此为理由，而向亚洲大陆侵略，则世界各国，均有向外侵略之必要，此又非饰词乎？

以上三者，均不能谓为大陆政策之真正动机。依吾人观察，一言以蔽之曰，军人之功名心、虚荣心耳。胡言之？日本军人，自宪法上规定有帷幄上奏权后，遂形成所谓陆军派、海军派，此等军事特殊阶级，莫不以好战黩武、争城掠地为能事，吾人观日本史实，如中日战争、日俄战争，以至民国二十年九一八事变，及最近在华北之横行无忌，皆此等军人功名虚荣心作祟，盖彼辈，在平时则以危言主张增加预算、扩充军备，迄军备扩充，则到处挑衅，一发生事变，则借口占人土地，攫人利权，迄事件平复，肇事者，莫不有一番升迁，莫不有一批所谓大将、中将出现。吾人一按日本数千年来几次对外作战及在亚洲大陆之发展，其因果，莫不如是，吾人由此可断言，大陆政策之惟一动机，为军人功名虚荣心。

大陆政策之步骤，田中义一奏折中，已明白指出，第一期征服台湾，第二期征服朝鲜，第三期征服满蒙，吾人推定第四期征服支那，第五期征服其他亚洲各地，以至欧洲。在甲午战争，日本战胜，并台湾而使朝鲜成为今日伪满式独立，以形式观之，斯时大陆政策，对整个亚洲，已树立分南北两途而前进之包围式基础。

中日战后，日本势力，向大陆猛进，一九○五年之日俄战争，将俄人势力，驱逐至北满，已入亚洲大陆之堂奥，此后对于蒙古，遂开始经营，而此时之大陆政策，日人又名满蒙政策，其满洲部分，已于九一八完全达到目的，嗣后经营，厥惟蒙古部分。兹述其对于蒙古进行步骤如左。

一、改组东蒙　九一八事变后,哲里木盟、卓索图盟、〈昭〉乌达[昭]盟及呼伦贝尔、茂明安旗,已随东四省而入日人统治下,日人将旧有盟旗组织打破,改为兴安北分省、兴安东分省、兴安南分省、兴安西分省,另设兴安总署,直隶伪国务院,而以哲里木盟盟长齐王为总长。二十三年十二月,改为蒙政部,部长仍为齐王,次长则为日人依田次郎,总务司长则为日人关口,所有一切实权,均操于此等日人之手。

二、引诱西蒙　日人统制东蒙,原不满足,近者锐意西侵西蒙,最近察北六县失守、绥东告急及锡〈林〉郭勒盟副盟长德王脱离中央自治,其策略,已有一部分成功。现中央为巩固西蒙,组织绥境蒙政委员会,将来能否抵抗尚属疑问。

三、另组傀儡　伪满原系日人统治东四省之一傀儡组织,而西蒙日人势力遍及后,则必与今日"兴安省"所辖各盟旗,另行组织傀儡,以与伪满相呼应,故日人第三步骤,为组"蒙古大源共和国"统治内蒙。

四、攻击外蒙　外蒙,日人视为大陆政策中满蒙政策阶段上之最要部分。惟自一九二一年以至今日,为苏俄势力所笼罩,故日人于内蒙完全为其统治后,为完成蒙满〔满蒙〕政策以至完成大陆政策,对于外蒙拟施以军事攻击,年来日本汲汲侵略西蒙及在伪满、外蒙边境种种军事布置,正为此耳。

以上第三、四步骤,果如愿以偿,则满蒙政策完成,而大陆政策之第三期征服满蒙可谓实现矣。

东方政策之动机及其向外蒙推进步骤

苏俄向东方发展动机,在将东方各民族解放,驱逐欧美势力,代以苏俄势力,吾人前已言之矣。惟苏俄何以汲汲于此,以吾人观之,仍为帝俄时代之觅不冻港耳。盖帝俄以俄为大陆国家,在海径大开之世界,欲雄飞海上,须具有优良海港,以为海军根据地,更须有通大洋之不冻的优良港,以期造成大海军国,故自彼得以来,即汲汲觅取海口,并定近东、中东、远东三条南下通海洋路线,惟在帝俄时代,远东已具基础,近东及中东,均未得成功。一九一七年大革命,列宁抱世界革命雄图,对于前人计划路线,自不忘却,故援助土耳其,以树立近东方面苏俄势力;援助阿富汗、波斯,树立苏俄中东方面势力;援助外蒙,近数年更援助盛世才,统一新疆,树立苏俄在我国北方势力,以作他日南下攫取海口张本。原俄人在远东方面,由俄境向我国打通海洋路线有三。即:

1. 经西伯利亚南下东三省。

2. 经西伯利亚南下外蒙,入内蒙,由山西、河北而达山东。

3. 经中央亚细亚入新疆,过四川向扬子江口。

以上三线,在(1)线,因日俄战败,大受挫折,九一八后,更已绝望,(3)线不易成功,现所经营者,为(2)线,此即置外蒙于卵翼下之用意,亦即东方政策远东部分之注重蒙古之故也。因此,苏俄于一九二〇年借口白党温格林侵入外蒙,举兵占领库伦后,即以左列步骤,向蒙古推进东方政策。

1. 组织蒙古国民党 温格林占领库伦,外蒙左倾青年,均逃于西伯利亚,苏俄即在上乌丁斯克、伊尔库次克,收容扶助此等留俄革命青年,组织蒙古国民革命党,旋改为蒙古国民党,此后即为蒙古革命中坚。

2. 编练蒙军 一九二一年三月蒙古国民党,在恰克图邻境吐鲁伊次可萨夫斯克,成立临时革命政府。一方面请苏俄出兵协同讨伐温格林,一方面使各地蒙古革命党员,组织“巴鲁第撒”队,纠合各地“巴鲁第撒〔撒〕”队编为蒙古国民革命军,先将恰克图中国驻军击走,即以恰克图为军事政治根据地,此后夺回库伦,肃清日俄,均以此等蒙军为主力而助以苏俄赤军。

3. 召集国民会议，建设蒙古国民政府　外蒙临时革命政府，于活佛死后，召集国民会议（大富拉尔旦），建设国民政府，外蒙政治基础，于此日固。

4. 撤〔撤〕废活佛　活佛自外蒙独立，君临外蒙三年，活佛死后，即永远废除，确立为共和政体。

5. 社会及经济方面之革命　活佛死后，外蒙社会方面，如废除王公贵族称号及一切特权，经济方面，如土地、森林、水泽等实行共产。

以此五步骤，遂将我领土之外蒙，变成为苏维埃联邦之一，苏俄东方政策，在外蒙现可谓完全成功。

日俄在蒙古抗争之现阶段

日本与苏俄现在蒙古之抗争，分军事、政治，简述于左。

甲、军事方面　日本对外蒙，现采包围式，一方面拟从西伯利亚与满洲边界之巴尔加，沿克鲁伦河向库伦，一方面将内蒙、张家口至库伦大道，握其手中，北上向库伦。苏俄则增加外蒙蒙军，由三万至七万，并将外蒙军事重心，置于库伦东方之三伯斯，驻外蒙俄军现又增至五师团。

乙、政治方面　日本以苏俄对于外蒙，采锁国主义，乃要求派使节，以打开满蒙联络，至对外蒙逃出人员，且予以政治欲求及一切个人享乐，以便作进攻外蒙工具。苏俄近年，则对内蒙王公、喇嘛，亦派外蒙喇嘛，施其引诱手段，俾收内蒙于其手中，以对抗日本。

由是以观，日俄在蒙古抗争，无论军事、政治，莫不针锋相对，日趋尖锐化，吾人更观史单林，最近对美记者郝渥德谈话，其形势之严重可知矣。

史单林之言曰:"如日本果攻击蒙古人民共和国,而图毁灭其独立时,吾人决帮助蒙古人民共和国,李维诺夫之助理斯托蒙尼亚科夫,近业已如此通知驻莫斯科之日本大使,并曾阐明自一九二一年以来,苏联与蒙古人民共和国保持友好关系而未变,吾人决助蒙古人民共和国,如吾人在一九二一年内所曾助之者。"

又史氏答郝渥德之以"日本侵夺库伦之企图,果使苏联必须采积极动作乎?"作问,曰:"然。"

结论

内外蒙古为我领土,日俄喧宾夺主,自相斗争,吾人既痛心疾首矣。惟吾人试一反省,过去外蒙及东蒙,在我统治时,果尽统治者责任乎,果如日俄今日之积极建设乎? 故吾人今日,一方面固在充实国力,一方面须将尚未丧失之西蒙,本总理"使其自决自治"遗教,物质、精神,双方积极建设,使蒙民政治、经济、文化向上,以作我之实物宣传,则东蒙、外蒙同胞,不久必相率脱离赤白色帝国而归我矣。

《边事研究》(月刊)

南京边事研究会

1936 年 3 卷 4 期

(赵红霞　整理)

日俄睥睨下之蒙古问题

郎德沛　撰

一　前言

　　自经济进步,产业振兴,殖民事业,日趋发达,百年之间,世界广大区域,侵蚀殆尽,势力范围,争夺靡遗;惟亚洲地大物博之中国,虽海通以后,外患频凌,卒以列强利害冲突,自相牵制,得以苟延不亡。比来各国经济事业,日趋发达,因原料与市场供给之不敷,资本主义各国间之竞争,日益尖锐,群对膏腴肥沃之地,馋涎欲滴,我国大好河山,尚未开发,适为彼等竞争之鹄。故数十年来,边境虽已屡被分割,犹复得陇望蜀,逐鹿不已,如英据缅甸,时思染指西藏;法割安南,犹不忘情滇省;日并朝鲜,复占满洲;俄攘黑北,又夺外蒙:中国四境,均在列强鹰瞵虎视之下,无日不在呼吸存亡之中。所幸赤白帝国,势不两立,列强之间,互相疑嫉,虽均贪得无厌,罔敢单独发难,否则覆巢危卵,釜底游鱼,断无幸存之理矣。兹者英国为意阿战争牵动地中海出路,无暇经营远东,法国为防德制意,正以全力谋欧洲集体和平,美国则埋头国内经济复兴,无意修改中立法案。世界七强,多数无力东顾,是以环伺我国者,惟有日俄两国。此二国者,与我壤土相接,关系最深,彼此之间,利害冲突亦复激烈,故双方势力消涨,关系我国国命安危,数十年来东三省之势力出入,有由来矣。东北四省为我国富庶之区,日本据为己有,内实府库,外对苏俄,直欲牺牲我国,实验其大陆政策,我国固应力抗。然苏俄制造蒙古人民共和国,占据我国广袤土地,几乎无人注意,人徒知日本制造伪满之破坏我国主权,损害我国经济利益,而不知苏俄之夺外蒙,亦为"赤化"我国之根据,蜂蜕蝎蛇〔蜂虿虺蛇〕,其害维均。况外蒙一日独立,我国领土一日不全,内则绥、宁、青、新受其威胁,外则与日人侵略内蒙、华北之资,今日人已由伪满深入内蒙矣,外蒙亦俨然在苏俄劫持之下与日伪军接触矣,双方均向我国领土征逐,封豕长蛇,互有用心,大好藩篱,断难坐视,此今日言蒙古问题者,所应追溯其本源也。

二　蒙古问题酝酿之过去与现在

蒙古地处漠北,为我国通俄门户,故言蒙古问题,应包括内外蒙观察,倘舍外蒙而独言内蒙,不惟难得真相,且亦隔靴搔痒,轻重倒置矣。蒙古之在我国成为问题,远在日俄战前,实由外蒙通俄关系而起,故吾人欲知蒙古问题之真相,应先明外蒙过去与现在之大略情形。当清社既屋,蒙人在俄国保护之下,遂倡言独立,推哲布尊丹巴呼图克图为蒙古皇帝,称大蒙古国,嗣经我政府几经折冲,始于民国四年六月共结《中俄蒙条约》于恰克图。由是外蒙古始承认中国宗主权,同时中俄两国承认外蒙自治,为中国领土之一部。迨欧战发生,俄国革命,俄蒙贸易衰颓,外蒙流通之俄币价值暴落,诸王公陷于非常穷困。蒙人鉴于形势,顺风转舵,乃于八年十一月呈请撤消自治,恢复前清旧制,于是《中俄蒙协约》始得正式废止。九年一月北京政府派徐树铮为西北筹边使,驻节库伦,八月以陈毅继任,旋改为库乌科唐镇抚使。是为民国以来外蒙全属中国领土之经过。民国六年俄国鲍尔雪维克革命告成,建立劳农政府,民国十三年十二月苏维埃社会主义共和联合国成立，全俄遂告统一。民国十年蒙古国民党勃兴，此辈多留俄学生，倾向社会主义，借苏俄之援助，于是年六月击破库伦，组织蒙古人民政府，将旧日王公贵族等阶级制度，一律宣告废除，虽仍尊哲布尊丹巴为君主，但活佛毫无政权，特借以收拾各级蒙人之归附而已。迨哲布尊丹巴病殁，徒众亦遂星散，现外蒙政权均操青年党人之手，政府组织完全仿效苏俄，各机关均以俄人充顾问，凡新事业之举办，莫不依赖苏俄之力。民国十三年五月中俄会议之结果，《中俄协约》成立，其第五条有"苏联政府承认外蒙为完全中华民国之一部分，苏联军队由蒙古尽数撤退"等语。但同年十一月《蒙古人民共和国宪法》成立，公然规定蒙古为完全独立民主共和国，主权属于劳动人民。民国十四年，外蒙政府致电北京政府，要求宣布民族自决办法，措词强硬，俨然分庭抗礼。自兹以后，我国内外多事，自顾不暇，无力筹边。外蒙之"赤化"益甚，无论军民财政，无一不受苏俄支配，据日报消息，"库伦且驻有俄国重兵并设备大规模飞机场，几成苏俄联邦之一矣"。至内蒙北以外蒙古喀尔喀四部为界，南接冀、晋、陕、甘诸省，自清康熙以后，历代为我国领土，未尝携贰。其区域分为卓索图、昭乌达、哲里木、锡林果勒、乌兰察布、伊克昭六盟及察哈尔十二旗群与土默特旗，分布于奉、吉、黑、热、察、绥、宁、青、新等九省区。自九一八事变后，东北四盟中之哲里木、昭乌达、卓索图三盟，因位于东省境内，随东北主权沦入伪国，习惯上列入东盟之锡林果勒盟，地位介于热河北部及察哈尔东北部，在兴安岭山脉之西，距内地较远，故虽热河境内昭、卓二盟已入伪国管辖，而该盟独得保全。其副盟长德王，为归化土默特旗之甥，幼受汉化教育于归绥，鉴于东蒙沦陷，唇亡齿寒，乃倡导内蒙自治，欲联结西部盟旗以应付外来危机，于民国二十二年十月，在乌兰察布盟之百灵庙邀各旗王公集会，讨论组织内蒙自治机关之事。中央据报，乃派内政部长黄绍雄氏入蒙辅导，当由黄氏斟酌情形,制成内蒙自治方案,准察、绥两省之盟旗各在省辖范围,分别设一自治机关。各王公对此方案,虽多表赞同,而德王领导之少数王公,则加反对,嗣派代表入京请愿。其时中央对内蒙情形稍感隔膜,以为合组自治机关,有利于蒙人,因照德王一派之希望,合锡、乌、伊三盟,察哈尔十二旗群及绥远土默特、宁夏阿拉善及土尔扈特等三盟四特别部旗,合组一百灵庙内蒙地方自治政务委员会,于二十三年一月成立。委员长为云王,即绥境之乌盟盟长,副委员长为索王,即察境之锡盟盟长,德王则为秘书长。所辖地方,东起热、察两省之北部,西迄宁夏、青海之边外部旗,虽同属蒙族,然辖境既广,团结不易。在往昔各奉其王公为主,如同秦越,在今日名义上虽受同一政会管辖,然因距离关系,需求不同,利害不同,仍难沟通意见。德王一派固如愿以偿,而分治派始终抱不合作态度,故成立后屡次开会,西盟王公,甚少出席。上年云王辞职,蒙事重心,全在德王。西二盟为政会所在地,深觉此庞大组织用力多而收效少。自去岁“共匪”侵入陕西北部,外蒙增兵边境,兼以华北问题迁延不决,察东六县相继失守,蒙古保安队二千余人已于一月中自滂江开抵平地泉附近。伪军李守信部进占张垣附近之大清〔境〕门,同时并传德王最近曾飞往长春数次,百灵庙蒙政会人员及军用汽车多迁往滂江德王府中,张库间交通有阻断情形,绥东数县已感受严重威胁,内蒙地位日见危险。西二盟王公、青年渐觉悟国家民族之责任重大,知非团结地域、利害相同之盟旗,不足以挽救危亡,乃由绥境盟旗领袖人物一致请求中央,以绥境盟族〔旗〕另设自治机关,以便集中力量防共自保。中央鉴于西盟今日之实际需要,乃准如所请,于一月二十五日明令发表绥远各盟旗自治政务委员会,而以境内各盟旗札萨克及总管为委员,伊盟盟长沙克都尔札布为委员长,并特派阎锡山氏为该会指导长官,于是乌、伊两盟所辖之十二旗及土默特、绥东等共十七旗,遂脱离德王领导下之蒙政会而成为独立组织,亦即我政府对于内蒙所能直接统辖之惟一部分也。总之,外蒙现在苏俄保护之下,内蒙则在日本控制之中,南北对峙之局,有由来矣!

三　蒙古问题成立之症结与危机

由上观察,可知外蒙早成苏俄附庸,而内蒙复已在日本蚕食之中,事演至此,双方均应负其全责。夫外蒙北接苏俄,自西比利亚通车后,因地理关系,俄人视为外府,亦固所宜;惟内蒙地隔广漠,与日俄风马牛不相及,而今日已为日人垂涎者,实日俄之国际关系酿成之耳。此种关系为蒙古问题构成之总因,故欲明蒙古问题之症结,须究两国之最近国际关系。先就历史言,地理为历史之重要因素。俄国自领有沿海州后,日俄壤土相接,关系日密,嗣因帝俄占据满洲与日本利害冲突,而有日俄之战。迨俄国退出南满,日本取代,但仍拥有北满重大利益,与日本平分春色。日人不甘退让,步步进取,俄人洞烛其奸,深知北满地位岌岌难保,苟不另辟蹊径,则北满丧失,不惟极东领土如瓮中之鳖,西比利亚亦受威胁,故不得不步步为营,一方增筑库页岛以南至海参崴之防御工事,一方威胁利诱,使外蒙就范。及外蒙入彀,赤军势力日张,日本为先发制人,遂借口万宝山之变,强占东四省,由是与俄国日趋密接,其制造"满洲国",对我国为假托民意,对苏俄实借以缓冲势力,苏俄以准备未完,避免大战,故以失经济、国防价值之中东铁路饵日,然日本以胜利自居,不可一世,益有问鼎内外蒙之志矣。日俄夙本世仇,义难两立,随历史之演进,今后之关系,可想而知也。次就政治言,苏俄为社会主义共和国,日本为资本主义帝国,赤白对立,各走极端。世界上固仅苏俄一国奉行共产主义,而地夸〔跨〕欧亚,世界上固不仅日本一国为白色强国,而独与俄毗邻。且东方尽有未开辟之地,尽有文明幼稚之民族,故苏俄不得志于中欧,时不忘情于东亚,其国策虽不分国界以领导世界革命为目的,然其对象首着眼于庞大之中国,自鲍罗庭来华以后,第三国际在吾国之活动,可以覆按。日本自明治维新,即抱定大陆发展政策。所谓大陆,虽不限于中国,而中国实其最初之行径,数十年来北进、南进、东进,均为完成其政策之鹄的。环顾英、美等同主义之国家犹可和缓,而异利害殊国体之苏俄则势不两立,苟任俄人深入,匪惟势力冲突,阻止政策之进展,且资本主义一旦"赤化",将影响主国之精神,故不得不竭全力以防遏"赤化"之蔓延。日人十余年来恒以东方安定力自居,以防俄前哨自诩,虽曰假借,亦属事势使然,乃至强占东省,进兵内蒙,虽曰侵略其实,亦殆不甘俄国之占有外蒙强化远东,欲以弧形阵线遮断苏俄远东通海之联络,一举而饮马于贝加尔湖耳。近年苏俄已宣布放弃世界革命之主张,改取充实国力由内而外之渐进政策,力避与日本直接冲突,观其出售中东铁路,以缓和日人之感情,即其明证。但日本励行大陆政策,数十年如一日,绝不因俄人步骤之缓急而有改异,且以外蒙已入俄之掌握,新疆亦岌岌可危,满洲与外蒙邻接,倘不及时攫取,将来反客为主,且将受其控制,故其军事策略必欲兼并察、绥,消极截断库张大道,阻止俄人南下,以为满洲屏蔽,积极且可得一路沿滂江、乌得北上以威胁库伦,一路沿归绥、包头西进以压迫宁夏,野心虽不止一端,而其取道方向,则与俄之夺蒙侵新遥遥相对。故两国政治阴谋之发展,实为蒙古问题严重之动因。再就经济言,日俄两国之经济组织虽不相同,但均属生产发达之国,日本缺乏市场缺乏原料,尤其于苏俄,故其需要殖民地,尤视苏俄为急。日人所以掩饰其向外发展者,在十年前恒言,人口过剩,生产原料缺乏,在近数年则恒以防赤俄、维持东亚和平为言,前者固属有因,即后者之动机,亦半出于经济上之要求。诚以俄国五年计画成功以后,轻重工业均极发达,日俄密迩,日人深恐攘其利益,故不利俄国与我国接近,即所以阻止其商业利益,东三省日俄势力之屡次进出,固外是,即内外蒙之无形争夺,亦缘此故。内蒙煤、铁、棉产之富,可以随地取需,姑不庸述。外蒙地处漠北,人恒视为荒辽,鲜有经济价值,但在生产发达之国,无宁视为府库,观《纽约时报》所载"外蒙前以牛乳产品与中国农产物交易,中国商人获利无算,今则利益全归苏俄,故蒙古在苏俄对外贸易中已占第五位或第六位……日本要求派使节驻库伦,打开满蒙间之连络,但青年蒙古领袖,深恐日本势力侵入,竟拒绝要求,反往莫斯科求援,是为日、俄、满、蒙间纠纷之核心"等语,又据东京十八日电称:"去年满洲里会议决裂后,在俄、'满洲'国境关系恶化,本月十三日,奥拉多加发生日'满'兵与外蒙兵冲突事件有扩大性质,国境一带风云紧急。然日'满'两国拟确定俄'满'境界线,以便解决国境事件,'满'蒙两方将可开始交涉。日'满'两国拟在此机会要求外蒙开放门户,实现经济交易,否则外蒙屈服异族之苏俄,日本对外蒙政策,先须取得交通、居住自由,使其依赖满洲,然后开始通商,由外蒙购入羊毛及其他特产物,同时由满洲供以必需品"云云,可知外蒙经济,日俄双方之互相重视,亦为两国钩〔钩〕斗之一因素矣。由上观之,日俄关系之恶化,无论就历史、政治或经济之立场言,目前均无不以蒙古问题为重心。苟不就其症结所在,亟谋挽救,一旦日俄战开,兵连祸结,不惟破坏我国领土,使人民无辜转徙流离,地方万劫难复;且日胜则中国固亡,俄胜亦不免于全国"赤化",彼时无论倾向何方,国力所在,同归于尽,决无苟全偷生之时。现在双方盘马弯弓,俟机而作,险象环生,祸迫眉睫,所望国人勿再忽视蒙古为吾国之生命线焉。

四　蒙古问题解决之途径与希望

伪、蒙冲突之消息,近月来报不绝书。据十四日齐齐哈尔日电称,因"满"蒙在乌兰呼都克冲突,结果日本空军已奉命准备出动。

又电:"满"当局调查结果,得悉二月十二日乌兰呼都克事件中,发现之外蒙军用飞机三架,乃苏俄之空军等语。足见初时尚以伪蒙纷纠为言,今已公然揭开假面,各执行保护国之权威,由是类推,内外蒙直接启衅之时,即日俄正式交绥之日无疑。即使不然,双方暂时尔诈我虞,结局序幕揭开,亦必以兵戎相见,吾人既知事势推演,日俄难免一战,又知将来之战场必在我国领土,更知战争结果均于我国有百害而无一利,则与其坐观成败,置国命于孤注,何如事前准备,尽最后之努力。但时至今日,欲遏双方之利欲,不可不下最大之决心,提出最根本之办法,使双方洞悉我国爱护和平之诚意,均无间言,或可使之幡然悔悟,临崖勒马耳。以不佞观察,欲保国土,须全主权,但吾国领土主权,因强邻压境而沉沦,或无形剥削支离破碎者,不知凡几,欲一一交涉收回,自非咄嗟可办,不得已,惟有权衡轻重,分别缓急,以为着手之先后。依吾人之意,日本之节节进取,既以苏俄为其假想敌,而日俄势力冲突之焦点,又均在蒙古,则对症下药,惟有去其目标,灭其借口,民国以来,吾国失地固多,而先居戎首为厉之阶者,当推外蒙之就俄。外蒙独立,虽远在十数年前,然固未得我国之承认,我以主权所在,照法理言,自可执行权威,令其取销独立,服从中央统治,否则明令讨伐,以张国纪。惟外蒙独立之背境为苏俄,彼久在外人卵翼之下,未可以单纯内部问题目之也。回忆民国元年二月,民国成立,五族共和,袁世凯致书外蒙首领哲布尊丹巴,详述利害,劝其取消独立,然蒙人畏俄滋甚,哲布尊丹巴覆袁氏之电,谓:"外蒙间于列强,进退维谷,苟不独立,何以自存,本哲布尊丹〈巴〉呼图克图舍独立犹弃敝屣,但独立自主,系在清帝辞政以前,业经布告中外,起灭何能自由,必欲如此,请即商之邻邦,杜绝异议,方合时势。"其一方为虎作伥,一方迫于积威可知。今时虽变迁,情势依旧,我若执行主权,彼必有所回护,不如根据民国十三年之《中俄协约》直接与苏俄交涉,请其撤退驻兵,取消一切防守,还我主权。

但苏俄或以日占满洲为辞见拒，故最好借中日调整会议之机会，扩大范围，邀俄国参加，为中、日、俄三国调整会议。吾人首应声请两国尊重我国主权，勿侵犯完整与独立，然后就失土之远近，请求俄国交还外蒙，以为模范，使日本了然苏俄无"赤化"亚陆之野心，靡有借口。再进而要求退出冀、察，撤去满洲驻兵，交还全部失地，然后始能谈判其他。使苏俄既屡以放弃世界革命、维持世界和平为言，又曾于《中俄协约》内明白承认外蒙为我国领土之一部，此次能否接受我之主张，实为其政策与国际信义之一大试验，倘失意，自无辞粉饰拒绝。苏俄交涉顺利，日本之防俄前哨，失其护符，即使顽强，而正义所在，亦可据理力争，此诚双管齐下解决蒙古问题最善之途径也。吾国过去外交，无一定之方针，无整个之计画，往往临时应付，局部解决，既嫌枝节，无关大体，结果不惟问题难结，且滋后患，而事实不明，复重外人误会，数十年来外交失败往事，可为痛心。今宜惩前毖后，改途易辙，日俄双方外交，攸关我国国命，尤宜开诚相见，慎重处理，由我自动提出公正办法，昭示双方，以期共信。所有一切大小悬案，均宜彻底清算，根本解决，矫过去之错误，谋永久之相安。故会议内容，自不限于蒙古问题一端，惟应以蒙古问题为发轫，借以测验双方之诚意，以定我国之路径而已。虽然，内外蒙领土，双方染指，已非一日，若令无条件交还，强权所在，不啻与虎谋皮。故我方宜先有准备，预定让步原则，过此限度，即应拒绝。鄙见在平等互惠之下，毋妨谋种种经济合作或投资事业，其有特殊利益关系，在不损领土主权之条件下，亦毋妨酌量相商。总之，经济事项，尽可从宽计议，政治阴谋，务宜根本阻止，苟能本此范围，开诚相与，在我既抱定外交自主，与人共见，在人则深知我国决心，庶弭欲念矣。最后吾人尤所望于各方者，中国存亡，关系世界安危，东亚和平，固应由中、日、俄三方共同负责，然中国国力所在，绝无掀起世界大战之虞，故维系东亚和平之任，全在日俄两国转念之间。外蒙以荒凉之区，得失无关俄国之百年大计,仍其现状,足为肘腋之患,还之中国,可为双方缓冲,甚望俄人放大眼光,勿太阿倒持,授人以柄。其在日本,尤应了解唇齿相依之谊,勿过与中国以难堪,须知种怨不如结善,共存始能共荣,得失利害,宜以大局安危为前提,迅扫亲善之障碍。至于外蒙当局,宜自揣人民、财赋、兵力,能否独立一国,若徒依人保护,终至喧宾夺主,更须知中国历史,五族一家,汉蒙之间,若堂奥庭户,合则两利,分则并伤,何去何从,宜早自择。即在我国,亦切勿存伺机应变、侥幸取巧之心,须知无论日俄交绥,抑或世界大战,弱小民族之生命,完全在人刀俎之上,人则大利所在,我则醢醢是充,虎口之下,断无偷生之理,欲求自存,惟有于远东和平空气中,十年生聚,充实力量。但日俄为东亚势力重心,双方关系一日不调整,殊难予我以闲暇图治之机,所望一本过去睦邻之意,先商蒙古问题,开创未来生命。且中俄两国虽已复交多年,犹未策进亲密关系,更宜及时打开阴霾,一新全国视听。治乱本在一念,世事由人转移,至诚克召和祥,光明道路不远,时乎不再,我政府盍早图之!

《边事研究》(月刊)

南京边事研究会

1936 年 3 卷 4 期

(朱宪　整理)

怎样解决蒙古问题

马鹤天　撰

蒙古问题，在民国以来，成为边疆之大问题。始也外蒙独立，一再宣布，终因俄人之卵翼，成为今日完全脱离之状态。继而内蒙因日人之煽动、诱惑与侵略，原有各盟，或被占领，或倡独立，或在中央指导之下，成立地方自治政务委员会，亦岌岌有次第脱离之势。北方藩篱尽撤，供赤白两帝国主义斗争之用，我蒙古同胞，甘堕其术中而不觉，或反认为保护者、拯救者，实则等于傀儡，亦大可哀也。然吾以为蒙古问题之至此现象，不怨俄、日之侵略诱惑，亦不怪蒙人之甘作傀儡，而大半实由于吾中央之观察不明，措置失当，以致酿成今日之结果。

以满清言，对蒙古领袖，封以王公之爵，与以隆厚之俸，待以优殊之礼，结以宗室之亲，分班朝贡，留驻京师。对蒙古人民大倡喇嘛教，以束缚其身心，变化其习性，禁与汉族同化，以阻止其进化。所谓羁縻政策、愚民主义、笼络方法等，同时并用。终清之世，蒙人未尝离贰，在消极方面言之，不可谓非政策之成功。然积极方面言之，毫未为蒙古民族谋真正利益，除若干痛苦，如教育未兴，富源未辟，生活未改善，反使蒙人人口减少，体格日弱，智识日蔽，生活日益困难，汉蒙界限，日益隔阂。虽收小效于一时，而遗大患于将来，一经外人诱惑，蒙人觉悟，即一发而不可收拾。故蒙古问题之有今日，未始非满清政策所贻之祸害。

民国以来，既无满清消极的防止蒙人离贰之方法，又无积极的增进蒙人利益之事实。对于王公，虽未取消其封号，但未尊崇其地位。对于一般蒙人，既无兴利除弊之举，而边疆军民长官，又不免有剥削压制之事。对于蒙古青年，虽在中央各校，特别优待，增进其知识，但毕业后未予以相当之出路。以致蒙人无论王公、青年以及一般民众，无不怨望。每遇问题发生，所派大员，又多为不明蒙古实情之人士，谓其成立地方自治政务委员会，而指导长官，乃为不能实际留驻蒙地之大员，又无相当之代理人。遇贪得无厌之东邻，秘密派员，鼓动煽惑，利诱威挟，多疑无识之蒙人，安得而不堕其术中，日思离贰，反满清之不若矣。

余尝赴外蒙古考察，研究俄人对待外蒙之方法，与蒙人所倾向俄国之理由，觉俄人之手段，甚为高妙，而亦与时代相宜。试述数点如下：

一、对于蒙古旧日领袖之王公贵族以及活佛高僧等，虽不欲其仍旧有无上之权威，然因蒙人大多数信仰之程度甚深，并不高倡打倒，且阳为推崇之。如始也仍以活佛哲布尊丹巴为君王，政府内亦参用王公、喇嘛之有力者，使蒙人贵族阶级，均不畏惧，而人民亦不惊疑，但哲布尊丹巴死后，立即宣布不许转身，而贵族王公有贪污或犯法者，立予罢免或惩处，久之政权脱离贵族之手。

二、对于蒙古喇嘛教，俄国在主义上，当然反对，然并不表示立时压制或取消，乃用渐进巧妙之方法。如对人民之充当喇嘛者，虽不禁止，但谓喇嘛须提高知识，非小学毕业者不许为喇嘛，而教科书中乃多形容喇嘛腐败之事实，毕业后无一人愿为喇嘛，人数自然不再增加。对于旧有喇嘛，虽不取消，但限制其行动，取消其参政权，有种种之不自由平等，久之自然减少。

三、对于蒙古一般民众，为之普及兽医，提倡卫生，改良畜牧，便利交通，改进生活，广设学校，人民实际得种种利益，自然有种种好感,认苏俄为蒙人之救星。

　　四、对于蒙古青年,则积极增进其知识,帮助其握取政权。如以种种优待方法,使其赴俄留学,毕业后全介绍在藏〔蒙〕古政府或议会或党部,负相当任务。各重要机关,均有俄人顾问,而首领名义仍为蒙人,使青年认俄人代取政权而交还之,无不乐受其指导。实际则俄人有精通蒙事之要员数人,在蒙古政府握有实权,视外蒙不啻为苏俄之一联邦。

　　今后我国对于蒙古问题,应参考苏俄对外蒙之方法,使蒙人上下悦服,各事进步,然不能全如俄人之手段与居心,因蒙古地方,为我国领土之一部,蒙古人民,为中华民族之一分子,当视为幼弱无能力之子弟,由父母爱护之、教导之,使其成人,不能如俄人之视为邻友或家奴而利用之。对少数王公、喇嘛,固应尊崇,对多数蒙民,尤应为之谋实际利益,派深通蒙事之高级人员,专驻蒙地,指导王公与青年之自治,增进蒙民之利益,防止外人之煽惑,揭破侵略者之黑幕,使蒙人自然渐渐恢复与中央从来之关系。庶几未离贰者,不再离贰,已脱离者,渐渐觉悟,蒙古问题,虽不能一时完全解决,当渐渐有好转之希望。

　　最近内蒙问题,益感困难,然中央处理方法,比较适当。闻日人已悟德王之不足以号召各盟,而德王亦感日人之束缚过甚,或有觉悟之意。即锡盟一时不易挽救,而绥远及宁夏各盟旗,当不至再入迷途。惟今后若仍无相当人员,驻在蒙委会所在地,切实指导,并对蒙古青年与民众,无切实办法,则一时之好转,终难得根本之解决也。

《边事研究》(月刊)

南京边事研究会

1936 年 3 卷 4 期

(丁冉　整理)

内蒙古自治运动总检讨

余汉华　撰

内蒙各盟旗之分布与盟旗政治组织

酿成最近数年来有加无已之国难严重局势,均由九一八日军在东三省暴动时,我国当局不加抵抗,遂使日军在华之侵略势力,日浸日大,日益恣肆暴横所致,而内蒙古自治运动,亦系由日军此种侵华狂涛所激起。目前,蒙人在察、绥两省者仅三十万,其内部亦互相水火不能一致,虽有一二野心家从中操纵,作政治上之独立活动,似亦无关大局。然而察省与日伪盘据之地,犬牙相错,绥省又与察省邻接,少数野心之蒙人,若得他国从中操纵,前途亦殊堪虞虑。所谓枯木朽株,尽为害也。是以我等老百姓,对于内蒙古自治运动,亦不可不深切注意。爰就见闻所及,叙述内蒙自治运动之过去、现在及未来,以供观览参考。先从内蒙古各盟旗之地理分布说起。

A. 内蒙古各盟旗之地理分布

内蒙古系现在热河、察哈尔、绥远三省之总名,与漠北之外蒙古相对称,其疆域东界辽宁、黑龙江;西界甘肃、新疆;南界河北、山西、陕西;北界外蒙古。内蒙古原分六盟,在东为东四盟,即哲里木盟、卓索图盟、昭乌达盟、锡林果勒盟,在西为西二盟,即乌兰察布盟、伊克昭盟。此外尚有察哈尔部、归化土默特部之内属蒙古。但察哈尔部在廿三年二月二十八日中央政治会议议决改为盟，是内蒙刻有七盟，及归化土默特部之四特别旗焉。兹将内蒙古盟旗分布区域，列示如次：

一、哲里木盟

科尔沁部六旗	在辽宁省境内
扎赉特部一旗	在黑龙江境内
杜尔作〔伯〕特部一旗	同前
郭尔罗斯部后旗	同前
郭尔罗斯部前旗	在吉林省境内

二、卓索图盟

喀喇沁部三旗	在热河省境内
土默特部二旗	同前
唐古忒喀尔喀旗	同前
锡埒图库伦旗	在辽宁省境内

三、昭乌达盟

巴林部二旗	在热河省境内
克什克腾旗	同前
翁牛特部二旗	同前
敖漠〔汉〕部三旗	同前
奈曼旗	同前
喀尔喀左翼旗	同前
札鲁特部二旗	同前
阿鲁科尔沁旗	同前

四、锡林果勒盟

乌珠穆沁二旗	在察哈尔境内
浩齐特二旗	同前

阿巴噶二旗	同前
阿巴哈那尔二旗	同前
苏尼特二旗	同前

五、乌兰察布盟

四子部落旗	在绥远省境内
喀尔喀右翼旗	同前
茂明安旗	同前
乌喇特三旗	同前

六、伊克昭盟

鄂尔多斯七旗	在绥远省境内

七、察哈尔盟

左翼正蓝、正白、镶黄、镶白四旗	在察哈尔省境内
左翼正黄、正红、镶红、镶蓝四旗	在绥远省境内

除上列八旗外，尚有商都牛羊左翼、右翼四牧群。

八、内属蒙古

伊克明安旗	在黑龙江境内
归化土默特旗	在绥远省境内
阿拉善额鲁特旗	在宁夏省境内
额济纳旧土尔沪特旗	同前

以上，为内蒙古盟旗分布区域之概势。但有日本在我国辽宁、吉林、黑龙江、热河四省领土内，制造伪满洲国后，在内蒙古各盟旗中，所有哲木里〔里木〕盟十旗、卓尔〔索〕图盟七旗、昭乌达盟十三旗及伊克明安旗，均为日伪霸占暂时不计外，现在所称内蒙古各盟旗，即指锡林果勒盟、乌兰察布盟、伊克明〔昭〕盟、察哈尔盟及内属蒙古之归化土默特旗、阿拉善旗、额济纳旗是已。此次内蒙古之自治运动，即系以该四盟及归化土默特旗为基础，欲起而建设自治政府，冀次第以步武成吉斯汗之雄图焉。

B. 内蒙古各盟旗之政治组织

　　内蒙古之盟旗政治组织,肇始于明末,至清代乃先后完成盟旗之编制。即于蒙古游牧区域,分划为若干旗地,规定牧场,彼此不得越界游牧、狩猎,如违反者,不论王公士庶,一律严加惩处,因以杜游牧上一切之纠纷。并于各旗地,任命一世袭之札萨克为旗长,使世世统理旗务。集合若干旗为一盟。盟置盟长,由中央政府择各札萨克及王公中贤能者任命之,使监理各旗事。盟长以外,并选任副盟长一员,使襄助盟长处理旗务。兹再将内蒙古盟旗政治组织系统,表示如次:

内蒙古盟旗政治组织系统表

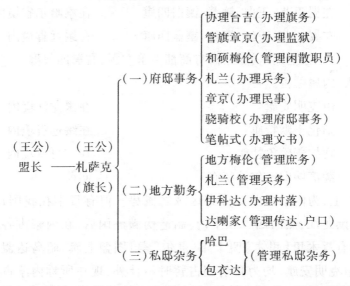

　　观上表所示,盟长乃处于盟旗组织之最高地位,即为旗长之上级长官,但不得直接干涉旗之行政,只在旗内发生重大事件时,则会同札萨克以处理之。又可将盟旗各方之意见,上达中央主管机关(如清之理藩院,现在之蒙藏委员会),札萨克若有越轨行为,亦可向

中央主管机关告发。对于札萨克,仅处于监督之地位。盟长并须每年检阅所属各旗部队一次,有事之时,则统率全盟兵士作捍卫活动。至于札萨克即旗长,虽有处理旗务全权,但佐理札萨克之协理台吉,并非札萨克得自由任命,乃系呈请该管盟长,就该旗内闲散王公以下台吉以上推举数人,转呈请中央主管机关圈定一人任命之,故札萨克处理旗务之际,有时亦须顾及协理台吉之意见焉。

　　各旗之下,另设若干佐领,以分别治理之。凡佐领之丁,百有五十,每一佐领,设催领六人。满六佐领以上者,设章京一人;十佐领以上者,设二人。计内蒙哲里木盟十旗,设佐领二百三十四人;昭乌达盟十三旗,设佐领二百九十八人;卓索图盟七旗,设佐领三百二十二人;锡林果勒盟十旗,设佐领一百十三人;乌兰察布盟六旗,设佐领五十二人;伊克昭盟七旗,设佐领二百七十四人;至察哈尔及归化土默特未详。以上,即内蒙古盟旗政治组织之大较也。

内蒙古自治运动之发生

　　内蒙古之政治组织,系充分表现酋长式之封建制度。然而此种封建制度,在今日仍得继续存在者,乃是由于蒙人经营之初民生活所保持所促成。盖内蒙古人系集居于大戈壁以南广漠之区,气候高寒,风沙蔽日,内地汉人,来此间者甚少。原住该地蒙人,结队舵〔驼〕行,逐水草而居,饲牛、羊、驼、马,衣皮食肉,维持生存,幕天席地,奠其居处,而与外人殊少往来,故大多数蒙人智慧未开,锢于遗习,遑论所谓现代之文化生活者。内蒙古封建制度,迄今仍得独特保存者以此,而内蒙古经济力量之极度贫弱,不克与现代人群争衡者亦以此。至于察、绥两省之蒙古人口,约三十万,但据二十二年十月间,绥远各法团第一建议书谓:蒙古人在绥省者约十五万,则察省蒙古人,殆亦有十五万之数,合察、绥两省之蒙古人口,仅当内地一小县人口总数,以此等广阔之区,仅有此等稀少之人口,蒙族之凋落,可想见一斑。

要之,以区区三十万之蒙人,扶持极贫弱之经济力量,欲于数大国之间,建设整个自治政府,即使三十万之蒙人,能团结一致,罄其所有经济力量,供自治政府之挥霍,犹难期其存在,况三十万蒙人中,利害冲突,互相敌视,不一而足也哉!故少数野心之蒙人,欲建设其所谓之自治政府,除倚赖中央政府之维持保护,或投入外人操纵之掌握中之二者而外,别无他策。然而少数蒙人,憧憬过去之光荣,且受伪满洲国与外蒙古政府存在之影响,不顾财力与人力如何,竟展开其自治运动之活动焉。兹拟就内蒙自治运动实况,分叙其始末如次。

A. 内蒙古自治运动之初期

内蒙古自治运动之发生,非自今日始,在辛亥革命初年,一部分蒙人亦受革命潮流之影响,及外蒙古独立消息之刺激,遂有西蒙若干旗响应外蒙独立之事件发生。迨民国八年蒙人以保护政治上土地之权利为辞,曾有达乌里全蒙临时政府组织之运动,颇耸动一时之耳目。然而较具体之自治运动者,乃系民国十七年察哈尔蒙旗代表尼玛鄂特索尔纪伦等赴南京作自治请愿活动,并上条陈十条,说明自治之必要。该条陈之要项有云:

> 察哈尔内蒙,须联合各旗、群、翼,自设政治委员分会,名曰"察哈尔内蒙自治委员分会",直接隶属中央,不受其他高级委员会之支配。按现在一旗之地,较大县稍强,计八旗左右,而翼犬〔之〕马群、牛群、羊群共十二大旗,小旗群不在此内,人口约二十五万,向隶统治下,生死休戚绝不相关。而蒙藏院除迎送活佛为其职责外,绝不闻为吾蒙民众存亡生活问题进一言建一策,此众目所共睹者。盖多一层阶级制,即多一制造专制之机

械,蒙人虽愚,誓不愿于此外层政治下,求少数专制之自由。

　　　察哈尔内蒙自治委员会,设于各旗、群、翼适中地点,以现任总管为委员,推举资望较深者为主席,遇有缺席,即由各该旗另选补充,不再补放总管。

时南京政府甫经成立,对内蒙此种自治请愿之要求,无何等具体答覆,蒙旗请愿代表,遂未得结果而回。此次蒙人要求自治运动,虽无成效,然而在内蒙自治运动史上,殊值得注意,亦可认为是内蒙古自治运动之初期焉。

B. 内蒙古自治运动之酝酿

　　距内蒙代表尼玛鄂特索尔纪伦等到南京作自治请愿后六年间,即民国二十二年夏内蒙古自治运动,遂急转直下,掀起轩然波澜。此次内蒙古自治运动之急速展开,固有内在之原因,亦有外来之影响,兹简要分陈如次:

　　内蒙自治运动促进之原因　　促起内蒙自治运动之原因甚多,如建省设县,蒙人以为侵蚀盟旗权益,辟地开垦,以为损害蒙人生计,税收问题,与府、县当局又积不相能。凡此种种,均足增涨蒙人不平不满之情,而启其作自治运动之意趣。此外,尚有三个直接促起自治运动之要因:

　　第一,国民政府建都南京后,因军事时期尚未结束,故尽力于东征西讨,对于内蒙,未遑切实经营。是以中央政府与蒙古王公间,既少联络,对于一二有为之青年,又乏羁縻之策,政府此种放任态度,遂引起蒙人之失望与不满,且给予蒙人一个自由联合之反动机会,此为促起自治运动要因之一。

　　第二,日本自在东三省、热河间制造伪满洲国后,即对于内蒙王公,多方煽惑,以利诱、以威胁,同时挑拨汉蒙民族间之感情,使相嫉视,并以设立蒙古自治〈政〉府,鼓动蒙古王公之野心。于是好大喜功之青年王公,遂多受其簧惑,而起一种政治运动,此其要因之二。

第三个原因,即为内蒙青年,找不到政治出路。在国内外专门学校毕业之蒙古青年,政治欲望,既颇强列〔烈〕,而中央机关之登用者,乃寥寥可数,此等失意之流落青年,遂不得不转向关外故乡找寻政治出路。然尤可注意者,即二十一年冬德王、卓王等十余王公赴京,向中央条陈治蒙意见,并欲整理蒙藏机关,连日向当局接洽,不得要领。德王等乃愤然通电离京,亦无人理会,至此德王等知大势已去,遂废然回蒙。此等不得志于中央之青年王公,尤其是如德王者,于愤恨之余,乃与失意之蒙古青年相勾结,作树立自治政府之活动焉。

以上三个要因,以最后一个要因为极关重要,即德王不得志于中央,回蒙即作树立自治政府之活动,为此次内蒙古自治运动发动之直接根本要因也。

德王与其党徒　德王系此次树立政府运动之中心人物,原名德木〔穆〕楚克栋普鲁,今年三十五岁,为苏尼特右翼旗札萨克及锡林果勒盟副盟长。幼时曾受教育于绥远,通汉文、汉语及英文,擅骑射,为人精明狡黠,尝以成吉思汗自居,慨然有恢复蒙古民族过去光荣之雄图。其家复富于资财,故尽力网罗曾受教育之蒙籍青年,于是在各地之失业及不得志之青年,咸往归之,浸成为蒙古青年派之领袖。兹将在德王指挥下之青年,分陈如次:

一、陈绍武,二十五岁,卓盟喀拉沁左旗人,通晓蒙文,中央政治学校毕业,人颇老练。

二、关翼卿,三十岁,哲盟达旗人,东北大学工科毕业,对建设事业,尚有研究。

三、韩凤林,三十岁,哲盟达旗人,日本陆军士官学校毕业,返国后,即在锡盟训练蒙兵。

四、丁我愚,二十二岁,哲盟达旗人,东北大学预科毕业,现为德王之秘书。

五、暴德彰,二十五岁,卓盟喀拉沁左旗人,中央政校毕业。

六、白景畲,二十五岁,卓盟喀拉沁中旗人,蒙藏学校毕业。

七、张秉智,三十岁,卓盟喀拉沁左旗人,中央政校毕业,曾充中央党部蒙藏科干事。

八、陈绍山,二十六岁,卓盟喀拉沁左旗人,民国大学毕业。

九、陈国藩,三十岁,卓盟喀拉沁右旗人。

十、吴国璋,二十九岁,卓盟喀拉沁左旗人。

十一、高以民,二十八岁,卓盟喀拉沁右旗人。

十二、云继贤〔先〕,为日本陆军士官学校毕业,现任德王军事学校总队长。

十三、丁汝明,北平法学院肄业,对筹备自治政府工作,十分卖力。

十四、赵海福,即前牛羊群协理补英达赖,为德王极信任之人,盖以渠能联络各盟旗,且为德王传达一切之故云。

此外,尚有锡盟阿巴噶右旗札萨克郡王雄诺敦都布,系三十二岁之青年,锡盟苏尾〔尼〕特左旗札萨克群〔郡〕王郭尔卓尔札布,阿巴噶左旗札萨克贝勒巴拉贡苏隆,及包悦卿等,均为极力赞助德王树立自治政府之人焉。

德王既抱有改革蒙古政治之野心,复有多数蒙籍青年为其奔走,故树立自治政府之念益强。德王自不得志〈于〉中央愤然返蒙后,即赴乌兰察布盟、伊克昭盟及锡林果勒盟各盟旗地,游说各盟旗王公,晓以建设自治政府之必要,并对于王公积年愤恨之年俸问题,许于自治政府成立后,酌为增加。于是各盟旗王公,为利所诱,欣然同情于德王之自治运动焉。

此外,德王复将班禅卫队、乌滂警备队及军校合并,加紧训练,并令各盟旗蒙兵,悉听德王之指挥,总计兵力,约在二万左右,此德王之军事布置也。

内蒙古自治运动之展开

A. 百灵庙之自治会议

德王对于高度自治运动之布置，大抵就绪，遂往商于乌兰察布盟盟长云王，召集会议于百灵庙，欲借云王之年高位重，以资号召。云王之侄沙拉多尔济，亦欲乘机提高地位，以为将来当选盟长之地步，封〔对〕德王此举，力促云王赞同。而各地蒙人，亦多响应德王自治运动之举，于是百灵庙之自治会议，乃至实现焉。

先是民国二十二年五月间，乌兰察布盟盟长云王、锡盟副盟长德王及锡盟代表等，在百灵庙集会，讨论自治问题，以人数过少，遂议而未决。七月二十六日，复在百灵庙召集全蒙长官会议，到伊、乌、锡三盟盟长及札萨克多人，均主张采用高度自治，组织自治政府，并于八月十四日通电，向中央请求给予自治政权。一方复向驻内蒙各盟旗及平、津各地之王公，发布召集百灵庙自治会议之文告，促其赴会也。

十月九日系百灵庙自治会议召集之日，是日到会出席之蒙古王公，有乌盟盟长亲王云端旺楚克、锡盟副盟长亲王德穆楚克栋鲁普及各旗札萨克、各地代表等六十九人，紫顶马褂，济济一堂，俨然满清仪之复活。午后二时，在百灵庙永荣会仓大厅举行会议，会中禁用汉语汉文，以示尊重民族精神。并推云王为主席，讨论一切问题。综计前后开会凡五次，费时凡十六日，所通过案件，有内蒙自治政府组织法案、内蒙自治政府设立地点案、政府警卫队编制案、政府开办经费筹措案、政府房舍建筑案及派包悦卿等四人代表欢迎中央大员案，并推定政府负责人员，即公推云王为内蒙自治政府委员长，锡盟索诺木喇布坦、伊盟沙克都尔札布两盟长为副委员长，乌盟副盟长巴王为法制委员会委员长，锡盟副盟长德王为政务厅厅长，伊盟副盟长阿王为参议厅厅长。于是内蒙自治政府之组织及政府人选，大体均告决定。适中央派黄绍雄、赵丕廉二氏赴蒙巡视之消息到百灵庙后，正在举行之自治会议，遂于十月二十四日宣告暂行休会，一切静候大员莅临解决。以上，系百灵庙自治会议之概况也。

B. 黄、赵赴百灵庙商谈经过

南京政府当局，自接到内蒙锡、乌、伊三盟要求高度自治之电文，复得接内蒙组织自治政府实行自治之呈报，不禁为之大惊。九月二十六日，汪院长在行政院召见旅京蒙人白瑞等，面询蒙古王公宣布自治之情形，并谕转达各王公，谓政府将派大员前往指导，同时蒙藏委员会、内政部、参谋本部各关系机关，亦集会讨论解决蒙古自治办法。十月十七日、十八日，汪院长所提出之处理蒙事原则三案，先后通过行政院会议及中央政治会议，是为中央对蒙古之最新六策。同时行政院转请国民政府明令特派内政部长黄绍雄，蒙藏委员会副委员长赵丕廉，前往内蒙古巡视各盟旗。黄绍雄、赵丕廉于接到国府明令后，即于十月二十一日、二十二日先后率领随员北上。黄绍雄氏当于二十二日晚抵平，即赴北京饭店休息。二十五日晨接见旅平蒙古王公及代表，会谈自治问题，二十六日午前十一时，接见章嘉活佛，是日午后一时二十分黄、赵等即搭专车赴绥远。但车经过张家口时，曾作小勾留，二十九日抵绥，即寓绥远饭店。三十一日，黄氏遂派李松风、孔庆宗、鄂奇光、德克吉珂等，先赴百灵庙视察，同时德王派代表吴熙宪来绥，欢迎黄、赵前往指导。十一月十日，黄绍雄、赵丕廉二氏，率领随员、卫兵，分乘汽车十数辆，钢甲车四辆，由绥起程赴百灵庙，午后五时半抵庙，德王等列队欢迎，公谦娱乐，招待备极隆盛云。

十一月十三日至十五日三日间，黄绍雄即在百灵庙行辕与各王公代表，关于内蒙自治问题，作三次商谈。德王要求取销省府，另设立直隶中央之内蒙自治政府，黄氏以为此乃分裂整个国家和民族之组织，中央绝对不能容许以拒绝之，反覆辩论，尚无结果。十七日，黄绍雄以各王公要求组织自治政府，意似坚决，知长住百灵庙，亦属无益，乃令随员准备回绥，并令随员将文件退回。是日，各代表纷挽，班禅派要员请求再留一日，保有完满之解决。是晚十二时，云王、德王派代表亢仁等，送呈最后要求之甲、乙两种办法；十八日，云王、德王来辕请示，黄绍雄氏当以甲种办法，与中央所定原则，尚无不合，允为转呈中央核准施行。云王、德王当即表示满意，乃发皓电，表示感戴；十九日，黄绍雄等，即启程回绥。兹将内蒙王公要求之甲、乙两种办法，抄录如次：

（一）甲种办法

一、名称　定为蒙古第一自治区〔区自治〕政府，蒙古第二区自治政府，以下类推。

二、区域　锡林果勒盟暨察哈尔部各旗，编为蒙古第一区自治政府，乌、伊两盟暨土默特、阿拉善、额济纳各旗，编为蒙古第二区自治政府，其他各盟、部、旗，比照此例编区。

三、隶属　蒙古各自治区政府，直隶于行政院，遇有关涉省之事件，与省政府会商办法。

四、权限　蒙古自治政府，管理各本区内各盟旗一切政务。

五、经费　蒙古各自治区政府经费，由中央按月拨给。

六、联络　蒙古各自治区间，设一联席会议，商决各自治区共同事宜。

（二）乙种办法

设置蒙古统一最高自治机关，定名为蒙古自治委员会，直隶行政院，管理各盟、部、旗一切政务，其经费由中央按月拨给。

C. 内蒙古地方自治政务委员会之成立

黄绍雄在百灵庙与蒙古各王公，商谈自治问题，已获一解决办法，遂率随员于十二月十六日返抵南京，即谒汪院长，报告巡视经过情形。汪院长即与有关系部会长官，研究解决蒙古自治之办法，一方并听取蒙古代表之意见。二十三年二月二十八日，中央政治会议，遂通过解决蒙古自治问题办法原则八项。兹将其重要之第一、第三两项，照抄如次：

第一项　在蒙古适宜地点，设一蒙古地方自治政务委员会，直隶行政院，并受中央主管机关之指导，总理各盟旗之政务。其委员长、委员，以用蒙古人员为原则，经费由中央发给。中央另派大员驻在该委员会所在地指导之，并就近调解盟旗省县之争议。

第三项　察哈尔部改称为盟，以昭一律，其系统组织照旧。

中央政治会议于三月七日第三九八次会议，任命通过蒙古地方自治政务委员会长官。是日，即由国民政府明令发表。

特派何应钦为蒙古地方自治指导长官，赵戴文为蒙古地方自治指导副长官。任命云端旺楚克、索诺木喇布坦、沙克都尔札布、德穆楚克栋普鲁、阿拉坦鄂齐尔、巴宝多尔济、那彦图、扬桑、恩克巴图、白云梯、克兴额、吴鹤龄、卓特巴扎普、贡楚克拉什、达理扎雅、图布升巴尔雅〔雅尔〕、荣祥、尼玛鄂特索尔、伊德钦、郭尔卓尔扎布、托克托胡、潘弟〔第〕恭察布、那木济勒色楞、阿育勒乌贵，为蒙古地方自治政务委员会委员，并指定云端旺楚克为委员长，索诺木喇布坦、沙克都尔扎布为副委员长。

国府除明令发表蒙古地方自治政务委员会长官后，同日并公布《蒙古地方自治政务委员会暂行组织大纲》及《蒙古地方自治指导长官公署暂行条例》。兹将《蒙古地方自治政务委员会暂行组织大纲》

内重要各条,照抄如次:

一、本会会址,设于贝勒庙(即百灵庙)。

一、本会设委员九人至二十四人,由行政院呈请国民政府任命之,并于委员中,指定委员长一人,副委员长二人。

一、本会设左列各厅、处、会,分别承办一切会务。秘书厅办理文书、纪录、统计、编译、会计、庶务等事项。参事厅撰拟、审核本会之计划、法案、命令。民治处办理关于民治事项。保安处办理关于保安事项。实业处办理关于实业事项。教育处办理关于教育事项。财政委员会办理关于财政事项。

前项各厅、处、会,除参事厅外,均分科办事。除秘书、参事两厅外,各处、会应斟酌情形,分别呈请设立之。

一、本会委员以用蒙古人为原则,本会所属各厅、处、会职员,由行政院就国内遴选熟悉蒙古情形,及有专门学识者任用之。

自国府明令发表蒙政会长官及《暂行组织大纲》后,内蒙官民,即表示诚意接受,蒙政会委员长云王,即着手筹备该会成立工作。四月二十三日下午五时,在百灵庙举行成立典礼,是日,到会委员计有云王、德王等十二人,代表六人,于中央代表何竞武监誓之下,宣誓就职。数年来内蒙古自治运动之波澜,至是乃暂告一段落,亦国难期间不幸中之幸事焉。

内蒙古自治运动展开以后

A. 蒙政会之派系一瞥

在德王领导下之内蒙高度自治运动,于蒙政会设立后,可算已达到相当之目的,各王公亟应一心一德,从事内部之建设,不应过作非分之企图。但因德王年轻气盛,遇事不无专擅操切之处,致引起各方之不满,才堕地之蒙政会内部,竟区分为数个派系,是亦蒙政会瓦解之征兆欤!

蒙政会各王公,因思想、利害之不同,遂分为四派,即(一)德王派,(二)云王派,(三)绥远派,(四)脱离派是已。兹再分述如次:

德王派　此派系以锡林果勒盟及察哈尔盟出身之青年为中心,在蒙政会握有最大势力。彼等系德王之忠实拥护者,对于德王之企图,尝努力其实现,并积极排斥绥远派及脱离派势力,而对于日伪尚抱好感云。

云王派　云王系七十四岁高龄之蒙古元老,对政治上无若何野心。故该派人态度大抵倾于消极,并不作左右袒,惟对于蒙政会尽其职责,至于实际政务,则一任德王之操纵。且该派多属守旧人物云。

绥远派　该派大抵系绥远土默特旗出身之青年,人数约五十名,殆均供职于蒙政会。该派青年,思想尚新,尝主张与南京政府合作,对于德王一派之接近日伪者,采取一种阻止及警戒之态度,而为德王之反对派。

脱离派　该派系以伊盟盟长沙王、副盟长阿王及四子部落[和]札萨克潘王为中心,对于德王一派之自治运动,常持反对之态度。在百灵庙自治会议之时,不仅不出席参加,即代表亦不派遣,蒙政会成立不久,复宣言与该会脱离关系,潘王亦向蒙政会提出辞呈。故该派殆与德王成不两立之势,而与绥远主席傅作义,则保持相当联络,最近绥远境内另设蒙政会,其根本原由,殆存于此。

以上四派,除云王一派外,其余二派,对于德王,均怀不满。殆由德王野心勃勃,专权自恣,常欲假外力以骋其雄图,不惜对于蒙族加以压迫所致耳。

B. 西公旗石王免职之波折

　　蒙政会成立后最大之一场波折,算是西公旗石王免职之一事。盖西公旗老王逝世,其继承王位者,惟石拉布多尔济及依锡喇嘛二人,但依锡出家,不能返俗,故石拉布多尔济遂得继承王位。然依锡喇嘛对此殊为嫉视,常嗾使其甥巴图百益尔破坏石王,屡起纠纷。民国十九年,中央乃正式任命石王为札萨克,巴图百益尔为西协理,纠纷始告一时平息。二十四年四月十七日,为石王罢免之前东协理额宝齐〔斋〕及依锡喇嘛,与石王仇人曼头(现由德王任为哈德门税局局长)相结托,率兵百名,猛然攻击石王府,石王脱逃,赴绥远主席傅作义处泣诉,嗣由傅部王靖国及蒙政会之调停,变乱暂告镇定。八月末,蒙政会突然下令免石王职,石王不服,乃召集西公旗卫队以相反抗;八月二十九日,蒙政会遂派曼头等,率兵百三十名,赴西公旗监视石王。南京政府恐因此惹起战争,遂派赵丕廉赴蒙调停,云王、德王态度颇为强硬,该事遂一时陷于僵局。伊、乌两盟各旗札萨克,目击蒙政会罢免石王事件,咸恐世袭制度,将失保障,特于九月二十六日联电中央,请重申明令,保障旧制,以安蒙情。一方伊盟阿王,致书云王,以为石王虽有过失,亦不可免职,以开破坏世袭制度之先例云云。而蒙政会方面,则以为石王之免职,乃蒙境治安上不得已之措置,各王公互相攻击诘辩,蒙境颇呈紧张不安之状。至十一月间行政院乃决定解决西公旗纠纷之三项办法:一、由中央明令停石王札萨克职务八个月,在停职期间,札萨克职务由该旗记名协理萨〔沙〕克都尔札布代理。二、蒙政会开入西旗军队,即日悉数撤〔撤〕回百灵庙。三、大喇嘛依锡达克登尔根生命财产,由西公旗署予以保障。此种办法宣布后,数月来蒙政会与西公旗之纠纷,乃告一解决。

　　蒙政会此次罢免石王之举,表面系专对石王个人之惩罚,然而实际上影响各方甚大。盖由是而引起各盟旗札萨克惴惴自危之心，潜伏对蒙政会无限敌对之意，彼等殆认蒙政会为彼等职位、财产之大威胁，其失人心处，宁可估计，此亦蒙政会之失策，而为分裂之先声也。

C. 绥境蒙古各盟旗地方自治政务委员会之设置

蒙政会殆为德王独占之舞台，各王公殊多不满，尤以伊、乌两盟王公为甚，尝有分盟自治之议。迨石王被蒙政会免职后，各王公人人自危，而分治之势，日益进展。最近绥境各盟旗长官，纷电南京政府请求在绥境另设蒙古自治委员会，以统理伊、乌两盟旗政务，原设之蒙政会，则专理察哈尔省盟旗自治工作，而伊、乌两盟旗之青年，亦多同情此种主张。南京政府为顾虑绥境地方人士之主张，及蒙政会年来之措施，遂准所请求。廿五年一月二十五日，国府明令派沙克都尔扎布、巴宝多尔济、阿拉坦鄂齐尔、潘第恭察布、齐色特巴勒珠尔、齐英特凌清胡尔罗瓦、额尔和色沁扎木巴拉、凌庆僧格、石拉布多尔济、噶勒藏罗勒玛旺、扎勒扎木苏、康达多尔济、图布新济尔噶勒、特固斯阿木固朗、鄂齐尔呼雅克图、荣祥、沙拉布多尔济、达密凌苏龙、巴拉贡扎布、孟克鄂齐尔，为绥远省境内蒙古各盟旗地方自治政务委员会委员，乌勒济、百尔雅代理绥远省境内蒙古各盟旗地方自治政务委员会委员，并指定沙克□尔扎布为委员长，巴宝多尔济、阿拉坦鄂齐尔、潘第恭察布为副委员长。是日并公布《绥远省境内蒙古各盟旗地方自治政务委员会暂行组织大纲》十五条，兹抄其要项如次：

　　一、本会办理左列各盟旗地方自治事务，乌兰察布盟所属各旗，伊克昭盟所属各旗，归化土默特旗，绥东五县右翼四旗。

　　一、本会设委员九人至二十四人，并于委员中指定委员长一人、副委员长三人。

一、本会设秘书〈处〉、参事处、民治处、实业处、教育处、保安处、卫生处,分掌各项事务。

一、本会会址设于伊金霍洛。

绥境蒙政会,自国府明令发表沙王等二十一人为该会委员后,各委员即先后莅绥,将由沙王召集各委员开筹备会议,积极进行成立事宜。至绥境蒙政会指导长官,阎锡山决拟就职,惟指导长官公署署址,有主张设绥远者,有主张设伊金霍洛以便就近指导者,刻尚待阎氏之决定耳。

此外,尚欲置一言者,即百灵庙之蒙政会,自德王离庙以后,政务即无形停顿。本年二月十五日,蒙政会职员云继先等百余人,有电致京军政当局,报告离庙情形。该电略云:

继先等服务百灵庙蒙政会,二年来矢勤供职,深愿蒙古在中央领导之下,服从德王,增民福利。乃自去冬德王东去不返,庙方环境日非,或谓西苏尼特旗已组织军政府,或谓德王委李守信为军政部长,或谓察北六县改年建号,谣诼繁多,莫衷一是。尤以消息隔绝,既无面晤申白之机会,又无从转达下情,而会中负责者,一切讳莫如深,甚至有危害生命。继先等不得已,遂率同官兵千余人,并联合职员百余人,于二十一日离开百灵庙,在庙南觅地集合,听候中央及地方当局之援助云云。

观此,则百灵庙蒙政会之无形解散,或将有其他新组织出现,不难于该电窥测之。

围绕内蒙古自治运动之俄日

A. 苏俄对内蒙古之垂涎

内蒙古各盟旗王公,自摆出高度自治运动之把戏后,围绕内蒙之俄日，为其侵略主义打算，各伸其魔手，竞相罗致，此时内蒙之王公，却成为天之骄子焉。然就内蒙王公对俄日两方之态度而观，似对日抱好感者较多，盖日本掌握中之傀儡溥仪，其老祖宗曾为内蒙王公老祖宗之恩人，且溥仪刻已称帝，帝与王之称呼，大抵互相连属，故气味最易相投。因此种种关系，且惑于日人之利诱，遂不禁透露倾向日伪之心，试看德王等亲赴长春，拜谒傀儡溥仪，即足证明内蒙一部分王公亲日之心意也。

虽然，内蒙古王公虽有一部分倾向日伪，然而苏俄仍不肯放松其魔手，乃嗾使外蒙古之蒙人，利用种族与喇嘛教之关系，赴锡、伊、乌各盟旗游说，并以恢复王公势力及接济饷械等项，利诱内蒙王公，使之建设如外蒙古共和国一般之独立政府，在苏俄指导下营其政治生活。此外，外蒙古曾不断派遣联络员，携带大批金银物品，潜入内蒙各盟旗活动，并以蒙文宣传册子及传单，分送各地，冀煽动各旗官民，此苏俄利用外蒙古蒙人，间接攫取内蒙之概情也。

盖内蒙古若一旦入苏俄操纵之下，则由张家口直接通库伦之大道，乃可通行无阻，而俄货即可直接由张库大道倾销于关内各地。且苏俄势力既由内蒙而展至长城，则此后对华北各地，更大可有为，并足与日本角逐于黄沙白草之间矣，苏俄对于内蒙古不胜垂涎者以此。

B. 日本对内蒙古之侵略

日本对内蒙古政策，一言以蔽之，曰：内蒙古领土并吞是已。日本自明治维新以来，所提倡之满蒙政策，迄今数十年间，不知绞尽几多木屐儿之脑力，费尽几多木屐儿之调查考察，军人用大炮相侵占，政客以条约相束缚，举日本朝野之财阀、浪人之力量，从事满蒙之经营者，已非一日。然自九一八事变后，整个满洲已入日军之掌握，而东蒙古之热河又相继被日军占领，是则满洲政策，算是完全达到，而内蒙古政策,却只达到一半,今后即在于运用如何方策,从速解决西蒙问题,即从速攫取察哈尔、绥远之地盘,以完成其内蒙古政策是也。

最近日本经营察、绥政策,即在于拉拢一部分王公为其傀儡,此次内蒙自治运动最出风潮之德王,乃为日军最注目之一,而德王亦俨然以日本可为其掀〔撑〕腰,故在自治运动时,其态度亦颇强硬骄肆。至日人经营察、绥,勾结德王,及德王亦自愿入其樊笼之事件,细者必不论,兹择其荦荦大者,胪陈一二如次。

在内蒙古自治运动期间,即一九三三年三月一日关东军司令武藤,在长春召集蒙古王公会议,德王以松室孝良之煽惑,遂率卓王等七人,乘日军飞机赴长春,谒见溥仪,出席会议。该次会议决定三项:一、西蒙宣布独立;二、东蒙(即热河北部)各盟划归德王;三、伪国以友邦关系,充分接济。会议毕,德王即返锡盟,于是高度自治运动之狂潮,遂震撼于沉寂而广漠之蒙古天地间焉。

此外,关东军为策动内蒙古之独立运动起见,派驻热河特务机关长松室孝良赴多伦,设西北拓殖公署,以为侵略内蒙控制西北之根据地。一方修筑联络内蒙各重要都市之铁路及汽车站,以便利军事运输,一方以金钱礼物,收买大批蒙古王公及青年,并以建设"蒙古大源共和国",鼓励蒙人脱离中国独立之野心,此年前之事情也。

蒙政会成立后,德王建设自治政府之野心,仍未得达,加以蒙政会内部之互相倾轧,于整个政务之运用上,亦难操纵裕如,去年冬德王即离庙返西苏尼特王府,蒙政会即无形溃散。刻闻德王与日伪秘密交涉提携事件,德王拟组织内蒙独立政府,并与驻多伦伪军李守信,及蒙古保安队卓世海相勾结,先肃清在张北各地之国军,以便有所异动云云。此说真伪如何,尚有待事实之展开,然而蛛丝马迹,不无可疑焉。

要之,目前日本对侵略内蒙古策略,仍系袭用故智。第一步在唆使一二蒙古王公树立傀儡政府,脱离中国之统治;第二步乃实行吞并政策。刻下日本与德王之鬼鬼祟祟,恐怕就是做第一步之侵略手段,国人对此,应特加注意焉。

近年来蒙古人与汉人,感情日渐融洽,并多缔结姻娅关系,再经十年、五十年之推展,汉蒙之界限,或至于消灭亦未可知。然而不幸外蒙古独立于前,伪满洲国出现于后,热河又脱离中国统治而去,内蒙古王公,一再受外界此种巨大之刺激与诱惑,一二野心王公,又从而操纵煽动之,遂造成今日内蒙古半独立之僵局。但致此之由,一误于张作霖拥兵坐视外蒙古之沦落,再误于张学良、汤玉麟放弃满洲、热河不守,而中央政府,又只知埋头内争,疏忽边防,国家大难,因此以作。目前我国对外无能,对内无力,对于尚余半璧之内蒙古,虽尽力敷衍羁縻,恐亦难杜绝一二野心王公之携贰,瞻望我国前途,实不禁忧心如焚焉。

《边事研究》(月刊)
南京边事研究会
1936 年 3 卷 4 期
(王芳　整理)

蒙政会改组之后顾与前瞻

张次和　撰

内蒙自治酝酿,始于二十二年八月,绵亘牵延,至翌年三月而有百灵庙蒙政会之设置。时国难方殷,边徼正紧,国人对此"载震载夙"而后堕地之胎儿,以其产难,弥觉可珍。故当蒙政会成立之消息播出,全国舆论,同声颂勉,而内蒙王公,亦罔不欢欣鼓舞以完全自治共任坚巨为己任,乃流光易逝,两年光阴,匆匆便过,匪特已往期望,悉成泡影,且以时势紧逼,即此茕茕胎儿,亦将夭折。国府相酌时宜,复采纳绥境各盟旗官民请求,于本年一月二十五日,明令公布《绥省境内蒙古各盟旗地方自治政务委员会暂行组织大纲》十五条,实行改组蒙政会,借收分区治理之效。吾人抚今思昔,固不胜其沧桑之感,而于此蒙古政制史上之一重大事迹,亦觉有欲言者。

一　蒙政会改组之必然性

内蒙自治酝酿之初,意态强硬,需索苛虐,所谓"高度自治",其性质实无殊乎独立。加以时际冀、察多故,颇涉要挟之嫌,民族歧见甚深,似含仳离之意。消息传来,举国震恐,吠形吠声,国人几疑倡导自治最力之人,果为某种背景所策动,迨至十一月十一黄(绍雄)、赵(芷青)抵百灵庙,十四至十七两日,迭与内蒙王公交换意见,真象透露,疑云始释。但蒙方要求,必欲将察、绥两省废除,治权交还内蒙自治政府,土地由蒙民种植。黄氏反复开导,劝其接受政府方案,初无进步,其后黄将所携方案略加增删,交予考量。德王等又提出对案十一条,仍主张"内蒙设一统一最高自治机关,定名为内蒙自治政府,直隶行政院,总揽内蒙各盟旗之治权",黄氏拒而不纳,至此顿成危局。十七日黄氏将蒙方呈文退还,定十八返绥,云王遂行软化,乞班禅代为挽留,黄氏乃提出最后办法六项(为百灵庙会议之最后解决案),二十三年一月二十七日,中央政治会议修正通过之《蒙古自治办法》,即以此为依据,又遭留京内蒙代表反对,认为将黄氏在百灵庙商定之办法十一条根本变更,声明不能接受,呈请中央重议(按十一条系德王等提出之对案,并未经黄、赵接受,自无商定之事实)。会新疆盛、马战争正酣,西藏又遭达赖厌世之变,中央顾念时艰,俯顺边情,又于二月二十八日重新通过《内蒙自治原则》八项,至是内蒙自治问题,始告结束。综观酝酿经过,叠遭波折,数陷停顿,虽经黄、赵二氏极力〔力〕斡旋,中央当局审慎处理,终以蒙方争执太力,中央曲从过当,黾勉定制,牵就滋多,条文内容,尤多疏漏。但求一时解决,而于日后运用行使之事实的困难,多未顾到,故两年以来,蒙政会徒拥虚权,绝难施展,三次大会议议决各案,尽付空谈。吾人除见其不断与省县盟旗间发生纠纷而外,几不知蒙政会之政绩何在也。此番改组,固緣于外患之催迫,而始谋不臧,以致本身溃烂,亦一要因。兹言其所以溃烂之点如左。

（一）自治区划过大——难以统驭

蒙古游牧地域,本极辽阔,各部不相邻接,内部利害各殊。清代因其部属牧地之宜,分置盟旗,不相统属,以免争扰,而另设大臣、都统、将军、参赞等以辖之,数百年来,至为宁治。及蒙政会成立,并无明文详细规定行政区划,而概曰"蒙古"。查蒙古二字,亦种族名,亦地域名,本极含混,举此字以冠于自治组织之上,则名义上将牵连辽、吉、黑、热、察、绥、宁、青、新九省,甚至西藏之曲、英、阿、巴、篇、古、物、索八族牧地,外蒙六部以及西北利亚北境蒙古各部落,事实上已涉及察、绥、宁、青、新五省及西藏特别区,牵涉之广,诚为大元帝国以后所仅见。吾国省区,已嫌太大,故总理定县为自治单位。蒙政会既本总理自治遗训而设立,则不应以五倍于省之区域为一自治单位。即舍理论于不言而只究事实,骤置地域不接,利害不通之广大范围于一极不健全之行政系统下,推行政令,亦殊困难。故西盟王公尝发怨言曰:"吾们的力量,总是跟人家抬轿子,与其给不相干的野心家抬轿子,不如给中央及省府抬轿子,抬得好还可跟着往前走几步,吾们更犯不着找个婆婆来侍候",此确一般王公对于蒙政会之观感。至于去年西公旗石王反抗蒙政会之事件,尤事实之昭著者也。

(二)民族歧见太深——自塞才源

中华民族,系由五族结合而成之一整体,其联系之紧,关系之切,殆如人之五官,缺一则废。蒙政会基于狭义民族观念之立场,强合不相联属之盟旗而为一,以种族之区别,为行政之划分,打破历来蒙汉相习相忘之美满现象,而努力激动此疆彼界之歧见,种民族分裂之远因,故成立迄今,难获国人之同情与谅解,而为有力之援助。《自治原则》第一项规定"委员长、委员以用蒙古人为原则",征之实际,犹不止此,即处科以下之司隶皂卒,亦绝少一汉人羼杂其间,此不仅标榜民族界限,亦自塞吸收人才之孔道。夫内蒙人材,本极缺乏,蒙地荒寒,待遇又薄,即蒙政当局极力延揽内地人材为之劻襄,尚虞不至,何乃紧掩门户,徒护虚权,两年来从无欢迎内地同胞前往协助之表示。以少数粗具智能之人,理千万方里错综复杂之政,其政不举,夫岂待言。

（三）疏隔中央太远——绝弃援力

内蒙自治初期，黄、赵赴蒙与德王等连日商议，彼此提案，相差甚远，会议几频〔濒〕破裂。迹其争执交点，不外黄、赵主张加紧中央、内蒙之关系，德王等主张疏远中央、内蒙之关系，最后决定，偏从蒙意。中央内蒙之间，仅存名义，结果竟以此铸成大错，盖蒙方误以摆脱中央羁绊，为其利益也。内蒙社会落后，已为世界所周知，无论人力、财力俱不足以言自决，亦属明显事实。即以财力而论，内蒙地域，虽极广大，而人口则甚稀少。察、绥境内各盟旗，为全蒙人口稠密之区，其数乃不过三十余万。生活技能，至为薄弱，牛羊而外，别无恒产。平时担负盟旗差役，已不堪其苦，陡增蒙政会之一切供应，当然更形竭蹶。现在蒙政会全部收入，尚不敷办公费用，其他建设事业等费俱无着落，而蒙民已怨声载道矣。设非中央按月补助，恐并办公费用亦将无着也。

二　察境盟旗果能偷渡难关耶？

自热河失陷，察境盟旗即成国防之最前线。历年以来，风鹤频惊，威胁之大，处境之难，为西盟任何盟旗所未有。故二十二年之内蒙自治运动，实由锡盟副盟长德王发其端，揆其情势，盖德王遭遇最难而欲独辟蹊径以图解脱之心亦最切，此为国人所共谅者也。不幸蒙政会成立以来，成绩甚鲜，权虽获得，却不能用。事实上由德王一手把持之蒙政会，仅具躯壳。泊乎今日，察境盟旗被迫愈紧，局势亦随之逆变，如蒙古保安队之进据张北六县，察哈尔八旗之非法改盟及种种确凿有据而当局尚在否认之传说，似乎德王对于蒙局之安排及脱免危难之策，另有一种自信。中央乘便顺势，于本年一月十五日准许云王辞职，任命索王为委员长，德王为副委员长，无异悉举蒙政会大权畀予德王，便其行使，观其成效。复于二十五日明令组设绥境蒙政会，则百灵庙蒙政会实际已成察境之蒙政会矣。此与前岁黄氏入蒙所携分区设法方案，颇相类似，但望蒙人认清，此非中央众建分势，确系采纳绥境官民请求及迎合蒙局实情而来。现在百灵庙蒙政会名义上虽觉范围缩小，事实上却增大无限权力。吾人对于察境盟旗负责诸公，抱有若干希望，愿以二事提请注意。(一)察境盟旗，为整个国家之一环，整个国家既已遭受危难，察境绝难单独幸免。如亟求自保而另有主张，亦须顾到国人之谅解，及不失最后立场之条件下，设不幸而影响国家地位或破坏行政系统，必至弄巧成拙。尤须于规谋决策之际，时时认清所处环境及对方阴谋所在，万勿轻蹈危机，陷于万劫不复境地。应知察境为华北屏障，一动一态，关系国家至巨，一着之失，不独察境受祸，亦全国之忧也。(二)日伪窥察，势在必行，而近月日俄关系骤形紧张，更将促速其窥察阴谋之实现，据测日伪窥察之必要，约有四点：(1)乌珠穆沁旗毗连辽宁所属科尔沁左中、右中两旗，不取察境，则辽宁不固。(2)乌珠穆沁旗邻近热河所属巴林扎鲁特、阿鲁科尔沁等旗，不取察境，则热河西北不固。(3)苏尼特旗当张库大道所经，乌珠穆沁旗当东大道所经(由张家口至满洲里之大道)，略取察境，可断绝中苏交通。(4)锡盟及察哈尔十二旗群，西邻乌盟，北通库伦，南接关内，取此北可进袭蒙、俄，西可伸据绥、宁，南可直捣平、津，以席卷长城以外各盟旗，清代入关之先，对明室即采此包围形式。日伪窥察之必要，既如上述，则察境盟旗欲于强邻既定方针之下，辗转哀乞，以求苟存，自属绝对不可能之事。为察境盟旗负责诸公计，与其巧图逃脱，作茧自缚，无宁抱扑守一，持重应变。横逆如来，循正当途径与之周旋，周旋不能，出以拼抗，拼抗失败，亦无非丧地为奴而止。或能因此一度拼抗而引起全盘之变动，就有解脱之期也。国家民族遭遇空前危难，绝非偶然，解除危难，亦无捷径可走。过去几年政府对日外交失败，即误认不流滴血便可偷渡难关,故处处落人圈套。前车之覆,后车之戒,此吾人不惜泣血泥首以为诸公请者。

三 所望于绥境蒙政会者

绥境二盟十三旗王公,向来拥护国家,忠诚不贰,对中央对省府绝无疏阂情形,尤其与阎主任、傅主席私交甚厚,处理地方事务,协议共筹,绝少杆〔扞〕格,夙为舆论所称道。二十二年自治运动发生,虽曾列名,但居附议之列,及蒙政会成立,亦未积极参加。去年内蒙谣诼繁兴之际,绥境王公首先通电拥护国家统一,反对领土分裂,蒙局赖以好转。此次自动请求中央组设绥境蒙政会,意在自保,亦为国人所了解。诚如《大公报》上月二十六日社评所言:"从国家全局上论,此会有一重要意义,即前年蒙政会之条例,异常疏漏,充其解释,不独涵盖西二盟,并且可以包括宁夏及青海之蒙旗,以事实上大多数蒙旗不能亦不欲参加工作之机关,而拥此广泛之虚权,时时有被少数蒙混操纵之忧,其危险殆不堪言状,而此绥境蒙政会之设,则足以消灭此种危险者也。"吾人于此,愿更申所望。

(1)前年《内蒙自治原则》第七项规定:"省县在盟旗地方所征各项地方税收,须割给盟旗若干成,为各项建设费。"此项劈税规定,最欠周密,实贻省县盟旗间之最大纠纷,尤以特货征税,争执亘年不绝。此后蒙绥双方当局,亟应共筹一适当解决办法。

(2)绥境当前所感威胁,一为日伪侵逼,一为"共匪"窜扰,而盟旗武力,至为薄弱。据调查:茂明安旗,兵四十余名,杂色枪四十余支。乌拉特后旗,兵一百五十名,杂色枪一百余支。乌拉特中旗,兵三百名,杂色枪二百左右。乌拉特前旗,兵二百名,杂色枪一百余支。准噶尔旗,骑兵九百六十余名,步兵一百余名,杂色枪约三百余支上下。达拉特旗,兵六百名,杂色枪三百余支。郡王旗,兵一百五十余名,杂色枪一百余支。乌审旗,兵三百余名,杂色枪二百九十余支。杭锦旗,兵四百八十余名,杂色枪一百九十余支。鄂托克旗,兵六百余名,杂色枪一百八十支。扎萨克旗,兵一百八十余名,杂色枪一百二十余支。达尔罕旗,兵五百名,杂色枪二百余支。四子王旗,兵二百五十名,杂色枪一百五十余支。合并二盟十三旗兵数四千九百余名,枪数二千二百余支。以如此武力防守八十六万九千三百余方里之面积,定难胜任。此后中央、省府应以全力为盟旗振顿军备。去年"绥西防共会"所订之《绥盟联防办法》,吾人更盼其发扬而推广之。

（3）绥境各旗王公,本极融洽,但少数王公仍不免有瑕嫌存在。如去年"西公旗事件"发生,蒙政会下令撤消石王世爵,石王抗不受命,径赴太原谒阎。云王因政令难行,呈请辞职,一时石王、云王之间,对立甚锐,几至决裂,节经各方疏解,始告平息。当兹蒙会改组,局象一新,吾人切盼绥境王公,更紧团结,一切私人纷争,均宜消逝于大目标之下。诗云:"兄弟阋于墙,外御其侮",内部溃乱,徒授强邻以隙,此又可以内地为鉴者。

（4）游牧进为农业,为社会演进必经之阶段。试以同一面积之地,分任耕牧,则耕地利益较牧地为大,亦必然之事实。前年《内蒙自治原则》第五项规定:"各盟旗现有牧地,停止放垦",确系固步自封,毫无理由。如谓碍妨蒙民生计而要求停垦,则绥远境内,蒙人占据土地,在全省面积半数以上。又绥远人口二百一十一万五千余人,内有汉人一百九十六万五千余人,蒙人一十五万,蒙人仅占汉人十三分之一,而占半数以上之土地,对于蒙人生计,何所影响。如谓过去放垦办法不善,此确有之,但不能以办法不善,而竟停止放垦。绥境盟旗当局,应认清以往错误,亟与省县当局善订放垦办法。此不独经济繁荣所必需,即从移民实边之意义言,亦两利而亟需之事也。

（5）大凡推行一事，举办一政，必须有广大之人、物力为之资借，然后始可望成。百灵庙蒙政会两年无一政绩，即因一面标榜民族界限，拒纳内地人材，一面疏远中央，拒弃物力接济。今绥境蒙政会设立，务必开诚坦怀，吐弃狭义民族陋见，认定现局为中华民族奋斗图存之最后时机，延揽内地专门人材，以宏事业，密接中央、省府，以期共救。

（6）内蒙一切落后，本不足以言自治，前年八项自治原则通过，在中央无非勉循蒙情，但其后复有指导条例之颁布，以补偏缺，其用意之深远，规划之精微，有足称道者。讵何（应钦）氏受任指导长官，以华北政务繁重，不暇兼顾，如此重缺，竟成虚席。指导未能活用，蒙政遂陷僵局，此中央及蒙政当局至今引为遗憾之事。现在绥境蒙政会成立，中央任命阎（锡山）氏为指导长官。阎氏擅长政治，位晋绥之重镇，夙与各旗王公情感之交孚，为边疆任何省政当局所不及，此次出膺指导，无论以人以地，于公于私，俱称才敌其任。今后各旗王公，务抱同舟共济之心，竭诚接受指导，阎氏素重权责，亦必有以慰于国人者也。

《边事研究》（月刊）

南京边事研究会

1936 年 3 卷 4 期

（朱宪　整理）

内蒙古的社会组织与人口

——蒙古问题研究之一

张佐华　撰

自从地大物博的东北失去了以后,便有一些人提起了西北,于是"开发西北"、"移民西北"的声浪,响遍了全国,认为西北是中国新生命的源泉,还没有开发的处女地。是的,我们不能否认西北的广大,我们也不能否认西北的丰富,然而,徒空喊"开发西北"又有何用?

作者一向对边疆问题注意的,今年暑假更得到一个机会到西北去旅行,经过了一个实地调查,自然所得到的相当的丰富了。不过,作者觉得所谓"西北问题"的,不如说他是"蒙古问题",因为在西北这一个范围内,蒙古占有绝大面积,而且蒙古问题也极为复杂,尤其是内蒙自治告一段落后,更应该予以重视,应该由政府努力去指导,使其一天一天地繁荣起来。无疑地,在国难期中的内蒙古,是天天处在风雨飘摇中,在外有着一个恶魔在威胁利诱她,如果在内仍然像以前那样的忽视,恐怕在不久的将来,内蒙古这块肉要被恶魔所吞食了。所以,我在西北旅行归来的时候向探询西北问题的朋友说:"西北问题,就是蒙古问题,蒙古问题解决了,西北问题便解决了;政治、经济、文化以至于一切都是这样。"

在内蒙古作者曾有一个较长时间的逗留,由于事前有人介绍,颇得德王以及蒙政会的职员们的帮助,得到了好多关于蒙古的材料。当此蒙古问题严重的时候,愿把在蒙古所得到的材料,撰文贡献于读者,想也是需要的吧。

一　内蒙古的社会组织

我们知道,内蒙古民族还是一个停滞在游牧生活的半原始的,对于这样一个民族的社会组织,是很难明断地说出来的。因为蒙古人特别信仰、崇拜喇嘛教的关系,所以喇嘛在蒙古社会中,占有极大的势力,可以说喇嘛是蒙古社会中的"万能的主宰",支配了整个社会的精神生活。一切的事情,人民都信仰、服从喇嘛的话,有的时候连王公的命令都行不通,而喇嘛的一言一语,却成为蒙古人的金科玉律;治病、敬神、传授经卷,都是召庙内所主办的事务,三位一体地统统由喇嘛执掌。所以可以说喇嘛是维系蒙古社会的基本东西。

因此,我们可以把内蒙古社会分成三个阶级,那便是喇嘛、王公与平民,而以喇嘛为内蒙社会组织的核心。因为蒙古是一个游牧民族,他们是逐水草而居的,于是他们所住的蒙古包便是社会组织的一个小单位。在这种形态所组成的一个小单位,假若不是有着一个坚定的共同的宗教信仰,恐怕没有方法团结起来。所以喇嘛不但是内蒙社会组织的核心,而且还是内蒙社会组织中个个细胞的连络员,一切的一切,都要借着喇嘛去把这些散漫的细胞连络起来。

除了喇嘛以外,又因为内蒙是一个征兵制的民族,凡是内蒙的壮丁,都有服兵役的义务,此外每年还有一两个月伺候王公的劳役。这种兵役和劳役,也便是使内蒙社会组织中的每个细胞都连结起来,构成一个大民族的原因。

内蒙古就是这样一个简单而又简单的社会组织,由于每个蒙古人都有着一个共同的、坚定的信仰,每个人有着一颗热烈而诚恳的心,使他们这一个半原始的游牧民族,还能在这急进的社会中存在着。

　　这里我们还应该把内蒙古社会的主奴关系和男女关系加以简单的说明，由这点我们可以看得出来内蒙古还是一种奴隶制度的社会：

　　（一）主奴关系——在内蒙古社会中，主奴的界限是划得十分严明的，所说的奴才，对于领主唯有终身去尽义务，决没有丝毫的权利可享的。就以奴隶服役的情形而言，他们无自由，做在人前，吃在人后，起的最先，睡的最迟，吃的是剩菜剩饭，穿的则是破衣破裳。他们的地位，可以说等于"半人"或"次人"。奴才所积蓄下来的钱，主人可以无理由、无利息、无限期的借去。这种奴才有长期、短期之分，前者是终身服役的，后者是短期间的。奴才的来源除掉一般社会发展史上所说擒获的俘虏，或掠夺的女子外，并且常把私生的子女充当奴才。

　　（二）男女关系——"夫妻"在蒙古社会是一种形式上的结合，同时还可以有另外一种两性关系的存在，并不像汉人社会那样"有配偶而与人通奸要受刑事上的处分"，可是在另方面女子对于其丈夫的服侍，仍然十分殷勤，而她们每日工作时间亦常比汉人妇女为多，几乎全部工作，除了游牧为男子所担负外，其余都由女子担负。

二　内蒙古人口衰减的危机

　　一直到现在，我们提起"蒙古"来，便会不期然而然地意识到：蒙古该是多么个体格强健，魄力伟大，忍苦耐劳，勇敢果断，好骑善射的民族啊！是的，蒙古人在过去曾有过光荣的历史，武功之大，一直到现在也还使欧洲人们惊讶钦佩呢！然而，因为蒙古人口的日益衰减，实在是蒙古前途的一大悲观。

　　外蒙古独立了，东蒙古失陷了，作者仅把尚未失去的西蒙古的人口衰减的情形说一说,也可以举一而反三了。

我们从史册中找一点在察哈尔境内的清初蒙古人口统计:

当清太祖平定了察哈尔部蒙古以后,就把该部划分为八旗,如果依照清制"箭丁"一百五十人设一佐领的比例计算,我们可以得到当时察哈尔部蒙古的户数如下表:

察哈尔部清初佐领额数及丁数表

旗别	正黄旗	镶黄旗	正白旗	镶白旗	正红旗	镶红旗	正蓝旗	镶蓝旗	总计
佐领数	九	一〇	六	八	六	九	六	八	六二
丁数	一,三五〇	一,五〇〇	九〇〇	一,二〇〇	九〇〇	一,三五〇	九〇〇	一,二〇〇	九,三〇〇

我们依照上表所指出来的丁数,再以每丁一家的男女老幼平均以五口计算,则得四万六千五百人,这是清初察哈尔部八旗的人口概数。

至于锡林郭勒盟,我们也可以拿清初额定的佐领数及丁数计算当时的蒙民概数如下:

锡林郭勒盟清初佐领额及丁数表

旗别	乌珠穆沁左翼旗	乌珠穆沁右翼旗	浩齐特左翼旗	浩齐特右翼旗	苏尼特左翼旗	苏尼特右翼旗	阿巴噶左翼旗	阿巴噶右翼旗	阿巴哈纳尔左翼旗	阿巴哈纳尔右翼旗	总计
佐领数	九	二一	七	五	二〇	一三	一一	一一	九	九	一一五
丁数	一,三五〇	三,一五〇	一,〇一〇	七五〇	三,〇〇〇	一,九一〇	一,六一〇	一,六一〇	一,三一〇	一,三一〇	一六,九七〇 一七,二一〇

依照上表所指出来的丁数,再平均以每丁一家五口计算,则为八万六千二百五十人,这是清初锡林郭勒盟的人口概数。

以上两表都是清初在察哈尔省境内蒙古人口概数,但据最近调

查,却大大地减少了。兹将贺扬灵等在一九三四年实地调查察哈尔部八旗的蒙古人口如下:

察哈尔部八旗现在人口数表

旗别	正黄旗	镶黄旗	正白旗	镶白旗	正红旗	镶红旗	正蓝旗	镶蓝旗	总计
人数	五,二三八	三,五三九	三,五一三	一,八七二	二,二六九	一,九〇三	二,八九四	二,一一八	二三,三四六

又据一九三四年杨君励、池中宽等视察锡林郭勒盟,报告其人口数目如下:

锡林郭勒盟现在佐领、丁数及人口数表

旗别	乌珠穆沁左翼旗	乌珠穆沁右翼旗	浩齐特左翼旗	浩齐特右翼旗	苏尼特左翼旗	苏尼特右翼旗	阿巴噶左翼旗	阿巴噶右翼旗	阿巴哈纳尔左翼旗	阿巴哈纳尔右翼旗	总计
原额佐领	九	二一	七	五	二〇	一三	一一	一一	九	九	一一五
现剩佐领	九	二一	七	五	二〇	一三	一一	六	四	七	一〇三
现剩丁数	八〇〇	二,〇〇〇	五〇〇	三五〇	一,二〇〇	一,〇四〇	七〇〇	五〇〇	五〇〇	三〇〇	七,八九〇
现有人口	四,〇〇〇	一〇,〇〇〇	二,五三〇	二,一〇〇	五,〇五〇	四,〇三〇	三,〇一〇	二,〇四〇	二,五一〇	一,五〇〇	〔三六,七七〇〕三六,八〇〇

我们拿后面这两个表，和前面那两个比较一下子，很清楚地看得出来，蒙古人口是〔的〕衰减是多么样地骇人闻听。为便读者更清楚地明了起见，特把察哈尔部及锡林郭勒盟清初人口和现在人口比较如下：

察哈尔部及锡林郭勒盟清初与现在人口比较表

盟旗别	察哈尔部八旗	锡林郭勒盟	总计
清初人口数	四六，五〇〇	八六，二五〇	一三二，七五〇
现在人口数	二三，三四六	三六，八〇〇	六〇，一四六
减少数目	一三，一五四	四九，四五〇	六二，六〇四

我们再从史册中找出一点在绥远省境内的清初蒙古人口统计，和现在的人口统计比较一下，好叫我们更深切地了解蒙古人口是日渐衰减中。

关于在绥远省境内的蒙古人口，我们也只有依照清初的额定佐领数及丁数，而以每丁一家平均五口计算，去推测清初蒙古人口的概数：

乌兰察布盟清初人口概数表

旗别	四子部落旗	喀尔喀左翼旗	茂明安旗	乌拉特前旗	乌拉特中旗	乌拉特后旗	总计
佐领数	二〇	四	四	六	六	一二	五二
丁数	三，〇〇〇	六〇〇	六〇〇	九〇〇	九〇〇	一，八〇〇	七，八〇〇
人口数	一五，〇〇〇	三，〇〇〇	三，〇〇〇	四，五〇〇	四，五〇〇	九，〇〇〇	三九，〇〇〇

伊克昭盟清初人口概数表

旗别	鄂尔多斯左翼前旗	鄂尔多斯左翼中旗	鄂尔多斯左翼后旗	鄂尔多斯右翼后旗	鄂尔多斯右翼中旗	鄂尔多斯右翼前旗	鄂尔多斯右翼前末旗	总计
佐领数	四二	一七	四〇	三六	八四	四二	一三	二七四

续表

旗别	鄂尔多斯左翼前旗	鄂尔多斯左翼中旗	鄂尔多斯左翼后旗	鄂尔多斯右翼后旗	鄂尔多斯右翼中旗	鄂尔多斯右翼前旗	鄂尔多斯右翼前末旗	总计
丁数	六,三〇〇	二,五五〇	六,〇〇〇	五,四〇〇	一二,八〇〇	六,三〇〇	一,九五〇	四一,三〇〇
人口数	三一,五〇〇	一二,七五〇	三〇,〇〇〇	二七,〇〇〇	六四,二〇〇	三一,五〇〇	九,七五〇	〔二〇六,七〇〇〕二〇六,五〇〇

土默特旗清初人口概数表

旗别	土默特左翼旗	土默特右翼旗	总计
佐领数	三〇	三〇	六〇
丁数	四,五〇〇	四,五〇〇	九,〇〇〇
人口数	二二,五〇〇	二二,五〇〇	四五,〇〇〇

　　我们从上面这三个表,可以推出来清初在绥远省境内的蒙古人口概数如下:

绥远省境内清初蒙古人口概数表

盟旗别	乌兰察布盟	伊克昭盟	土默特盟	总计
旗数	六	七	二	一五
佐领数	五二	二七四	六〇	三八六
丁数	七,八〇〇	四,一三〇	九,〇〇〇	五八,一〇〇 〔二〇,九三〇〕
人口数	三九,〇〇〇	二〇六,〇〇〇	四五,〇〇〇	二九〇,〇〇〇

　　上表所列是绥远省境内清初蒙古人口的概数,可是这个数目,随着时代的演进,到了现在已经减少了很多,我们可以拿绥远省政府二十二年度所发表的各盟旗现有人口数目去证明:

乌兰察布盟现有人口表

旗别	四子部落旗	喀尔喀右翼旗	茂明安旗	乌拉特前旗	乌拉特中旗	乌拉特后旗	总计
户数	一,四〇〇	四,〇六〇	二〇六	一,〇二〇	二,一〇四	一,〇二〇	九,八一〇
人口数	七,〇〇〇	二〇,三〇〇	一,〇三〇	五,一〇〇	一〇,〇二〇	五,一〇〇	〔四八,五五〇〕一,四九,〇五〇

伊克昭盟现有人口表

旗别	鄂尔多斯左翼前旗	鄂尔多斯左翼中旗	鄂尔多斯左翼后旗	鄂尔多斯右翼后旗	鄂尔多斯右翼中旗	鄂尔多斯右翼前旗	鄂尔多斯右翼前末旗	总计
户数	五,四〇〇	八二〇	六,六二四	一,七三三	一〇七	二,二三四	七六六	一七,六六三
人口数	二七,〇〇〇	四,一〇〇	三三,一二〇	八,六一〇	五,三五二	一一,一二〇	三,八三一	九三,一三三

土默特旗现有人口表（据绥远民众教育馆廿二年调查）

旗别	土默特左翼旗	土默特右翼旗	总计
甲数	六	六	一二
佐领数	三〇	三〇	六〇
户数	五,〇二四	五,〇二五	六〇,〇四九〔一〇,〇四九〕
丁数	三〇,二一八	三〇,二一八	六〇,四三六

我们从上面的三个统计表，可以对现在绥远省境内蒙古人口作成如下的统计：

绥远省各盟旗人口现在数表

盟旗别	乌兰察布盟	伊克昭盟	土默特旗	总计
现在人口数	四九,〇五〇	九三,一三三	六〇,四三六	二〇三,〇六九〔二〇二,六一九〕

　　然后，我们再拿这一个统计去和清初时的统计一比较，就可以看得出来蒙古人口衰减的情形了：

绥远省蒙民清初与现在比较表

蒙旗别	乌兰察布盟	伊克昭盟	土默特旗	总计
清初人口	三九,〇〇〇	二〇六,五〇〇	四五,〇〇〇	二九〇,五〇〇
现在人口	四九,〇〇〇	九三,〇〇〇	六〇,四三六	一六二,六一六〔二〇二,四三六〕
增减差别	增一〇,〇五〇〔一〇,〇〇〇〕	减一一三,三六七〔一一三,五〇〇〕	增一五,四三六	减一二七,八八一〔一二七,八八四〕

　　从上面这一个比较表里面，我们可以看到乌兰察布盟和土默特旗的现有人口，比清初人口略有增加，这是什么原因呢？最主要的原因，还是因为乌兰察布盟和土默特旗地方，接近汉地，开化较早，并且已经和汉族在经济上构成了同体同系，因之他们的思想解放了，他们讲点卫生，他们不被宗教的信条所缚束，所以他们的人口繁殖，自然要比那纯牧民族繁殖的多了。

　　作者写到此地，虽然不曾把全内蒙古的人口拿着极精确的统计数字去证明内蒙古人口的日益衰减，可是，我们已经可以看得出来一个大概了，在这二十世纪的许多国家都注意着人口的繁殖的时候，而内蒙古人口竟衰减到这样利害，实在是内蒙古的一个最大的危机。

三　内蒙古人口衰减的原因

　　从上段的叙述中，我们已经清清楚楚地知道了内蒙古人口衰减的速度和危机，这样衰减下去，其结果遂使整个蒙古民族的生产力，受到极深度的萎缩，不要说不能和世界其他的民族相竞争，就是和汉人在生存上的竞争，也没有不受淘汰和挤落的。我们现在把察哈尔、绥远两省的现有汉人数和现有的蒙民数相比较一下，就可以透视出来蒙古民族在经济地位上是低弱到什么程度，当然的，因为在经济上的低弱，会影响到政治、文化以及各方面的。

察、绥汉蒙人口总数表

省别	察哈尔省	绥远省	总计
户数	三九六，三七七	三八七，五二三	七八三，九〇〇
人口数 男女各别人数	男：一，二七六，三五〇 女：八三〇，六六五	男：一，二九三，七五〇 女：八三〇，〇一八	四，一三〇，七八三 〔四，二三〇，七八三〕
男女合计数	二，〇〇七，〇一五 〔二，一〇七，〇一五〕	二，一二三，一六八 〔二，一二三，七六八〕	四，一三〇，七八三 〔四，二三〇，七八三〕
每户平均数	五·〇四〔五·三一〕	五·〇四〔五·四八〕	

察、绥汉蒙人数总比较表

族别	察、绥汉族人数	察、绥蒙族人数	总计
汉蒙各别数	三，八四九，三八九	二八二，三九四	四，一三〇，七八三 〔四，一三一，七八三〕
百分比	九三	〇七	一〇〇

从上面这一个表所指给我们的数目，很清楚的看得出来蒙人占汉民人口总数只有百分之七，这种衰弱的程度，实在是出乎人们意料之外。可是，内蒙古的人口为什么衰减到这步田地呢？我们检讨的结果，不外以下所说的几种原因：

A. 男子做喇嘛的太多

满清统制了蒙古以后，因鉴于蒙古民族的彪悍好斗，在历史上曾给以汉族不少打击，为了维持他对蒙古久远的统治，遂利用喇嘛教以柔化其民族性，更为防止蒙古民族的繁殖，遂加紧奖励蒙

古男人去做喇嘛。同时对于蒙古喇嘛的寄生生活和地位，又予以
保障，像在《理藩院则例》里面明明白白地规定着：

　　　凡喀尔喀四部落蒙古汗、王、贝勒、贝子、公、扎萨克、
　　台吉等之属下已接职之台吉及佐领人等，应资助呼图克图
　　（作者按：即为高级喇嘛），不准其为工商之徒，违者应勒其
　　还俗，该扎萨克照违别律议处。

这样一来，不但可以防止其在人口上的繁殖，而且还可以削减他
在经济上的生产力，满清的政策可谓毒辣已极了！在蒙古人民的
本身方面，因为一当喇嘛，便可以养尊处优，称为上人，任何的
差徭也没有负担的义务，所以一般蒙古男人也就争先恐后的入喇
嘛籍了，凡蒙古人家有数口，除留长男在家牧畜以外，其余的男
子都入庙作喇嘛。因此，我们一到蒙古境内，便可以看到一群一
群的喇嘛，和一座一座的召庙，比游牧生活的蒙古人和他们所居
住的蒙古包还要多。这里把民国二十二年绥远省政府调查的绥远
省境内的喇嘛和蒙古人的比较表写在下面：

绥远省蒙古喇嘛与蒙古人民比较表

民别	蒙古人民	喇嘛	总计
数别	一九七，三一九	二七，二〇三	二二四，五二二
百分比	八八	〈十二〉	一〇〇

　　上表所列的蒙古人民总数，系将男女老幼全包括在内的数目，
如假定每五口中有壮丁一人，即以五除一九七，三一九，则可得
壮丁三九，四六三人，再以这个数目去和二七，二〇三的喇嘛数
目比较，只余一二，二六〇壮丁，喇嘛占总数百分之四十一，壮
丁占总数百分之五十九。换一句话说，就是十个蒙古壮丁，就有
四个去作喇嘛的。这些作喇嘛的蒙古人，当然不能够负担起繁殖
人口的责任了。

　　由此看来，满清以宗教势力统治蒙古，其结果使一个蒙古民

族，一半是生产的民族，一半是消费的喇嘛，这种毒辣的政策，竟斩断了蒙古人民家族的延续关系，有时一户传不到三四代，就告绝灭的，这种政策，确实比现在各帝国主义国家的文化侵略，还要利害的多。现在内蒙古的一部分王公，已经知道了蒙古人口的危机，而企图反对这种政策的延续，但是因为喇嘛教在内蒙古人民中，已经有了根深蒂固的信仰，一时恐怕极不容易打破，像蒙政会秘书长德王每年实行考试喇嘛，就是一种消灭喇嘛的办法，其考试不及格者，即使其还俗，德王在去年更企图着把西苏尼特旗的所有喇嘛都强迫还俗，终亦因为喇嘛教在蒙古人民的势力极大，遭各方的反对，而没有实行。

B. 不正当的性生活

内蒙古除了一部分和内地接壤的地方的风俗习惯和内地相同外，其余一大部分都固执其原始的习惯，对于性生活极不注意。男女在成年以后，社交自由，父母不加以干涉，由认识而往还，由往还而恋爱，等到了恋爱程度最高的时候，性交一事似难避免，加以男女青年生理的发育，既极剧烈，更没有坚定的道德修养，由于滥交，很容易传染着梅毒，尤其是因为内蒙古的喇嘛过剩，宗教的戒律，是不许喇嘛娶妻的，这样一来，就不得不拼命地强制性的冲动，但是，结果呢，还是突出禁欲的藩篱，随时随地的和女人乱交起来。而一般蒙古妇女，既不重视其贞操，更加以目喇嘛为〈有〉"佛根"有"夙慧"的人，遂争相拼奸杂交，这样一来更加速地促进花柳病的流行。他们既然有了花柳病，又无医院的设置，也不知道用药去诊治，一切都归之于因果报应，他们只有依赖佛法以驱逐病魔，这样不但影响了他本身的健康，而且更影响了人口的繁殖。

除了杂交以外，便是蒙古人所流行的早婚，男女在十二三岁的时候，便结了婚，这样早的结婚，自然会影响了他们的健康和人口的繁殖，而拼奸杂交，也不能因为结了婚而可以避免，因为他们是不注意性道德的。

这样不正当的性生活，也是内蒙古人口衰减的一个主要的原因。

C. 对卫生的不讲求

我们知道内蒙古社会，一大部分还是停滞在游牧的生活中，一般的人民，都享受不着近代的物质生活和设备，并养成种种恶习，像抛弃尸体于野外，燃烧畜粪，随地大小便等，无论是衣食住哪一方面，都极不讲求卫生，这些都给予内蒙古人民生理上一大妨害。又因为迷信喇嘛，所以不管是本身或家族有疾病的时候，他们不讨求正当的医治，在本身的某一部分发生了障碍，即认定是因为自己的行为失检，而遭受神佛的谴责。所以在得病之后，只知道祈祷神佛，焚香叩头，请喇嘛念经，而对于深明医学、能够疗治疾病的医生们，反多漠视，不甚信仰，以致常因染有微恙，竟成了不可救药的危疾，这样更促进了内蒙古人民死亡率的增加。

其次是当蒙古妇女生产的时候，缺乏新式的产婆，以致婴儿的死亡率增加。又因为蒙古人民是居住在蒙古包里面，在夏天因为窗户少，空气不易流通，内部异常闷热；在冬季则因为没有火炕，起居极受寒，所以蒙人患皮肤病者极多，对于蒙古妇女，更感受极大的痛苦，因为稍一受寒，月经便会发生障碍，由于月经不调，所以受孕最难，这也可以影响了内蒙古的人口繁殖。

D. 蒙民的生计困难

生计的是不是困难，和人口的繁殖，有着极大的关系，若是一旦生计发生问题，在短期内不能够解决，那末，这个人的精神也一定痛苦，他的寿命自然也不能够延长。内蒙古人民因为还是一个游牧的民族，虽然在他们的领域内，有着无数的富源，但是因为智识的落后，人民的迷信，都是货弃于地而不知开发生产。不但如此，就是他们所持以生活的游牧，也不能用新式方面〔法〕，从事增加生产。再加上自清代末叶，实行移民开垦，内蒙古牧地日渐缩小，连年抗旱，水草缺乏，都是形成了今日蒙古人民生计的困难的原素。这间接的可以影响到人口的繁殖，举一个浅近的例子，由于内蒙古人民的生活困难，更能促其流入不正当的性生活，因为蒙古男人若正式结婚，必须付给女家许多财物。因之，对于蒙古人口的繁殖，也给予了一个很大的障碍。

E. 连年的灾乱

灾荒与战乱，也是使内蒙古人口衰减的一个长大的原因，我们知道内蒙古的一大部分是属于高原地带，地面是高出海面约四五千尺，使气候纯为大陆性质，冬季严寒，夏季酷热，多风沙而少雨水，造成了"十年九旱"的俗谚。由于"十年九旱"，使一个游牧民族断绝了水草，因之相继离散的极多，或逃往外蒙，或逃亡内地。这里我们虽然找不到一个确实的统计去证明，但是，我们从别方面去找一个佐证，那是民国十七年在绥远省所遭受空前的旱灾，灾民售卖妇女，自秋入冬，经雁门关一处而入山西者有一万七千人，共值二十万元左右（F. J. Griffith 致华洋义赈会函，十八年四月一日），在这一万七千人中，自然有不少已经同化的蒙古妇女在里面。此外，我们还可以从陈达所著的《人口问题》一书中，找到察、绥两省在历史上水灾的次数：

察绥在历史上的水旱灾次数表

省区	时代	水灾	旱灾
察哈尔省	元	七	一
	民国	一	一
	唐	一	
绥远省	元	一	
	民国		一

　　在上看〔面〕这一个表里，虽然不曾明白地指出来是内蒙古，及在历史上所遭遇的灾荒，有使人口减退的可能性；但是，因为内蒙古的一大部分都在察、绥两省境内，和我们确信上面所举的都是极大的水旱灾荒，因为在事实上，绝不止此一次，我们更确信一个大灾荒，一定会使人口受到损害的。所以连年的灾荒也是内蒙古人口衰减的原因。

　　说到战争，更是足以使人口锐减的因素。我们试检阅一下过去内蒙古所受到的战乱，一定会印证到内蒙古人口的衰减上的。像清太祖的征服察哈尔部，尽俘其妻孥、部众以归。清初攻略江南及抗战太平天国，都征调了不少蒙古的兵，现在江南土默特旗人就是那个时候留下来的。康熙以来，三朝用兵西北，更是没有一次不征调蒙古兵的，像克服新疆后，戍兵南路，其伊黎〔犁〕河一带，就驻有很多察哈尔部的蒙古兵，当时有魏默深曾经说过："南北两路养兵有九千余名，设官千有四百余员，有驻防，有换防，驻防携眷之满洲、索伦、蒙古、厄鲁特兵则移自盛京、黑龙江，移自张家口，移自热河……"民国元年十月，外蒙古独立，分兵三路进攻内蒙，一队入锡林郭勒盟的西乌珠穆沁旗掳掠人畜，一队出没于苏尼特两旗，更有一队逼近山西边外。当在达里冈崖牧场开战时，张家口都统何宗莲命现任察哈尔十二旗群总管卓特色巴札普统率察哈尔兵三百人赴战，又命正白、镶白两旗兵四百名以继其后，结果为外蒙军队一击而破，卓总管被俘，一直到民国二年八月，多伦镇守使王怀庆才把外蒙军队打出去。经过这一年多的战争，蒙古人民的死伤一定不在少数。这些战乱，都是以使内蒙古的人口受到数字上的锐减的。

　　本节原文与本刊宗旨略有不合删去——编者识

四　尾语

以上，作者已将内蒙古人口衰减的危机，衰减的情形，以及衰减的原因说过了；很清楚地晓得，如果这样常此下去，不但成吉思汗时代的蒙古民族的威风，没有实现的可能，而且，将趋于灭亡之途。内蒙古是中国的边疆，恶魔在用威胁利诱的方法企图吞下去，这样一个衰弱的民族，更怎能为整个国家作屏藩呢？所以，无论是以狭义的民族立场去说，或者是以整个的国家立场上去说，这种人口的衰减，的确是一个不好的现象。

可是，我们怎样补救这一个危机呢？自然地，要从他的原因上着手，譬如设法使蒙古人不迷信，不去做喇嘛，讲卫生，以及防止灾乱的降临等。然而，这些并不是根本的办法，根本的办法是怎讲呢？作者以为是首先开发蒙古人民的知识。因为，蒙古人民之所以迷信，所以当喇嘛，所以不讲卫生……都是由于他们没有知识。如果有了知识，自然而然地就没有那些毛病了，然后再用奖励生产的办法去促进蒙古人口的繁殖，内蒙古的人口当然可以从衰减线上逃出来。

《边事研究》（月刊）
南京边事研究会
1936 年 3 卷 4 期
（李红权　整理）

汉蒙民族团结之办法

作者不详

近年边疆问题之所以严重化者，外铄原因，固为帝国主义之侵略，而内在原因，则为民族感情，未臻融化，致易为人蛊惑，即日分离，吾人痛定思痛，当思有以挽救之方。

虽然，今日在内蒙方面有少数不明情势之蒙古同胞，视自己为奇货，以为东可附日，北可附俄，甚或借事端要胁政府，而不知根本合作。此点，果吾人一检讨日俄之对待蒙族同胞情形，则知此种蒙人之大愚与大惑也。

先就日人统治下之东蒙言之，日人既破碎旧有盟旗制度，分割为四省，对于蒙人并不予以任何政治上实权，且在伪国无一蒙人官吏。至苏俄宰制下之外蒙，表面上虽有蒙人之政府与议会，实际上一切政治、军事、经济大权，均操于所谓俄国顾问之手，对于旧有政治、经济、社会制度，既破碎无余，且常借反动派、富农等名义，妄加杀戮。总之，赤、白帝国主义之对我蒙族同胞，未归属时，则以花言巧语、小利小惠引诱，及入其彀中，则露出狰狞面目。吾人观近年日、俄在蒙古史实，历历不爽。

汉蒙民族，同出于黄帝血统，历史昭然，无待赘述。当此蒙族同胞受赤、白帝国主义之压迫时，两民族应本同胞关系，团结一致，对抗外人，兹更贡献此团结办法如左：

1. 根据总理民族主义及建国方略，积极开发蒙古。

2. 拔选蒙古青年优秀，服务内地。

3. 仿英国官吏候补生制度（Cadet Scheme，换言之，即每年举行蒙古工作人员考试，及格后，派赴蒙古，学习当地施政上所必需之学科及语言，二三年后考试及格，再派以蒙古地方政治工作），派遣内地青年赴蒙古服务，并深入民间。

4. 奖励汉蒙结婚。

以上四者，吾人认为汉蒙民族团结之必要办法，尚希明达之士，起而促其实现。

《边事研究》（月刊）

南京边事研究会

1936 年 3 卷 4 期

（朱宪　整理）

蒙苏缔约，中国如何

道源 撰

　　在此极东情势时呈紧张中，而苏俄突与外蒙宣告缔结《互助条约》，此种行为，不特中国之主权关系，亦更促进东亚大局之不安，其影响重大，当可断言。

　　外蒙原为中国之领土，而尊重中国主权更载在《中俄协定》，然苏俄明知为蹂躏中国主权，明知为破坏《中俄协定》，而竟悍出此者，盖其心目中早已目无一切，而惟侵略是事矣。且其野心所在，并不仅外蒙一隅，今日之苏蒙公然缔约，亦不过其公然侵略之端续耳。

　　夫苏俄之于外蒙，由孵化而迄于领土化，其间为时已久，即所谓外蒙共和政府，亦久已触动世人耳鼓。然而中国方面竟充耳不闻，熟视无睹，坐令主权丧失，不作适宜有效之措置，而徒事隐忍掩饰，直不啻默认。偌大领域固早已变成赤色，且更将延及西北天府之新疆矣，征诸事实，则苏蒙缔约又何足怪。

　　抑中国之亲俄举动，虽曾一时中断，而年来则忽为活跃，合法与非合法的工作，既随时进展，更有"赤色汉奸"从中播弄，以致外间颇疑中苏两国间或有某种协定成立。此次苏蒙缔约告成后，当局犹抱消极的态度，即民众方面亦无何等表示，是尤令人不解所以，岂中国畏苏俄之强暴而莫如之何耶，抑竟甘愿抛弃主权换得"赤祸"耶？

虽然，苏蒙缔约，不仅中国关系，亦日"满"两国之重大问题，且更为东亚全局之安定问题，苏俄野心勃勃，肆其毒焰于东亚大陆，更拟伸张其势力于太平洋上，日本以东亚安定力自任，自不能不筑坚固之防赤阵线，于是乃有大陆政策。今苏蒙缔约互助，勿宁谓为对日"满"直接之威胁，"满"蒙、"满"苏国境纠纷屡起声中，从此将更趋重大化，东亚前途益见多事矣。夫中国"赤祸"流毒，已创巨痛深，于今若仍不顾一切，而竟矛盾自取灭亡，则又何说。不然，则惟有努力情〔清〕除"赤祸"，积极中日提携，赶筑坚固之共同防赤阵线，诚为当务之急矣。

《太平洋》（月刊）

上海太平洋杂志社

1936 年 3 卷 4 期

（朱宪　整理）

蒙古问题的今昔

作者不详

由最近苏俄与外蒙所缔结的互助公约看来，就可以证明苏俄的决心不容日本势力侵入外蒙，俾日俄之间仍有一个缓冲国家的存在。但最近三四年来日本大陆计画的展开，已很明显的昭示世人，日本确将外蒙包括于其计划之中，预备创立一个满蒙帝国。

一九三四年冬季，苏俄鉴于西伯利亚军力的比较薄弱，及欧洲局势的瞬息万变，所以才决定把中东路售于日"满"。苏俄目前已退出满洲，可是他对于外蒙，是否亦预备及时放弃，这个问题，一时似乎很难回答。据一般人的意见，以为苏俄对于外蒙的行动，完全须视日俄战事的结果为转移，至于日本方面，则其对于外蒙，似乎早已有成竹在胸了。

考中国与外蒙发生关系之始，远在十三世纪，但是直到一六九一年时，外蒙始正式承认中国为其宗主国家。自此以迄于一九一一年为止，外蒙对于中国，岁纳白马八匹、白色骆驼一头，以表忠忱。

清康熙皇帝对于外蒙，采用一种特殊的政策，直至十九世纪末叶，尚未变更。这种政策的特点，就是提倡喇嘛宗教。因为其教旨在世界各种宗教之中，再和平没有，所以竭力鼓励蒙人加入该教。且身为喇嘛以后，即不能结婚，因此花柳病毒，在蒙古人民之中，传播甚广，人民的体格、智力，皆形退化。这就星〔是〕

康熙帝时对付蒙古的手段。

除竭力提倡喇嘛教之外，更命令蒙古各王公，每年至少须在北京留住四月，当时交通不便，蒙古各王公骑马来往，需时颇久，一年之中，在路上行走的时日，须占去其大半，再加以留京四个月，已绝无余暇及精力，可以在族中鼓动是非了。

清初之时，更颁布法令，禁止中国人民移住蒙古，蒙汉通婚，亦不许可。直至满清将亡时，始因俄人之逐步侵略，方知此种对蒙古的政策，有修改的必要。

但是到了十九世纪末叶，时势很为紧急，那时的中国政府，为避免俄国侵略蒙古起见，乃将以前的禁例，逐步取消，努力鼓励华北各地的人民，移往满蒙，蒙汉不许通婚的条例，亦同时作废。中国对于蒙古的怀惧，并不及对俄之甚。在一九○七至一九一一年之间，俄国前后曾有三个视察团，前往外蒙。据云其中有一个团体，回得圣彼得堡之后，立即向俄政府建议，速由贝加尔建筑铁路，直通库伦。一九一一年春间，又有俄国经济视察团，赴库伦游历。

中国政府对于此种情形，自不免震惊，所以立即采取行动，派了中国军事代表团，约有军官六十五名，前往库伦，开始在蒙古建造营房，并召募蒙兵。中政府的用意，是要在当时驻兵二千于库伦，随后再逐步增加至一万名，分驻各重要地点。在辛亥革命以前，已有营房四百余所造成，共可驻兵二千余名。

同时中国政府更在蒙境之中，设立各种机关，并征取新税，以充经费，蒙人对此，颇生反感，且因见中国政策之突然变更，极为惊骇，加以俄人之煽惑，遂于一九一一年开始行动。

一九一一年五月，蒙古派代表团赴俄，请其对于中国之设施，出而干涉，俄政府遂即训令驻北京之公使照会中国，谓俄国与蒙古接壤，对于蒙古领土现状之有任何激烈变更，自不能袖手旁观，因此种变更，将影响边境上之和平，终必危及中俄两政府和好之关系。照会末段，更有恐吓之辞，谓："中国如不听从其忠告而将对外蒙政策，加以修正，则俄国将保留其采取适当处置手段之自由，以保蒙古边境之安全也"云云。

中政府答覆俄人，谓："中国处理蒙事，对于蒙人之利益，自当顾到"云云，但是年十月武昌起义，满清政府自顾不暇，对于俄国及蒙人的行动，自然不能兼顾了。

中国库伦的最高当局，接到蒙方的通知，限其在三日之内，率领僚属及卫队等离境。同年十一月，外蒙宣布脱离中国而独立，呼图克图氏自称蒙古的大可汗，当时的俄皇贻赠俄国制造的枪炮多尊，作为未来蒙古新军的模范军器。蒙人深恐中国之征讨，遂聘用俄国军官训练蒙兵，一切军火，亦皆向俄采购，并以蒙境煤矿，向俄国押借二，〇〇〇，〇〇〇卢布。

中国对于外蒙独立，自拒绝承认，并向俄国提出严重抗议，嗣后又知俄国已与外蒙在一九一二年十一月三日订立协定，俄国承认外蒙之自治政府。中国之民气，大为忿激，甚至有不惜一战之趋向。其实当时中国并无对外作战之力量，而俄国方面，亦因当时巴尔干半岛问题正在严重之秋，初无在远东启衅之意，所以结果中俄两国在一九一三年十一月五日，签订中俄妥洽的协定。

在这个协定里面，最重要的关键，就是俄国承认外蒙系在中国宗主权之下，而中国亦承认外蒙的自治。中国的权利及利益方面，虽然损失颇大，但是当时的中国政府，却引为外交胜利，因为外蒙最少在理论上，仍属于中国完整的一部呵。

但是蒙人对于上述的协定，因为他们没有参加，颇示不满，所以在一九一五年六月五日，又订立一个中、俄、蒙三方面的协定，内容与前大同小异。其中虽规定外蒙对于政府及领土问题，没有与外国订立国际条约的利权，而实际上对于此外问题，外蒙仍有权与外国订立各种协定。例如一九一四年时，外蒙即曾与俄国订立两种协定。第一种是关于建造电报线，第二种是俄国〔外蒙〕承认外蒙〔俄国〕有在领土内建筑铁路之权。后来到一九二六年的时节，俄蒙又订立协定，建造库伦至赤塔间的铁路。

在一九一四年以前，日本对于外蒙，还没有采取任何积极和侵略的行动。一九一五年根据著名的二十一条要求，谈判各种条约时节，就可以看出日本的主要目的，只不过为满洲及东内蒙而已。日本在一九〇七年和一九一〇年，两次与俄国订立的秘约中，曾规定日本对于俄国在北京子午线以西蒙古境内的特殊权利，表示承认和尊重，在另一方面，俄国亦承认日本在子午线以东的内蒙有特殊的势力。

自从一九一七年俄国革命以后，一切情形，就大不相同了。协约国联合进兵西伯利亚一事，表面上虽说是援救陷于亚属俄境的捷克军队，但是日本却趁此机会，对于其蒙古及西比利亚的计划，实行加以试验。日本以大批金钱、人力及材料，供给在西比利亚和蒙古边境的白俄军事领袖谢米诺夫氏。谢氏自称他是蒙古的后裔，竭力要实现其泛蒙古国家的野心。这个国家范围甚广，内外蒙古、横贝加尔区域、呼伦贝尔及西藏，均包括在内。

蒙古各王公曾在一九一九年三月，及同年冬天，两次召集会议，在第二次会议当中，曾决定在蒙古各区之中，组织一个联合政府，而以海勒尔为政府所在的地点，并决定派代表团赴巴黎和会，运动各列强的承认。

当时有一个在谢米诺夫手下工作的美国人，名叫巴罗大尉的，确曾被派前往巴黎，根据民族自决的原则，向美国总统威尔逊氏游说，但是参加和会的协约国政治家，对于这个野心过大的计画，实在不敢赞同，因其与中、俄、日、英等国，皆有互相关系的。

同时日本亦派有密探等，驰往库伦，谒见呼图喀度〔克图〕

氏，意欲请其赞助蒙古王公会议中所达到的决定，但是外蒙的态度很为冷淡，对于完全脱离中国的运动，似乎多少有点反对，后来红军在俄国渐占优胜，谢米诺夫的雄图，遂成画饼。此事幸未告成，否则谢氏之全线军火，既由日人所供给，这个国家成立之后，自必一切握于日本之手，是可毫无疑义的。

日本并不因此而灰心，居然不久又发见了当时握有政权的安福系，供他的驱使。盖自一九一九年欧洲和议成立后，北京的参战办事处，就改为西北边防军，并以徐树铮为边防使。徐氏绰号"小徐"，为富有谋略的军事政治家，决心主张取销外蒙自主政府的，就是徐氏。第一步他将军队调至库伦，然后再略施外交手腕，居然达到外蒙自动取消独立之目的。

中国政府就宣布外蒙既已取消独立，所有自一九一一年至一九一九年间，外蒙与各国所订的协定，自当随之作废。俄政府对此，自然表示反对，说是中国的行动，直接破坏国际上的义务，中国亦就反驳俄国，说一九一一年时外蒙既能自动的脱离，现在自然亦可以自动的归服中国。

但是中国政府为取悦俄人起见，遂宣布俄国在外蒙所享受的商业权利，只求不侵犯中国在外蒙的主权，自当予以完全的保护，那时俄国内部的纷扰，正方兴未艾，所以对此，亦就勉强的忍耐下去。

小徐治理外蒙，颇引起蒙人的反感。徐氏曾以蒙境的矿产及农业，向中日合办的汇业银行，押借一五，〇〇〇，〇〇〇元。中国的舆论，亦因安福系的亲日政策，表示反对。至一九二〇年该系被倒，徐氏在外蒙之势力，亦随而消灭。

一九二〇年十月，谢米诺夫部下的恩琴伯爵率兵进攻库伦，但是被中国守军所击退，至次年二月恩琴又率领大军进攻，卒将库伦占领。中国政府命张作霖派兵规复，但是后来始发觉张氏与恩琴已有默契，推翻当时之北京政府。

恩琴在外蒙的行动，和其他白党在库伦的阴谋，多有日本在暗中参加，遂予苏俄以干涉的口实。一九二一年五月，苏俄红军，越过西伯利亚和蒙古的边境，向库伦进取，恩琴卒被擒杀，出奔在外的蒙古活佛，至此复位，但是所有政权，已完全落于新成立的蒙古革命政府之手。

苏俄在外蒙的种种措施，可谓尽反其一九一九年及一九二〇年的宣言。苏俄允诺将帝俄时代所得自中国者，皆将无条件交还一语，不过是一种食饵，要想中国正式承认他们，未必有什么诚意的。直到一九二四年五月三十一日，顾维钧、加拉罕所订之协定成立，其中的第五款，始有关于外蒙的规定如下：

> 一、苏俄政府承认外蒙为中国完整的一部，并尊重中国在外蒙之主权。

> 二、苏俄政府宣言，一俟本约第二款所规定召集之会议，对于苏俄军队撤退外蒙问题，商洽妥善后，则苏俄驻外蒙之军队，即将全部撤退。

按第二款内容，系规定在本协定发生效力一个月之后，即须召集中俄会议，解决一切中俄间之悬案，但此项会议，直至一年以后，方始开成。一九二五年夏季，苏俄通知中国，说其军队已由外蒙撤退，但是在那个时候，外蒙早已倾心于苏俄，本来就无再驻军队于外蒙的必要了。

自一九二四年顾维钧、加拉罕协定，以至一九三一年九一八事变，在这个期间之内，外蒙现状并无变更，名义上虽为中国领土的一部分，实际上已成为苏俄的附庸。

日本方面于占领满洲之后，划出一〇〇，〇〇〇余方里的区域，名之谓兴安省，于此可见其已采用一种比较积极的对蒙政策。盖因蒙古人民总数不过五，〇〇〇，〇〇〇人，其中的二，

○○○，○○○名，即居留于兴安省区域之内。日人对于居留该省的蒙人，待遇比较稍好，各蒙古王公，仍旧可以用他们的陈旧的方法，来总治一切。兴安省北邻西伯利亚，西与内外蒙接壤，南面就是华北，因为该省地理的关系，所以日人视为发展其满蒙帝国计画的最好地点也。

从前的内蒙，现在已为日人所管辖。日人当以热河为内蒙东部，目下亦早已划为"满洲国"的一部分。中国的察、绥两省，从前因为包括一部分内蒙土地在内，而认为便宜的，现时亦已落在日人的势力范围之中了。

日本的大陆政策，倘然没有一种积极的蒙古政策在内，就不能称为完全无缺，由于日本的创立兴安省，及其最近对于华北与内蒙的侵略，就可以知道日本已经有一种积极的蒙古的政策，如此一来，使日本所管理的"满洲国"，与苏俄管理之下的外蒙古，益趋接近，日俄的冲突，恐怕终难避免了。

现在的情形看来，启衅的似乎为日本，而非苏俄。盖苏俄在远东的全般政策，大体上为防御的性质，所以他的对外蒙政策，自亦不能例外，俄人所愿望的，就是外蒙日趋强固，及不受日本之侵入而已。

但在现在吾人有一个问题，须加解答，就是苏俄对于日"满"侵略外蒙，能够忍耐吗。对于此事，中国虽为外蒙的宗主国家，但是恐无力积极过问，所以实际上有关系的，一方面为日本，另一方面则为苏俄，蒙古问题目前的症结，亦就是在此一点。

《国际汇刊》（旬刊）

南京国际汇刊社

1936 年 3 卷 5 期

（李红权　整理）

《苏蒙互助协定》同远东和平

石　撰

在这远东和平日益危急的时候，《苏蒙协定》的告成，当然是一件值得庆幸的事。这协定是在三月十二在库伦签订的，内容主要是：

一、苏联同外蒙两国，如受第三国攻击，则两国立即采取共同防卫的方法。

二、缔约国的任何一国，一受到第三国的军事攻击，相互即应予以各种实力的援助。

三、双方的军事互援，在完成第一、二两条义务后，应立即把驻在另一缔约国的军队撤退，好像一九二五年苏联援外蒙后，立刻退出外蒙领土一样。

我们从上面协定的主要内容看起来，下面的几点，是值得我们加以认清的：

甲、这协定，对于中、苏、外蒙间的各种既成关系是绝无变动；而且无丝毫侵略别人领土，妨害别人主权的野心。

乙、在协定中既明白的规定：在双方成为别人无理攻击时，才发生效力，那末，这一协定当然是完全出于正当的自卫行为。

丙、这协定无异是明白的宣言：苏联同外蒙不仅在远东有抵抗任何军事进攻的能力，而且还有抵抗任何暴力的决心；这在制止远东侵略主义的战争行为上，保卫远东和平、延缓远东战争危机上，是有绝大意义的。

丁、世界和平是无法可以分割的，此所以《法苏协定》的意义，不仅是法苏间的自卫行为，而〈且〉是欧洲集体安全、和平的基础；同样《苏蒙协定》的意义，也不仅在于苏蒙双方的安全保障，而是"太平洋集体安全"的起点。

就因为《苏蒙协定》是对××帝国主义的有力答覆，是远东反帝反侵略阵线的成功，是太平洋上集体安全的起点，所以××帝国主义就不能不认为"《苏蒙协定》蹂躏国际条约"而大声疾呼的咆哮起来，并且在"共同防共"的题目下，大肆宣传鼓动，造谣诬蔑，更直接间接威逼着中国政府和它采取共同行动。

站在民族自卫的立场，站在"敌之敌即我之友"的立场，我们如果跟着××的喇叭，去当别人的应声虫，对《苏蒙协定》采取进一步的"共同行动"，不但对于中国的民族解放不利，而且正恰恰中了敌人的奸计。几年来的事实明白告诉我们：真正危害到中国民族独立自由的是××，真正破坏了中国领土主权完整的是××，真正在积极进行灭亡全中国的，也正是××。在当前中国存亡的紧急关头，是绝对不容许我们再分不清敌和友的，一切借口高喊赤色帝国主义，进一步主张订结"中×军事联盟"的人，无疑义的是"丧心病狂"，无疑义的是汉奸行为——因为这样，结果是只便利了××灭亡全中国的计划。

××自军人法西斯的广田内阁成立后，不仅是推进了它进攻苏联、外蒙，灭亡全中国的战争危机，而且就是整个太平洋上的安全和平，也受到了严重的威胁。不管远东战争的发展将是采取何种的形式出现，但任何一种战争形式的推演，都会发展成为第二次世界大战的。当然这一战争爆发后，最受巨大牺牲的，是所有太平洋沿岸上的被压迫民族，独立或半独立的弱小国家，而更尤其是殖民地或半殖民地国家（特别是中国）将更是战争的最大牺牲品。为了维持太平洋上的和平，为了远东一切弱小民族、被压迫民族的解放，而尤其为了中国民族的独立自由，苏联正是一切反×反帝的友军，外蒙更是中国民族抗×阵线中的一环。因此我们主张：把《苏蒙协定》扩大为中苏互助协定，更进而把中苏互助协定，扩大为太平洋上一切被压迫民族，愿意反×的国家的太平洋互助安全协定，建立太平洋上的反×阵线，建立太平洋上永久的自由和平！

《生活教育》（半月刊）

上海儿童书局总店

1936 年 3 卷 5 期

（丁冉　整理）

徘徊歧路之外蒙古

［日］后藤富男　撰

序言

外蒙古自中华民国成立以来，即与□国本部成为分离独立状态，其间经徐树铮氏一度镇压使之内向，此后苏俄势力伸张，益形加紧侵略，并成立所谓"外蒙政府"。最近俄蒙公然缔结互助条约之声，震动世界，尤以日"满"两国，感有直接威胁，中国关系主权领土，影响皆甚重大。本篇特译自《国际评论杂志·关于苏俄遮蔽下之外蒙古》，其内部实况，自独立迄现在，外蒙民众始终处于俄人势力下之水火中，而各国评论家对于外蒙之将来与统一之趋势亦有分别叙述。读此一篇，则各方所注意之外蒙情形，当可了然胸中。译者附识

一

自一九二四年七月十日外蒙古宣告独立以来，其内部实情，外间殊少闻知。经此十余年之岁月中，除莫斯科政府以外，殆成完全遮蔽之势。然自最近因与"满洲国"之国境问题，时起纷争，于是此一向无人道及之外蒙古，渐为人认其存在，同时所谓蒙古

人民共和国，究为如何国家，于今其国内实情，已成为世界的兴味与关心之问题。

外蒙古之独立运动，由来已久，自一九一一年清朝倒后，民国代兴以来，即屡次发生离脱中国政权运动，迨至一九一九年，蒙古革命尚未至产生时期，而突有苏俄之积极援助，遂在恰克图设立外蒙古临时革命政府，中国政府闻讯，大为惊异，于是急派徐树铮统兵赴库伦，施以武力弹压，事变遂平，而外蒙古遂于承认中华民国之宗主权下，享有自治。

外蒙古革命中之"狂热男爵"，在此功败垂成之际，心犹不甘，因是温给伦·修特伦贝尔系氏，遂率领白俄人、蒙古人、布里亚特人之混合部队，突然强袭库伦，击走徐军，将中国势力完全扫除，再行宣告独立，并尊活佛哲布尊丹巴为元首，另建外蒙政府。

"狂热男爵"既告成功后，最初对于蒙人，尚称和平，但嗣后则渐渐改变，甚至横施暴力压制，极为残酷，因之怨声载道，弥漫国内，反对者酝酿勾结苏俄联合打倒之空气，亦日趋浓厚，迨至一九二四年，蒙古革命军与赤军会合，大行屠杀，白系俄人一党，遂归全灭。

所谓今日之蒙古人民革命政府，即于一九二四七月十日，成立新政府于库伦，并改库伦名为乌兰巴特鲁赫塔（即赤色英雄之都），同时召集大弗鲁路丹（议会）树立新政府之机构。

蒙俄政府在此蒙古革命政府之过渡时期，举凡各项援助，无不尽力为之，毫不顾惜，此后遂运用巧妙之外交，树立侵略外蒙之强固基础。

二

外蒙古赖苏俄之力，既获得独立，于是对于国家与社会一切构成，断行激烈的改变，造成今日之势。当时之外蒙古，一切唯盲信苏俄，醉心仿效，而苏俄之政治原理，亦尽量采用。于是社会的、经济的、政治的根本不同之国家，在原理上本不适当，而竟强为穿凿，遂使外蒙古之悲剧由此潜入。

外蒙古既事事摸〔模〕仿苏俄，对于旧有之权力者，肆行摧毁，于是封建的王公与喇嘛寺院，在猛烈的威压之下，强将所有之牧畜、商业、运输等收归国有，断行国家集产主义，努力普及"赤化"，并强大革命军组织，使全蒙人民悉陷于水深〈火〉热中。

如此建国五年间，悉为盲从苏俄政策时期，致国内秩序陷于极度紊乱，反政府运动，大有继续演出之势，而政府方面亦断行强压之处置，对反对者，悉予枪毙，演成空前之悲剧。

政府之弹压政策，多少亦可赖以维持秩序，一九二九年复召集第六次大议会，当场由干部人员作勇敢的声明，谓"我等施行新政，现今已达到社会主义建设的阶段"，并决议禁止作私人之指导的事项，凡富足之游牧民，均课以重税，公言根绝宗教，强行共产主义。

在外蒙革命政府中，亦曾料及，恐共产主义中途失败，虽然彼等已成骑虎难下之势，自不能背进他求，设若背进他求舍去苏俄，势必另求中国政府予以援助。而依赖苏俄与依赖中国皆为外蒙不可避免之灾难，不过依赖中国，究不如依赖苏俄较为稍好，至于游牧之民众，向无丝毫之政治智识，政府对之施政如何，共产生〔主〕义如何容纳，大约彼等之本意中皆无所关心。

如此经过两年之期间，依然继续同样状态。然而民众对政府所期待者，适得其反，无论如何并不容认革命之理论与行动，于是反抗政府之事，各地依然不断的发生，形势日益恶化。

政府在此民众反对声中，仍觉武力压迫为得计，一九三二年夏，蒙古人民革命党中央委员会，特召集第三次临时会议，旋更于小议会中召集第十七次特别会议，不过对反动者之镇压手段，并未十分讨论，而于游牧民众之不满上却加以根本的研究。

几经讨论结果，咸以假令反对苏俄，而从来之政策，直有变更之必要，此项意见已归一致。因此极左政策所期望之革命，自不能达成。实则外蒙古之实情，亦并未到达此等程度，由是经会议后发表声明云"外蒙古为反对〔封〕建主义、反帝国主义的布尔乔亚民主主义共和国，其政策为渐次向非资本主义上发展"，从来不顾一切向共产主义上盲进，如今政府已承认极左政策之失败。而乌兰巴特鲁政府对新制度所遭遇之危险至是亦明白认识。并亦认定国民之不能安定，就现实的而论，实新制度之误国误民云。

第十七次小议会中之特别会议，其主要议题，为讨论更生政策，关于私有财产权，已作程度上之容认，而消费组合并其他国家企业机关之享有独占，亦予以限制。然而政府之热意的讲求更生策，在民众方面，并无若何反响，其后又二年间，民心愈形离反政府，而唯一资源之牧畜业，更现惊人的衰落，政府之更生策至是遂陷于绝望状态。

苏俄政府，鉴于外蒙古之形势日非，认为与乌兰巴特鲁政府有再折冲之必要，于是遂邀外蒙古首相金德温以下之蒙古代表团赴莫斯科，举行重要协议。外蒙代表团于会议席上极力说明依外蒙古之现状，欲使全部成为社会主义，实不易办到，必须兼顾维持国内秩序，最低限度为保持经济利益之关系，对旧有习惯之一部须加以保留，是为绝对必要云，此项主张，幸而获得莫斯科之同意，成立谅解，而抱此新政策之金德温以下之代表团，遂亦满意而归。

三

外蒙政府要员，依访问莫斯科之结果，政府遂召集第七回大议会，对国内情势，作全面的检讨，于是发表适合新情之政策，在政治上作一大转换。该项会议报告书，曾于一九三四年十二月二十四日公布，在莫斯科方面认为共产主义当可盛行之外蒙古，事实上成绩相反，且更有惊人的失败，关于报告书之内容，所有外蒙之政治、社会、经济、国防等举凡各种事项，在外蒙古共产主义失败之实例，悉行网罗列入，所谓前次议会中决议之"我等之革命，既经努力作社会主义的建设，现已到达第三之发展阶段"，此实为一切失政误谬之根源，已将此意宣示国人。

第七次大议会中，关于前次会议采用政策之个人的创意，已见萎缩，而强求集团经济与虐待人民之事实，亦全部承认。

例如牧畜事项，人民所有家畜，则课以高率税金，而人民不堪如此剥夺，若向消费组合卖却，生活即受束缚，然而许多人迫于无法，由消费组合卖却支取卖价以后，即行逃往内地摆脱一切束缚，此等情事，已层出不穷。一方政府对人民所有家畜数量，亦随意加以限制，有此两项原因，实国内牧畜业衰落之致命伤，极左政策施行二年中（一九二九年至一九三一年），家畜总数由二千一百万头，递减至七百万头，其损失亦诚可观。国内最重要之产业，竟如此衰减，事实上已明明表示共产主义之施行时机尚未成熟。

至于外蒙商业，亦为同样的减退，国内商业，变成国家机关，所有商业贸易全为蒙古人民中央协同组合所独占，而私人之商业概被禁止。然而此项国家机关，徒事消耗公款，无所事事，通常不过对输入品在必要量上，给子〔予〕过少之估价，反之对于输出品，则予极大之豫测价目，因之国内商品之流通状态，极呈恶化而日见衰颓。至于对游牧民不必要之货，强令以牛、羊、金钱掉换，并书有"任何物品皆可收售"之标语，此种情形已成强迫交易状态。一九三一年度及翌年（一九三二年）度，必要物品，最为缺乏，民众亦陷于非常困穷状态，尤以西部及南部爱玛滋（库行政区分之名）等更达于极困地步，据问该地民众以兽粪为烟草之代用品，以干草煎水饮之代茶，其苦况当〈可〉想见。政府鉴于此等情形，力谋匡救，遂将蒙古人协同组合改组，并承认私人商业。

交通运输事业，亦受共产主义政策之灾害，政府最初禁止私人经营之运输事业，而以阔鲁霍滋（协同农场）专营以牛马驮运事业，然而牛马数额不敷应用，加以驮畜"共有化"，管理方法不良，困难殊多，于是运输事业大受影响。

国内交通事业，概由全国交通机关之"门果鲁·特兰斯"（蒙古运输）所独占，因此项交通政策之误谬，遂致输送上益形困难，"门果鲁·特兰斯"主张交通事业近代化，从来之牛马运输，尚在其次，而纯事侧重于汽车运输，惟汽车道路，诸多欠缺，汽车路交通网呈无有状态，因之不能实行，结果新政策之主张，不能不另行改变，奖励游牧人民，仍由从来之原始的运输方法，设法使之发达。

手工业，亦禁止私人营业，特设"库斯塔鲁·布勒姆梭由滋"（手工业职业组合），由乌兰巴特鲁霍塔统制，所有手工业支配一切，完全归其经理，惟因人民不与协力，事实上不能不利用中国人之劳动者，政府一方面禁止私人营业，成为国营机关，而一方却雇用中国劳工，如此对于国家劳动使用原则上，遂发生直接之矛盾行为。关于此点，政府亦未有充分解决。嗣因手工业之日趋衰落，为谋挽救计，遂恢复私的营业，但手工业组合仍依然存在，与上述之蒙古人民中央协同组合，同为专营输出贸易，垄断独占，此两者皆为类似苏俄之机关，亦为政治改变后残留仅存之两机关。

政府对于蒙古根本经济之牧畜事业，完全漠视，而千方百计努力于农产、农民问题，而此从来不晓农事之国，却有［有］古斯和滋（国营农场）之设置，此项机关，并非如农事试验所之实验的或指导的工作，乃居然以生产为目的，宁非笑话。不但如此，而且以此国营农场为领导，热心农业耕作，并实行广讯〔泛〕之"耕作斗争"，牧畜事业则在其次，此种行为与民众习惯大不相同，当然民众间对之无何反响。古斯和滋（国营农场）最初预计开垦耕地二万狄席亚顷（俄亩），增加羊九万头，但实际上并不及一半，政府空耗巨额之经费，结果并无成绩可言。因此现政府复重新注重牧畜，奖励个人饲养，一方改组国营农场为农事试验场，俾农业依次改进。

四

在第六次大议会中，其所犯最大之误谬厥为宗教政策。外蒙古原为宗教万能之国，尊重其信仰自由，实最为必要问题，当建国之初，亦曾有确保之明文，然而政府之言行相反，已开始对宗教加以弹压，因此极为惹动人民之反抗。而此项政令对喇嘛庙之民众影响颇大，从来各家庭中须有男子一人或二人出家为喇嘛，得与喇嘛庙联络，遇事维持，以故活佛以下之众僧与民众间，关系亦颇为密切，自政府对宗教施行弹压后，顿成怨府，各地喇嘛与民众无不痛愤。政府鉴于弹压宗教，惹起人民重大之反感，深为不安，于是又极力讲求收拾方法，一九三二年，从新宣布完全准许人民信仰之自由，对下级僧侣之从事劳动者，予以特别优待，或享免税权利，并回复彼等之选举权，以此种种方法，竭力牢拢。

此外政府更于同时设置喇嘛监督官，专为监视弹压在宗教上享有要职之活佛与其他高僧等，经此一番收拾后，民众始稍见援〔缓〕和，以迄今日。

五

苏俄之同志，在外蒙古政府内，指导文化及教育事业等，尽力仿效苏俄，自属当然之举动，然而苏俄对于共产主义之文化，乃属于超摩登的，以此施之于甫见闻化之外蒙游牧民众，果能适当耶。外蒙古与超摩登文化，亦犹如戈壁沙漠之中央，设置近代的福特汽车工厂，其为无益之盲目行动，当极令人捧腹。

外蒙革命政府，并未树立教育方针，所有教育制度，皆直接由苏俄输入，不加研究，原样施行。而教育不能进行之障害，一为缺乏基金，一为缺乏人才，政府对于教育事业，一向依赖苏俄联邦中之加尔姆伊库共和国，并招聘该国教师数人，使之教授蒙人，但蒙古人自尊心甚强，而又顽皮不受管理，劣等之加尔姆伊库人教育，反足为蒙古教育之毒，因之蒙人起而排斥，不使立足。

在第七次大议会中，对教育行政之失败，亦曾率直承认。据调查所得，国内熟练工人仅有千五百名，但其中百分之三十全为文盲，百分之十曾受初等教育，百分之十九曾受专门教育，其余百分之四一，当更不足道。又政府各机关之上级公务员，其中完全之文盲占百分之二十七，此外保健、卫生事务各机关中之文盲为百分之十四，农业、牧畜委员会事务员中有文盲百分之二十五，而经济的施设各企业中之劳务者，文盲最多，占有百分之四十二。

由政府机关事务员之资格而言，可知外蒙人口大部分为游牧人民所构成，而文盲之多，亦可想而知矣。

六

在外蒙政府中之苏俄顾问，每遇机会常大声疾呼日、英帝国主义者之威胁，已迫近外蒙，因此极力增加军事费豫算，其经费之额数，与该国之经济力相较，已达特别之巨额。蒙古人虽明知此项事实，乃以彼邦为将来战争时之缓冲地带，却亦无如之何，只有对于莫斯科之命令唯唯服从而已。

苏俄当外蒙建国之初，曾派兵协助，彼时我国即已断定苏俄此举，即为侵略主义之左证，虽一九二五年此项驻军曾一度撤退，然至一九三一年时，极东形势，转趋重大，苏俄之目光锐似猫眼，态度突为之一变，由是再度出兵外蒙，并于战略中心地带，派有赤军驻屯，迄于今日形势更为严重，倘若今后东亚之紧张局势，渐次加强，则苏俄势必增加外蒙武力，务使外蒙归其掌握中，斯固无待言者。现在外蒙境内之特殊军队，即赤卫军监视部队，担任维持国内秩序，其警备之严重，宛如战时戒严状态。

外蒙军各项部队，概属莫斯科军事代表之直接统制，乌兰巴特鲁霍塔所有之兵工厂以及飞行场，无论军用或属民间航空，莫不归苏俄人监督经营。此外并于国境地带建筑重要要塞，更直接由赤军驻防。外蒙军事实上之总司令官，厥为首席苏俄教官伊瓦诺夫，其以武装游牧民编成国民军之指挥长官，亦为苏俄军官达路库瓦伊姆氏充任，此二人皆由莫斯科直接派遣前往任职者。

《纽约晨报》北平特派员埃多嘉·斯欧乌氏，最近曾在《太平洋公论》杂志上，发表《赤色蒙古与日本》一文，述及外蒙古之军备情形，彼谓外蒙军"估计"有六万至十万之兵率〔卒〕，现已全部编成为蒙古赤军。其武装军器等，皆甚良好，其军备实力，想亚细亚之军队难与匹敌云云。另据最近情报，蒙古军之部队，其情形如左：

（1）特别国境防备军（额数二万四千人）；

（2）步兵两旅团；

（3）骑兵两师团；

（4）特别国民军（额数五千人）；

（5）炮兵联队（步、骑各师团中，各配属一联队）；

（6）飞机（军用机三百架）设有桑贝斯克、吉里敦及札兰敦等飞行场，并于库伦至内蒙国境间，设有随时降落场及油料补充场若干。

上述飞机之驾驶员，大部分为苏俄人员。至于苏俄军队在外蒙各战略上要塞地方，分别驻防，其布置颇为严密，各地并特派苏俄赤军数个联队，与特〈别〉国民军共同动作，担任特别任务，倘遇事变，绝无防务疏漏之虞。此外蒙古军中聘有苏俄人及加尔姆伊库人教官，每日利用学课时间，积极灌注共产主义精神，使之修养，兵舍之壁上满贴宣传标语，及新闻报纸，对帝国主义列强之威胁，作强调的制〔刺〕激，期获鼓吹效果。

除此而外，苏俄对军事统制之另一手段，即关于各地联络之交通通信网，视之颇为重要，各重要都市皆与西伯利亚之伊耳库斯克及乌兰乌达（威耳夫内乌定斯克）设有电信连络，在乌兰巴特鲁霍塔（库伦新名）设有强力之无线电台，直接与莫斯科通电，电话则专限于军用，在库伦亦设有总局，专与各地国境守备队通话。铁道迄今尚未敷设，但在去年五月间，苏俄陆军首脑部，曾于伊耳库斯克会议，咸主张外蒙古与苏俄主要都市间，敷设军用铁道线，其建设案已经成立。该项计画，系诺布沃西必斯库与些米帕拉琴斯库间，修筑二千七百粁之阿尔泰铁道，又于塔修金特至沃林布鲁古间，修学〔筑〕二千粁以通中定〔央〕亚细亚铁道，并豫定皆建设复线。其他豫定之路线为：（1）乌兰乌达至乌兰巴特鲁霍塔，此线长约九百粁；（2）些米帕拉琴斯库至裁三斯克，长七百粁；（3）些耳吉勃鲁至球古奇亚滋克间，长四百粁；（4）伊犁至卡里琴间，长四百五十粁；（5）些米帕拉琴斯库至乌里雅苏台间，长二千粁。以上诸线已实行部分的测量，其建筑费之一部分关系中东路卖却于"满洲国"后，以其卖价所得现款充作基金。

外蒙古对苏联军事统制以前，虽受苏俄之种种挟制，亦无丝毫之表示，只有唯唯诺诺伏而服从。以苏俄复以经济的与政治的手段，依次加紧侵略，苏俄之敢于肆行无忌更施以强力之军事统制者，盖已认定外蒙之予取予求，并无问题，外蒙古既为武器完全压服，对完全独立之主张，早已置诸脑后，在华之美国评论家爱德瓦·德登氏曾云"蒙古人对苏俄之甘言口惠，既不欢迎，然而亦无实力对莫斯科加以拒绝，其所处地位，不过如此"，有此数语，足以默察蒙古对苏俄之情形。

七

西欧诸国皆岌岌于自己问题，而埋首钻研自国利害之斗争，对关系亚细亚命运，具有重要性之外蒙，久已而置之度外。然而与外蒙古最有密切关系者，则为日本、"满洲国"与中华民国，此三国虽因其本国之情势不一，当然不能隔江观火，而就"经济的可致贫弱，与战略上地位重要"而言，外蒙古对"满"华两国之将来，实握有此项关键。然而驻守该地之武装赤军，大有在戈壁沙漠之彼岸磨刀霍霍之势，不断对"满"华两国予以威胁。更将外蒙古之国境完全遮蔽，不许与外蒙政府有些许之接近，俾外人对外蒙国内时刻推移变化之情形，无从窥知。如此则外蒙周围之"满"华两国，其所感胁威〔威胁〕能不益形加重耶。

莫斯科对外蒙之共产主义侵略，吾人虽料想苏俄不作积极之侵略，然而事实上已极易确立军事统制矣。若以外蒙为增加收入之泉源，而外蒙地方贫瘠，实为极不良之投资物〔场〕，其种种困难情形，前文曾经言明。吾人不知苏俄军事委员会，为何于国境地带，作严密之军事施设，将为维持国境耶，如该委员会之声明，果为防备日本进出之威胁耶。

虽然此种借口，在苏俄视之不过属于第二义的，彼虽口中声明，而根本上则在积极的侵略外蒙，盖自帝俄以来既不得〈志〉于西欧，其东渐政策，实为宿愿。共产党委员会以莫斯科为根据地，由最初以迄将来，皆与赤军之前进，互相策应，彼等计画向肥沃之中国内地，播布共产主义之种子，固时时刻刻所希望之目的。前年中国共产军之大举"北窜"，已由华中、华西而进至华北，刻下其先锋已出现于外蒙古之眼部与鼻部，即陕西、山西、宁夏、绥远等地方，中国赤军于以上各地得保持联络后，自必再向中国内地伸张，由此以观，则外蒙古并非苏俄所认为适当地域，而其唯一之理由，外蒙所占住〔位〕置之重要性，实具有高大评价。

中国西北沃野之新疆，现已完全过激主义化，中国共产军更渐渐向西北大陆与内蒙一带"侵袭"。中国边疆之形势已日臻危急，今后苏俄若经由外蒙向中国内地作重大侵略，则苏俄之危险可怖，表面上已成为世界各国认识以上之现实问题矣。

如此情势，倘如发生时，外蒙古对之又将如何耶。笔者以个人意见与在华之外国评论家意见，从事检讨，兹述于后。

许多人以为日俄战争，在最近之将来即将勃发，假如以此而论，若日俄战起之时，必以外蒙古为战场。在此场合之外蒙古将作如何立场，又对日俄方无论胜利谁属，而外蒙古自身当然饱受战祸之苦。如此局面外蒙古果抱如何态度耶。或其运命托于苏俄，而期待苏俄之胜利与报酬耶，抑或利用此良好时机，一举达成完全独立耶，无论外蒙古对以上三者何取何舍，而其处境关系则实为重大。拉地摩亚氏对于外蒙如此场合里，曾谓外蒙政府如继续利用外力（假定抛弃苏俄），无论树立何种形态之政府，亦必须依赖中国或日本之力以确立行政基础云。及之如爱德瓦·德登氏，对外蒙所持悲观的见解，据彼之观察曾云，倘遇日俄战事勃发之事，则蒙古政府自不得不仰仗莫斯科之维持，惟"民众是否赞成则属另一问题"。

在外蒙古之共产主义制度，大多数民众，皆视为嫌恶之的，彼等果于何时出以反抗政府运动，虽不可知，然战争一旦爆发，则咸欲乘此时机，脱离苏俄桎梏，纵无全国普遍的暴动，亦必有各地小规模之反乱勃发，斯则势所必然者。斯时就已获得地方自治之兴安省而言，"满洲国"内之蒙古人必与外蒙同情，起而响应，届时无论战争与否，而外蒙古之国内情势，自必渐次发生变化。

换而言之，爱德瓦·德登氏所谓外蒙古革命政府，现在民众对之日见离叛，将必随战争而增大爆发。然而清朝末裔之康德皇帝，素为蒙古人所极崇敬者，将来蒙古人之指导者，当然以康德皇帝为正系之主，如此则从来屡经企图之泛蒙古主义运动，恐将从此另作一新起点，当可窥知矣。

清朝自一九一一年没落后，中华民国代之而兴，而蒙古亦于是时宣告与中国绝缘。蒙古所以主张与新主人分离者，盖因蒙古人原来与满洲［即］族处于同盟地位，其后虽经俄国与中国之占据分割，然蒙古人自身之态度，仍无变化，在蒙古人间如此感情，固依然继续存留，一方兴安岭之蒙古人对外蒙古人具有深切之同情，恐将来统一蒙古之基础即建于彼等之见解上矣。

《太平洋》（月刊）

上海太平洋杂志社

1936 年 3 卷 5、6 期

（李红权　整理）

《苏蒙议定书》的意义与中苏密约说

［日］ 中保与作　撰

苏蒙签订《议定书》，南京政府曾提出两次抗议，而苏联则答称谓并未损害中国的主权和违反《奉俄协定》精神。唯是这议定书带有怎样的意义，是为我们所亟欲知道的，读一读本文，也许可以得到些参考。

一　序

"满洲帝国"和外蒙的国境粉〔纷〕争，固然并不是昨今才开始的，然而，却没有今日这样包含着表里暗影多端的复杂性，洗涤外蒙的旷野的赤色的大波涛，已经汹涌奔流到"新帝国"的岩壁了。这一看好像是很简单的问题，但却与苏联的对德和对欧政策有关，并且交错包含着足以使日、"满"、俄、蒙、中这五个远东国家，起来相肉搏的多边多角的外交关系。远东的纷乱，这样将从世界的秘密乡外蒙国境举出烽火了。

使人以为旧俄对拿破伦曾采取过的消极的防御法为指导方针的苏联，转用所谓攻势防御，不过是二三年以来的事。然而，跟着远东军备的充实，跳出防御的圈外，如今却采取起纯然的攻击的态度来，这里是不必多说的了。约言之，苏联扩充"满"苏国境地方的军备，把外蒙完全收于其掌中，和华北的共产军的进出相偕，在那里布着蜿蜒数千基罗的大马蹄形包围阵，虎视眈眈，想制"满洲帝国"的死命。"满"蒙国境纷争，不外是在这些背景下被迫出的一前哨战。苏联这样积极的进出，当然是有几多的对外的原因和对内的诸政策的。最新的例，便有由于和法国缔结了互助条约，对德防卫，得到一安心，能以集中力量对付东方。特别在这机会，表示其国力和兵力的充实，我们知道她认为统制把握外蒙并国内的人心可为最重要的压力，同时壮〈大〉进出华北的共产军和潜入"满洲国"各地暗跃的共产军等的威力。

而且为这目的，从来被视为最可怖的眼前的障害的日本，意外爆发了所谓二·三〔二〕六事件。嗣之而起的广田内阁，便又是极微温的以所谓"万邦协和外交"为生命的东西。于是苏联认为时机已到，开始勇跃前进，不惮把秘密已久的和外蒙的关系，公然曝露于白日下，并加紧强化外蒙的阵营，傲然从这方面睥睨"满"苏国境。于此便有三月一日的史太林氏的放言，同十二日的《苏蒙军事互助议定书》的发表，和同二十九日的"多兰事件"的发生。

二　苏联歪曲外蒙的地位

去夏的满洲里会议的结果，令"满洲"代表指承成吉思汗的血统的外蒙代表为"赤色奴隶"，我们该还记得吧，外蒙代表为报复起见，骂"满洲"代表为"日本的傀儡"。然而，这话至少是不能成为否定外蒙和苏联的关系的。外蒙代表感到愤慨的，只不过骂她奴隶这点，那些"赤色奴隶"对于其首都库伦为赤色英雄的都，还感到光荣呢。事实上，外蒙和苏联军事上、政治上、经济上处在怎样的关系中，这里是不必再来多说的。然而，最近外交上追及其公〈布〉的根据的，可说始于关于"满"蒙国境纷争，苏联表示愿执斡旋之劳。唯是，苏联过去不知为什么故意回避明示其合法的根据。单以"一九二一年以来的友好关系云云"，"肯伦首相访问莫斯科时，关于解决满蒙国境问题，曾请求苏联作适当的措置"为理由，而提倡斡旋。可是其后关于日本提案的设置调停"满"俄国境纷争和国境查定两委员会，却提出"满"蒙间也应设立同样的和平的处理机关的条件来，这倒不得不令人感到其背后蓄有什么深的用意了。又独裁者史太林氏，于三月一日对美国哈华系新闻托拉斯的哈华氏说过这样的话："万一日本攻击蒙古人民共和国，企图毁灭其独立，那吾人必定会援助蒙古人民共和国。"外务次官斯德莫尼亚柯夫氏，最近亦向日本驻莫斯科大田大使阐明云："一九二一年以来的苏联和蒙古人民共和国的友好关系，迄无何等的变化，故苏联会和一九二一年一样援助蒙古人民共和国。"观此，我们知道苏联的态度是怎样的强硬和坚决。史太林氏且尚以现在的战争的危险在于日本和德国二焦点，他说："两者都正孕育着危机"，特别"远东的集点动得最活泼"，还想在这里，寻出援助外蒙的理由，但这于令二十数万的大军驻在远东的苏联，不外是空泛的转嫁责任的议论。盖肯伦首相的请求，不过只是两国相互的内的交涉，至于引用"一九二一年的友好关系云云"，更是滑稽的。接曾在苏联的苏赫巴德尔和蒋伯尔山等亲苏的国民党员进卖买〔买卖〕城，令组织临时政府，赤军和国民革命军合力击破乌杰尔军而入库伦，七月十一日于这里树立新政府，便是苏联于一九二一年对外蒙的所谓"友好关系"，这不消说不过是对于一部分的人强给的"好意"。同年十一月五日缔结的《俄蒙修好协定》，规定"两国政府承认相互为唯一的正当政府"，"在相互的版图内，不得有敌对的行为"，交换全权代表领事，设立回境查定特别委员会，承认司法权及关税自主权，最惠国条款的适用，关于电信的特别协定，承认土地或建筑物等的所有权，这些不用说都是把上述的革命党员召到莫斯科去议定的，当然谈不到双方合意，蒙古不过被迫接受吧〔罢〕了。旋复于一九二三年施行再确认，而且这时除上述诸权限外，还实行合办开发矿山和各种技术的援助，这也是以属领的待遇对待蒙古，这样还说什么"友好关系"？真是自欺欺人的话。特别苏联其后以自身的行为，否定上述诸权限，已有加拉罕大使与顾维钧外相一九二四年五月三十一日于北平签订的《中苏协定》（关于解决诸问题的大纲的协定）证明。即同协定第五条这样写着：

　　苏维埃社会主义共和国政府，承认外蒙古为中国共和国的构成部分，且尊重中国于外蒙古的主权。苏维埃社会主义共和国联邦政府关于其本国军队撤退外蒙的问题，即关于撤退的期限及为国境的安全而采取的措置，于本协定第三条所规定的会议，成立协定时，外蒙古得立即宣言苏维埃社会主义共和国联邦军队实行完全撤退。

　　故这条协定其后假如未被破坏，那苏联对于外蒙当然早已违反协定了。

　　外务人民委员齐则林氏，于一九二五年三月举行的苏联中央执行委员会席上，对于上记协定，加以极任意的解释：外蒙古固然是中国领土的一部分，然而，内政上完全施行自治制，当不能受中国政府的干涉，对于外国也带有独立国的性质的。"承认为中国的构成部分，且尊重中国于外蒙古的主权"，而却视她为独立国，以我们的常识是怎样也不能理解的。然而，这见解其后依然固执墨守到今日，是有三月十二日的议定书证明的。

三　苏蒙相互援助议定书的意义

　　据苏联政府四月七日夜，经塔斯通信社发表的《苏蒙互助议定书》正文，该协定三月十二日于库伦，由苏联代表泰洛夫氏与外蒙小国民议会议长亚莫尔及同首相兼外相肯伦氏签订，其内容和一九三四年十一月二十七日缔结的《绅士协定》相同。这里所说的《绅士协定》，规定为回避和阻止军事的攻击的威胁起见，依一切的手段，相互援助，如第三国攻击苏维埃联邦乃至蒙古人民共和国时，双方得合力对付。其主旨说是基于遵据于一九二一年以来的不断的友好关系，支持远东的和平的大义，以期促进补强存在于两国间的友好关系的。

外蒙人民共和国于一九三四年七月十一日举行十周年纪念典礼时，苏联命加拉罕氏一行参加，并赠以飞机和汽车等。外蒙首相兼外相肯伦氏为答礼，于同十月二十四日到莫斯科，当时传出双方签订了《苏蒙通商和贸易决算条约》。据最近苏联消息，肯伦氏关于“满”蒙国境问题，亦曾请求苏联予以帮助，我们没有论证现实上是否已有上述的可说是攻守同盟的性质的协定存在的任何的资料。然而，假如有的话，为什么只把它变换了形式，而却非改为“议定书”不可，这点是不能使我们无疑问的。新“议定书”的第一条规定“苏维埃联邦乃至蒙古人民共和国领土发生受第三国攻击的威胁时，两国对于发生的情势，即时共同考虑，而讲认为保护两国的领土的安全所必要的一切的手段”。其第二条则规定“苏维持〔埃〕政府并蒙古人民共和国政府，如缔约国的一方受军事的攻击时，得相互提供包含军事的援助的一切的援助”，这和上述的“绅士协定”的内容是大致相同的。

总之，这种协定是带有攻守同盟以上的性质的，和前所缔结者当然不能同日而语，它规定两国得讲“为保全领土认为必要的一切的手段”，或“相互提供包含军事〈的〉援助的一切的援助”。其形式虽是相互的，但是以外蒙的现状，当然没有实力可以援助苏联，故结局不外把外蒙变为苏联的保护领。

该协定第三条这样写着，为履行上述的互助义务"驻在缔约国一方的领土的他方的军队，认为无驻屯必要时，立即撤退，乃不问自明"，这不外想拿这话来掩饰其真意。可是依布留赫尔远东军司令官、德和密劳外蒙陆相间所成立的谅解，苏联在赤塔至库伦间，开设定期航空路，同时敷设军用铁路，增加苏联派遣军，并增加外蒙军的苏籍人教官。我们知道驻在山伯斯和哈尔哈河一带的苏军人数，已超过了五个师团。如山伯斯，因为是对"满"军事行动的基点，备有军用机四百五十架，和配置在库伦及其他主要各地的军用机、高射炮、重轻机关枪队、战车、装甲汽车队暨其他近代的机械兵团呼应，表示随时都可以迫到国境。又传和满洲里相去不远的杰尔莲河左岸齐则藩飞机场，有三十架的爆炸机，整备得只要命令一下，便立即可以飞起。加之受苏联教官训练，现在其指导下的外蒙军，据称约有六万乃至十万，这也和苏联兵一样，双眼燃红得如火焰一般，在虎视着日"满"两国，无任何"受攻击的威胁"和"不致受军事的攻击"的今日，积极出诸这样的态度，不消说内要把外蒙变为其属领或保护领，同时对外则给与邻接诸国以不安和威胁。

是故对于中国，破坏承认外蒙古为中华共和国的构成部分，并尊重中国于外蒙古的主权的一九二四年的协定，对于第三国，特别对于"满洲国"，则违反"两缔约国政府，得宣言将来不和任何国的政府，缔结侵害他的缔约国的主权或利害的条约或协定"的同协定第四条第二项的精神。

四　中苏两国的论理〔理论〕的游戏

中国对于新议定书，表示不承认，而提抗议，苏联从自己的立场加以反驳，于是开始论争，可说是当然的。然而，这论争有多

大的真挚性和真实性，是需要我们再加检讨的，只是我们就两国
交换的往复公文书加以批判的话，我们会看出南京政府的主张，
有较多的理由。但是我在这里得声明，那也不过是文字上的比较。

　　国民政府张群外交部长，于四月七日手交鲍格莫洛夫大使的第
一次的抗议书，引用上记一九三四年的关于解决悬案的大纲的协
定，道"外蒙为中国的一部分，不得和任何的国家缔结任何的条
约或协定"，苏蒙条约是无视约言的，"这种行为无疑侵害中国的
主权，违反民国十三年的《中俄协定》（笔者注，前记解决悬案大
纲协定）的规定"，故"本部长这里特向贵大使提出数重的抗议，
同时以苏联政府与外蒙签订议定书，属违反行为，故中国政府断
难予以承认，且声明不受其拘来〔束〕"。然而，苏联政府经外务
人民委员长李维诺夫氏，于同七日手交驻莫斯科中国代理大使的
回答，却说："签订议定书事实固不待论，即其各个条项，亦毫不
侵害中国的主权"，对于从来苏联对中国和对外蒙的关系称述，
"形式上和事实上，都未给与任何的变化，今回签订议定书，毫不
阻害上记一九二四年的解决悬案大纲协定，右协定依然有效"。苏
联政府在这里再确言右中俄协定关于苏维持〔埃〕联邦，现在并
将来都有效力，但是既然承认前记协定有效，却又签订《苏蒙互
助议定书》，这是多么的互相矛盾，我们是用不着再说的了。苏联
于同回答，对于齐则林氏于一九二五年三月中央执行委员会所作
的解释，尚附一个理由。"关于和中华民国的自治部分，缔结协定
的公式的权利，苏维埃政府已于一九二四年九月二十日和东三省
政府缔结了协定，那时却未接到中国政府任何的抗议，而且中国政
府还承认右《俄奉协定》和《北京协定》有同等的效力。我们指摘
这种事实，作为对中国政府的抗议的回答，已经够了。"并且这场合
还不会忘去实行对日逆宣传，辩明云："苏蒙协定无违反第三国的利
益的意图，而只有在苏维埃联邦或蒙古人民共和国，变为侵略的牺

性，不得不起来拥获〔护〕其领土时，才能发生效力，这点是应加重视的。"末谓"苏联政府阐明深信中国政府确信《苏蒙议定书》不和《北京协定》相矛盾，适应于蒙古并中国国民的利益而无疑"。

议论到了这以白为黑的地步，那已无批评的余地了。然而，雄于口舌的中国，当然不会默过，是谁也能够预期得到的。果然中政府复于同十一日提出第二次抗议书，抓住苏联再确认一九二四年的解决悬案大纲协定的一言："盖右协定在地方当局未得中央许可，成为《中苏协定》的附属文书前，北京政府外交部曾于民国十三年九月二十五日与十月十日两次提出抗议书，且并曾经中国驻莫斯科外交代表，向苏联政府抗议。其次协定得了中央政府的许可，经过变为正文的手续后，亦曾于民国十四年三月，通告苏联政府，那不过为民国十三年《中苏协定》附属文书。《奉苏协定》原为贵国违反国际惯例的不法行为，当然不能做贵国有和中国的地方政府缔结任何协定的权利的先例。"复言《苏蒙互助议定书》为侵害中国的主权，抵触解决悬案大纲的本旨，依然维持第一次抗议所表明的态度。

总之，（Ａ）苏联依然承认"外蒙人民共和国"为中华民国的自治部分，却待以独立国，以和自治的地方政权缔结协定权为根据，想附加"《奉俄协定》未受任何的抗议"；（Ｂ）南京政府对之，以苏联条约上明白承认中国对外蒙的主权为理由，且列举《奉俄协定》亦曾作过几次抗议的事实，加以驳击，叙述于外蒙的主权的存续与外蒙拥有和他国缔结协定权，而抗议《苏蒙互助议定书》的违法性，理论上固然是南京政府的话比苏联来得有根据。然而，今后的问题，在于能贯彻其主张到怎样的地步，和有无贯彻主张的意志与其实力如何。事实上，今日的外蒙完全在于苏联的掌中，假如中国要贯激〔彻〕其主张的话，那是唯有诉诸实力的。一九一二年十一月三日，俄蒙缔结修好条约，宣言"蒙古和

中国的旧关系终结"时，中国政府曾提出抗议，坚持蒙古为中国
领土的一部分，不能与他国缔结条约，这样在一九一三年十一月
五日的《中俄宣言》及交换公文，始令苏联承认外蒙古在中国的
主权下，为中国领土的一部分，保持住了面子，然而，事实外蒙
依然处在苏联的势力下。可是今日的事态，是几倍于其当时了。
在于最痛感到国联的无力的中国，现在跑得通的路，便唯有诉诸
实力了。但是中国的实力不足以排击苏联，并且蒋介石是梦想也
没梦想到要以武力对付苏联的。不！不唯如是，蒋介石还想依联
俄容共，而牵制日本呢。因是我们知道她只会提出形式上的抗议，
内心在极力回避事态的纠纷，是其实相。因为这样做是适合抑压
日"满"两国的以夷制夷的目的的。中苏两国的应酬，毕竟不出
于一个理论的游戏的范畴。

五　给烟幕蔽覆着的中苏密约

　　然而，观中苏两国的昨今的外交的应酬，视它不出于一个理论
的游戏的范畴，还属于善意的解释呢。事实为欺骗日本的把戏，
不外为掩饰曾为列国深切关心的《中苏密约》的一策术。

　　所说的《中苏密约》有着怎样的内容，现尚被秘密着。不过，
我们从南京政府和苏联政府最近对日"满"两国的态度，可以下
大致无误的推测。在前面也已经说过，苏联强化"满"俄和"满"
蒙国境的兵备，跟着南京政府的中央军与之相呼应而北上，虽借
名于"讨共"，而其实是为苏联"赤化"作战的尖兵的，把成第一
线的共产军，渐次逐进华北，同时蒋介石令十万的大军深入山西
省。并且蒋介石亲自访问成都和西安，于河北〔南〕省郑州，举
行对华北的军事会议，决定开始积极的工作。即中苏两国的动向，
可说是结成包围"满洲国"和冀东、冀察两政权的马蹄型攻击阵

的。苏联令鲍格莫洛夫大使在南京活动。自旧腊以来，两国的对日态度俄然强化，日本的提案，无一被顾及，前线部队则屡行挑战，已经酿成了几多的纷争，于是上述的马蹄型包围突然大胆而露骨地跃进。我们在这里可以找到判断《中苏密约》说的资料吧！南京政府虽禁止国内的通信报道机关，揭载该密约的成否及内容的记事，然而，对于出现于表面的现实的姿态是不能够怎样的。《中苏密约》的存在，如今已是谁都知道的了。因此为掩饰起见，中苏间表面上有惹起什么纷争的必要，基于这必要而想出的，便是那《苏蒙互助议定书》和其公文书的往复驳论，我们这样说，果会过言吗。我在上面指出《苏蒙议定书》的内容和一九三四年十一月二十七日，缔结的所谓《绅士协定》的内容一样，不过只是形式上把它变为议定书，这有什么必要呢，如今为什么要多此一举呢？提出一个疑问来。我们视它中苏间为要故演论争，提出二年前的协定，未免过于做作，结果这里为要给与新的刺激，搬出旧证文来，可以说是解决这疑问的关键吧！

原来这议定书对于中国，外可以发生使日苏关系紧张，占渔夫之利的事态，内则无受舆论攻击的忧虑。因为外蒙古久已处在苏联的势力下，苏蒙两国今□不问缔结怎样的形式的条约，中国受害是很少的。而且还有人视为该议定书对于已濒于一触即发的危机中的日苏两国间，具有一爆弹的效果，不久会诱导两国开战，故当不致受舆论的攻击。就是对于主权问题常作稀斯的里的悲鸣的舆论机关，对于《苏蒙互助协定》，却只予以微温的批评。就中还有人讴歌它，说："于蒙古防御第三国的侵入，对于中国并无害处，中国反而应同情苏联是举。"更说"苏联所谓的第三国，无疑为中国共同的敌人"，而指明那是日本，论称"中国对于东北四省采取无抵抗主义，但今后当采用最后牺牲的办法，不容第三国侵略"。固然并不是完全没有反对《苏蒙协定》的理论，但这毕竟不外追随南京政府，一样不出于耽理于论〔于理论〕的游戏的程度，皆都未具有任何的迫力。要约之，对于这新议定书的论争，里面含有不受国内舆论的严重的攻击，又可完成掩饰中苏密约的使命，同时刺激日本的神经，使日苏间掀起漫天的风云来的一箭双雕的意义。

《太平洋》（月刊）

上海太平洋杂志社

1936 年 3 卷 6 期

（朱宪　整理）

蒙古民族的解放运动

秋水　译

序言

外蒙古近些年来，和中国内地形同断绝往来，就连以前外蒙的几次叛变情形，差不多也很少有人注意，虽然一般人还有中国领土和主权的印象，实际上蒙古在苏俄诱惑和把持之下，早已另成一个赤色的国家了，这些年以来有谁过问。本篇是《调查月报》译自苏俄《小百科辞典》再行转译的，关于蒙古的解放运动经过，源源本本说的很是详细，就中苏俄帮助蒙〈古〉又革命，又整理，可知苏俄对外蒙的野心老早就暴露了，关心蒙事者，大可一看。

从十七世纪末叶，到一九一〇和一九一一年间，外蒙古是在清朝的主权下〈为〉满洲人支配的。清朝对外蒙古经过多年的用兵，才算征服内向，所以对于治蒙的政策便彻底施行分化，并且〈蒙〉古的国土就区分为多数极小的独立采地，一方面把宗教团体，尊之为第一位置，利用宗教的势力，牢固着蒙人的心理，在许多巧妙的方法中，极端的佛教普及，于是野性难驯的蒙古人，便都成为俯首帖耳于宗教势力和清朝的主权下。另外还有蒙古受中国商业的高利贷的资本掠夺，政府并有特别命令，叫蒙古人和外界隔离，利权也就全被汉商垄断。最后中国政府更用强制力，买收蒙古各王公，并用武力使之威服，从此把蒙古的土地掠夺，成为良好的殖民地，但是清朝施行治蒙的种种政策以后，[蒙古便陷于]把蒙古的经济摧毁，使之无力。因此蒙〈古便陷于〉贫困、无用、人口减少的悲惨状态，因此从一九〇八年到一九一三年间酿成连续的革命。

在内蒙古的解放运动，是当一九〇七年蒙古人以为要成为日华的殖民地，遂把日本的测量员惨杀了，从此便开始暴动，到一九一〇年和一九一一年间，更由内蒙古之哲里木盟延及外蒙和西部蒙古地方，继续发生暴动。一九一二年和一九一三年间，此种运动，更波及北满之巴尔虎和新疆的斯姆亚堵耳吉等地都起暴动，接着库伦地方成立新政府，他们的目的是把蒙古种族统一起来，对于蒙古人的各项运动，更扩大组织，从事发挥。后来袁世凯的军队，几乎被蒙古人把他们的全战线都打破了，遂于一九一三年十月间，中俄两国关于分割蒙古问题成立协定，蒙古的解放运动，也就更加深化、巩固化了。此项协定内容，是把蒙古分割为三个势力范围里，就是把巴尔虎和外蒙古归为俄国的势力范围，沿着南满铁路的蒙古地方归为日本势力范围，热河、察哈尔、绥远归为中国政府的势力范围。

然而除了日本和中国的势力范围以外，有的地方又发生不愿意依照上述的情形去做，所以到一九一五年便新发生暴动（巴布集亚滋浦暴动），这是因为有日本的支持，一直乱到一九一七年。其内幕情形，便是日本计划也仿照帝俄把巴尔虎和外蒙置于保护之下的例子，另外把日本和中国的势力范围地方做成一个特别的保护国。此项运动是人民革命的动作，带有一般民众性质的，以故彼时（一九一五年）所有封建的、神权的上层阶级，都依民族解放运动而渐渐消除，后来中国方面曾以金钱运动蒙人取消，最初很有效果，但是从巴布集亚滋浦暴动发生后，所收效果便被打破。

巴布集亚滋浦派对于日本想把内蒙古造成独立国，并且把财政、军队和各种富源，都置于日本统制之下是反对的，他把日本这个提案拒绝了。更加以彼时中国的政局，是安徽派正在当权的时候，日本对于暴徒方面军队的弹药，停止供给，一方面张作霖军队也奉令剿除，在张部追剿暴徒军队于林西时，暴动的首领巴布集亚滋浦氏负伤致死。从此以后暴徒的军队遂告崩溃，残部分窜各地，变乱遂平。

　　当一九一九年时，所谓"在国际保护下造成中央亚细亚的瑞士（按即中立国之意）"，他们是企图把全蒙古民族统一，虽然没有成功，却也曾一度发动。此项运动之先导者，是布利亚特人的民族主义者，他们是含有民族主义的急进派，在里边活动的重要分子有巴布集亚浦的余党和巴尔虎人等（巴尔虎是呼伦贝耳〔尔〕地方的蒙古人），还有日本和白俄军队的首领谢未〔米〕诺夫一派，合谋把蒙古造成反苏维埃阵地。他们是各有各的目的，互相利用，但是日本的计划是含有侵略政策的，所以日本另用其他方法把自己的影响强化，便是利用当时中国政府握有实权的安福派，遂以防止过激派势力伸张为口实，和中国成立秘密协定，日本得沿外蒙古和俄国的国境地方出兵防共，中国军队并不反抗的，遂把蒙古最重要的地点恰克图占领了。一九一九年十一月，蒙古形式上取消自治，于是日本也就确乎在外蒙古占有地位。蒙古的贵族和喇嘛僧等，为保持他们的固有权利，所以对变革上更无表示，日华军也就兵不血刃的而占领外蒙古。安徽派军（按即徐树铮率部入蒙事）占领外蒙和废除外蒙的自治后，对蒙古的王公、喇嘛等，曾出示布告，晓以利害，一方面威吓利诱，使之服从。苏俄在西伯利亚方面对白俄兵和干涉者的胜利，实在是由于鼓吹发生大众的革命暴动，创设人民革命党。接着人民革命党，更煽惑占领蒙古的中国军队，和在散贝尔失败窜入蒙古的白俄部队（温贵伦部）指导他们暴动。外蒙古之取消自治，是由于安徽派树立军事的支配，至于苏俄在西伯利亚的胜利，却也把外蒙古也感受革命影响，造成广泛的大众运动，外部的要因，此项运动的内部准备和成长，已经给了他们充分的燃料，所谓蒙古自治，简直的已达成熟时期。

一九〇八年到一九一三年间，曾发生震动全蒙古的游牧民大众运动。彼等以为成败利钝在此一举，所以都拼死力的活动，不过他们发生暴动，事前并没得到王公和喇嘛的同意，作他们运动的援助者，纷扰了多年，他们的团结力和一番热烈勇敢的情绪，却很令人注意，后来蔓延扩大，竟有几十万人都受影响，随之动摇了，这可以说是很大的民众运动。但是一般王公、喇嘛上层阶级的人物等，也以为大众政治的进步很缓慢，而且民族解放又很须〔需〕要，于是利用时机作运动的指导者，他们主张把在外蒙的中国和满洲的主权，完全解放，可是结果上并不是为人民大众，却是出以利己的手段，乘势要把权利攫取到手。就蒙古游牧民对满洲人和汉人的新情势中一部分而言，总是和善的幼稚情形，实际上并无特别表现，不过大众在商业方面，依然是受高利贷的束缚，其经济权仍操诸汉商之手。就社会方面说，封建的、神权的压迫、榨取大众，依然是维持着不可侵犯的形态，且更见强化。还有一九一二年的农奴式的俄蒙通商条约，及政府与军队的维持费等等，也全由游牧民的大众负担，因此蒙民大众的生活状况，简直比起从前隶属清朝时代，还要痛苦若干倍。此外更有对蒙古游牧民大众的旧桎梏上再加新桎梏的情形，便是受俄国商工业资本的榨取，一方面封建的、神权的专制君主之中更完成封建的、神权的体制，压迫益形强化。至于赤军和蒙古革命军把谢米诺夫的军队击破以后，日本在贝加尔的预定计划，也随之破坏，对蒙古前途很有影响，于是又利用共同的方法，从事活动，当时适中国政府亲日党

安徽派的政权，被直隶派颠覆（按即直皖战后），战事甫平，中国
政府无力他顾，白俄首领谢米诺夫最近又得援助，他和日本的拥
立者温贵伦男爵，从新又有创设"大满蒙国"的计划开始进行，
白俄军的残部和温贵伦部由东部蒙古的斯地滋堡长驱直入蒙古内
部，已接近乌鲁加。库伦男爵的本部由日本从中指导。遂于一九
二〇年十一月间与中国军开战，但是结果温贵伦的军队不幸战败，
被中国军击退，于是温贵伦率残部退往蒙古重要部落，向蒙古人
民煽惑排斥汉人，驱逐中国军队出境，复活活佛统制等，种种煽
动，亦获有不少成功。后来白俄军队重新整理残部、补充实力，
于是彼等便公然支持蒙古王公、喇嘛等，发号施令，一时颇有相
当势力。可是温贵伦在蒙古既能立足，于是对苏俄也就准备开始
新战斗，一九二一年之初温贵伦便率部占领乌鲁加，挟活佛哲布
尊丹巴，树立专制政权，实际上也就是树立白俄兵的独裁（在此
期间更令其他白俄部队在西部蒙古一带，对苏俄采取攻势），是时
中国留蒙部队士气沮丧，悉数退却，因之卖买〔买卖〕城也被
占领。

　　温贵伦的妄想，是打算树立一大专制君主制，对苏俄还是梦想
"十字军"似的远征军去碰一下，因此他就向内蒙古的王公和中国
的军阀宣传联络，派使致书，期望赞助他的行动，一方面对于稍
有共产嫌疑者，更施以极残忍的刑罚，借此来表现他的威势。

　　温贵伦氏既强行专制，对蒙古人民也就横施压迫，因之国民经
济也陷于混乱（凡是反抗租税，及反对征发和动员的暴压者，以
及拒绝参加对苏俄战争的游牧民和社会活动家等悉予枪毙），他既
如此强暴，所以最初拥护他的蒙古人，如今也都离叛了。更以买
卖城一带为民族解放的中心地，分遣代表赴各蒙旗作非正式的游
说，于是反对派分子纷纷赴买卖〈城〉集合，在此时光，便团结
动作反中国人的煽动。一九二一年三月间，特在恰克图召集民族

解放运动各活动家举行集会，当场决定组织人民革命党创立会，关于蒙古解放今后遇有武装斗争时，皆依照苏俄方针进行，并决定确乎采用革命军编制，其所采用党纲凡他国侵略蒙古者概行解放，以前的封建的、神权的榨取压迫，也全令人民大众解放，从此树立人民政权，教育、保健等制度，所有各种组织进行事宜，分别规定基本的目的和任务。此外并同时创设中央军事指导部（主要人员斯黑·巴特鲁达赞加、木滋阿拉诺、贝里滋库·赛汉、巴尔斯库、奇维·巴尔三、丹巴·多耳济），更设临时的人民革命政府。参加大会一部分子遂组织武装斗争团体，秘密潜入蒙古内地活动，至三月末，武装的革命党员已达六百余人，其中除游牧民大众外，还有优秀的反对派喇嘛和失势的王公也都参加。由是他们便和中国军冲突，屡经战斗，很多胜利，后来中国军心混乱，到处掠夺，于是他们来放火，袭击中国军队，遂占领了买卖城，接着把买卖城改名为阿尔钦·布拉克，成为蒙古革命的最初首都。

　　蒙古革命军，当时希望以自己的兵力，也成为苏维埃联邦和极东共和国的样子，因此便和温贵伦开始战争了，温贵伦的部队，忽然向贝加尔方面突进，把阿耳钦·布拉克（买卖城）和多里滋库撒弗斯克用兵包围起来。是时蒙古革命军势力单薄，于是恳请苏俄出兵，援助扫荡温贵伦军，后来苏俄派遣赤军和极东共和国军一部，驰往应援，在多里滋库撒弗斯克和阿耳钦·布拉克地方血战之后，温贵伦军不支大败，其残军一部向蒙古内部退却。接着蒙古革命军同西伯利亚革命军及西奇琴金各部队，追击温贵伦部溃军，并参加此后战事。一九二一年七月五日，与温贵伦残部聊经接触，即将乌鲁加占领，温贵伦部惨败，溃不成军，遂更将温贵伦从前树立的封建的、神权的乌鲁加政府，实行废除，但活佛在名义上，依然是宪法上的专制君主，扰攘蒙古多时的白俄军，至此战争才算告一结束。温贵伦率残军退却以后，野心仍然未死，他又向西蒙古的巴吉自滋、凯古勒多克军从事策动，企图把各军统一起来，利用地方的僧侣阶级和王公等，使居民动员，增加他的势力。但是有一个人是同情人民革命党的，名叫玛克撒耳济的，力事反对，从此便惹起乌利雅苏台的暴动，以致温贵伦军在西蒙古活动，眼看就要成功的时候，受一重大打击，战败的结果，至此便开始崩溃了。后来温贵伦向西奇琴金部队引渡过去，他的部队分散，有一小部分，潜入蒙古僻静地方。当蒙古革命对温贵伦军开始作战的时候，同时另外有一部白俄兵从新疆开入西蒙古一带，也加入作战（此项白俄军为巴吉滋、凯古勒多夫、库滋内滋沃夫、加赞催夫的军队），蒙古革命军开始应敌，作战上很是困难，到一九二二年四月里，双方全线大战展开，白俄军因为蒙古革命军，在特布特诺耳河畔上的寺院里，设有西蒙人民革命政府，便派重兵包围攻打，蒙古革命军在该地仅驻有一小部队，和贝加勒夫的部队共同防守，形势颇为危急，后来又有当地的喇嘛和王公部队协助，共支危局，经白俄军包围达四十二日之久，直到一九二二年秋，才解围而出，至此西蒙古的白俄军一扫廓清。但是到了一九二二年十月里，白俄军残部德第里夫斯的部队，又向极东攻击，于是西利尼阔夫将军所部和玛耳阔夫的部队，便在东部国境上开始应战。然而经过二个月的战争以后，白俄军德第里夫斯部战败，只得再率残部，退往蒙古境内潜伏。

　　解放蒙古的武装斗争时期，自从白俄军荡平之后，遂告终了。在此军事结束以后，很多的王公、喇嘛的代表以及游牧民众和一般贫苦农民和各等阶级的蒙人，都纷纷参加民族解放运动，由此便向组织的建设时期进行，因此和旧日社会难免对立，其情形渐渐暴露出来。可是人民革命政府和革命党采取联合一致的方策，彻底的进行刷新政治（如废止农奴制度，所有从前王公、喇嘛等对人民生杀与夺之权，也全行废弃，又如凡是对新中央政权公然反对或是暗中为敌之少数分子，由地方行政官吏迅速肃清，并对于以前许多贵显的随意掠夺或横行不法之事，由法庭公判论罪，此外并实施民主主义的自治制，又各王公自利自己对游牧人民之课税权利，亦与废止等等），因之不可避免的封建诸侯的反抗，自不能不随之引起。又因封建诸侯的势力，渐渐衰弱，接着弹压神权者的方策亦依次施行。国家对于喇嘛和寺院的援助，也随之取消，例如从前活佛在乌鲁加时，以国家的费用，供给喇嘛一万人的生活，现在则全行取消，并且对于宗教仪式上，义务的捐款陋习也实行废止，活佛个人的随从（西亚宾，数共十五万人），他们也随着大众的活佛以后，开始脱离了他们的神权的首领，而且很诚意的加入人民革命党。许多智识开通的喇嘛，都和新政治的人物们是同党。民主主义的喇嘛群众，咸以"昔日活佛的纵欲荒淫，已把宗教的权威给破坏了"，因此对于乌鲁加的活佛再起，都表示反对。此外并对于以前反动的喇嘛僧，那些腐化分子，如今也拉拢加入西亚宾中新派里成为同党。此外对于普通人民以前饱受封建诸侯的压迫，如今为促进革命成功，则民众方面的宣传是非常重要的，因此关于自治制的民主主义化，作普遍的积极宣传，扩大党和青年同盟的细胞网，并且准备召集第三次党员全体大会和国民会议。

最初受了宗教毒菌侵入而致民族的衰弱，并且最后还是神权君主的活佛，一向被人民目之为"神圣"，如今已然局势全非，游牧民族的大众对于他的信仰，已经大大的动摇了，可是这活佛却也知趣，偏偏到一九二四年五月里就与世长辞，魂归极乐世界去了。到了这时蒙古是没有政治元首，最高的大权便援〔授〕与国民大议会，此项国民大议会也是依照共和国的体制选出政府及政治代表。第一次国民大议会是一九二四年十一月里开幕的，当时选出了七十七名代表，其中的七十一名是贫农和中农的平民，这时却一跃而为政治要人，他们讨论一般政策的方针，依照蒙古人民共和国组织，制定宪法，并且审议对内政策统一问题，同时把库伦改名为乌兰·巴特鲁·霍特（赤色英雄之都）。

　　在蒙人民大众方面，所有神权的和封建的各种关系，依次解放，因之人民对于革命都抱甚大的同情，纷纷起来赞助新政的进行，同时另一方面，像贵族和僧侣的贵族等，他们对于革命，因为固有权利渐被剥夺，自然是怨恨也递有增加，以故蒙古人民共和国、人民革命党，在加入苏俄共产党的历史过程上，内部不断的发生动摇。依人民的主权强化，和革命的达成强化，最初已获得人民大众的同情，进而谋民族的独立。可是参加新政府的封建分子，却乘势开始活动，企谋完全掌握政权。权势大的封建诸侯们，曾有若干阴谋，已被渐次发觉。此项阴谋的策源地，便是在活佛宫殿里潜藏着，不过依目下各种情势而言，他们的野心计划，事实上也〈不〉容许，所以也等于白闹。后来活佛的政权，从一九二四年三月间活动，哲布尊丹巴死去以后，蒙古人民共和国便宣言废除活佛政权，一切隶属于新政府下。是年八月间蒙古人民革命党召集第三次大会时，对于党的政策，已决定转换，此项新政策，是转向封建的和资本主义的分子斗争。另外第三次大会对于勤劳的平民决定援引加入政权，确立其进行方针，并且决定使国家向非资本主义的发展上奋斗。

　　从第三次党的大会决定各项要案以后，在蒙古政权上，右翼的指导部，遂被颠覆，并且该指导部一向维持封建主义和高利贷的民族资本阶级，是倾向资本主义分子的，如今既被颠覆，足见国家新政策对于资本主义发展之道，已见转换。同时并现出使人民趋向勤劳的意思，又如第三次党大会中，依照大会决意案，关于不合党纲、助长党内斗争之"反对派"，经党指导部将反对派之右翼分子，全行开除党籍。到了一九二八年开第七次党大会，决定积极铲除封建主义，对资本主义分子采取渐进的抑制，力谋国家向非资本主义的发展上奋斗。后来到了一九三〇年开第八次党大会，当时决议将第一次大会和第七次大会所决定的要案，使之发展成为精确化。蒙古人民革命自从一九二一年开始进行，直到此时反封建的革命已告成功。以前形同殖民地的外蒙古，如今改成崭新的、革命的、反帝国主义的、布鲁〔尔〕乔亚民主主义的共和国家，由此确立基础之后，渐渐的向非资本主义的途径上推进。

《太平洋》（月刊）
上海太平洋杂志社
1936 年 3 卷 7 期
（李红菊　整理）

《俄蒙协定》应缜密处置

佛 撰

在伪满与伪蒙边境风云正告紧张的局势之下,苏俄与外蒙却缔结了《互助协定》。我外交部以其侵犯我国主权,违反《中苏协定》,曾于本月七日提出正式抗议。本月九日苏俄外交委员会主席李维诺夫以覆文答覆我,对于我政府之抗议认为毫无理由,同时表示深切保证使中华民国政府确知苏蒙草约,并不违反《北京协定》。

我们根据覆文的内容来论断,此种覆文可谓所答非所问,丝毫搔不着痒处。我们究竟应该怎样来对付侵害中国主权的《俄蒙协定》,实在应该慎重从事。

在覆文中,俄国已根本不提到一九二四年五月三十一日的《中苏协定》,却口口声声认为《俄蒙协定》实系援引一九二四年九月二十日苏俄与东三省成立协定的故辙。这是我们应该严重加以攻击的第一点。

在覆文中,苏俄虽一再声言对于外蒙并不作任何土地要求,但是在名称上已公然以外蒙为第三国,且认为订立《俄蒙协定》与中国毫无损害。此系公然侵害中国主权的行为,这是我们应该缜密加以驳斥的第二点。

最好的处置方法,我以为除开第二度向苏俄抗议外,同时并应向世界各国发一觉书,正式声明:“无论东北四省与外蒙古地方皆系中国领土，且为不可划分之一部，任何国家与该地伪组织成立何种条约，实系妨害中国主权，中国俱不能加以承认而使之发生效力。"

能够这样简切明快的来一下，不仅在将来交涉上，我可引为法理的根据，并且在目前日俄冲突的严重情势之下，我方可谓弓开两面，一箭双雕，使日俄两方俱无所借口！

《革命空军》（半月刊）

杭州中国国民党国民革命军空军特别党部执行委员会

1936 年 3 卷 8 期

（朱岩　整理）

满蒙前途与世界大战

平竹　撰

日、"满"、苏关于国境问题的争端，最近仍不绝发生，虽则如今苏联接受日本的提议，允设立划定国境和阻止争端发生的两委员会，此两委员会成立之日，前述的国境争端，或许可以减少些；然而，根本问题是当未能靠此解决的，日、"满"、苏关系正如本文末尾所说，前途未许逆料，凡关心本问题者，都有一读的必要。

一

赤色苏联的事实上的独裁王史太林，最近和《哈华特新闻》的代表洛哈华特于克例姆林宫殿内晤谈甚久，当时史太林对于现下的满蒙问题，曾发表下述的意见，使世界掀起极大的冲动：

如果日本攻击外蒙共和国，那苏联是必得援助外蒙共和国的，而且苏联有力量来援助他。关于这事，曾由斯德莫尼耶柯夫外交人民委员部次长通告大田大使，唤起日本注意一九二一年以来的苏联和外蒙间的不变的友好关系，故苏联会以和一九二一年同样的态度，援助外蒙。日本若要掌握库伦，那当然立即便会引起苏联的积极的行动，而日本现在似乎是继续把军队集中于外蒙共和国国境的。第二次世界大战，大概会在意想不到的时期突发吧！因为现在的战争，并不必宣战，就可以开始的。据我看来，危险的焦点有二，一在于远东即日本方面，又一便在欧州〔洲〕即德国方面。和这些战争威胁的危险性比较，意阿纷争问题等，单不过是一插话。

上面一席话确认外蒙古和苏联事实上有政治的关系，声言为着阻止破坏外蒙古的独立，不辞与日本一战。

由上节，我们可以看出苏联当局在对日关系上，把外蒙作为远东的苏联的生命线，致力固守，这事关于史太林和哈华特的会见的报纸的评论也高调着，就中左述的《莫斯科每日新闻》的论说，被人们视为苏联当局的老狯的代辩，加以注目：

> 史太林的会见谈，是对于日本为攻击苏联先占领外蒙的工作的一大警告。日本去秋于满洲里会议举行哈尔哈事件的善后交涉时，曾向外蒙要求准许日本在外蒙地域内设立现在在华北已设有的军部代表、牒〔谍〕报机关乃至侵略外蒙的准备机关，待会议决裂后，日满在其后，更爆发国境事件，计画实行广范围的对蒙工作。日本怎样的关心外蒙，是我们看田中和荒木大将的著书等，早已知道的了。日本不惟认外蒙是一块商品市场和天然资源的出产地，对他还抱有远大的企图，便是想经外蒙，出西伯利亚的侧面，而冲苏联的胴体，又为确立在中国的优越权计，在政治上，极力使外蒙脱离中国。最近日本对外蒙的行动，还只是想试验苏联的决心，到怎样的地步，只是日本认苏联不怎样关心她对外蒙的行动，却是莫大的错误，史太林亦曾特别强调这点。

外蒙原为中国的领土，是周知的事实，苏联在一九二四年的《中俄条约》第四、五两条，亦确认中国在外蒙的宗主权。并曾向世界约定他当不致侵害这权利，不致在这地方举行军事行动，然而，近年苏联的世界"赤化"主义，却将其魔手伸展于新疆和外蒙，一方面以史太林的一国内社会主义建设论巧妙掩饰表面，另一方面却遣赤军干部、机械化装备、共产国际干部党员至外蒙，获得了外蒙的军事、政治和经济的实权，如是拿赤色外蒙做有力的根据地，虎视眈眈，亟谋"赤化""满洲国"和中国，这里会和以"赤化"共同防卫为当然的使命的日"满"在"满"蒙国境发生冲突，是必然的结果，苏联不顾自己的"赤化"野望，提出日本的大陆政策，向世界散播逆宣传，前记《莫斯科每日新闻》的评论，便是其明白的一例。

二

　　苏联更为强化和外蒙的关系起见，苏联代表泰洛夫乃于三月十二日在库伦和其时的外蒙首相谦顿、小国民议会长亚莫尔，缔结《苏蒙秘密协定》，两国约定对于第三国的攻击，相互提供军事的并其他一切的援助，苏联最近便根据这客观的基础，以更积极的方针，向"满"蒙国境进出。结果外蒙赤军和日"满"警备队的冲突事件，便层出不穷，就以本年说，也不知发生过几十次哩！这些纷争事件的直接原因，虽说在于"满"蒙国境线的不明确，但苏联最近转换于这种积极的政策的根本的理由，可以举出下列数种。

　　一、世界的地位因资本主义经济权制的崩溃而坠落，社会主义体制则跟着而昂扬起来，苏联由此独特的见解，利用国际关系，企图借以导世界政策于有利，又为对抗日本起见，和英、美、中、法提携，利用外交关系，另一方面并在"满"蒙国境，示〔充〕实苏联赤军的威力，以期获得欧美列强、中国、特别是相互援助条约下的法兰西的信用。

　　二、和军需五年计画兼程并进，充实苏联的赤军，去年度的国防预算，仅不过八十二亿卢布，本年度则增为百四十八〈亿〉卢布，依此扩张苏联赤军，充实远东军备。

三、因缔结了《法苏援助条约》，西方国境（对德）比较得到安定。

四、自一九二一年缔结条约以来，外蒙虽从属于苏联，然而，外蒙全国民的意志未必全依存于苏联，故须将苏联赤军的威力，示知蒙古国民。三月十二日《苏蒙密约》成立后，至二十八日，首相谦伦〔顿〕则和小国民会议长亚莫尔更迭，亚莫尔的地位，则由新人接任，此事足以证明缭绕《相互援助条约》，外蒙政府部内〔内部〕并一般蒙古人的人心产生动摇，苏联当局对于这种事态，必得设法收拾。

五、为向苏联一般国民证实苏维埃政府的经济的和军事的实力，在"满"蒙国境证明赤军的威力。

六、为鼓舞勃发于中国山西的共产军的"赤化"运动的进出，示〔充〕实苏联赤军于外蒙的实力。

七、苏联对于日本势力进出"满洲国"及华北，已极感不安，但他尚有进出外蒙之势，故苏联不得不采取积极政策。

凡此诸条件，均为苏联最近关于外苏〔蒙〕问题采取强硬方针的导火线，就中不用说充实赤军军备是第一义的根本条件，第一和第二次五年计画，虽说在于改造建设一国内社会主义为目的的国民经济，但其结果，为其基础的重工业必然受到根本的改造和遂行一大发展，使军需工业产生超弩级的飞跃，赤色军备充实到警〔惊〕人的地步，这是很值得注目的。赤军实力的充实和国防力的强化，便是使上述的世界政策的利用，收揽外蒙国民的人心，鼓舞中国共产军及其他诸条件能实行的原动力，法国由于对德政策和苏联携手的，便不外因为苏联已有了可恃的强大的赤军，才和他缔结《法苏互助条约》的。

<h1 style="text-align:center">三</h1>

苏联政府的国防费，于一九三四年只有五十亿卢布，一九三五年则增为八十二亿卢布，本年度的预算，则一举增为百四十八〈亿〉卢布（国民总预算七百八十八亿卢布），较去年度增至〔加〕六十亿卢布之多。又赤军的常备兵力，于一九三四年度由六十五万增为九十四万，一九三五年度增为百三十万，本年度则更拟增至百六十万。而日本的常备兵力，则仅有二十五万，百六十万的兵力，那的确可说是世界的大陆军。

国防次官托哈契夫斯基在本年度第七回全联邦中央执行委员会的大胆率直的军扩演说，揭出日本为直接目标的宣传的歪曲的招牌，惟其内容可以使我们推知苏联当〔方〕面为着准备对日战争，怎样的努力强化赤军：

> 远东日本帝国主义，现正从事扩张侵略的军备，和苏联希望和平的宗旨，背道而趋。日本航空预算较之数年前，现已增加五倍，改善各种炮兵的预算，亦增加三倍。这种军事预算的膨胀，我们可以论断，必然的将导于战争。又日本陆军省繁富主计正的论文，亦扬言对苏侵略战争。在满洲国敷设战略的铁路，亦值得注目，一九三三年敷设五百粁，三四年达九百粁，三五年则达千二百粁。

> 这种情况，使我们不得不认真实行再检讨国防组织。于是苏联乃放弃从来关于步兵、其他兵团所采取的民兵主义，而采用正规兵主义，至去年度，民兵师团数为七四％，而正规师团则仅有二六％，反之，现在民兵师团仅二三％，正规师团能达七七％，且将正规部队的平时定员，增为战特〔时〕定员。事件从作战准备说来，有颇为重大的意义。又增筑兵舍，增设

和扩大演习场，增加人件费等，于此军费的膨胀，是在所难免的，但是使赤军的平时态势接近战时态势所得的利益是很大的，我们不用说在过去全未曾造我〔成〕这种有利的状态。如今只要政府有要求，对于国境的敌人，随时都能以强大且训练完备的兵力对抗。又令机械化部队并骑兵团，布防于国境方面，以补强狙击兵，且并完成了防空的组织。在去年度的航空的发达，是极为耀目的，从质量双方面说来，练习用、地上部队和补助用航空，都有了惊人的发达。苏联飞机士的技术，亦飞跃向上，如今赤军领有"巴拉秀秩斯德"的徽章者，已达数万之众了。上述的军备的强化，必然增加兵力，赤军总兵力今已达百六十万。

　　基于史太林的献议，致意于养成干部，阶级名称的制定，也有极大的意义。各种专门军事大学的数，已扩至十三，一般市民大学的军事学部已达六校，军事大学学生数，则已及一万六千人了。又使赤军军人生活向上，合于文化，亦须巨额支出，于此增大军人的俸级，在三六年度增至五七％。如今已拥有比从来有教养得多的壮丁和强大的军备，不问任何国家，要想击破赤军，都是不可能了。

四

　　基于这种强硬的对日方针和用巨大的军事预算编成的苏联赤军的现势到底怎么样呢？一九三六年度的陆军的平时总兵力为百六十万，其内情如次：

正规兵（包含民兵干部）		约六九万
民兵部队交代部		约六六万
特别军队	G、P、U军队数一五万	约二五万
	护送军队数一〇万	

其编制计划，大致如次：

步兵军司令部	约二〇	
正规步兵师团	约三五	计约八五
民兵步兵师团	五〇	
正规骑兵师团	约一五	计约二〇
民兵骑兵师团	五	

　　百六十万的陆军，可说是世界第一强大的，而且其近代的装备，也至足惊人。在一九三四年度，配属于各师团的轻机关枪约二百五十（步兵大队有三十内外），重机关枪约六十（同前，十八内外），平射步兵炮，曲射步兵炮各九，野炮三十六（中联队炮十八），野战重炮十二。又在第一次计划前的一九二七年度，全联邦仅有百辆的唐克车，今则已有四千辆的优秀的战车和多量的装甲汽车，设有常设的独立机械化部队十数个。

独立机械化部队	约一〇
独立战车大队	二〇
战车数	四，〇〇〇辆
装甲汽车数	一，〇〇〇

　　复次，赤色空军于一九二二年，仅有陆上部队二二中队，至一九二八年则增至百中队，今则已增至三百五十中队，其机数达四千架之多，此外尚有高射炮旅团，同独立联队，同独立大队，及高射机关枪队，就中战斗队和爆炸队的增加，尤值得注目。托氏强调空军的一大发展后，作左述夸言：

欲侵略苏联的领土者，须先正视我空军的势力，且我国土广大，他们想空袭的多数的工业中心地散在于广大的国土的各处，当未能使他们达到目的，反是，他们却未享有这种有利点，这点他们是不得不加考虑的。

对于苏联赤军，不能忽视的一个特色，便是其意德沃罗基。在指导战争时，必要独裁的力量，特别像苏联这样的国家组织，这点尤感必要，只是实际上关于实现这目的，苏联是处在极好的条件下的。赤军当局在第七回苏维埃大会发表云，"在我赤军中，党员及共产青年同盟员占四九·三％之多数，至于指挥官，则占六八·三％的高率。又指挥官的阶级别如次，联队长级有党员七二％，师团长级有九〇％，军团长则有一〇〇％"，摘发赤军内的党员的比率增大和政治的水准的向上。劳农赤军为布尔塞维克的军队，负有实现世界革命的理想的使命，统一的独裁力在国防上如是根深蒂固的事实，是极值得注目的。

苏联的赤军，便在这意德沃罗基下，揭出防御劳农政权的目的，在赤军兵役法里，这样的记述着，"拥护苏联，是联邦全市民的义务。唯有勤劳大众方能武装防御苏联。对于非勤劳分子，则课以防卫苏联的其他的任务"，而且彻底实施国民皆兵主义。自十九岁至四十岁的男子，均须服兵役，自十九岁至二十岁间受二个月准备教育的男子，是年的一月一日受检查，而以二十一岁为征兵适龄，受征兵检查。

五

人民委员会长莫洛托夫在第七回苏维埃大会论述云："我们于最近数年间，在东部及西部国境，建设了多数的完备的堡垒。然而，这些军备不是移于我领土内部，乃负有反击侵略军的使命……现在的远东的情势，使我们不得不在东部国境编成航空机、战车、炮兵及其他兵团的更为完全的独立部队。"我们知道和日本处在接触地位的远东赤军的兵力，现已达二十三万，编成步兵十数师团，骑兵三师团，军用飞机有七百五十辆，战车亦有七百辆。在包围"满洲国"的东北国境的全面，已筑有数千的堡垒，乃为周知的事实。他如国境监视队 G、P、U 的活动，亦足惊人，无怪在东部国境，会不绝发生日"满"苏兵的冲突事件了。并且苏联尚派有数师团的赤军于外蒙，这样"满洲国"从东、西、北三方面受二十数万的和日本全常备兵力同数的大军包围着。设立划定国境和防止纷争委员会案，为调整日苏关系的要因，现在正成为日苏两国间的外交问题的中心，但是日、"满"、苏纷争的重大原因，明白是在于和五年计划兼程并进的赤军的充实和赤军集中于远东。因是日本政府曾数度要求苏联撤退远东的赤军，但苏联却加以拒绝，故日苏关系的前途，全未许逆料。

《太平洋》（月刊）

上海太平洋杂志社

1936 年 3 卷 8 期

（李红权　整理）

苏蒙协定的回顾与展望

黄浩然 撰

苏蒙协定签订以后，蒙古又引起国人的注意；其实蒙古在時形状态下已经过了二十多年，这一次的苏蒙协定不过是极表面的现象而已。我们如从理论上来研究这事的是非得失，很可以获得一个系统的认识。至于事实一方面，那就不很容易了；无论就苏我的局势上来观察，就东亚的局势上来观察，或就世界的局势上来观察，试问能找得什么可能的与妥善的办法呢？本篇的主旨，无非是希望国人从理论的探讨，进而作事实的努力而已。

不过在研究本题以前，我们必须将蒙古过去的种种作一个鸟瞰。

蒙古广袤一百三十七万方里，人口二百余万，地广人稀，为中华民族前途最有希望的区域。且毗邻新疆、甘肃、宁夏、绥远、察哈尔、热河、辽宁、黑龙江诸省，也为我国国防上最复杂最重要的区域。

对于边疆，国人一向不甚注意，所以自一七二七年中俄订立《恰克图条约》以后，我国先后失去领土一百三十九万七千方里，俄国的蓄志蒙古，实不自今日始。

自一九〇五年日俄战争告一段落以后，满蒙国土早已为日俄两国的禁脔。一九〇七年第一次日俄密约，对于蒙古即有如左的规定：

日本帝国政府承认俄国在外蒙古之特殊利益，并担任禁制可以妨害此种利益之任何干涉。

一九一〇年日俄又签订第二次密约，除承认一九〇七年附款中所规定的势力范围和分界线外，又规定：

两缔约国各自担任，不以任何方法阻碍他缔约国在其（势力）范围内巩固及发展特殊利益。

特殊利益如感受威胁时，两缔约国同意采取防卫此种利益之办法。

一九一二年日俄又签订第三次密约，除将过去的势力范围扩〈大〉外，又重定两国的相互关系。约内载明：

以洮儿河与东经一百二十二度相交之点起，界线应沿 Oulounfehourh 及 Moushisha 河至 Moulhisha 与 Haloaitai 河之分水界，从此沿黑龙江省与内蒙古之边界直至内外蒙古之边疆。

内外蒙古分为两部，北京经度一百一十六度二十七分以东之部及以西之部。俄罗斯帝国政府担任承认及尊重日本在上述经度以东内蒙古之特殊利益；日本帝国政府担任同样义务，尊重在上述经度以西之俄国利益。

世界大战发生，一切国际关系均发生突变，日俄两国又签订密约五条，协以谋我，固俨然一军事同盟也。

大陆政策为日本一贯的国策，征服满蒙为日本举国一致的要求，蒙古的国际关系实至为复杂。

加以蒙古与我国的关系，脱离常轨已二十多年；自宣统三年声称独立以后，我国始终没有正式的切实的掌握着蒙古的统治权。民元以来，我国迭经交涉，俄国迭经阻挠，条约所得，仅为外蒙的宗主权而已；甚至有不得移民，不得驻军的规定，大权旁落，西北的门户，早已为俄人所掌握。

十月革命以后，苏联自顾不暇，对外政策也有所变更，在外蒙的活动一时曾完全放弃。民国八年西北筹边使徐树铮所以能够以一旅之师，躬赴库伦，强制取消蒙古独立政府，其原因也不外乎此。

及直皖战争发生，徐树铮获罪以去，继承乏人，经营不力，外蒙浸致而为白俄势力所侵入，西北边防军散乱崩溃，以去以尽，从此我国之与蒙古，几再无置喙的余地。

白俄势力，不久转复为红军所消灭；蒙古独立政府，又复重演人间，近且正式加入第三国际，与苏联相依为命的了。

九一八事变［后］以后，辽、吉、黑、热四省，已为日本所囊括，从此蒙古便直接在日本的威胁之下。征服满蒙为日本一贯的政策，已如前述；苏联和蒙古的关系又密切如此，苏蒙协定的缔结，早为留心国际情势者所逆料，事实如此，固无庸怪异。

苏蒙约定签订于三月十二日，地点系在蒙古的库伦，苏联的全权代表为泰洛夫，蒙古的全权代表为蒙古人民共和国"小库拉尔"主席阿穆尔，总理兼外长赓登。除序言外，计正文四条，有效期间为十年。

据序言中所声称，这一次的草约，系〈在〉一九三四年十一月二十七日即已有［在］的绅士协〈议〉所改订。第一条规定："苏联或蒙古人民共和国之领土，如受第三国家或政府之攻击威胁，则苏联及蒙古人民共和国应立即共同考虑发生情形，并采用防卫及保全两国领土所必处之各种方法。"第二条规定："苏联及蒙古人民共和国政府，承认在缔约国之一国受军事攻击时，相互于〔予〕以各种援助，包括军事在内。"第三条规定："苏联及蒙古人民共和国政府，认为缔约国中一国根据互助公约，为完成第一条或第二条之义务起见，屯驻另一缔约国内，至无此必要时，应立即退出。"第四条则规定这一次的草约，蒙俄两份俱有同等效力。

苏蒙协定缔结的经过和内容，大致如此。

可是蒙古为我国领土的一部分，帝俄是这样的承认着，苏联也同样的承认着；一个国家对外只有一个政府，无论其为国防上的利害，抑为国际上的争议，去就得失例应取决于中央，此为世界各国的通例，也为稍具政治常识者所深识。

苏蒙协定的成立，有碍于我国主权和领土的完整，实属显而易见。我国外交部因于本月七日向苏联大使馆提出严重抗议。略谓："查民国十三年五月三十一日签订之《中俄解决悬案大纲协定》第五条，规定：'苏联政府承认外蒙为完全中华民国之一部分及尊重在该领土内中国之主权。'任何国家自不能与之缔结任何条约与协定。兹苏联政府不顾其对于中国政府所为之诺言，而擅与外蒙签订上述议定书，此种行为，侵害中国之主权，违反中苏协定之规定，实无疑义。本部长兹特向贵大使提出严重抗议，并声明苏联政府与外蒙签订议定书，系属违法，中国政府断难承认，并不受其拘束。"

本月九日苏联外交人民委员会委员长李维诺夫对于我国的抗议曾有详尽的答覆。认为"一、无论签订草约事实，或草约各条，均未丝毫侵犯中国主权。二、苏联亦未向中国或蒙古人民共和国作何种土地要求。三、草约之签订在形式上及事实上均不致使苏联与中国及苏联与蒙古人民共和国间关系有所变更。四、关于中华民国各自治区域缔结协定之形式权利问题，此可回顾一九二四年九月二十日苏联政府与东三省政府在沈阳所订协定，该约并未引起中华民国任何抗议。甚至中华民国政府且已承认上述沈阳协定与北京协定俱有同等效力。五、根据上述一切，苏联政府不得不认中华民国政府之抗议并无理由"。

十一月我外交部又向苏联大使馆提出二次抗议，除重申前议外，对于李维诺夫声称第四点有合理的纠正。略谓："来照谓《奉俄协定》之签订，并未引起中华民国政府之抗议一节，适于事实相反，查该协定未经该处地方当局呈经中央核准，作为中苏协定之附件以前，迭经前北京外交部，于民国十三年八月廿五日、九月十一日，先后向彼时贵国驻华大使提出抗议，并经中国驻莫斯科外交代表，向苏联政府抗议各在案。嗣该协定经中央政府核准，完成法律手续后，始于民国十四年三月间通知苏联政府，作为民国十三年中苏协定之附件。"

以上苏蒙协定缔结后，中苏外交当局双方的折冲。

至于苏蒙协定，今后究将如何解决，这是值得我们研究的。

不管蒙古的关系是怎样的复杂，俄国与蒙古的关系是怎样悠久，但是根据一九二四年五月三十一日《中俄解决悬案大纲协定》第四条的规定，"苏联政府根据其政策，及一九二〔一〕九年、一九二〇年之宣言，声明前俄帝国政府与第三者所订立之一切条约、协定等项，凡妨碍中国主权及利益，概为无效"以及同约第五条前记之规定，蒙古之为中华民国领土的一部分，当毫无疑义。这次苏蒙协定的缔结，规为违法也毫无疑义。李维诺夫的照会，一方面声称并未侵犯中国其主〔主权〕及何种领土的要求；但是另一方面在苏蒙协定第一条内却明明权定排除第三省〔者〕势力的插入，此中矛盾，明眼人一望便知。

依照外部第二次抗议的意见，《奉俄协定》系由地方政府呈请中央核准，才通知苏联，认为一九二四〈年〉五月《中俄协定》的附件。这次的苏蒙协定是否能照样办理，事实上为绝对地不可能。

那么照第一次抗议的声称：苏蒙协定系属违法，中国政府断难承认，并不受其拘束，则本案仍悬而未决，毫无结果可言。

按照现行国际法解决国际争议的方式，有所谓交涉、周旋、调停、仲裁、诉之国联，或声请国际法庭去裁判等等，可是按之实际，交涉既无结果，周旋、调停也无法解决，至于声请仲裁，诉之国联，或请求国际法庭裁判，则困难更多。和解既不能解决本案的争议，那么我们又有什么办法加以制裁呢？报复、惩戒、封锁、干涉，在这国难重重，强邻高压的局面下，事实上非我国的国力所能够做到。足见国际规律，目前实无法解决。

其实本案的中心问题，还是我们的国力问题；假定我们的国力强大，则九一八事变不至于发生，日苏斗争不至于目前这样的尖锐。假定是我们没有内争，又加以国力强大，在民元时代虽不易平定蒙古，在民八时代应该是足有余裕的了，又何至于有本案的发生呢？即有本案的发生，也属我国的内政问题，一纸命令，就可废止，苏联又敢奈何我呢？

苏蒙协定之成为悬案，已毫无问题；且今后也难免有类似的事情发生。全国上下只有在精〈诚〉团结、充实国力的条件下，才能造成时势，利用机会，来解决这一个悬案，并担保不至于再有类似的事情发生，否则，蒙古是会离开我们的版图，西北门户是永远无法把守的。

《革命空军》（半月刊）

杭州革命空军半月刊社

1936 年 3 卷 9 期

（丁冉　整理）

内蒙问题与内政

晋生　撰

内蒙原分为六盟及察哈尔部，迄于今日，察省以东内蒙地域，已完全为伪军占领，所余者仅乌蓝察布盟与伊克昭盟，即今之绥省是也。据最近消息，伪军更有续向绥东进侵之企图，而蒙政委会德王等之态度，又有种种之谣传，谣传纵未可信，苟为势所迫，其发展诚未可逆料，故仅余之内蒙半壁江山，前途诚不容乐观！无可讳言，内蒙之现状系由外方所造成，前年内蒙"自治运动"之发生，虽已引起举国人士甚深之注意，但吾人曾不愿加以恶意之批评，盖以自治为吾国政治最后之目的也。敦〔孰〕料东邻竟以自治为侵略之手段，冀东伪自治政府出现于前，为邻国收买之河北乱民要求自治于后，于是自治之名词，在吾国今日更具有特殊之意义矣！虽然自治为侵略手段，不过帝国主义者临时耍出之花样而已，原无损于其根本政策，故吾人今日之所研讨者，为内蒙问题与内政之关系。盖"国必自伐而后人伐之"，国家一切均应反求诸己也。

吾国二十余年来边疆民族之离心倾向，一半固由于强邻之威胁利诱；一半则由于自身之放弃职责。数十年来，根本无所谓边疆政策，遑论其地〔他〕。以现在之眼光言，维系边疆之安宁，必须从发展交通、垦殖，发扬文化事业各方面入手，方能使中央政府与边疆民族发生实际之关系。但于此有一前提焉，即须给边疆人民或政府以实际之扶助是已。现在虽不能如前清拨巨款以兴建寺院，以行愚民政策，但仍须以宽大之态度，以诚意与实利扶助边民，使其生活逐渐改善，文化逐渐提高，交通、卫生、实业……等先后开发。能如是，则边民之内附，直可云无丝毫之问题，更何畏外族之利诱。蒙民对蒙地之农业经济化，向持反对态度，所以然者，一方固由于蒙民之积习；一方实过去开垦方式不良之所致。设果善于引导，改良开垦方式，则蒙民亦何乐而不为。故今日之内蒙问题，实一内政问题也。苟边政修，团结固，边疆民族离心之倾向，自然即于消灭，彼强邻如何从而威迫利诱。因之吾国当今之亟务，厥惟修明内政，如内政修明，内蒙问题自可连带解决也。

《新建设》（半月刊）

太原新建设杂志社

1936 年 3 卷 9、10 期合刊

（朱宪　整理）

日本在内蒙的阴谋

《密勒氏评论报》

仲足　译

　　张家口西北三十哩的张北，已于去年十二月二十四日给蒙古骑兵以武力占领了。其时记者正在张家口，听说那占据张北的蒙古人跟"满洲国"是很"友好"的，也有说那内蒙古的重镇已"归附"于"满洲国"，但究竟这察哈尔省三分之二的区域将合并于"满洲国"或自成一傀儡行政区，却还须等着瞧事实。

　　在华北，最近至少有三种所谓"自治"运动进展着。第一，就是殷汝耕所主持的"自治区"，其范围比所谓战区还广，一共包括二十二县，约占河北省的四分之一，面积共一万二千方哩。这好比是中国的"加的福"（Cardiff），因为它跟不列颠这个富裕的煤矿区是很相像的。普通说来，河北省富源的百分之九十就在这境内。日本在一九三三年五月三十一日的《塘沽协定》中，就把这地方划为"非战区"（那正当是长城战事结束后）。《塘沽协定》的正式条文并不曾公布过，但是它悲惨的后果现在已是很显明了。在这个区域中，蕴藏着中国最主要的煤矿，即英资所办的开滦煤矿，还有中国重要的盐场和北宁路的一大部也在这境内。自从《塘沽协定》签字，华北和"满洲国"间的铁道交通建立后，北宁路实际上已完全由日本的南满铁道管理着。现在日本又获得开滦煤矿以及其他中国工业和大部人民所赖的重要矿藏了。至于盐场，日本正需要着大量的盐，所以中国也可说已经没了份。此外还有农业的巨大富源，特别是棉花的种植。最近殷汝耕曾夸言他的"政府"一开首就可有一千二百万元的收入，至于关税的收入还不在内。

十二月二十六日，殷汝耕在他的盘踞地通州招待北平新闻界，声言把"委员会"改名"政府"，这样就成为"冀东防共自治政府"，而将他自己的头衔也从"主席"改称"行政领袖"。他说因地理上的密接，他的"政府"和"满洲国"间的关系，将大加增进。他又说冀东"政府"的成立并不算是脱离中华民国，现在的国旗仍将保留，至少是现在。至于财政方面，他说中央银行的钞票不能通用，但是对于"满洲国"和日本的钞币在其境内流行的事实，却不曾提起。还有对于百来个日兵驻扎于他的"首都"和大队日军密布长城的事实，也没有讲到。

殷汝耕发表上述的谈话时，他的对面坐着一个名叫井上的日本顾问。

殷汝耕的"政府"根本就是关东军特务长土肥原玩的把戏，因此，这位"阴谋大家"（Master of Intrigue）而兼受关东军秘密津贴者的言论是值得注意的。他于十二月十八日在北平对外国记者说日本并不拟解散"冀东防共自治政府"，而且他将来还想把冀察政务委员会也吸收过去。他又说黄河只是日本势力扩展中一个小小的息足点，最后终至于全国也归附于日本的。

这样就是第二号的日本的傀儡政府！

至于第三号的傀儡政府，冀察政务委员会，至今还在演变之中。它第一次公然向南京政府的挑战是在去年圣诞节那天，当时宋哲元宣称因"特殊环境"之故，必须掌管天津的北宁路路局及其财产，同时发表任陈觉生为北宁路局长，以代替中央所任的殷同。那新局长陈觉生，虽然是广东人，但生于日本，却是一个道地的日本臣民。最近他原在平津卫戍司令部充当主任译员的。他的被任为局长，完全是日本军事当局的要求，故他一接任后，便与多田作长时间的会议。据说北宁路不久就要归并于日本政府所办的南满铁路。其实，不久以前，本已由前任局长殷同签立合同，规定北宁路全部火车机头以及一切其他的设备都必须向大连的南满铁路机厂购买了。

在十二月十八日与美国记者的谈话中，土肥原否认日本曾提出将察北六县归并"满洲国"的要求。他又否认在"满洲国"兴安省附近建立蒙古独立国的企图。他假作虔诚的说蒙古是中国领土的一部分，日本决无权扶助或鼓动任何的蒙古独立运动。然而，他又说，蒙古现在是正被"红军"威胁着，而中国自己没有自卫的力量，因此中、日、"满""合作"起来以保护蒙古，使不受外力的侵略，是必要的。这就是建立第四号傀儡政府的伏线，据日本军的计划，这第四号傀儡将包有内蒙古的全部。最近，那察哈尔省全部的"蒙古"区，已完全被日本支持下的"满洲国"军队所占据了。

那日本在十二月九日至二十四日间所占据的察北六县——沽源、宝昌、康宝〔保〕、化德、商都和张北——是全省最富裕的区域，其中以张北因位于张家口、库伦的要道，为中外通商的中心，尤属重要。它是蒙古人所需货物的分布点，也是一切原料（多半是羊毛、皮革等）的集中点。日本的征服这个区域，是有着两重意义的：因为它是通到内蒙古的"走廊"，同时又是指向外蒙古的"箭头"。这察北六县一定将被迫加入"满洲国"的蒙古区了。在张家口盛传着日本用汽车把军火运到张家口以北一百五十哩外的德王司令部里去，这似是不足信的。不过由日本兵士护卫着的并且插了日本旗帜的大队运货车，在张家口的每条街上都可以看到的。不必隐讳，张家口事实上已成了日本的城市了，所有的政府机关都有着日籍顾问，车站中拒绝用中国钞币购票的情形，正跟殷汝耕"政府"势力下相同。

据《北平晨报》所载，德王曾竭力否认内蒙脱离中央独立之说，德王驻平代表也表示否认。从蒙古领袖的声明看来，上述的谣言似未可信，不过德王所处地位的困难却显而易见，日本的统有张家口和平绥路，要使内蒙维持任何与日本敌对的地位是不可能的。这样便使我们想到了外蒙古问题。苏联政府是否会帮助外蒙古人抵抗日本的侵略呢？当一九一一年清室灭亡时，俄人曾坚持外蒙古应为独立而奋斗，结果于一九一五年由帝俄、中国和蒙古三方订立了协定。近年来外蒙有了显著的发展，但是如果没有苏联的帮助，是决计抵抗不过日本的。外蒙和"满洲国"边境的每次冲突，总是外蒙退让，以避免引起战争。即像十二月十八日贝尔湖附近所发生的冲突，有几个蒙古人是被杀了。在这次事件中，日本铁甲车载了日本、"满洲国"和白俄的混合军侵入蒙境前哨。据说后来外蒙政府曾派人至"新京"提出抗议，说"满洲国"的攻入蒙境，已引起了"严重"的结果，并又提出要求数项：（一）释放被日军掳去的蒙兵；（二）惩罚侵蒙"满洲"军领袖；（三）赔偿损失；（四）道歉；（五）保证以后不再发生同样事件。莫斯科方面报告并宣称日本帝国主义的侵略行动已在外蒙首都引起甚深的愤激，可是"新京"的《满洲日报》却发表不同的消息，指这完全是苏联"不合法"的行动。

十二月二十二日，路透电传日本即将与南京政府开始谈判，商量"中日共同防苏"的事件。这正是数月前广田向中国提出的"三大原则"之一，不过以前日本只说以"协剿"中国西北部的共产党为华北谅解的条件，后来又说日本协助中国"剿灭"边境的红军，现在则是日本外务省公开要求与中国联合防苏了。南京政府将来如何的措置还不知道，不过鉴于目前华北"自治"运动的急展，这也许不会有什么结果。第二号傀儡殷汝耕把他的组织叫做"防共政府"。冀察政务委员会委员长宋哲元对学生示威运动发表谈话时归罪于共产党势力而主张严予取缔。土肥原鉴于中国不能保护内蒙以防红军势力的"侵入"，宣称必须中、日、"满""合作"防共。

日本要想赶快进攻外蒙的企图，似乎是很显然的了。

《世界知识》（半月刊）

上海生活书店

1936 年 3 卷 10 期

（李红菊　整理）

《苏蒙协定》 与远东情势

张健甫　撰

一九三六年的国际情势，的确很像一座火山，到处冒着浓烟，到处喷出烈焰，帝国主义的疯狂备战，准备人类的空前大屠杀固然不消说，就是素以维持世界和平为唯一职志的苏联，在帝国主义环伺之下，也不得不积极准备抵抗未来的侵略战争。自从去年三月十六日希特拉弃除《凡尔塞约》军事条款，重整军备以后，苏联为了维护西方的集体和平，与法兰西签定《法苏互助协定》，最近又因希特拉之出兵莱茵，撕毁《罗迦诺公约》，《法苏互助协定》遂由法国国会通过而发生效力。其在东方，苏联因日"满"军经常的不法越界，尤以日本大陆政策的南针，指着库伦方向前进，希图占领外蒙，截断苏联与其远东区的联系，苏联为了应付远东未来的事变，所以又与外蒙成立《苏蒙互助协定》。

《苏法互助协定》和《苏蒙互助协定》，同样是以反抗帝国主义侵略战争为目标，维护集体和平为职志，所以它的精神不是向外挑战，而是重在防守，和帝国主义的军事同盟（如《日德军事密约》之类）性质大不相同了。

《苏法协定》之有关欧陆大局，已有事实证明，毋待我们多说，现在试就《苏蒙协定》和远东大局加以申论。

自从一九二一年盘踞外蒙的白俄部队谢米诺夫，被蒙古革命军和苏联红军共同击退以后，苏蒙在政治上即已发生密切的关系，其时苏联一部分红军，因应蒙古人民的请求，驻在库伦差不多历四年之久。以前外蒙原是帝俄和日本争夺的殖民地，及帝俄灭亡后，苏联对任何国家都没有领土的野心，外蒙唯一的敌人，就只有现时东亚的盟主了。蒙古人民为了要摆脱东方帝国主义的压迫，完成民族之平等自由，需要苏联的援助甚多，故与苏联结成好友。以后又因政治上、经济上乃至地理上接近的种种关系，蒙苏友谊愈更亲睦。"九一八"事变以后，苏蒙因和日本成为直接的接壤国，而日本又高唱"征俄"，日俄关系，就紧张起来。去年春间，哈尔哈庙事件发生，"满"蒙形势也骤然恶化。本来所谓"满"蒙纠纷，实际上就是日苏纠纷，日本所以要先取得外蒙的原因，乃是为了对苏战略上的胜算，因为日本如果不能控制外蒙，一旦对苏战争，满洲后方，就有被外蒙长驱直入的危险，同时中苏也就可以取得密切的联系。为免除后顾之忧，为剪断中苏联系，为要由库伦扼制贝加尔湖的后背，日本非先取得外蒙，不足以谋对苏决胜的把握。因此"满"蒙纠纷，就在日本战略因素之下，不断的发生，不断的扩大，到了今日，已成日苏战争的前哨。而在苏联方面，既不容帝国主义侵略尺寸领土，外蒙也不让满洲傀偏入其国境一步，所以去年"满"蒙会议破裂，蒙方代表即西游莫斯科，向苏联有所接洽。《日德密约》消息传出以后，苏联是在东西两大帝国主义包围之下，日、苏、"满"、蒙的四角关系，日趋恶劣，尤以日本侵蒙野心，更见显露，所以三月初间史达林于接见美记者霍华特时，谓"日本如竟冒险进攻蒙古，破坏其独立，则苏联不得不出而援助蒙古人民共和国"。莱茵事发，影响远东的和平更大，苏蒙两方为了共同抵抗侵略，三月十二日正式签订《苏蒙议定书》，二十八日并由苏联公布出来。

《苏蒙议定书》的内容怎样呢？大致为缔约国之一方，如受第三国的攻击时，其他一方，应立即予以军事上的援助。这即是说，不论苏联或外蒙，如遭受帝国主义的侵略，苏蒙两方应即互相出兵，共同抵御敌人。从这一点看来，就可明了《苏蒙协定》决不是帝国主义向外侵略的军事同盟，只是一种抵抗强暴、自卫战争的条约。而且据苏联声明，《苏蒙协定》并不妨碍第三国之利益，因只〈有〉苏联或蒙古人民共和国成为侵略牺牲，被迫保卫自己领土的时候，才有效力，更可看出它的防守性来。

有人以为蒙古是中国的领土，苏蒙订约，应该先征取中国的同意，而且所谓第三国云云，连中国都包括在内，岂不有碍中国领土主权的完整吗？诚然，外蒙是中国的一部分领土，是谁也不能否认的。不过我们要问东北四省是不是中国的领土呢？内蒙东四分之三和现在被李守信所占领的察北各县又是不是中国的领土呢？中国四省领土，不但被帝国主义占领，而且帝国主义还以此为进攻中国的根据地。外蒙虽然独立，自组政府，可是它既没有依赖帝国主义生存，又未尝叛寇中国，只因近年中国国难日深，自顾不暇，外蒙虽想求国内帮助，而中国力不能及。假使一旦中国真能抗敌自强，外蒙既是中国的领土，当仍然归返中国，与中国携手反帝。所以站在民族解放的观点，我们对于外蒙的自谋生存而独立，是不能非难，而只有自己惭痛的。

至于所谓第三国的话，中国目前差不多已被敌心〔人〕凌迫〔迟〕处死，犹之待宰的羔羊，连哀痛的呼号也没有了，中国还有进攻其他国家的力量吗？中国目前唯一的要求，还在抵抗侵略，收复失地，而苏联、外蒙则不是中国之敌。这样，所谓第三国，显然不是指中国而言，中国对这一方面有什么可以恐怖的呢？

《苏蒙协定》的由来和意义，我们已经明了了，现在可进而讨论《苏蒙协定》对远东的影响。

××要进攻苏联，乃是为的进攻中国，而它的进攻蒙古，又是为的进攻苏联。苏联的存在，不仅是××帝国主义所感受威胁的，也是国际帝国主义所共同感受威胁的。所以英国要维持其在世界的霸权，不能不反对苏联，德国要实现其第三帝国的幻梦，不得不反对苏联，同样××要实现其大陆政策，也不得不反对苏联。尤其××近年因与苏联接壤的关系，如果放任苏联于远东的发展，不但中国民族运动，将因间接直接受到苏联的帮助而高涨，即"满洲国"的生存，也将变成死灭。为要统治中国，灭吞满洲，××是非和苏联决战不可。同时也只有在反苏联烟幕之下，××才能够获得列强帝国主义的同情，容恕其在中国的侵略。但××在对苏作战之先，势必谋控制中国，以绝后患，并取得华北，以为后方资源的供给地。因此××近来对华北之增兵，要求中×在华北共同"剿共"，开发华北经济，以及要中国承认三大原则等等，都是反苏战争的实际准备。这样，××的进攻苏联，不显然是进攻中国吗？至于出兵蒙古和苏联的关系，前面已有说明，毋须烦赘。因此，《苏蒙协定》签订以后，×苏关系必然更加恶化，是显然易见的事实了。

目前××对于《苏蒙协定》的对策，一面加紧对苏蒙边境挑衅，希图制造口实，一面增兵满洲，充实军力，更公开宣言，和德意志采取共同战线，希望从西方增重对苏联的牵制。

苏联方面，因有《苏法协定》的签订，西方国境，获得一重有力的保障，加以小协约国和巴尔干协约国对苏亲交，使这一重保障又增加了一道围墙。在东方又有苏蒙新约，远东前线也筑起了一重铁壁。所以近来苏联对××的侵略的行为，已变其宽容态度，而为强硬应付，即对×军的不法越界，屡次加以痛击。一面并根据《苏蒙协定》派遣红军入驻库伦，在西伯利亚、海参威〔崴〕、伯力一带重镇，也增强驻军，严阵以待。远东天空，已布满了战争的阴霾，据气象报告，暴风雨快到来了。

×苏战争如果发动，西方饿老虎的德意志为了策应××，必然的要向乌克兰进攻，而法国为了《法苏协定》的原故，势不能坐视德意志的耀武扬威，也必然要出兵攻德，这样就揭启二次大战的血幕了。人类空前的惨剧，世界两大壁垒的搏斗，将由×苏战争而开展出来。我们中国是×苏战争的酵母，又是×苏战争胜负的决定者。同时×苏战争的结果，也是支配中国生存死灭的运命，中国要像过去×俄战争时代保守中立，事实上既不可能，就不得不卷入战争的漩涡了。中国对于这切关自身运命的未来大战，将采何种态度呢？这是每个有热血的人，应当严密注意的问题呀！

《读书生活》（半月刊）

上海读书生活出版社

1936 年 3 卷 12 期

（李红权　整理）

行将变色的内蒙

寄凡　撰

一　蒙古的地理

蒙古是由茫漠无限的平野、大山脉、大沙漠成功的国家，世界闻名的大英雄成吉思汗，即产生于该处。由戈壁沙漠（Gobi）为界，南称内蒙古，北称外蒙古。在极盛时代，有征服世界的千军万马，后为清代之外藩，今则隶于中华民国统治之下。

现在日本人之所谓满蒙的蒙古普通是指兴安岭以东的内蒙古而言北自俄国西伯里亚，南以长城为境，东从松花江，西至蒙古察哈尔部。面积七万五千方里。大兴安岭等大小山脉、辽河、琵琶湖等，均在内蒙古之内。有名的戈壁沙漠，占全面积的二十分之一。

蒙古的气候，各地不同，夏天热极，直射日光上升至一百三四十度，冬则非常寒冷，降至零下三四十度。春秋的期间极短，差不多夏令一过，即为冬季。雨雪之量极少，而风极猛烈。蒙古的总面积，究有若干万方里，人口究有多少，尚不明了。旅行蒙古时，但见荒野满目，往往数日间，不见人烟；盖蒙古人的生活，是追逐水草而移动。蒙古人口稀少，其半数为汉人，至于商人与职员，均为汉人。

二 蒙古的政治

现在蒙古亦施行中华民国之省制，主权属于民国，惟以交通不便，国民政府未能直接统治，故置一蒙古王，委以实际的政治责任。至于以前的蒙古王，则称为札萨克，为一旗之旗长。

以前所谓旗盟制的旗，是蒙古王之领土区域的单位，内蒙古有四十九旗，外蒙古有八十七旗。旗大抵为世袭，若无后嗣时，则由闲散王公、台吉等中简任。旗之下，有协理台吉或管旗章京，旗之上有盟。盟为往昔战争时，始于各部落之联合的制度，内蒙古四十九旗有六盟，外蒙古八十七旗有四盟。闲散王无一定之领土，不过是授封爵的名誉职之王，亦有多少的土地与臣下。

实际上因为是茫漠的大原野，故蒙古王之领土，从何处到何处为某旗的领域，不甚明了。不过在广大的草原上，住着牧畜业的蒙古人，太阳从东原的地平线升起，而渐次的向西的地平线没落。各地除散立的喇嘛庙外，更无其他有价值的建筑物。各旗概设立土地局，给土地予汉人开垦，而收取地租。此为王府之重要财源，蒙古人称此开垦地为开放地带，与纯蒙古部落相区别。至于旗内的蒙古人，则把其收获之若干分，纳入王府。

对于旗内的蒙古人之政治，由蒙古王执掌，对于开放地带的汉人，则由知县公署直接处理行政事务。汉人与蒙古人间有诉讼时，虽有双方会商之规定，因县公署的势力最强，概属单独处理。若旗营〔管〕内无中国官吏时，则由附近的知县处理。

蒙古王之中，虽亦有了解世界大势者，然多数皆无知少见，致被日本所利用。蒙古王府有营务处，为军队式之蒙古兵，其数目二三十名，多至百名。

三　蒙古的教育

蒙古人不甚注意教育，几无教育机关的设备。盖以牧畜为业，各家及各部落，皆散居各地，往往相隔甚远，集团的教育设备，极难施行，不独是文字的教育不甚发达，即日常生活之互相来往，亦甚隔阂。

各旗的王府，为教育旗内官吏之子弟计，特延教师，八九岁入学，在五六个月间，教以蒙古语之字母，次教以日常事物之名词单语，再使读公文书籍，教以关于古英雄之歌谣俚谚，更进则教以满洲语及汉字。蒙古人之教育程度，能识蒙古文字者，三百人或千人中只有一人。所谓喇嘛僧之中，负有盛名的僧侣，其教育程度，亦极幼稚。大喇嘛庙中，能读西藏文字的僧侣，不过千分之一；能了解文字之意味者，千人中不过十人；能读蒙古本国文字者，亦不过千分之二三，其他不过能诵经而已。

蒙古的字母，约有四百，蒙古的文化，只是翻译中国书籍而已，且多数书籍均汉人所译，如《成吉斯汗传》、蒙古律令、小学等约二十种，印刷术亦不发达。最近蒙古人对于教育亦颇热心提倡，像博王府及喀尔泌〔沁〕王府等，皆设立新式学校，以谋振兴教育，蒙文之译述亦渐盛，惟因王府财政困难，难图发展，故进步甚缓。

四　蒙古的宗教

只有汉蒙边境的极小部分，信奉基督教，西部蒙古多回回教徒，蒙古全体，概信奉喇嘛教。蒙古人对于喇嘛教之信仰心极坚强，古来猛勇的蒙古人，即因信仰喇嘛教之故，现在已变成绵羊般的柔顺。凡蒙古人的生活，例如冠婚、葬祭、祸福、吉凶等，能服从此教义，故喇嘛教之活佛，其势力超于王权之上。

喇嘛教实为佛教之一种，在西历六百四十年前后唐太宗时代，印度的佛教流入西藏，于此加以密教及幻术等之邪神教，即成此喇嘛教。所谓喇嘛，是西藏语优者之意。西历一千七百年左右，有一名路德的蒙古豪杰，攻入西藏时，带来喇嘛僧，不独自己信仰，并向诸方传布，此为蒙古喇嘛教之开始。

教旨与佛教相同，在脱却苦海，归于本真，慎恶业，积善行，忍耐苦行。彼等承认灵魂不灭，说因果，信轮回，以为虔心敬佛，可以超度罪孽。至于后世之喇嘛教徒，则染有种种恶习，崇尚迷信，因缘附会，无稽之极，与原义大不相同。喇嘛教礼拜阿弥陀佛、释迦牟尼佛、观音、千手观音、罗汉等，且虔信西藏邪神教的狗面人体、罗刹、男女拥抱的秘密佛体等。

清代借蒙古之力亡明，取得四百余州之天下，一方惧蒙古人之勇猛，故极力提倡喇嘛教，以为理藩政策，并使次子以下的男子为僧侣，以减少人口，更防家产之增进。王府之附近，必建有喇嘛庙，一旗之内，往往有大小喇嘛庙几座，每一庙内，少则有僧侣数十，多且有二千余者。

五　喇嘛僧的生活

喇嘛庙之建筑，多数为西藏式，亦间有中国式者，与蒙古的矮屋相比，更庄严伟大。例如东蒙的巨刹，中央有大殿，左右为数百间副殿，大殿概为三四层建筑，或为泥造，或为砖瓦造，能经数百年来之风雨。喇嘛僧居住于僧寮中，早晚集于大殿，吹法螺，击木鱼，叩鼓鸣钟，宣诵经文。寺庙之建立及修理各项费用，皆由王府负担，间有募化者。

喇嘛僧多为次子以下的男子，在十二三岁时剃发入庙，分列各班，除修习经文外，并任采柴、扫除等杂役。他们的生活费，全部由家庭供给。喇嘛僧除去为亡者诵经超度及参与丧葬外，俱是群居一室，闲谈度日，因这数十万游衣游食不事生产之僧侣，所以，蒙古的产业渐次不振；更因喇嘛教禁止杀生娶妻，所以，蒙古民族，渐次柔弱，人口亦因此而日渐减少。

僧侣有若干的阶级，苟无活佛之命令，绝无自由行动之可言。西藏的达赖及班禅两喇嘛，外蒙古库伦的佛爷喇嘛，皆为活佛。此外自大喇嘛以下，各依所掌之职，分为种种阶级。所谓札萨克喇嘛，是极有势力者，亦为活佛，其地位在蒙古王之上，掌握政、教二大权。

佛爷喇嘛及各庙之佛喇嘛，均非普通的僧侣升任，而根据化身转生之说。例如活佛示寂之际，必有豫言，以如何条件，转生于某地点。若没有豫言时，则由其他的活佛指示。有时更有所谓圣童者，自言本身由某活佛转生，或口述前世活佛时代的事，而获得活佛的地位。因有这样的风习，故一般的僧侣，概没有向上与努力心。喇嘛教禁止娶妻、饮酒、吃烟，亦不过为表面上之戒律，互相的彼此心照或用种种方法秘密的掩人耳目，故破戒者多。所以有"最快活是做喇嘛"的谚语。例如库伦方面，专为喇嘛僧之卖笑妇女有数百人。又如蒙古妇人，以为与喇嘛僧发生关系，能产良好的孩子。不独是对女性如此，喇嘛僧相互之间，更酷爱男色。

六　蒙古的风俗

蒙古人虽朴实勤苦，然易于感情用事，或喜或怒，粗野幼稚，宛似小儿。他们无得失心，无利害观念，昧于生存竞争的原则，终日以牛羊家畜为伴侣，爱吃烟茶，懒惰异常，除诵经念佛，以祈来世之福外，真是饱食终日，醉生梦死。他们深受马贼的骚扰，故对外来的人非常恐怖，如果看见多数外来的人，不问其目的如何，均相率弃家逃走。

王府中之役人，概拖发辫，穿清代之官服，惟喜欢深浓的色调。蒙古人必备腰带，外出必戴帽子；男女的帽子，皆由手工缝成，若没有帽子时，便用布包头。手持念珠，颈悬佛像，带插烟管，及食用小刀、箸、火石、社交用之烟草等并携带二尺长的鞭。衣服冬天多数为家畜之皮，苟非十分贫穷概使用绢布，色彩多为赤青、浅黄等原色。惟新衣穿上身，绝不洗濯或修补，任其污秽破碎，至重换新衣为止。没有清洁与不清洁的观念，食箸或手指不洁，或流鼻涕时，即用衣袖揩抹。惟衣服分有阶级，即妻妾亦穿以不同的衣服。女子的头上，概施银饰物，且带耳环。

蒙古人的饮食，随地而异，若内蒙古农牧地方，饮食牛乳、茶、羊肉、小麦粉、炒米等。开放地带，食韭、蒜、葱类，不食其他菜类，喜食吃青草的牛羊乳，故极少疾病，更喜于炒米中，加以牛乳的酸乳。外蒙古边境，多为不生谷类之地，只食羊肉及乳。内蒙古地方，则极少肉食，有时只吃羊肉。他们非常重视牛马，非逢大祭典，概不屠杀。在平常虽遇死的牛马肉，亦绝不食。间或捕捉鹿、兔、野兔、野鸡等鸟兽，当做食品。

纯粹的蒙古人，不独不知耕农及种植蔬菜，并厌恶有碍畜牧之农作，故燃料亦使用家畜之干粪，火力以羊粪为最强，在铁工业地方，即以羊粪代替煤之使用。其次是牛粪、马粪、骆驼粪，于夏间收集，堆积如山，曝晒日中，以备使用。沙漠地方牛粪缺乏之处，焚烧灌木。开拓地方，把高粱的杆，当做终年的烧料。

蒙古人概居住于所谓蒙古包之移动式的天幕中，也有些地方，已建有固定式蒙古包。至于开放地带，则有模仿中国式的土造房屋。惟游牧地带，则虽王公的居处，依然是旧式的蒙古包，为大小不同的多数圆形天幕。迁移时用二三车辆，捆载而去，此为数千年来之习惯。此种蒙古包，夏天挂以凉快的苇帘，冬天悬以羊毛等毛毡。土造的王府中，则概有客房及应接室等，此可为蒙古包之最风雅、最考究者。

蒙古人多早婚，男子十六岁概有妻室，因女子较少，故不拘面貌如何，概有主顾。婚姻由家长作主，由媒人介绍，本人多不知道，大低〔抵〕女性方面年长，盖年愈长则愈善于处理家畜等，善卜家长的欢心。婚约决定，由男方赠以定情礼物。仪式是于佛坛前礼拜，集近怜〔邻〕及亲戚，大开祝宴，并招乐师，盛宴有延至七八日者，所食无非是牛马肉。

葬礼方面亦极有趣味，近接中国地方的蒙古人，亦用棺木。至于蒙古古来的风习，则把尸体运至山顶或谷底或野原以曝晒，以愈快的被禽兽食去为愈妙；若三日后尸体尚未动，以为大不吉，必须请喇嘛僧诵经追荐。富家于喇嘛僧诵经时，把尸体焚烧，收拾残骨，送至大喇嘛处，大喇嘛把骨作成碎粉，和以麦粉，复作麦饼，再行仪式，纳入灵塔，或云有纳入山西省五台山之灵地者，总之是希望死者成佛而已。

角力为蒙古人之唯一娱乐，并作为一种竞技，角力胜时，便能以大力名而为一方之霸。一年一回的颚博，非常的盛大。蒙古人不拘男女，皆巧于乘马，巧妙神速，真有出人意想之外者。

舞蹈以喇嘛僧为最长，在舞蹈时每歌唱成吉思汗征服世界的勇壮歌曲，伴以胡琴乐器，自成蒙古的特殊情调。尤以胡琴，不拘任何部落，皆有手握胡琴的艺人，其音律之正确，堪与文明的乐器相拍合。

七　蒙古人之疾病

蒙古人不知清洁，且无卫生思想，又无医疗机关；虽间有以草根树皮治病者，然多数以为吉凶祸福，悉由佛意，对于疾病，变专事迷信或信仰，对不治之病，以为是前世之因果。故小儿之夭亡率极高，病弱者夭折而被淘汰，惟自然健康者得生存。且因妇人体质较弱，亦受淘汰，生存之数比男子少得多。又因妇女亦喜骑马，致流产者极多，人口之繁殖，自然因此减少。

疾病之最多者是梅毒，并不知是传染病，以为是因骑马而发生之局部的障碍，绝无何等豫防及治疗方法。故蔓延极盛，反以男子之不患梅毒者为珍奇。喇嘛僧之患花柳病者亦极多。其次是因不洁而发生之皮肤病及眼病等，再次是头痛及胃病。开放地带虽有药店，一到内地便没有药店了。一遇带有药品的外来人，则患者毕集，行礼求药，且酬以奶豆腐及牛乳饼等。

与疾病极有关系的饮料水，极不完全，因虽有山岭，并无树木，故水源非常缺乏，常饮极不清洁的井水。蒙古的水质为泥色，故虽经滤过，仍为泥色，疾病之多，此为重要原因之一。

八　蒙古之社会状态

中流以上的蒙古人，为一夫多妻制，王公等更有多数的姬妾。女子的权力，概强于男子，家庭内妻的势力特强，妾好像和婢女相同。早起后用茶碗盛少量的洗口水，因水少的关系，把洗口水复吐于碗中洗脸。男女皆放牧家畜，一天大抵二餐，早晨出外牲畜，至晚始归，然后饮茶杂谈，一日之生活，大概如此。男子之忙于战争，已成历史上的陈迹，现在只有出而狩猎者，间亦有任职于王府或寺庙者，然为数极少。女子管理一切的家事，并收集牛粪，榨取作饮料的牛乳，制作奶豆腐、奶油、酸乳等，惟绝不从事针线。

新年中的大事，是于旗与旗之边界，举行颚博，把小石堆成土馒头一般，并行颚博之祭典。若遇旱水之害，则举行祈祷。祭祀祖先时，延喇嘛僧举行法事。

王及王族、喇嘛、庶民等，各有社会阶级，惟因无生存竞争之观念，故并无何等不平之事。像贫乏的王族，实不及酋长或台吉之体面。一般的庶民阶级，则被呼做黑人，多数为往昔奴隶的子孙，过着原始的生活。对孤儿寡妇，由同族的人抚养，实因人数不多，故绝无乞食者。蒙古虽有马贼等之侵袭，而无窃贼，间有入他旗内盗取牛马者，然极易发觉。对罪人则加以镣铐，关入牢狱，并不豫先宣布刑期，待刑期满后即行释放。罪人的食品，是炒米与水，由狱卒监视。罪人的妻室，可每日至狱中为罪人服务一切。

九　兵制与财政

蒙古的各旗，有满汉八旗，为军制的编成，凡十八岁以上的男子，皆有终身军役之义务。兵器由各人自办，而有给与一定的耕牧地之制度。惟此等制度，现在已属有名无实。就制度说，有所谓佐领者，其部下有百五十名兵士，其中五十名为常备兵。随旗之大小，凡统率五十佐领至二三佐领者，即为札萨克，蒙古王。现在情形，王府中，亦只有数十名以至百名内外的蒙古兵，当作常备兵而施以训练。像达赖罕旗，则有五百名常备兵。其主要任务为对马贼之防备。此等常备兵不独保护王府，并有保护士民之义务。年轻的兵士，颇能勇敢尽职，射击颇为巧妙。

蒙古王府之财政，其收入随封爵之高下及领土之大小而定。大体是从中国政府每年收得二百圆至二千圆的俸禄，向旗内蒙古人征收家畜税，向移住该地的汉人征收地租等。蒙古人凡有牛五头以上、羊二十头以上者，每年须纳羊一头；有羊四十头以上者，每年须纳羊二头。采取盐或曹达者，则或纳现品或换纳金钱。各地的税率不一定，像达赖罕王，每年有五十万头之收入。开放地之多数王府，有年额二十万圆之收入。至于小的王府，有一年之收入不满羊千头者。

王府之主要支出，是王家的生活费、臣僚之俸禄，及购置兵器等费。在前清时，支出最大者，是每年一回之北平参见费，盖务须备高贵的贡物；各王府之财政，每因此而渐陷于困穷。

十　蒙古之畜牧业

在广漠无垠的原野，把祖先传来的家畜，当做唯一的伴侣，而从事畜牧业，亦属事所当然。惟并无何等进步改良，若兽毛、兽皮之采取及晒干，依然用着原始的方法。开拓地方，则家畜之数，日渐减少。家畜之种类纯蒙人地带，以牛马及羊最多；外蒙古多骆驼而内蒙古则极少，驴马及骡马，更属少见。蒙古人亦有饲犬以备警戒者，豚及鸡因不宜于野草地方，故以农耕地较多。

畜牧的方法，每随地方而有若干不相同之处，日间放牧于屋外，夜间关入柳枝编成的栏中，以防马贼及狼之袭击，据云一夜中有被一匹狼食杀五六头马的事。在春、夏、秋季，把各种家畜，群放牧于河川沼泽的附近，在没有水的地方，则于一定的时间，食以井水。一到冬天，则谷中及低地为积雪所蔽，只得放牧山巅，使食夏间食残的牧草，或雪间的枯草。有些地方于夏间刈草堆积，以备冬日之用。然多数的蒙古人，不喜为此，故在青草的夏间，牛马肥胖，一到冬天，只剩皮骨，间有因无草食致饿毙者。

　　种畜方面，则选牝牡之体格强壮而繁殖力较大者，惟对于所谓遗传及禀性，则绝不注意。在羊生后五个月，牛马之二三岁时，用小刀切开阴囊取去睾丸，虽行去势，不施消毒，大概于二三星期中，由一人之手完工。牛马从四月至六月，羊从十月至十一月，在放牧中产小畜。大抵牝马百头，年可产三十头至五十头；牝牛百头，年可产四十头至七十头；牝羊百头，年可有四十头至八十头之繁殖。

　　饲养这样极多的家畜，各家之间，为区分自家的牛马计，施以火烙印，羊则混杂而食牧草，至傍晚自会各向自家的归路，故绝少纷争之事。

　　家畜类本来具有野生的体质，马虽温顺，但比较的懦怯，惟耐寒耐热的力极强，冬天虽因食枯草而瘦瘠，然容易过冬。牛的体量，约有七八十贯，且极温顺。羊为蒙古人之主要食品，羊皮为防寒要具，羊毛则织成毡幕，故饲育数最多。一头羊一年间之剪毛量，为一斤至二斤。骆驼主体是驼载用及旅行用，一度饱食后，三五日间不与食物，仍堪使役，故为沙漠及大陆旅行之重宝。

　　兽皮以羊皮为最多，牛皮次之。羊皮有山羊皮及绵羊皮二种。牛皮一张重量，约有十五斤内外，且品质极佳。长城附近的牛皮，用水洗而晒于日光后，薄而生光泽。内蒙古的牛皮，则涂泥于肉部，故干燥后极污秽。羊毛有春毛、秋毛之别。骆驼毛多产于外蒙古边地，为主要的输出品，每年经张家口而输出者，有五十万斤。

十一　蒙古之农业

　　蒙古人本以畜牧为主，不营农业，蒙古之有农业，实由汉人开其端，最近则开放地带附近的蒙古人，亦知从事农业。蒙古之农业地亦自有其价值，亦自有适于蒙古的农作物。因风土的关系，最初一年为全然不出芽的土地，然到第二年，每成为良好的土地；因这关系，若把蒙古目为沙漠的不毛地，则大谬不然，苟施以耕种，自然成为广大无边之原野。纯农地方之蒙古人，在往昔已能耕种自己家用炒米的一种粟类，先把种子莳于地上，然后用锄耕掘。此外既不拔草，亦不加肥料，自能收获。开放地带的汉人，则更耕种炒米、粟、高粱、大豆、大麻、小麻、瓜子及葱等。

十二　蒙古之矿、工、狩渔业

蒙古的地下，埋藏着无限的矿物，除了没有山石的地方外，现在自兴安至外蒙古，已经采掘极多的矿物。像察哈尔矿〔镶〕白旗之金厂沟、西翁牛特旗之江花沟、喀喇泌〔沁〕旗之东转山子金矿等，一日能产掘二十两左右的金。喀尔泌〔沁〕旗之承平银矿，其年产额为一千贯内外。喀尔泌〔沁〕旗四道沟附近有铜山。蒙古全体，有煤矿十数处，将来之出产，极有希望。现在只因交通不便，故采掘所得，尚不偿所失。

西乌珠穆泌〔沁〕的盐湖及天然曹达极有名，从盐湖采取的盐，由商人供给与全蒙古。蒙古的地下，常发现曹达成分，尤其是在夏天，地上常呈曹达成分的白色。小山周围之低湿地等，每到冬天，常有结晶成二三寸的曹达。其精制品，则输入中国内地。步利山麓之曹达，以公司组织，从四郑铁道，搬运至四平街。

蒙古之工业，因蒙古人非常爱酒，故烧酒之酿造业最盛，东蒙古酿造之酒，年达七八十万斤。林西地方，则有日本人经营的酿造业。此外为羊毛及其他兽毛所织之毛毡、皮革工业，大豆及胡麻之榨油业，曹达、制粉、炼瓦、石材、木材、锻冶业等，概由汉人经营，以供蒙古人之消费。

蒙古没有海，故从河川沼泽捉鳖、鳗、鲶、鲋、鲤等。蒙古人概不喜食鱼，且捕鱼法幼稚，鱼类得自由繁殖。

开放地带，野兔跳跃于街道中。蒙古人巧于骑马及射术，为勇敢的民族，故往昔即以狩猎为一种武术，且极盛行。对于野兔，只用犬与棍棒，已能获得。古代有敕裁狩猎、盟内狩猎、全旗狩猎、全部落狩猎等，今已废除，只有部落全体之狩猎，尚有时举行。

十三　蒙古人之商业

蒙古人从古已不善于商业，蒙古之商权，完全握于中国人之手。游牧地方之交易，大抵是以物换物，或使用银块、通货、市帖子，并依王府而定度量衡的标准。开拓地带，使用中国的货币；而蒙古人方面，更有用中国商铺所发行之市帖子（代价券）调换货物者。至于度量衡，则极不完全。

输入品之主要者，为棉布、茶、烧酒、煤油、小麦粉、烟草、家具、什器、佛像、佛具、马装等。输出品之主要者，为牛马及羊等之兽皮及毛、乳油、盐、曹达、木材等。每年于秋冬二季，在一定之市场交易，内地的供给及输出，全由中国商人经营。

喇嘛庙举行法会时，则参集而来的蒙古人极多，每与中国商人交易。每年在二三月中，中国商人，到郑家屯及张家口市场，购买物品，积载于牛车，行商于蒙古部落，至十月或十一月为止。蒙古贸易，概属以物易物，故更把换得的兽皮、兽毛等，满载于牛车，复归原来的市场，把物品卖去，取现金而返乡里。故中国商人之居乡里，年不过二三个月，十年二十年的忍劳耐苦，行商于蒙古地面，且传代于子孙。大规模的行商人，则于数十辆的牛马车上，装载货物、幕账，及生活上之必要品。此种行商之根据地，凡入外蒙古者，大概为归化城、张家口、赤峰、乌丹城等地；入于内蒙古者，大抵为郑家屯、小库伦、洮南等地，实际行商人们，不独带来蒙古人所爱好之珍奇品可以获利，即酒和烟草，亦能获得很多的利息。

十四　蒙古的交通

中国人所居住之开拓地带，间有街道，至于纯蒙古地带，则绝无人工的大道，多属泥泞的天然道路。惟市场至市场，王府至王府之通路，因通行的人多，故有道路的痕迹。普通的道路，须有指导者始可通行，若但依车轮之迹进行，每致迷路。旅行者以骑马为最普通，从满洲或中国地方去，则有铁道及水路。纯蒙地带，无电报及邮政，中国市场及大部落，始有邮局。有名的大都市街，则通有电报，有中文及西文。

大抵蒙古地方，概通行牛车马车，坏的道路，则用五六头，拖一载有极重量之车辆行走。交通，夏天的雨期，不如万物冰冻的冬季；盖车马能一直线的直达目的地，故在夏天须五天或一星期得以到达者，在冬季只须三四日已能达到。故蒙古的货物，大部分在冬季搬运。

十五　蒙古旅行与马贼

旅行蒙古，往往有遇马贼之危险，故多数人结伴旅行，较为安全，并须有翻译、护卫兵及领导人。单独旅行时，只须在铁道的终点等候，自能得到同行者，或有翻译、马夫、护卫兵等之加入，或十人或二十人之团体。少数单行旅客常遇马贼，数十人结伴而行，则马贼不敢猖獗；盖欲包围多数人而行侵袭，马贼方面亦非有相当的人数不可，有时且疑为是与官吏有关系之旅行团。至于携带武器，则亦有危险，盖马贼每贪得武器而冒险袭击者。

旅行或乘马或用马车或步行，务须决定，惟徒步旅行，苦痛较多。乘马虽有专供旅客之用之马匹，然收费甚多，反不如购买一头，待用过后卖去，则较便宜。马车有数人共坐的大车、一人独坐的轿车，及小车、运行李的牛车，在开放地带，更有中国式的独轮车。或购买车体及马而雇用马夫，或向马车行长期租借，在旅行之前，须先事决定。或雇用牛车，载以行李，再坐于行李之上。有时则以徒步旅行为宜，惟在沙漠地方或兴安岭地方，则不得不骑马或骆驼。

马车一日的行程，约为六十里至八十里，大概于傍晚三四时歇宿，于黎明前三时起程，最为普通。乘马则每日能行二百里至二百五十里。

在开放地带，可宿于马车中；在纯蒙地带，可宿于蒙古包中，食物大抵为高粱饭及粟饭，比蒙古人之炒米较优。在外蒙古，除羊肉、牛乳外，并无谷类及野菜，故以携带米及罐头食品，随时烧食为宜。有些地方，更须注意三四日间所用之水分。

十六　移住蒙古者之心得

以前到蒙古去的日本人，大概是密秘的贩卖吗啡或卖淫，以致日本国家的名誉及信用，堕落无遗。现在日本人自侵入满洲后，复野心觊觎于蒙古，故主张凡入蒙古者，须背负国旗而有自专心的觉悟，具有国家的观念与牺牲的精神云。

在移住之前，须有一二次之旅行蒙古，从事实地的调查研究。步入蒙古的道路，内蒙古由郑家屯进去为普通，亦可从赤峰或从海拉尔入蒙。若去外蒙古，则由张家口向大库伦为顺路，或经海拉尔、买卖城而到大库伦。库伦与张家口之间，有汽车之便，比较内蒙古之旅行来得容易。

十七　蒙古事业之将来

蒙古农业，将来大有希望。现在农业经营，已渐脱却试验时代，就东部内蒙古地方说，则四平街、郑家屯间，农业已发达，差不多已无荒芜之土地。

出产物如米以外，更有甘草、棉、马铃薯，及特产物大豆、高粱、粟等。

畜牧业亦极有望，不过不像农业般之能在一年或二年收利益，须经五年十年以上，并必要广大的牧地。从国家的见地说，蒙古确为毛织物原料之产地。外蒙古虽多骆驼，内蒙古则极少，山羊、绵羊内外蒙古皆多，若加以改良，必成为极有望之饲羊经营。

工业的发展，今后亦必渐次有望，就蒙古人所爱之烧酒酿造业说，亦极有发展之余地。制革业及毛织工业，只须加以改良，必能发展。

据旅行蒙古者说，蒙古的道路上，每有煤之发现，惟蒙古人尚不知煤的燃烧。其他的矿业，皆大有发展余地。

植林事业，以白杨树最适于蒙古之气候、风土，而此木材，能应用于建筑矿山之坑木、铁道之枕木等，枝叶可当做薪材，现在尚感供给不足。

十八　日本移住于蒙古者之现状

日本人之移住于蒙古者，为避马贼之危险，每选择日本势力所及地方之王府及中国市场。东蒙古地方，自满洲事变后，日本人之移住者甚多，更有移住入内蒙古者。现在移住于蒙古的日本人，有为购买甘草、羊毛、羊皮等之有力商人，亦有金融业者、贸易业者、农事经营者，然多属少数。多数的日本人，是经营典押业、卖药、酒菜馆、旅馆、妓院等。

《宇宙》（旬刊）

香港宇宙旬刊社

1936 年 3 卷 12 期

（李红权　整理）

绥远最近情形

红军交出军权方可谈联合　绥远难免不再蹈热河覆辙

作者不详

在表面上归绥不显得是一个首当战地的省城：虽然那里的居民都知道有不可避免的祸乱，但是他们的表现不是慌张失措、不可终日的样子。自然，绥远有它无形中所受的影响：省钞的跌落，粮食的腾涨。日本侨民与军政界要人的家眷都陆续离去，视绥远已为畏途。但是无可逃躲的当地居民，仍然在那里支撑着大局；他们同绥远是与共存亡的。

归绥街上最触目的一种人，是穿着黑色军装的学生，他们最易被人误认为军人。绥远的军事训练执行的很严格认真，除学校的学生外，各户的壮丁也都须受相当的军训。到现在二期、三期的壮丁军训已在加紧施行，他们将在必要时与正式军队共同抗敌守土。

学生运动在绥远不很炽盛。归绥中学要算当地学运的中心，归绥学联在两周前方才成立。在当局得到学联成立的消息后，就立派警察往各校镇压；各校当局监视学生，不得彼此往来联络；报纸亦禁止登载学运消息。但是他们并不因此泄气，反在积极的坚强本身组织，并与省外各地学联谋求联络，以图开展强大的学生运动。

荷保卫绥远之责的傅作义氏，是一个沉着自负的军人。阎锡山对他颇为器重，他在一切行政上与军事上的措施，亦几乎无不受阎氏的示意。由此可见晋、绥自卫抵抗的决心，亦是相随而行。傅氏表示绥远正在积极备战；但是不至绥省危在旦夕，决不言战。在正式战斗以前，他让各方的捐款都存放在银行里；捐助者持有收据，前线士兵得有报告。绥远省库素绌，如得大批现款捐助，在动员抗战时不难解决若干问题。关于联合战线，傅氏表示在抗战之时军权不能分持，如果共军能交出军权，联合自无大问题。至于敌人迫我太甚急如燃眉时，联合之可能似又较为更大。

　　蒙伪匪军受着有计划的策动进攻绥远，敌方预算以四百万元收买汉奸以作他们侵略绥远的爪牙。不幸的，中国现在虽然有统一之称，但是依然未脱出军阀的割据，因此关系民族生存的自卫，只限于蒙受疮〔创〕痛的局部。察哈尔界接绥远，不言助战，只要增加驻军，蒙伪匪即有后顾之忧，不敢猖獗直前，但是察省现在正在安闲的建筑公路，隐然似与敌方互有谅解。如记者不幸而言中，绥远抗战果能成其为抗战，充其量亦不过蹈热河之战与沪战之覆辙，只求免除第二《塘沽协定》之订立，恐犹不可得。望吾人深切注意及之！

《燕京新闻》（半周刊）

北平燕京大学燕京新闻社

1936 年 3 卷 19 期

（朱宪　整理）

日本对外蒙侵略之史的发展

译自《国际通信》（INTERNATIONAL PRESS CORRESPONDENCE）4TH，APRIL，1936

M. ANATOLIEW　撰　　翦伯赞　译

　　这篇文章，历述日本侵略蒙古的经过，从一九一八年起，一直到最近止，日本的这一企图，还是在极积〔积极〕的进行中。中间兼述与日本侵略蒙古有关之白俄与苏俄在蒙古之斗争，以及白俄失败，外蒙独立之种种事实。这篇文章，虽不是站在中国的立场上写的，但总是站在弱小民族反帝国主义的侵略的立场上写的。在最近，内蒙的变乱，时时发生，很明显的，还是日本这一企图之继续的发展，因此，我觉得这篇文章，有介绍于国人之必要，或者可以当作解决我们边疆纷乱之一种参考的资料。

译者

　　日本对于并吞外蒙，已经计划了很久的时间了。在很早的时代，一九一八年日本对苏俄的干涉的时代，他就怀蓄着这样一个意思去建立一个国家，这个国家，是包括伯克力、苏俄的东部、蒙古的全部和满洲的土地。这样的一个"蒙古国"，是切断苏俄和太平洋的关系而且形成日本对整个亚细亚大陆的统治之基础。

　　在一九一八年的中间，日本人开始计划建立这个在日本保护之下的"大蒙古国"，这"纯粹蒙古人"谢米诺夫（Semyonov）——

白俄的将军，就承当了这一傀儡国家的组织者，而且由日本人给与他以蒙古太子的尊号。所有谢米诺夫与蒙古的关系，在有一个时期，都是由乌尔加的保皇党的参谋部所支持的。

在一九一九年二月二十五日，日本人在赤塔（Chita）真真召集了一个"泛蒙古会议"。这个"会议"已经变成历史上的趣事。他的目的，是要建筑蒙古国的基础，但是并没有一个蒙古人参加——出席于这个会议的十五个代表，都是谢米诺夫的命令所指派，而这些人选就是谢米诺夫及其同党，白俄的军官以及日本的官僚。

所有这些，都不足以妨碍这个"会议"去宣布蒙古独立国之建立。那是谁都知道的，他们已经择定了都锐亚（Qauria）作为都城，这个地方是靠近在通伯克力的铁道线上，而且也就是谢米诺夫的营寨。这个会议，更进一步讨论日本对于这个新国家的经济供给之诸可能性。

日本人对于在赤塔所表演的丑剧，非常满意，甚至努力想去得到凡尔赛和平会议的承认。

谢米诺夫除开具有那些日本人所给与他的重要的基础，为了威胁外蒙走上日本的路线，他又进行组织一师外国军队开向乌尔加。这一全〔企〕图，是没有成功，因为正当这个时期，苏俄的红军已经攻陷了哥尔恰克（Kolchak），谢米诺夫在日本的保护之下，退到比较安全的地带。

这种想把傀儡国在凡尔赛得到承认的企图，很无耻的失败了。而且这样，也就中止了日本人的冒险。

日本人于是又由于恩杰（Baron ungern）的帮助，而开始其取得外蒙之另一企图。但是白俄的军队，被红军和西伯利亚的义勇军所击溃而逃向东方，一部分逃到蒙古。在安勒可夫（Annenkov）的队伍集中于外蒙的西部，同时恩杰的队伍，则停止于俄国东部的前线。日本人送到了日本参谋本部的劝告，于恩杰，他鼓励恩杰接受建立蒙古国的意见。

在一九二六年一月六日，恩杰的军队侵入了乌尔加，而且屠杀当地的民众。安勒可夫占据了科布多。于是外蒙的全境，都落到白俄军队的手中。恩杰在他的宣言上建议恢复满清王朝，所以日本后来在满洲把这一问题实现了。

苏俄政府在一九一九年七月与蒙古人民接触以后，承认了蒙古人民有建立他自己的政府的权力。

"日本决不允许代表工农的政府，把莫斯科的使命带到乌尔加。现在胜利的红军，已经带到了这种使命。有一天苏俄政府会可感动的宣布'蒙古是一个自由邦，在这个国家，所有的权力，都必须在蒙古人民的手中'。"——文公〔件〕中这样写着。

十月革命使得东方的民族革命暴发起来，蒙古也在内。这种革命运动的表现之一，就是蒙古民族革命党之组成。这个革命党在一九一九年的年底才开始组织。他的首要的目的，是要从外的势力所给予的政治的经济的压迫之下，而获得其完全的自由，而且在人民的权力的基础之上建立一个国家的体制。

在恩杰统率之下的白俄军队，在外蒙之不法的行为——他们无数的屠杀，引起了外蒙人民之复仇的决心。由蒙古国民革命党所发动的工作，即刻就遍布于外蒙各级的人民。在恩杰的军队占领乌尔加没有好久的时候，蒙古国民革命党第一次大会，就于一九二一年二月召集了。出席于这个会议的，都是红军的重要代表，在会议中，决上〔定〕了派遣刚刚才组织的蒙古义勇军去抵抗恩杰的军队。

在一九二一年三月，第一次外蒙临时国民革命政府便组织起来了。蒙古的义勇军也从这时起，开始以武力去肃清白俄的军队。

恩杰集合了在他旗帜之下的所有的白俄军队，在红军的压迫之下离开了蒙古，而向西伯利亚铁道线的 Mysovaya 车站的方向移动。他是企图去毁坏沿着贝加尔湖（Lake Bailkel）一带无数的铁道的隧道，因而切断苏俄与远东的联络。

外蒙临时国民革命政府为了剿灭恩杰而与苏俄取得联系，曾经致苏俄政府一个申明书。因为白俄军队威胁西伯利亚铁道沿线，于是红军帮助外蒙的军队去剿灭恩杰。在一九二一年六月六日，恩杰遂被蒙古及苏俄的军队所俘虏。蒙古的人民热烈的欢迎红军。在一九二一年六月二十二日，恩杰遂判决了死刑。

在一九二二年，蒙古的国民革命政府统治了外蒙的全境。在一九二四年十一月二十六日，在蒙古人民共和国的利益之上，召集了外蒙工人的全蒙会议。但是，即使这样，而日本并不放弃其侵略外蒙的阴谋。他仍然抱着这一目的，去与外蒙的反革命分子联络作再度的尝试，他利用外蒙已经失败了的剥削阶级中之残余分子，以图消灭国民革命军的势力。这些日本的代理人，又重新组织了一个反蒙古人民革命的政府的阴谋机关。

日本的政客，关于侵略蒙古，最近又决定了许多计划。一九二七的《坦那加备忘录》（Tanaka Memorandum）对于蒙古之侵略，决定了一个有步骤的计划。日本陆军法西斯蒂〔蒂〕的干部，正在努力使日本在亚细亚的这种行动，得到舆论的拥护。甚至为了达到这个目的而"假造的科学"都已经发刊了。一个日本的教授落梭（Notsoe）在一篇文章上发表，他说日本的人民与苏俄边境中部西伯利亚及蒙古的人民，是存在有一种血族关系。在日本人与中国人之间，是值得我们教授分析的。不过所有这些地域的人民，现在都在日本的嫉妒的视线之下。追踪于希特勒的这位落梭教授，是预备制造一种为侵略而辩护的理论。

他这样说："日本国家需要一块广大的人口稀少的而且富于天然财富的地方。但日本向哪一个方向去发展是可能的呢？无疑的是向亚细亚大陆的北部和西部去发展。"

对内蒙的侵略以及向外蒙边境之煽动行为，显示了日本陆军的领袖之急于要实现这一计划。

蒙古人民共和国的内阁总理曾经这样宣称："日本之进攻我们的国家，是一件非常真确的事情。我们必需要预备抵抗。日本已经在极积〔积极〕进行封锁我们东部的边境。他正在向我们蒙古人民共和国和苏俄进军。他希望毁灭我们的独立，他希望把我们的国家变成像满洲和内蒙一样的殖民地。"

《边事研究》（月刊）

南京边事研究会

1936 年 4 卷 1 期

（萨如拉　整理）

蒙古问题之回顾与前瞻

华企云 撰

一 绪言

夫蒙古问题者，初非仅限于蒙古民族之问题，乃实系汉蒙两族之共同问题。何则？今日之蒙古，即昔日之匈奴。英国史学家威尔斯于所著《世界史纲》第三十三章中有言曰："蒙古初见于中国匈奴系之故居，蒙古民族渊源，显与此辈相同。"若夫匈奴，则《史记》有云："匈奴先祖，夏后氏之苗裔也。"则匈奴出于夏禹之后可知。汉族穷本探源，每追溯至黄帝，夏禹为黄帝玄孙，然则汉蒙两族，显出同源可知，只以匈奴一支居于大漠，汉族一支居于内部，故生活上一则韦鞲毳幕事游牧，一则庐舍秩然事耕稼，积久以后，渐成今日之鸿沟。然细审彼此之面貌骨骼，则同族之渊源，固可自信弗疑焉。

故于以知蒙古问题者，实为汉蒙两族之问题，自解决之责任者，初不能推诿于蒙古民族之本身。而全汉蒙民族之共同解决外，其他外族当然亦不能置喙于其间。我人放任于不问不闻固不可，一任强邻染指更不可，此为我人所要求解决蒙古问题之态度。诚然，事或尚有出于折冲樽俎之外交，但窃以为根本之原则，则自当以汉蒙民族共同解决之本旨为依归。悬此鹄的以为据，则纵使千头万绪，参互错综，决不致有借寇兵而赍盗粮之举。

我人对于蒙古问题之态度，固已如此矣，则譬之开宗而明义，次即当一探蒙古问题之由来，以及其症结之所在。溯自汉蒙两族分向南北发展后，形式上虽如背道而驰，实则相吸相拒之作用，固在在可观。例如栖息于蒙古方面者，自匈奴而后，唐时有突厥，宋时有契丹，北胜则南下牧马，南强则北上拓殖，血统上，此混彼合，无时或间，谓为汉蒙以外之他族有此乎？我未之见焉。南宋以后，蒙古民族英雄铁木真者出世，创立和林（在大漠之北，杭爱山之南，鄂尔坤河之西北，当今外蒙古三音诺颜部地方）而后，蒙古之名，遂传遍于遐迩。

蒙古传至铁木真之孙忽必烈以后，灭宋而统一中原。民族上有所谓蒙古人、汉人（中国北方人，指居于辽、金旧地而言）及南人（南宋之人民）三等，设官分制，亦以此为别，惟汉蒙之渊源，本借此而翕然无间，故至元顺帝而后，分等之人民，渐次泯然而灭。及明太祖崛兴以后，蒙古人始又回复其故土之生活，由明而清，蒙古归于藩服之列。亡清于蒙古之经营上，在中央设有理藩部（其详情可参看《蒙藏月报》三卷四期中拙作《蒙藏政治之今昔》一文）遥为控制，当地则驻有库伦办事大臣、科有〔布〕多大臣、定边左副将军、归化城将军、绥远城将军、察哈尔都统、热河都统，实施监督。组织虽似颇臻详备，实则懈驰之处正多，盖亡清之于蒙古，初未能加以切实之经营，其所取者，只为一种怀柔之政策。封元裔之贵族为亲王、郡王、贝勒、贝子、镇国公及辅国公六等为世袭以羁縻之，理藩部承办者，大半即为王公人等之升降袭替，驻扎大员之承办者，亦仅监督其进贡中朝而止。若何施政，若何开垦，若何兴业，若何拓殖，初非亡清所能梦想可及，亦决非亡清欲实见其事。倒行逆施以下，反严禁汉人之出关开拓，于是一任蒙古自生自灭，而强邻之染指来矣！

二　蒙古问题之过去

蒙古之北为西伯利亚。西伯利亚系鲜卑之音转，于古原为中国属地。清廷盛时，对于蒙古尚且不知经营，则遑伦〔论〕西伯利亚矣。故自俄罗斯之莫斯科公国兴起以后，侵占即奄有我西伯利亚故地。既有西伯利亚，遂尔向〔问〕鼎南下，觊觎蒙古。俄罗斯之南下，最初为贸易方式，故恰克图之条约，即有"恰克图互市，于中国初无利益，大皇帝普爱众生，不忍尔小民困窘"之矜惜语气。殊不知通商以后，俄方即要求遍设领事以为经营；贸易之既，彼造即交涉免纳租税以图走私。结果则蒙古境内不必俄货充斥，不必俄商密布，不必俄领遍设，而蒙古之向背情形以及中国统治之疏懈之处，悉为俄方刺探以去，而蒙古问题之发生，有自来矣。

亡清自道光以后，用人失宜，历任大吏，贪墨庸愚，抚驭无术，以致蒙情日涣，益为俄罗斯开方便之门。蒙古有喇嘛宗教焉，俄方即利用布里雅特（亦蒙人之一支）人，在交好蒙人之下，笼络活佛。蒙古有王公制度焉，俄方即建俄式房屋以娱之，耳濡目染之下，尽变俄化。卒之清廷季世，如梦初醒，再欲提倡移民实边时，外蒙王公即密议独立，由亲王杭达多尔济以外部大臣名义，赴俄联络，结果则库伦大臣被逐，活佛哲布尊丹巴由四盟王公拥为蒙古独立国皇帝，自是而后，中蒙固然隔绝，俄蒙反而接近。及中俄交涉之余，始以民国二年成立《中俄蒙协约》，规定："外蒙古承认中国宗主权，中俄承认外蒙古自治，为中国领土之一部。"

易独立为自治，蒙古问题虽似挽回不少，实则宗主权空洞无物，俄方之潜势力恰即于此长足伸展。洎夫民国六年欧战方剧之际，俄国发生革命，外蒙古"讨论前途安危问题，情愿取消自治"。无如归政中央，一年以后，外蒙方面，内则因西北筹边使徐树铮之气焰逼人，使蒙古疾首蹙额，外则因日本当局有接济王公军火之煽惑频闻，使蒙古又生离贰。故民国十年，外蒙经赤俄之协助以后，又行第二次独立，组织国民政府。表面上虽仍拥立活佛，但大权则已渐操于赤俄之手。再就其十三年一月公布中以"蒙古为民主共和国，主权属于勤劳之人民"，及"王公一律取消"之宪法观之，则全本为赤俄推翻帝俄之方式，其与赤俄关系之密切，不言可喻。到此，中国所挽回者，只有十三年订立之《中俄协定》，在原则上由"苏联政府承认外蒙为完全中华民国之一部分，及尊重在该领土内中国之主权"。

外蒙古之情况，固已如此，内蒙古之形势，亦非乐观。盖自民国二十年九一八暴动发生以后，东三省即入于伪国版图，内蒙古之改设之热河、察哈尔、绥远三省中，热河与伪国犬牙相接。二十二年一月一日，日方即派便衣队混入榆关滋事，继则在海陆空夹击之下，"天下第一关"即告陷落。榆关一失，热河遂〔随〕之告警，经日方三路进攻之下，截至三月四日，承德失守，热河亦沦入于伪国版图。

热河沦陷以后，内蒙锡林郭勒、乌兰察布、伊克昭三盟王公，即于二十二年七月二十六日，在乌盟百灵庙召集会议，要求高度自治，中央以"初步自治，不惟可免扞格之弊，亦可以辅助政府之不及"，故始则于行政院中，通过改革蒙古行政系统方案，继则再派大员宣慰内蒙，终则自治问题，即因廿三年二月二十八日，通过之自治办法原则而解决。规定"在蒙古适宜地点，设一蒙古地方自治政务委员会，隶属于行政院，受中央主管机关之指导，总理各盟旗政务"。一场自治风波，始告平静，寻蒙政会于四月中正式在百灵庙成立，内蒙之过去问题得以告一段落。

三　蒙古问题之现在

　　然蒙古问题果能即此而止乎？我殊有以见其不然。盖除非伪国回复我国版图，否则内蒙古问题，即不能解决，此则观于沦陷上因东北而及于热河，因热河而及于察北……而可知。亦除非外蒙古早日与我中央联络，否则外蒙古问题［问］亦不能即行解决，此则观于历来之情形可知。晚近又以伪国之一再欲伸展其版图，北则与外蒙引起纠纷，南则与内蒙发生交涉。而究其祸首，自以伪国之存在为厉阶。且也，就伪国与外蒙言之，足以引起日俄之纠纷，由伪国与内蒙言之，则足以酿成中日之交涉。谓为祸水，当非过辞。

　　先言外蒙方面。蒙伪交界之哈尔哈河（在呼伦贝尔一带，西人称 Barga. District），疆址上因犬牙相接，时起纠纷，伪满称为应归本土，屡行肆其西侵。但伪满固有日本为后盾，蒙古亦恃苏俄为奥援。故蒙古在日伪侵略之余，其中央执行委员会第二十届会议中，即议决拥护蒙俄同盟，及其他内政外交事项。所谓蒙俄同盟者，即三月十二日在库伦签订之《苏蒙议定书》，内容大旨为：（一）苏联或“蒙古人民共和国”如受第三国之攻击威胁，立即共同采用防卫及保全领土所必需要之各种方法。（二）双方承认在缔约国之一遭受军事攻击时，相互援助。（三）双方承认为缔约国中一国军队根据互助公约，为完成一二两条之义务起见，屯驻另一造国内，至无此必要时退出。此议定书大纲也。自此项议定者订立以后，我国即援引民十三年之《中俄协定》，向俄方提出抗议。讵知俄方以为《中俄协定》之后，尚有地方性之《苏俄协定》，中国并未反对，又借口其并不反对第三国利益为辞，以为并未侵略中国主权。于是蒙伪问题，一变而为中俄问题矣。

自此以后，外蒙问题即行甚嚣尘上，惟是外蒙自二次独立以后，名虽中国领土，实则与中原早已绝缘，只有与苏俄方面，始有密切之结合。关于其现况情形，想亦为阅者所乐闻，援庶拾其军政、经济于次，以见一斑。

一、政治方面　根据蒙古宪法，国家主权属于大国民会议。大国民会议休会期间，由小国民会议行使之；小国民会议休会期间，以小国民议会之常务委员及国民政府之国务委员会行使之，国民政府担任一般政务，以主席、副主席及军事、经济两委员会，内防处、学术馆，并内务、外交、军务、财政、司法、教育、农商各部及审查院组织之。其中执政者，均系蒙人青年派，多留学俄国，对于吏治、风俗、建设各端虽有改进，惟其种种措施，则多仿自苏俄典型。

二、军事方面　外蒙用征兵制度，凡年满十八岁以上之男子，均须入伍训练。兵力共有十余万人，大部驻在呼伦贝尔湖及哈尔哈河一带，与伪国相对垒。军器来自苏俄，举凡飞机、大炮、铁甲汽车等，均极精锐，军队以步、骑兵为主，另有国境联队、炮兵队、航空队（库伦附近已有军用飞机场）、工兵队等。境内尚驻有多数苏俄红军，当属履行议定书中第三条之性质。

三、经济方面　经济首重产业，外蒙产业以骆驼、牛、羊、马为主，依据第七届国民大会会议录，一九三三年共有一九，五三〇，〇〇〇头，每人平均二，五六九〔二五·六九〕头。牧畜以外，则北部邻机〔接〕西伯利亚之处，及库伦附近，鄂尔坤河、色楞柯〔格〕河流域以及科布多一带，间有大麦、小麦、稞麦等农产，惟其他各地，均未见起色。又如贸易方面，输出者以家畜、兽肉、羊皮、皮革、兽毛、麝香、脂肪为主；输入以麦粉、谷类、砂糖、烟草、茶叶为主。惟输出输入者均以对俄为大宗。工业方面，以皮革工业为主，其他工业虽已次第兴办，但规模究极狭小。

财政方面，则民间通用纸币，现银集中于国家银行，无虑作战时之金融恐慌矣。

次言内蒙方面。自热河沦陷以后，内蒙古之形势，已不甚完整。故热河之失不久，即有自治问题发生，此则前已言之矣。在自治问题解决以后，中蒙一时颇有合作状态。然日本之欲壑无厌，将热河划入伪国之余，即行窥及察哈尔。惟其觊觎察哈尔也，故多伦被占之余，即有察东问题及察北问题之发生。察东也者，指察哈尔东部之多伦、沽源、宝昌、赤城及独石口一带，就中多伦与沽源距热河最近，因此在长城战事期间，日方首据多伦，次则于二十三年中占领沽源二、四两区。浸侮〔假〕侮又以划界为名，欲侵占多伦与二、四两区间沽源县所属之重要村庄。结果则便掀起独石口一带之攻战（其详可参考《新亚细亚月刊》九卷三期中拙作《察东问题》一文）。截止二月二日始行解决，以石头城子、南石柱子、东栅子之线为界。

是故得寸则进尺，故察东问题虽寝事，察北问题又掀起。察北也者，指沽源、宝昌、康保、商都、张北、万全一带，形势上南屏中原，北控外蒙，颇称扼要。溯至华北问题发生以后，冀东即有第二傀儡国之伪组织成立，冀东所属各机关，悉经伪组织派人接收，同时伪满之李守信部队，与蒙古保安队，亦向察北方面进犯，与我方保安队发生冲突。据本年（廿五年）一月五日北平电称："察北之沽源、商都、康保、张北、宝昌、万全等六县，即经伪满军队与蒙保安队先后占领。"六县之近况，想为阅者所关心，爰亦撷拾其军政、经济如此〔次〕：

一、军事方面　察东目前无日军驻扎，仅有伪满李守信部两旅六团二千四百名，与伪蒙包自成部便衣骑兵六百余名。其驻防方面，计伪第一军驻沽源步兵一营，康保骑兵一连，商都骑兵一团，保〔宝〕昌学兵一连，五台子骑兵二营，尚义（新设县）骑兵一连。伪第二军驻崇礼（新设县）骑兵百人，德化骑兵三百人，余皆驻张北。张北形势重要，故于张北以外设有飞机场，由日方关东军特务队二队驻防。伪军李、包两部，均受多伦特务机关〔关〕长田中久顾问官指挥。

二、政治方面　六县县长多已更换，县政由土豪担任，大权则操于日顾问之手，其情形已与东北伪国无殊，计伪沽源县长郭寿山，顾问生岛；康保县长白一鸣，顾问九尾；商都县长未详，顾问得杉；宝昌县长未详，顾问力本；张北县长朱敏痴，顾问鄂州；德化县长未详，顾问筍朗。六县县长均于非常情形之下，吸取人民膏血，捐税比前加增，运用政治力量以压迫人民。

三、经济方面　六县失陷以后，经济极为窘迫，商业日就萎靡，据传日方拟出资七十万元，以经营六县大批企业。此款即由伪满中央银行以伪币供给之。目前伪中行之钞币在六县流通甚广，并拟在张垣设立支行，以资扩充。外此则交通方面，日方亦早有计划，由赤峰至多伦之铁路，定八月完成，由承德至多伦之公路已可通行汽车；张多铁路，亦经开工，六县之公路线，均于已经修治之大道上，重行敷设沙石路。

内蒙经此六县失陷以后，形势上颇呈恶化。锡林郭勒盟正在察北，故自六县失守之既，日方即大肆煽惑，唆使盟长德王从事独立。因而悗〔晚〕近即有德王将组织内蒙自治政府之传说，由德王自任主席，下设六部，部长亦经决定，现各该部长均在滂江德王府计议一切，至相当时期，即可发表。每部下将设二厅或三厅，每厅下将设三科，六部部长人选为总务部长羽山次郎、军事部长掘井明、财务部长村田松、教育部长广岛四郎、交通部长亚里三郎，仅司法部长包拉达利夫为蒙人。自此项消息传出以后，各方颇为注意。经百灵庙蒙政会驻平办事处长包悦卿，向德王府探询真相之下，德王乃由无线电答覆，略谓外间传说，绝非事实云云。

但察北六县一日不归还，则六县以北之锡林郭勒盟，总难保不在利诱威胁之下，发生万一之异图焉。

四　结言

蒙古问题之过去与现在，已如上述，前途之发展如何，虽未能逆睹，然为每说〔况〕愈下之情形，则可断言，以内蒙古方面而言之，日本之侵略蒙古，原为企图完成其包围外蒙古之对苏俄战线，故迟早必欲将整个内蒙置于卵翼之下，以与伪满呵成一气。谓予不信，则试问何以东北暴劫以后，即及于热河？热河沦陷以后，即及于察东，察东甫平以后，又及于察北？观其着着西侵，有进无已，不待内蒙之再唱独立，形势固已残缺不全。以外蒙古言之，自二次独立以还，正式组织蒙古人民共和国，改首都库伦为"乌兰巴图尔"（红色勇武之意义），反对喇嘛僧侣，摧毁王公制度，军政以苏俄为模型，又于一九三五年间，加入第三国际，苏俄之如此勾结外蒙，其意安知不在利用外蒙为其抗日战争上之要塞，故内蒙古之将来，只有成为日本傀儡；外蒙古之将来，亦惟成为苏俄之工具。一言以蔽之，徒供帝国主义者之御用而已！

惟自有历史以来，蒙古既为中国之领土，则三百三十三万七千二百八十三平方粁之版图，决不能及于我人而沦亡。世人所高呼之"向西北发展"，于今有年矣，推其意，岂不意谓东北虽丧，西北犹在，殊不知蒙古一有动摇，则西北又安能自保？且夫人心不足，有如巴蛇之吞巨象，蒙古之外，安知其不再问鼎西北？

若欲保持故有之疆土，则舍奋斗其道而无由。英国哈定纽曼（Majovgon. J. C. Hardiny Newman）大将有言："为图国家生存而奋斗，须用种种方法同时协力应付，始能达到目的。"而德国统领佛来特烈克（General Friedrich Uon Bernhardi）之言，更为透辟，其辞曰："奋斗为自然界中之普遍法则，奋斗由于求自保，自保之天性根于图生存。'人类为战士'，无论从个人或个人合成之国家立场言，'损己'为放弃生命之举动，只有'自卫'始能使国家维持各人之生命状态，能使人人应有之合法保护，得到保障，但自卫之责，初不仅限于抵抗外来之侵略而止，实包括能使整个国家有生生不绝之机，而能向上发展之意义在内。"

故我人今日之于蒙古问题，亦当持哈、佛两氏之见解，以为应付。若以中蒙历来之渊源关系而言，则哈、佛之奋斗方式，更属不可或缺。诚然，解决蒙古问题，尚有待于外交，但外交之能否可恃，历来外交之是否在双方平等原则上进行谈判，实不能令人无疑，试以意、阿作战中之阿比西尼亚为例，阿国向国联呼吁者，不止一次，结果则依旧屈伏于武力之下。我人若以阿国为鉴，则认识上，须知中蒙原为一家，唇亡则齿寒，决不能反为敌用，或甚至为内奸之举动。准备上须养成哈、佛之奋斗精神，力图振作自拔，庶几亡羊而补牢，见兔而顾犬，犹可挽回狂澜于既倒，此则作者于草就此文，所欲揭橥之微意焉。

《边事研究》（月刊）

南京边事研究会

1936 年 4 卷 2 期

（朱宪　整理）

内蒙古与德王的遇合

张森 撰

当我们想到内蒙古，德穆楚克栋鲁普这位蒙古地方自治政务委员会秘书长，便会在我们脑子里旋转起来，蒙古、德王似乎有方没法分开似的。的确，当德王本人耸立在我们眼前的时候，经过几次谈话和办事后，我们便会惊叹他有着超人的形形色色的状貌。他是一位历史家、音乐家、人生批评家、艺术家、教育家、军事家、政治家；这些我们在他的活动力上，便可以看出他是非凡的Moralist来。德王今年三十五岁，是内蒙古锡林格勒盟苏尼台右旗的人，光绪三十四年袭苏民〔尼〕台右旗扎萨克郡王职，曾在北平蒙藏院住过很久，汉文和蒙古与中国历史，便在这时候打下的基础，后来又聘请一位家庭教师，专门研究欧美各国的政治、经济、教育、军事、历史等学术。他有非凡的智慧和聪明，几年的工夫，都能把这些东西学得很精确，现在我们在苏尼台王府里还能看到希特拉、墨索里尼、凯木尔的传略，以及欧美各国的政治和经济等书籍。这位英俊的德王，在民国元年晋驻张家口的时候，曾被加封亲王职，民国八年正式接扎萨克印。从这时起，他心目中就十二分痛恨喇嘛教断送了蒙古民族的生命，所以他便决心想把蒙古民族从醉生梦死的境遇里拯救出来，反对任何国家的侵略和怀柔政策。因此，在这样的抱负里，他憧憬着过去，以成吉思汗的子孙自命，想要恢复历史上的光荣，从新建设一个新蒙古。

一般蒙古人也都认为这位西苏尼台扎萨克的聪明和智慧，是成吉思汗死后的再出现的慧星，即一般王公也都这样崇敬。有一次他和某要人说："蒙古民族再不能侮辱成吉思汗过去的光荣了，我们更不能忍心坐视蒙古一天一天覆没下去，外蒙古已经被苏联夺去，难道我们还不知自强，不速图从建设蒙古吗？"在民国十年外蒙二次宣传〔布〕独立，到十四年段琪〔祺〕瑞召集善后会议而代表锡林格勒盟、乌兰察布盟、伊克照〔昭〕盟出席大会，被派为临时参政院参政时，更坚定了他怀抱蒙古复兴的意向。民国十五年又任职锡林格勒盟副盟长，十九年又任察哈尔省政府委员职。这中间他无时不在悬念酝酿蒙古图强，终于在民国二十二年到二十三年爆发了蒙古自治运动，被中央任为蒙古地方自治政务委员会委员兼秘书长。这次蒙古自治运动，并不像报纸和中华书局出版的《边疆问题丛书》那样说"内蒙自治显有某方背景"的浮浅表面见解。因为他们所根据的消息是报纸，而报纸上所根据之消息为×××，这位×××并未认清当时飞长春者为德王抑为别人。至于最近德王在伽普〈楞〉寺成立所谓"蒙古军政府"，和李守信能弄在一起，那是因为蒙绥地方政治、经济、教育等事发生冲突，借此以挟攻绥远，威胁中央而已，在骨子里，他并未想到和中央脱离。因为去年他虽然因蒙绥特税劈分问题忍无可忍，和察哈尔省政府发生密切关系，最近又想把蒙政会迁移，但并未放弃绥远与百灵庙，这些地方依然保有他的政治生命——蒙政会办事处，虽然他痛心绥境蒙政会分解了蒙古民族的统一。如果中央要不顾到德王这一点苦心，只听不正确的情报员坐在家里报告，或只观察蒙绥地方政治冲突、经济纠纷，而不去祖护或不用经济援助德王，德王恐怕要干出意中事来。矧且蒙古去冬雪灾严重，蒙民生计已至绝望之途，西公旗事件未能彻底解决——即特税征收已绝望（何部长应钦之解决办法，绥远未能照办），蒙政会办公费只有三万元，去掉职员薪水，连交际费都没有。办教育、设工厂、练兵，德王无时不想实现，中央如不增加经费，你叫德王怎么办？

——不过这些问题都非本文所限〔涉〕，只好打住。

蒙古王公一般的说来，对于地方没有不威张声势，奴役百姓的，而德王不但减灭过去王公之恶劣风度，而且极具有平民气质。他不但对事情明达，而且在 Universality 之上，还加上了对朋友不厌倦，温柔而又惕警〔警惕〕的心，忠实而且宽容发言者。

他不但谈希特拉与墨索里尼，而且他的中文和英文都有非常好的程度。因此，他能涉猎很多的中外书籍报纸。他分析世界大势，仿佛像一个学者，痛快点说：他是蒙古之拉狄克。他自己也以成吉思汗之后自任。

德王身高五尺三寸，在蒙古人中可以说最大的个儿，又加体伟肤晢，容貌威武，蒙古人民又见德王之前额中央有黑色痣一个，可以在愚昧的蒙古老百姓看来，这是一幅帝王像，便愈发尊敬起来，见着他，很远就蹲下叩头。

那么，现在他为什么领了三百精锐骑兵，十二挺机关枪，拥走乌滂警备司令部的六千兵力，和云继先（黄埔出身）、韩凤林（担负外交，日本留学生），□了蒙政会而成立所谓"蒙古军政府"呢？

我们的回答：德王现尚在临界温度与临界压力下。

《边事研究》（月刊）

南京边事研究会

1936 年 4 卷 2 期

（朱宪　整理）

内蒙古独立的背景

力行　撰

日本于一九三三年占领热河后，即想把热河北部和辽宁、黑龙江二省西部的蒙古民族和未占领的察哈尔、绥远北部的蒙古民族结合为一个附庸国，再利用它去诱惑外蒙古及隔绝中国与苏联的联络。所以伪满分划省界时，特别把辽、黑西部设四个兴安分省，赋予蒙古人以半自治权。而且随即进占察哈尔东北部的重镇多伦，招收蒙古人为兵，命蒙人李守信统率，训练数年，到现在便可利用了。

内蒙古东部既已归日伪占领，西部已有唇亡齿寒之势。加以自清末以来，汉人出塞垦荒，租耕蒙人土地，结怨渐多，日人乘机挑拨汉蒙感情，并用种种手段联络蒙古的王公，特别对德王大献殷勤，赠送飞机、汽车、军火，毫不吝惜。德王原居察哈尔北部滂江，距多伦极近，受日人嗾使，野心勃勃。一九三四年春，向我中央要求自治，声势咄咄逼人。中央不得已，允其自治，特设蒙古自治政务委员会于百灵庙，以云王为委员长，以德王为秘书长，每月拨款三万元为经费。因此得相安无事，过了二年。

去年日本在华北发动自治，以河北地盘饵宋哲元，宋为河北的盐税、关税及钱粮所动，为虎作伥。后来宋既得平、津政权，调察哈尔的兵入平、津、河北，察北空虚，授人以隙，由日伪豢养的蒙籍李守信军遂公然开入察北宝昌、沽源、张北等六县，与隶属德王的蒙籍保安队卓什海部相联络，公然要求将察北六县划由蒙古保安队驻防。而最近又有种种传说：一说伪满已派官统治六县，一说德王已宣布组蒙古独立政府，一说卓什海已组蒙旗军政府，真相虽不明，但察北已归日伪势力所控制则已无疑义了。

最近我中央为保障领土起见，对未受德王控制的内蒙古西部，即绥远境内的蒙古民族，特设绥远省境蒙古自治政务委员会，以沙王为委员长，不复再属于设在百灵庙、由德王主持的蒙政会。这是极敏捷而适当的处置，最少也把绥远境内的土地保全了。

不过我们由绥境蒙政会的设立明了察北已非我有了。德王事实上早已投降日伪，曾乘日本所赠的飞机飞往长春数次，彼此的妥协程度可想而知。从此张家口以北的土地（占察哈尔省十分之九）又成另一个名词，事实上则已属于日本了。

内蒙古的人口不过二十万，属于德王的也许不过十万，德王的兵也不过二三千人，又无新式武器，其势力原不足畏。不过，日本的势力既伸入察北，截断张家口与库伦即中国与苏联交通的捷径，则日本的第一目的已经完成。张北迫近张家口，随时可出兵截断平绥铁路，平时可阻止或截留西北数省的出产如羊毛、皮革、马匹等，战时可南取平、津，西攻晋、绥，形势极为利便，则日本的第二目的亦占先鞭。内蒙北邻外蒙，由滂江循张库大道北望库伦，道路平坦，毫无险阻。今后日本如欲北攻苏联，左翼大军正好由张库大道出发，则日本的第三目的又达到了。日本老早想脔割中国，分为若干块，其意想中的蒙古附庸国，自此可形成无疑。则日本的第四目的又可实现了。

总之，自一九三三年《塘沽协定》成立以后，华北事实上即已由日本控制。我国步步退让，敌人着着进攻。我国束手无策，敌人到处活动。我国既忍将文化中心的北平无形放弃，何况荒漠黄沙的内蒙古？像这样，每日蹙地百里，灭亡即在目前。政府若再不觉悟，国民若再不起来救国，真是不堪设想。

所以现在我们至少要明白报纸上所谓察东问题，实应改名为察北问题，亦即内蒙古独立问题。内蒙古的德王和日伪亲善，互相利用，强占察北六县，早经或即将宣布独立。而宋哲元利令智昏，既容许殷汝耕反叛，又放弃察北六县，自己亦利用外力扩充地盘。他们三人已实质的脱离中国（虽然程度上各各不同），形成日本及伪满的卫星了。

至于内蒙古的前途，那无疑的必然暂时会投入日本怀抱，而在远东大战时，则必然的会成日俄的战场。蒙古人梦想的"王道"、"乐土"不但不会实现，也许还会变成炮灰焦土呢。

《女子月刊》

上海女子月刊社

1936 年 4 卷 2 期

（丁冉　整理）

日俄外蒙间边境之纠纷

梦瑛　撰

日俄边衅的频繁，自从"满洲国"成立以后，更是从无宁日，再加以苏俄和外蒙的日趋密切，而日本在大陆上的发展，无疑是受到惟一的棒喝，且看屯扎在黑龙江边境二十万苏联军队和数百架飞机，这对于日本的安全是含着多么重大和睥睨的意义？

在世界资本主义国家踏入日暮穷途恐慌的前夜，跟着所引起政治、经济的极度波动，进而形成世界各帝国主义工业生产额锐减，农产物价极暴跌，农村的极度破产，社会购买力的降低，失业群众的激增，资本的加紧剥削，工农大众生活愈益恶化，这些彰彰的事实，只有更恶化下去。中间虽呈现一度的好转，刹那的昙花，这只能说是死神的回光，决不是复兴的兆头，因为自身的矛盾，早就这样决定了未来的运命了。

帝国主义为了解决他们自身内在的矛盾，维系其统治阶级的牢靠地位，在政治上、经济上虽然翻着新颖的花样，贤明的人们总会知道"集团安全"、"经济提携"一类官〔冠〕冕堂皇的内幕，是些什么。一面敲骨吸髓，一面还要使你衔恩答报，是一样的滑稽，一样的难堪，务企髓尽血干而后已。我们且看看我们这个古老民族运命的恶化，就是目前一个显明的兆头。

远东的日本无疑是站着反苏联的第一道防线，她扼着一个四亿五千万弱小民族的咽喉，为了巩固她的防线由"九一八"东北事件起，连续不断地有民国二十一年三月的《上海停战协定》，到二十二年五月的《塘沽协定》，二十四年六月的《梅津协定》、"察东谈判"，一直酿成近日华北严重的局势。一面拿反苏俄的挡箭牌掩饰世界观听，一面肆行着"开拓狂"不容她稍有喘息，我们相信在不自挣扎摇尾乞怜的情形下，未来形势的预测，也决不会让你有苏息的一日，民族的前途，也只有由恶化更恶化而趋入毁灭。

一

日本负着远东反苏的重责，与宰割华北是不可分离的事实。在其政治、外交的策略上，把握着二者动向的核心，如国内公债的颁发，军费的增加预算，近月以来又有《日德协定》，因为在反苏的战线上是同病相怜的。尤其是日本深感到苏俄远东军事设施的威胁，足使未来国土安全与和平的保证上，感到双重的焦虑。这未始不是加强日本积极进占察、绥企图的戟刺。

日俄间的纠纷，自伪满成立后，俄"满"边境接壤地带即无宁日，其间一张一弛，数年来司空见惯。而这条苏俄及其保护国蒙古和日本在亚洲大陆上的帝国的边界，恐怕是今日世界上最长的一条未确定的边界。这条边界，介居两国生气蓬勃的国家中，他们的人口都增加的非常之快，并且各自相信自己民族有伟大的繁荣的前途，负着世界的使命。而它不仅是两国之间的危机，并且是欧亚二洲政治上的分野，是西方新进与东方新进的鸿沟。在这条边境上，双方冲突，层出不穷，近来情势更是日益严重了。

这条边界从戈壁（Gobi）东端起，顺黑龙江东下，到乌苏里江更南下过凯兴湖〔兴凯湖〕，到离日领朝鲜不远的苏俄边境，而北达苏俄远东海军港海参崴，全长约三千五百英里。此外还要加上横分库页岛为二的边界，长八十英里，日本要求两边的石油和渔业，现在北太平洋面的渔权，已成为苏联渔业和日本海军统治下的日本渔业的重大争执。

日俄接壤线的绵长（伪满、外蒙均包括在内），就这边缘接壤的政治领域来说，一个是日本卵翼下傀儡戏，一个是受着苏俄保护的国家。再一段就是滨海日俄接壤地带和库页岛间的一部，此中最使苏俄焦虑的尤其是满蒙边境的区划问题。

二

日苏边境的纠纷，换言之即亚洲大陆上霸权的争夺。正如美国史初期，法国人和当地印第安人的战争一样。这区域和莫斯科的联络，只有一条铁道的沟通。先前敷设北满的中东线，苏俄曾于去年三月正式签字出售给日本，以表示其对日本〈的〉和平与柔韧。如果这条沟通欧亚间的干道被截断，日本便可进占伊尔库次克内地，而制苏俄在西伯利亚的死命。库页岛日俄石油和渔业的争执我们已述过一点，其次我们且看滨海大陆上的冲突情形。

自贝加尔湖到满洲边界，俄人所占的区域不过几百英里宽，俄人的数目虽也不少，但他们的安全是依赖大多数的蒙古人。从此而东到乌苏里江与黑龙江合流处，俄人便更有限。日本人、满洲人和朝鲜人都非常垂涎黑龙江北岸的富源。江中如发现沙滩，两边都来争夺，直到如今江中无数小岛的所有权，还未决定。苏联方面认为这块地方，形势比较稳妥些，循着江边，驻扎着重兵，并建设着陆军根据地。反之，对滨海省则不大注意，因为它在日本海陆军夹攻之下，非常危险的。

从日本方面看滨海省，不啻是针对心腹的一柄利刃，尤其是屯扎在黑龙江边二十万的苏联军队与六百架轰炸机。从地理和历史上看来，这瑰〔块〕毗连的土地，应该是属于满洲的。但日本却因政治上的理由，要求它作满洲的一部。最近苏联地质学家在那里发现铁矿苗达百余英里之长，日本当前最感缺乏的还就是钢铁。而滨海省有这样大量铁的蕴藏，荒地、水产，它几乎有一切日本所需要的东西，但日本没有先占据它，反先夺取满洲，无疑的，在日本一般抱着"开拓狂"的少壮军人以为这是本末倒置的办法，虽然在事实上追悔不及，也应该将视线更多的转移一部分到这上边去。

三

俄满边境的纠纷，由来已久，自从清中叶俄人拓荒西伯利亚依次东渐，遂引起许多次中俄边界的纠纷。如《恰克图条约》、《尼布楚条约》、《瑷珲条约》都是结束双方因为经界不清，致引起纠纷的条文。自伪满成立与俄、蒙毗邻，经界的划分，满蒙原来因为均是中国的领土，两方在历史上并无确切规定的疆界。惟日俄两国对于对方同盟国的独立，均未加承认，且满蒙双方迄未勘定边界。今日满蒙的边界，均系根据于一种意想的界线，此种界线，系由历来习惯与口中传述而来，并无正式官书或公文可资质证。在伪满组织产生前，日方曾印行一种地图，对满蒙边境绘有明确的界线。惟此种界线，仅能代表日本的愿望，苏俄方面当然不会加以承认。因而日俄对于边界问题，意见参差，以致纠纷事件层出不穷。日本为粉饰野心与表示善意起见，曾迭向莫斯科交涉，请求双方勘定满洲与其相联各地之界线，暗中表示，双方国境亟得修改之必要。尤使苏俄焦虑之点，日方要求，不仅包括真正可疑的满蒙边境，且将西伯利亚也相提并论着。

俄方自从接到是项建议后，曾提出三项理由，坚决反对：（一）否认其本国之国疆需要再行勘定，理由是因在旧日之《中俄条约》中已经明白规定。（二）俄方仿效日本态度，坚称外蒙为一完全自由独立国家，而与苏俄同盟，故不能过问满蒙界争问题。（三）俄方声称若接受日本要求设立边界委员会，将等于承认"满洲国"，此点乃俄方所坚持拒绝者。惟在另一方面，苏俄近曾向日本建议，组织中立委员会，以调查数年来各种界争事件，但在日方对此项建议，亦不愿加以考虑。其理由以为据渠等之观察，双方界争事件均系由国境不明而起，在界线未经适当之勘定，此项委员会将无所适从。

四

上边已将日俄滨海、俄满、满蒙边境纠纷的内在原因，略作概括的叙述。那么，日本万一有军事行动的对象，目前也决不在苏俄锋刃的黑龙江边境上，而在从事怎样截断或牵制这个重大威胁的工作。所以我们说日本的"蒙满计划"，始终不能忘怀的原因，也就是因为这个缘故。在一月十一日苏联举行执委大会，当苏联人民委员会主席莫洛托夫报告苏联国际政策的时候，在他的演词中，已很露骨地说明日本近日的军事动向。据云："此种以及同样之边境事件，变为日本某种人需要，以为表示日政府之'坚决'及'力量'于外面世界之用一事则明，即沿吾人远东边境玩火之戏未息，日军阀现正直接及穿过其他领土，偷偷至于吾人之边境。"那么在这情形之下，外蒙本身又将如何措施呢？

外蒙古自从脱去中国的羁縻以后，即倾向着苏联，同时苏联也利用青年的蒙古领袖，组织起来一个蒙古人民共和国。从前宗教与政治上的统治阶级，即喇嘛与王公都被打倒，他们只有跑到满洲和内蒙去过苟延残喘的生活。

这个新政府的成立，在苏俄的监护之下，首先除去过去统治者的恶政，新式的学校和道路和一切近代的东西，渐渐都介绍到这个新的国度里。无疑地，在各方面都有很长足的进步。不过近来集产主义实施在游牧民族上的失败，和各地更迭的暴动，使政府的政策发生剧烈的变化，也正和发生在苏俄境内的是一样。同时蒙古政府也在公开承认，从来所采用的左倾政策，不能达到所希求的革命目的。而蒙古是一个布尔乔亚的、民治的、反封建的、反帝国主义的共和国。并且以逐渐转向非资本主义的生产为基础。因此又恢复了私人所有权，各种专卖权也大加限制。此事后来激动了苏俄，在一九二九到一九三二年，乃采用极端政策，结果更受严重的打击，近年来又渐渐的恢复起来。这些消息苏俄很严密地保守着，不使其透露出来。

日本自从一九三一〈年〉强占了满洲，并由此西进，经过热河、察哈尔进窥绥远、宁夏，在他控制下的蒙古人已有四百余万，当苏俄所能影响的农民的二倍以上。一面更网罗外蒙被逐的王公，并且给他们所需要的一切——如政治的欲望和个人的享乐。日本是东方的一个大佛教国，在基本观念上，有许多观点是易于和蒙古人的信仰相融洽，她利用她所具的最有利的条件，邀请这些失意的蒙古王公合作，日本的用意，是想利用蒙古人组织一个东方的十字军，把外蒙古从异教邪说中，利用他们的人地关系解放出来，而统一蒙古民族，组织成一个大帝国。并且利用着外交手段，要求派遣使节驻库伦（即外蒙独立后的乌兰巴图尔）而打开满蒙间的连络。但是年青的蒙古领袖深怕日本势力伸入，毫不客气的拒绝了这个要求，他们反跑到莫斯科去，看苏联究能援助蒙古到什么程度，这便是最近日、满、蒙、苏联间纠纷的核心。

一月前，在满洲里举行的满蒙会议决裂后，满方曾发表一篇恚愤的宣言，它的最后一断〔段〕是："外蒙因为采取一种排外的和秘密的闭关政策，她的真像是很神秘的。在最近一次会议中，她甚至于拒绝双方来往上的基本权利，如交换使节等，这是国际法与国际习惯一致承认的国家基本权利，由此看来，她的自由是受了人家的束缚，我决不能把她当作平常的国家去看待。因此我们宣言，今后我们将认她为一个危险而神秘的邻邦，并且解决双方间问题的机会，因为会议的破裂而失去，我们决定独立的，按着我们自己的意思，来解决目前纠纷和将来要发生的问题。"这段恚愤的宣言，声色俱厉，无怪苏联《真理报》对满方宣言的批评，警惕外蒙政府高呼说必须抵抗"日本军人第四次夺取外蒙领土的阴谋"。

<h1 style="text-align:center">五</h1>

　　近日日俄边衅纠纷，发生于东、西两境，西境对蒙纠纷，东境则对西伯利亚，日方对后者尤属张大其词。此事起因，由于一月二十九日一部分满洲叛兵在密山叛变，旋与日"满"军战于"金厂沟"，后因不支，逃入俄境。惟在实际上有引起武力冲突之危险者，则为满蒙事件，并且日方已派兵赴贝〈加〉尔池区域，负着驱逐外蒙边防军，以企"重新恢复"沿贝尔池北岸的边界，将该湖整个的划入满洲版图内。这是日本由西伯利亚与满洲边界上的巴尔加沿着克鲁伦河，所企打通满蒙路线的一个试探。

　　日俄冲突的问题，过去一般观望所不取决最有力的论据，大概为苏俄在建设期的第二个五年计划，没有达到预企的成功以前，对任何国家的敌视，是竭力避免战争的，在军事和政治的设施上，也是努力于防守的一条途径。所以认定日俄边境所发生的任何纠纷，无论如何，在自身重军屯边，而对方又在单恋情态下的防卫性战争，是很难有爆发的可能。那么这个论调是不是今日如此呢？只要看看波罗的海诸国的纷扰，和针对俄苏〔苏俄〕东西螯钳希忒拉治下日耳曼与军部操纵下日本的疯狂态度，就会知道苏俄能不能再忍耐下去。就是日本也逐渐变更了过去的态度，而准备着更逼近一步。我们且看张北六县被占，在张库交通上，已握着重要形势，假使日本势力万一能伸入外蒙，觅着这个隙漏切断贝加尔湖的交通问题，是岌岌可危的。假如苏联的军队在这里不幸败北，日本便不足忧虑黑龙江边苏联陆军和空军重镇的威胁。何况在今日外交孤立的日本，更感到一二年内美国海军建设完成后，太平洋上的不安呢？

在苏俄方面除了感觉到东方日本进攻形势的转激，在欧洲更感到德国对自身精神上与国境安全上双重的敌视。德国自重整军备以来，事实上又渐成军事的强国，此苏俄所旦夕不能忘且不敢忘者。德国军备，今日尚在半完成时代，一两年中在备战秘密加速的制造下，其军备实力将见激增。所以苏联国策，若德、日之战，皆不能免，则毋宁以早解决一方面，较为有利，由此推论日俄近日的纠纷，则其近时对日表示坚强，恐不止于姿态做作。据十三日长春所传俄蒙消息，谓苏俄、外蒙间最近缔结协定为：（一）扩大外蒙兵力，外蒙军队增聘苏俄将校。（二）外蒙原拟举债五亿卢布，而苏俄酌斟目前情形，仅应贷款五千万卢布。（三）至于军事借款，一任莫斯科苏俄军部斟酌办理。（四）外蒙军部及苏俄远东驻军两者间之关系，现已规定，将来应益亲密。至于事实真像如何，或属谣诼，或属事实。在此种情态下，苏俄之于外蒙，自不能不有一番缜密的调度和准备。在东京方面的情形，自此次"金厂沟"事件和戡〔勘〕界问题发生后，更是疯狂。日本军部最近曾发表纪念日俄战争之小册，分析一九零五年与一九三六年日俄情形之不同，特别指出，现在苏俄在远东所采之政策，较帝俄时所采用者尤为巧妙彻底。并指陈一九零五年英美对日本之态度与今日之嫉妒。此种用意，不难明了，一面因日本总选在即，作为日军部竞选摇旗呐喊的宣传，一面刺戟日本国民，促使其对日俄边境纠纷之重视。几日来东京和莫斯科都在直接商讨着这个问题，跟着外交方面的折冲，大家都按兵相互观望，若处置失宜，很有短兵相接的可能。不过我们相信即使发生战争决不会在日俄边境，而在满蒙边境的可能性最大。

《西北论衡》（月刊）

西安西北论衡社

1936 年 4 卷 2 期

（朱宪　整理）

磴口设县纠纷

宁夏通讯

作者不详

　　宁夏省政府与阿拉善旗磴口县治纠纷事件发生后，数年未决，阿拉善霍硕特旗扎萨克和硕亲王兼宁夏省委达理扎雅，屡呈中央撤销县治，中央未予允准。蒙藏委员会近为彻底解决此项纠纷起见，特派委员唐柯三赴宁夏调解，与阿王磋商。阿王则提出六项条件，双方意见距离颇远，唐氏以事成僵局，已将交涉经过呈报中央，尚未获得适当解决办法。宁夏省政府主席马鸿逵氏，已将经过代电呈报行政院及蒙藏委员会，电文及阿王六项条件如下：

　　南京行政院长蒋钧鉴：密。唐委员柯三由阿拉善旗回宁面称，奉命赴该旗调解磴口设县一案，劝谕再三，该旗始不坚持撤治之议，特提出要求条件六款，阅之不胜诧异。详情唐委员当已另文呈报，想邀洞照。查磴口设县，系因磴口以北地方，自前清庚子年发生教案以后，外人在该处租地开垦，并本省人民自由领地垦种者日益增加，年淹月久，遂蔚为人口繁殖之区。当时该处农民均系由宁属平罗移垦之汉民，凡民刑诉讼，均必赴平罗县政府声理，道路弯远，诸感不便，加以该处素为宁夏北门锁钥，扼包、宁交通之中枢，各种税局、盐局、电报局，在在须由政府切实保护，故甘肃省政府于民国十八年在宁夏未设省治以前，即根据事实及地方需要，呈请中央准予设县分理，六七年来相安无事，阿旗亦从无异言。鸿逵到任以后，鉴于该县情形特殊，多数土地既因赔款关系，由蒙方租与教堂开垦经营，在本省政府未经筹款赎回以前，一切勉维现状，无其他设施。即广庆源一带，向为甘肃驻兵之地，亦因营垒为孙军破坏，迄未移驻一兵一卒，地方治安纯由县负责办理。去岁"赤匪"西窜，毛、刘合股，陕北接近宁边，磴口防务异常吃紧，鸿逵统筹兼顾，万不获已，特令该县训练壮丁，充实自卫力量，阿旗虽时有阻挠，一经疏解，亦无其他表示。兹阅该旗六项要求，完全抹杀事实，推翻成案，中央政府令既可悍然不顾，本省政府虽即放弃守土职责，该县汉民岂有甘心，无厌之求，将何所止。即如该条件第三款所开，自磴口以南至石咀山暂作磴口县政府代管地，俟磴口县政府撤出本旗境外，应即归还本旗一节，事之离奇滑稽，无逾此者。查磴口至石咀山纵长约一百二十里，然沿河沙岸，横宽不过半里，向为不毛之地，既无居民，何劳县政府代管之必要，且磴口以地名县，是必有固定范围，并非游牧可比。在该旗所以有此项要求，不过希图掩饰一时，以达其撤治目的，然而地理及历史关系，岂得一概含糊抹杀。综核全部要求，尤以第四款所谓磴口以上乌兰木都、富家湾子、上蒋、二十柳子、三圣宫、广庆源、渡口堂等处，所有地方一切行政权，省方、磴口县不得稍加干涉一节，更于〈与〉事实大相径庭。盖国家分设县治，以其有土地人民也，当日甘肃省政府，既鉴于磴口所属乌兰木都、富家湾子等处，经平罗移垦之汉民，多年经营，日益繁殖，始应时势之需要，呈准设县。若该处之行政权县政府不得稍加干涉，则磴口县政府诚为空中楼阁，当时何必多此一举。且设县后，即分区管理，阿旗彼时何以毫无异议，论理论事，均无可通。至其第五款要求，省方在本旗磴口土克木都、〈大〉水沟、道卜鲁等处所设收税局卡，交还该旗，自行办理。姑无论该旗有无设局收税之权，然磴口创设统税，远在民初元，并非该旗原有此项机关，自无交还之可言。自宁夏改省以后，此项统税，尤为省库收入大宗，碛税局于土克木都、大水沟等处设立分卡，亦为数十年例定成案，与阿旗不相干涉，《朔方道志》记载甚详，可覆按也。且宁夏历任政府对碛口县政经费，均由省库开支，从未向各区农民征收分文，而于维护交通，保护人民及最近建筑包宁公路，政府应尽义务，则丝毫未敢放弃。该旗于碛口设治前后，对地方毫无建白，何独于成立数十年之局卡，反欲侵占，谓非乘机要挟，其谁信之。且中央制定蒙政会条例，有凡未设县蒙古地方，不得设县，其已经设县之地，仍照原案办理之规定，法令煌煌，何能置此于不顾。况此项税局可以由该旗自办，则该县现有之中央机关，如盐税局、电报局、邮政局，推其无厌之求，何以不可收回自办，稍予迁就，必资借口，未来应付，尤觉大难。鸿逵待罪宁垣，蒿目时艰，前闻该旗，啧有烦言，诚恐该县县长应付稍近操切，业经将其调省，另委员接替，无非欲借此表示退让，用副中央怀柔蒙民之至意，不谓得寸进尺，竟有此溢分之要求。在××奉承法令，原无成见，特恐过予迁就，体制既乖，法令无效，西北前途，益滋纠葛。至该旗经费困难，容系实情，将来为息事宁人计，本省政府于可能范围内，如必优予协助，尚有商量余地，钧座神游九塞，一日二三所陈是否允当，敬乞卓裁。临电无任屏营（其致蒙藏委员会之代电，与前电同）。

阿王条件：

（一）碛口地方主权，仍为本旗所有。碛口县政府暂时不撤，于最短时期呈报中央，撤出本旗境外。

（二）碛口县署暂时所占本旗地方，宜给以相当租价（前年曾付过县署地皮租洋）。

（三）在碛口以南至石咀山（约百廿里），暂作碛口县政府代管地方，碛口县政府撤出本旗境外，应即归还本旗。

（四）自磴口以上乌兰木都、富家湾子、上蒋、二十柳子、三圣宫、广庆源、渡口堂等处地方，所有地方一切行政权，省方、磴口〈县〉不得稍加干涉。与至广庆源之县府办公处及各区公所等名义，应即撤销。

（五）省方在本旗磴口土克木都、大水沟、道卜鲁等处所设税局卡，应即日交还本旗，自行照章办理。

（六）非有特殊情形，遇事应互相援助，事先商妥当局者，省方不得随意派兵到本旗任何地方驻扎。

《西北论衡》（月刊）

西安西北论衡社

1936 年 4 卷 2 期

（朱宪　整理）

内蒙问题之认识

青田　撰

一　弁言

内蒙这个名词，从民国元年设立热河、察哈尔、绥远三特别区，民国十七年九月正式建省后，在行政上应该是没有的了。但近年因热河的失陷，察东形势也朝不保夕，随着内蒙发生了"自治运动"，二十三年一月十六日由中政会通过了蒙古自治办法，四月二十四日蒙古地方自治政务委员会在百灵庙正式成立，于是内蒙的一部分又成了一个地方行政的单位。

内蒙原分六盟及察哈尔部，即哲里木盟（属辽宁）、昭乌达盟、卓索图盟（即热河全部）、锡林郭勒盟（与察哈尔部均属察省）、乌兰察布盟、伊克昭盟（即绥省）、自东三省及热河被日本侵占后，内蒙本已非完整的内蒙了。可是现在察北六县（即昔日察哈尔全部）又已经被日人指

蒙藏〔古〕政委会
秘书长德王近影

挥的伪满军队李守言〔信〕部占领，自然，在六县以北的察省地区（即锡盟）是早已做了日人活动的一个中心地。察省所剩余的只是长城以南的十县，这十县原是旧直隶省（即今河北省）的属地，并不属内蒙范围。干脆一句话：察省以东的内蒙地域是已完全被伪军占领了。于是内蒙地域现在还未丧失的只有乌、伊两盟，那就是绥省。但日伪军的进逼决不会到此止步，据最近消息，且有续向绥东进侵的企图。而蒙政委会德王等的态度又有种种的谣传，谣传纵未可信，但若为势所迫，其发展也很难逆料，所以剩余的蒙古半壁江山，前途是非常危险的。

日人为什么要领导伪满西侵不止呢？内蒙对于国家安危的关系如何？政府对于蒙民应当怎样的安慰他们？这正是我们在这危急存亡的关头应当认识和应当陈述的意见。

二　内蒙在大陆上的军事地位

我们要认识内蒙问题的现势，就必得先知道搅起这问题者的企图何在。笼统的说是为要完成其处心积虑的大陆政策，如果具体点说，那么，夺取军略要地以为永久控制华北、西北及准备攻俄。这一点，不能不算是最主要的企图。从历史的事实来说，蒙古在军事形势上确是易于控制华北的，远古虽难考，但自周以后即有关于此方面的纪载，周初及列国时的秦、晋和战国时的燕、赵都曾有事于北方，而假使不是北防难固的原故，秦始皇也不会去建筑万里长城。汉武耗费了全国的民力去应付北防，可是到东汉末年又吃紧了，东晋弄到"偏安江左"，结果长江以北完全陷于分裂混乱。唐代的北防稳定了不到三百年，此后是五十年的混乱，与北方也有极大关系。终北宋之世，可以说北防没有安宁过，南宋偏安不久也就亡了。明代的北防情形，正似北宋，其结局也差不多。上面所说的历代的北防地点，本不止今日的榆关到张垣一段，从玉门关以东都是的；不过最足以控制华北以至全国而为历史上防务重心的，却正是现在吃紧的这一段。在汉、唐、元、清各代，虽统治的民族不同，但长城久已失去其作用，而成为国内的历史遗迹了，尤其三百年来汉蒙人民早已成为一家的弟兄，不曾间断过。然而现在却有邻国来离间了，它不是有爱于蒙人，实在是鉴于长城以北的地形，易以控制黄河流域，要据为深入中国的根据地罢了。

日人图占内蒙，不仅是认内蒙是很好的控制黄河流域的根据地，并且也可以作西进新疆，与英、俄争雄中亚的出发点。我们知道，日本军人所励行的田中计划，是包括中亚与印度的，这计划将来是否能实现是另一问题，但他们现在是正在抱着这样大的志愿，却是事实，而且因为东三省、热河或是东内蒙的容易被占，更使他们觉得田中的奏折并不是空想，而是大有实现的可能性的。日本的"中国通"们，最欢喜谈大陆历史演变的故事，他们羡慕六百年前成吉斯汗创造欧亚大帝国的史迹，想照着往事照抄一遍。他们确是已自命为亚洲的领导者，而向着他们的新理想迈进了。自然，他们想：蒙古民族曾跨着骏马驰骋于欧亚大陆，现在有了战车、飞机，岂不更容易多了么？由包头到迪化的汽车路也不过二千三百公里，由河套到宁、甘、青更是便利，他们岂能放松这毫无防御的内蒙呢！

同时，日军为准备对俄作战，也必须先要占有内蒙做根据地，以便将来从张库大道（一千三百三十公里）夺取库伦，通过外蒙以侧袭贝加尔区域，直攻苏俄在远东的军事、政治、经济中心地，以图腰斩西比利亚的。

上述的几种企图是否有实现的可能且不去管它，但既决心要实现这些计划，他们就不能不这样的进行了。然而，这侵占外蒙的种种作用，也就特别是军事上的作用，无论准备对俄作战或图将来称霸中亚与印度，都是首先要以中国为牺牲的。这便是日伪军要深入内蒙的最主要的原因。

三　内蒙的富源及其在中国西北部的经济关系

内蒙虽尚在处女地状态中，但它过去所表现的经济力已经足够侵略者的垂涎了，若加以开发，那无疑的将为世界大生产地之一。内外蒙之间横亘着大沙漠，天然地将蒙古分作两部分，在内蒙这广大的区域中，有着不少的水草丰盛的天然大牧场，在非沙漠地带有第一流的农业生产地。如河套一带，潜在着的伟大地力固不用说，就是在察、热两省也有已耕地三千余万亩，而未开垦的可耕地更不止数倍，合计热、察、绥三省的耕地，现已达五千万亩以上（约三分之一在热河）。在矿产方面，随处有煤矿存在，三省蕴藏量共约十五万万吨以上，民国二十年度的生产量有七十余万吨，假如察、绥的煤不受运费及捐税的限制，必可在生产〈上〉有迅速的进展。热、察、绥的铁矿储藏量共达一万万吨以上，察省龙关一处最为丰富，约占百分之八十五，此矿早已为日人所注意。龙关虽在长城以南，不属旧日蒙古区域，但日人早已宣传要开采此砂〔矿〕了。蒙古固有的最大生产力为畜产，内蒙也是这样，这是被世界公认的最大牧场之一。内蒙并且有盐产及碱类等工业原料。总之，其本身的经济潜力是很大的。

内蒙因为接近渤海湾，在平时不但本身的物产每年有巨额的输出，就是西北各省及外蒙的出产必须要经由内蒙输出的。自张库路行驶汽车和平绥铁路建筑以来，内蒙在长城以北中国领土中及西北各省的经济上的地位，突然重要起来了，这原因，便是上述各地的物产输出，大部分必须经过内蒙。陇海铁

建立于外蒙与满洲大平原间之蒙古部落

路西展倘若到达兰州，那未〔末〕甘、青两省的货物自可以不经由内蒙输出，但倘包兰铁路也筑成，还是要平分甘、青的货运。可是无论如何，新疆、宁夏、外蒙的货物，大部分终不能不经由内蒙出口，而上述各地的进口货也必须大部分经由内蒙输入。现在新疆和外蒙的贸易虽大部分进出苏俄，但这仅是一时的事，新、蒙未来的经济仍不能不向其最近的海口（渤海）发展的。民国七、八、九三年间，仅仅张家口一地的进出口贸易（东蒙不在内）每年常在一万五千万关两口平银上下，就是到民二十及二十一两年，由张家口输出的货值（以皮毛、生畜为大宗），每年也还达四千余万两。蒙古一般的消费力比较弱，而出产则甚丰富，所以蒙古贸易的衰落，对于近年全国入超的增加，也很有关系。这些出产虽不尽是属于内蒙（察、绥部分）的，但内蒙是输出（入口也是一样）必经之道，明白了这点，我们对于日伪进侵察、绥的经济上的企图，就可以了然。那就是如果中、西内蒙被他们占领下去，那末，张家口在蒙、新及西北各省进出口贸易上的地位，必然就会移转到多伦，而天津港的出口地位，也同时要由葫芦岛港起而代之了。我们只要细心考参一下，就知道这是有充分的可能性的：现在不是伪军李守信部还正准备侵入绥东么？这种行动，在他的指挥者的目的，最低限度也要占领绥东兴和、集宁、陶林各县，为什么呢？就是要谋打通平绥铁路！使热河现在的铁路及公路交通打通平绥路，这不惟日方军事上的绝对需要，也是经济侵略上所必要的。因朝阳至赤峰的铁路完成，热河中部的物产已经可以从葫芦岛港输出（该港已可部分的使用），从赤峰至多伦也必得要建铁路的（现已有公路），日伪若进展到绥东集宁，则多伦到集宁的公路也就要会实现的（该线尽属平原，随便修筑即可通车无阻，其情形与张库、绥新两线相同）。自然，如果这种新军事行动侵占的地带完全达到目的并且趋于稳固的话，那末由集宁衔接平绥路西段而经多伦达赤峰联络朝赤铁路的公路，不久也会就变成铁路，而完成由包头直达葫芦岛港的蒙古经济的另一大动脉的使命的。如果这种观察不错，那蒙古及新疆、宁夏大部及甘、陕一部分的物产的输出或外贸的入口，将要为葫芦岛港所吐纳，而天津更将趋于衰败了。由绥东集宁到天津铁路线约八百九十公里，而由集宁经多伦、赤峰到葫芦岛约九百公里余，最多相差也不过数十公里，只须经营得法，是很有夺取平绥路的西北部的货运的可能的。当然，或者有人说：日人也曾经想投资平绥路，他们不会设法直接控制华北么？何必多此一举呢？但是要知道，在经济上或者可以暂时不必多此一举，可是在军事上那大半段在长城以南的平绥路是不能替代热河直达绥省的交通线的任务的。

现在虽然还只是我们观察的一种侵略者的动向，而不是完全的事实，但日伪军欲深入内蒙的另一个企图——想将内蒙及西北部经济的关系置于其势力范围之内，这是很显然的。

四　内蒙在内政上的问题

内蒙的现状，主要的是由外力造成的，前年内蒙的"自治运动"发生，虽然已引起一般人的深刻注意，但还不愿加以恶意的批评，因为自治本是我国政治的最后目的，一个国内民族的要求自治，并不算是坏事。但我们由去年十一月二十四日冀东的伪自治政府出现，天津及冀省内地也发现所谓要求自治的"民众"——被外人金钱收买的乱民，由此以回想内蒙的"自治运动"，虽然我们尽管相信内蒙的领袖们并没有他意，但也可以明了，外人方利用"自治"口号以图分裂我国家，而"自治"竟成了侵略政策的一个重要因素了。然而，外人利用"自治"来分裂我国的手段，在现在是没有什么可奇异的，因为比这个新奇的花样还正多呢，这已不必烦言论评。这里要说的是，这样明明知道是虚伪的口号，为什么也能播动国内的政潮呢？我们在最后只有回头来反省自己。

我国二十余年来边疆民族的离心倾向，自然不能不承认一半原因是由于强邻的威胁利诱，一半也是由于自身的放弃，就是既不实行承袭过去的边疆政策，也没有确定新的边疆政策。民族平等固然是政治上的铁则，但怎样去发生实际的关系，这又是另一问题了。维系边疆的安宁，以现在的眼光说，必须从发展交通、垦殖，发扬文化事业各方面入手，才会产生实际的效力；但是有一前提，就是要给边疆人民或政府以实际的扶助。以蒙古一地说，前清羁縻王公的政策，现在是要被人非难的，但能维持将三百年的融和关系，也不是偶然的。那时除了给予蒙古政教首领以自数千两至数百两的岁俸而外，还有种种的津贴、赏给，拨巨款以修建寺院；在政治首领方面，自亲王以下至郡王、贝子、贝勒、镇国公与辅国公，均按年领得俸禄；在行政组织方面，自盟（外蒙最高为部）以下至旗以至于十家之长的什长，层层节制，条理井然。边疆领袖对中央有这样密切的关系，行政组织又这样的严密，可知三百年的融和关系决不是偶然得来的。拨巨款以兴建寺院，在现在看来是一种愚民政策，但在封建时代，尤其在宗教高于一切的蒙古，也只有这样去帮助，因为当时的思想是不能再进一步的，而且也只有这样才能沟通民族的感情。现在收拾边疆的前提，仍然只有以恢廓博大的态度，以诚意、以实利去帮助边民，只是要以这些实利归给边民大众，要设法改善他们的生活，提高他们的文化，同时更须注意到交通、开发和卫生等事业，因为这才是有力的帮助。蒙民对蒙地的农业经济化，向来是持反对态度的，他们并不想改变游牧生活，这是他们的错误。这种错误观念在汉蒙感情融洽的时候是可以矫正的，因为过去内蒙的开垦方式不善，反引起了蒙人的疑惧，如果善于引导，他们从事农业生活也不是不可能的。蒙古因地理、气候的原故，畜牧自然是最主要的事业，但在河套一带实不宜以反对农业经济，要能利用天然的环境及富

蒙人运输多以骆驼为之

源以改善和提高自身的生活，不能因有内地农民去开垦而因噎废食，这是进步的蒙人所应认识的。除了诚实的帮助边民而外，应当扶助边民中的优秀分子在平等的机会下来参加中央的行政和内地的各种事业，这也是融和边民一个重要因素。

现在已不能讳言内蒙在内政上横梗着的种种问题，而是需要切实的贤明的办法解决问题。

五　结语

热河失陷以后剩下的内蒙半壁河山，现在已到了极危急的时候，我们希望华北当局与对方的谈判能够挽回危机，并且倘若谈判不成，也要采取更有效的方法以保卫领土。不过我们不能不认识现在的内蒙问题的真相，只是九一八以来中国被侵略的更深刻化，对方今后的行动也决不会有止境的。西内蒙的危机是整个黄河流域危机的先声，这一点，我们更不可轻于忽略。在这样的情势下，不仅须注意外交上应付而已，边民在内政上的扞格，更是要赶快设法消除的。

《中华月报》

上海中华月报编辑部

1936 年 4 卷 2 期

（李红权　整理）

遗忘了的外蒙古

心粲　撰

一

东三省、热河及察哈尔的一部，相继被日本侵占去后，"冲突之摇篮"，已不是"满洲"而是外蒙古了。

外蒙古从前清末叶起，就已经在俄国的势力范围下。一九一一年后，俄人心目中，早已视作他们的领土。俄国一九一七年的大革命，虽把帝国变为苏维埃共和国，但对于外蒙不但与帝俄的传统政策一样，反而较诸帝俄的侵略更为积极。而日本则早已有了"欲征服支那，必先征服满蒙"的决心。在东北四省尚未被夺去以前，日俄的关系尚是在间接的冲突中，一等到"满洲国"成立，日俄已到了短兵相接的地步。日人是必须想将外蒙从苏俄的怀抱中夺过来，而苏俄则一手造成的"蒙古人民共和国"，岂又允许日人来染指。两方均已在作战争的准备。

从伪满洲国成立以后，到去年十二月八日止，在蒙伪边界上所发生的冲突，据满铁机关报《满洲每日新闻》所说，共有二百五十次之多。去年一月一日，日伪军在贝尔湖［与蒙古军］附近喀尔加庙地方，与蒙古军所发生的一次冲突，形势尤属险恶。后来虽然没有扩大，由"满""蒙"两方在满洲里开会解决，可是因为两方所提出的距离太远，到去年十一月，终于决裂了。

　　日俄在外蒙古的角逐，不管怎样，总是我国的不幸。现在，她们的斗争已在极度的进展中了。最近期间虽不一定会发生战争，但迟早间总要爆发的。做主人翁的我国，岂能闭着眼睛而不加以注意的。

二

　　外蒙古在一般人意想中，总以为是一块荒漠不毛之地，但实际上却并不如我们想像中这样。外蒙古面积（据《申报年鉴》）有一，六一二，九一二平方公里，其中有七分之二是沙漠，但在沙漠以北的地方，则河流很多，草木亦颇茂盛，东部则尤多沙田，可以从事耕植。最近因科学的发达，苏联简直想将沙漠亦改造为沃地。尤其在经济条件上，外蒙是一块很富的区域。

　　外蒙的畜牧业，是蒙人的唯一基本产业，大部分的国民均是从事于畜牧业的。"蒙古政府"为使畜牧业的极度繁盛起见，对于畜牧业曾有种种补助，苏联在经济的和技术的方面，亦予以大量的补助。据一九二六年的国势调查，畜产的头数，有如下表：

羊	一二，七二六，〇〇〇头
山羊	二，五二九，〇〇〇头
牛	一，九五七，〇〇〇头
马	一，五九〇，〇〇〇头
骆驼	四一九，〇〇〇头
共计	一九，二二一，〇〇〇头

　　到了一九三三年，即增加为一九，五三〇，〇〇〇头（蒙古国民大会第七届会议录），如根据一九三〇年"第八次国民大会"所树立的产业五年计划而言，则现在一九三五年，可增加到二千五百万头。至于羊毛等产额，则一九二六年有如下表：

羊毛	一万〇六百吨
骆驼毛	一千〇六十吨
山羊毛	二百三十吨
马皮	三万八十枚
羊皮	一百八十万枚
子羊皮及其他皮	一百五十七万枚
各种兽毛	三百吨
肠	三十万个

蒙古的矿产，以金矿与煤矿为最富。其他如白银、铅、铜、石棉、石盐、铁［、银］等等亦均有相当的产量。煤矿最多的区域，在乌拉巴尔市东一带，以及科布多山东南方一带。据俄人调查，说库伦东南方的耐莱哈炭坑埋藏量即有三万万普特之多（一普特等于一六·三八公斤）。

金的埋藏量尤富。阿尔泰山是自古以来即以藏有丰富的金砂而名为金山的。在库伦以北，卖买〔买卖〕城南，额尔尼王与马贝子两旗境内，金矿已开采的即有十五处。如三音诺彦汗的南部达里河盆地一处，据说金的埋藏量即有二万万普特，其他土谢图汗、科尔〔布〕多等处，亦均产有大量的金砂。

这样大的面积，这样多的矿产，这样多的畜牧，但人口不及一百万（《申报年鉴》载，为一百八十万，一九二六年外蒙古国势调查，为六十八万二千五百人，《中华日报》载则为八十四万，内蒙人七十六万，英人五万，俄人三万），加之我国政府又缺乏实力去驾御，又怎能不引起外人的觊觎呢？

三

外蒙古一共有三个"政府"：一个即是"蒙古人民共和国"，

一个叫做"唐努温都斯基共和国",一个叫做"布里雅特蒙古共和国"。这三个政府,均是苏俄所一手造成的。第二与第三两个,已经变成为苏维埃联邦之一部分了,而第一个亦是第三国际的一员。

清代末叶,在蒙古的官吏,往往非常专横,因此在民国前一年(一九一一)乘着俄〔我〕国革命的时候,推举哲布尊丹巴呼图呼〔克〕图为君主,宣告独立,自称蒙古帝国。民国四年,中、俄、蒙三方在恰克图召开一会议,蒙古承认我国的宗主权,我国则允许蒙古的自治权。八年,俄国发生内乱,没有余力可以顾到蒙古,于是我国北京政府即根据西北筹边使徐树铮的意见,将蒙古自治取消。这是民国成立后,蒙古叛变的第一次政府。

民国十年,俄国发生共产革命后,白党恩琴(Ungern)率众侵入库伦,将中国驻在蒙古的军队驱杀殆尽,复拥载〔戴〕哲布尊丹巴为君主。可是,这时有一批在苏联庇护下的蒙古青年,正在买卖城做革命的工作,对于白俄的侵入蒙古,当然是万分不愿,于是因着苏俄的帮助,即于二月间在恰克图召集"国民运动解放大会"(这个会就是国民革命党的成立大会),六月间即攻入库伦,将白俄势力一扫而光。六日,"蒙古国民政府"正式成立,仍以哲布尊丹巴为君主,另设国务院,分内务、陆军、外交、财政、司法五部,为实际上的行政机关。这个政府,可说是现代蒙古政府的前身。

民国十三年,哲布尊丹巴死了,于是,蒙古即变成为一个无大总统、无元首的共和国。十一月间,由七十七名的代表召集国民大议会,制定《蒙古人民共和国宪法》五十条,规定"蒙古是独立的共和国","一切权利属于劳动者",并选出中央政府负责人。这就是现在的"蒙古人民共和国"。

"唐努温都斯基共和国",是民国十一年在唐努乌尔〔梁〕海所建立的,后面亦是苏联主使,于民国十三年强迫"蒙古人民共和国"承认其独立。

"布里雅特蒙古共和国"是民国十六年所成立的,地域在蒙古西境与苏俄交界处,是布里雅特人与少数蒙人所建立的。

以上这二个国家,均是苏维埃联邦的一员。

四

"蒙古人民共和国"自成立以来,不但政府中聘了许多俄人顾问,即政治组织,亦一概模仿苏俄的。"蒙古国民革命党"是蒙古唯一的政党,亦是蒙古政治的支配者,成立于民国十年,是"加入与世界的多数国民好友〔友好〕团体有关系的第三国际,依从共产国际的指导,做第三国际的正党员"(党规七十七条及七十八条)。所以蒙古实际上已变成为苏维埃的一员。

蒙古的国民党亦分左右二派,自民十三到民十九,左右两派的斗争非常利害,右派是赞成蒙古应有活佛来统治的。民十五,曾规定关于活佛的后继者许可的法律,但民十九、二十年间,右派许多重要分子都被暗杀或骗〔驱〕逐以后,实权就全在左派手里,一切设施,就更加左倾。没收王公喇嘛僧俗的产业、设立农业生产组合、实施社会主义的五年产业计划及压迫喇嘛,以便全力来"赤化"蒙古。

"蒙古共和国"的政府,是由国民会议选出的。故国民会议可说是蒙古最高机关,掌管对外交涉、对内设施的一切重要事项。国民会议每年开会一次,故实际上的政权是在蒙古国民革命党及由党所选任的政府手里。现在蒙古政府的当局是:

总理大臣兼外务大臣　谦孙

副总理兼牧畜农务大臣　查巴尔山

副总理兼军务大臣兼军务司令　德密特

内务大臣　　耐姆萨莱

文部大臣　　门霍

保健大臣　　乌尔依巴德

司法大臣　　陈意布

商工兼交通邮事大臣　　孟德

财务大臣　　罗布精

国民小议会议长　　亚莫尔

五

苏俄是将外蒙古认为是世界革命的宝库，和供给必要的原料储藏所的。不单因外蒙古的矿藏量丰富，并且也因外蒙是输入苏联商品中品种最多的一国。民国二十二年一月至十一月，外蒙对苏俄的输入为一五，二四六，〇〇〇卢布，输出为一三，四七一，〇〇〇卢布，但二十三年，输入即增加为四四，八一〇，〇〇〇卢布，输出增加为二〇，五六一，〇〇〇卢布，在东亚诸国中，外蒙是占第一位的。

苏俄在外蒙的政治势力的根据，很显然的是建立在经济基础上。因此，外蒙的国营机关，除苏蒙贸易股份公司与苏联商运队，完全为苏联所统制外，其他如蒙古国民中央消费组合同盟（与苏蒙贸易公司同为统制蒙古的商业活动最重要的机关）、蒙古商工银行、蒙古运输部、煤油运输同盟等等，实权亦莫不操在苏联人手中的。

上述的各种国营机关，其目的莫不在打倒外国在蒙古的资本，尤其是英人与汉人，以遂苏俄独占的雄心。外蒙古的商业，本来是操在我国人手中的，可是，自从苏俄的势力侵入之后，对于汉人，除初至时没收了价值三千万的资产外，设了种种苛例，如护照费、货物税金、落地税、登记费等等，使汉人简直不能动一动。到现在止，外蒙所有一切经济势力，已均操在俄人手中了。

六

外蒙古政府，自从民十六年，左派占了势力后，就没收一切王公僧俗的财产，并禁止儿童入寺院，已为喇嘛的，敕令还俗，并将寺院中的家畜收为国有，设柯尔霍斯制，这当然要诱发人民的不平的。在九一八事变后，于是西部、东部即发生二十余次的反政府的暴动。去年的国民会议，虽即将宗教限止稍加以修正，规定四十五岁以上的人可入寺院，然而民众的不平却是依然存在，而旧王公与喇嘛的诱惑，亦是蒙古内政的一件大事。

蒙古王公及喇嘛之不满蒙古"政府"的政策，日人是非常明了的。故在"满洲国"设立一"新〔兴〕安省"，以安置及引诱蒙人，并可利用蒙人去侵略内外蒙古，一方面并将察哈尔境内的蒙古区域全部占领。在去年十月二日"满蒙"两方在满洲里所开的因喀尔加庙地谁属的会议，"满"方代表团日方委员，即提出一条件，要求满蒙的库伦、巴妥米尼及旦士丁三地，设置"满"方代表。这个条件，在苏俄无论如何是不愿意的。因为如答应了这条件，外蒙腹地即将被日本人的势力所侵入，西比利亚西部及乌拉尔即将受日人势力的威胁了，因此日人虽以不参加会议相威胁，但"蒙"方是始终加以拒绝。这个会议，结果便决裂了。

广田对华三原则之第三个"对赤化当由中、日、'满'共同防卫"的真意，即在相〔想〕利用中国一同去抵御苏俄在外蒙古及新疆的势力，并想把那些地〈方〉抓入日人手中（十二月廿三日《泰晤士报》载路透电）。而苏俄方面，表面上虽已迭次〈声明〉外蒙古是中国的领土，但除了经济上为获助资源的关系，日〔俄〕

人无论如何不肯放弃外，即为对日战略着想，亦恐日本从外蒙方面进军贝加尔湖东岸，截断西伯利亚大铁路的联络，当然不能让日本侵入外蒙古。所以最近日本想要求苏俄开放外蒙古，准他自由通商，这真是梦想！

不过，《法苏互助协会〔定〕》公布之后，日本对苏俄的态度已由强硬变为和缓了。二月十日日本内阁已决定用和平手段解决"满"、苏、蒙的国界纠纷，而双方混合国境调查委员会，且已于二月二十一日成立。由这点看来，最近的将来，也许能相安于一时的。

《女子月刊》

上海女子月刊社

1936 年 4 卷 3 期

（朱宪　整理）

伪满与外蒙的纠纷可以引起日俄的大战吗?

醉痴 撰

轮到现在资本主义社会的阶段,处处是磨拳擦掌,各国是扩张军备;整个的世界,笼罩了火药的气氛,蒸发着血腥的味道!但是各帝国主义者,绝不是蛮横性成,穷兵黩武的;绝不是好大喜功,夸耀着战器的锐利。它们是各有其经济的、政治的矛盾,为消除这些矛盾,战争便是被用的唯一方法,过去的世界大战,和正在进行着的义阿战争,便是这样产生的。现在日本为了解决其社会的矛盾,企图生产物的推销,必定是施展其大陆政策,围堵苏俄的边防,不使越逾雷池一步;而俄国为发展其政策,"赤化"外蒙一带,即为"赤化"中国之渐,于是日俄冰炭不相容,将来不惜一战!

最近外蒙与伪满,又起纠纷,神经灵敏者,以为在现在日本的场合下,日本绝不甘自缄默,必以迅速的手段,挑动起战争。那么日俄战争,大有"山雨欲来风满楼"之势!这只是一种肤浅的见解,事实上不会如此简单与神速。

这里先说明此次纠纷的本意:在一月二十九日的当儿,伪国与苏俄边境的金厂沟,有伪国军队一连,杀死日本的三名军官后,即潜入苏俄的境界,归苏俄保护其安全。日方一经闻讯,断定系苏俄主动,颇为震怒,便派遣军队,逾境袭击,同时提出抗议,让苏俄引渡叛兵,竟遭碰壁。于是双方情形,愈趋恶劣,掀起了层出不穷的边境纠纷。伪满趁此向苏俄威吓，且于外蒙的边境，屡事挑衅，结果引起了三月十二日的"贝尔事件"。其实这不是日本真意的来挑战，只是激动伪满仇俄的心里，防范着金厂沟事件的重演——拿这纠纷作一种陪衬，施行其另一种的作用，如何有触起日俄大战的可能呢!?

再以日本的现状而论，日本自一九二九年以还，经济恐慌在其国都里，照样的一幕一幕的映演，在生产过程中的生产要素，已不互相调和，一方面形成资产阶级的榨取，他面形成出卖劳力者的生气息微；国内财政已到了山穷水尽的地步，而且财阀和军阀的对立，还未消除，二月政变后的内阁，还未取得大众的信仰，危险四伏，处处充满着恐怖的象征！若果轻言牺牲，促起战争，事先必得有深刻的考虑，必先找出牺牲的担当者。于是回转视线于中国，便引起最近的中日会谈，让中国参加反俄的战团，共同的"剿除共匪"，实现广田的三原则，挟制着华北，完成其侵略的工作——那么此次的"满"蒙的边境纠纷，只不过是司空见惯，常玩的好把戏而已。

从国际间的情形看来，世界各国因己身利害关系，连成了成串的连环，冒大不韪的单独行动，是很有危险性的。因此日本便和德国共同的计划着反苏的工作；苏俄与法国也结了《苏法互助条约》，日本为使苏俄孤立起见，企图破坏，更进行捣乱以法苏为主动的集体和平运动，运用着圆滑口吻，想说服英国，阻止其参加集体和平，恢复反俄的英日同盟，但是这一切的一切还未解决，日本决不肯冒然从事！那么此次的边境纠纷，纯系移动国际的视线，而从别处着手侵略的工作！

俄国呢?！在原则上是施行着和平的政策，它有自己的经济建设的事业，举国一致的正在迈步的进行着，近年的世界恐慌，对于苏俄的国民经济，影响很小，生产减少、大众失业的基本现象，可以说是绝影的，前五年的计划已经完成，后五年的计划，不用说可以如愿实现。它用不着急用别国的领土来解决内在的矛盾，只是想将其政策，运行于全世界，正在这个建设的过程中，绝不容其停滞，绝不放弃和平政策，开罪于他国，立刻以武力施行其政策于世界。况且值此法日秋波频送之际，更不愿自讨无趣，而招其祸。日本无论怎样腹诽俄国增兵边陲，侵略伪满，是违〔危〕害远东和平，向世界挑战，这只是它的惯技，乘机施行打窃的伎俩！俄国在这场合之下，立订了俄蒙条约，屡提抗议，也不过是虚虚实实，实实虚虚的玩意！绝不妄举轻动，阻碍其社会主义的新建设！

总之日俄因为经济的、政治的矛盾，不免一战，而此次纠纷，未必能为导火线吧！

《西北论衡》（月刊）

西安西北论衡社

1936 年 4 卷 3 期

（朱宪　整理）

蒙古之风云

方秋苇　撰

一　狂飙卷入沙漠

自从欧洲的德国和亚洲的日本，向世界宣示为"反苏的前卫"以后，亚洲的局面便开始剧烈的变动了。

在亚洲的海洋及大陆，日本出现了崭新底雄姿，好像狂飙开始它排山倒海底威力一样。据一些气象学家的观察，"大陆气候的风向西吹，风势愈大"——现在的风向正是向着戈壁大沙漠的长原吹动。

据一九三六年的气象测量："从亚洲大陆东面卷来的风势，到了中国大陆平原，风势向着西北旋转。"像这样的风势，它是没有风向的，只能说它是一种狂风罢了。

现在，这个狂风，从满洲透过了华北，更向西北转湾，卷入蒙古的沙漠高原了。从来被人视为"匿名的蒙古"，而今遭遇着这种狂飙底袭击，已经不算"匿名"的了。现实地，风是开始怒号，云也忧郁暗淡了。

在蒙古的大地，已惊散了悠闲的骆驼队的旅商，只是烙上了帝国主义者的图印罢了。

究竟这样排山倒海的狂飙，这样忧郁的暗云，有无平静与消散的可能？蒙古的天气有无好转的希望？

　　简单的说一句，一九三六年的亚洲西线——蒙古，是不会"平静无事"的。

二　蒙古的概说

　　在这里，我想首先介绍蒙古的概况。

　　蒙古久为中国西北的屏藩，假如蒙古发生事变，立刻可以影响到中国的西北部，蒙古原是中国本部的老兄弟。

　　我们的老兄弟——蒙古，它有绵延不下五千里的地域，气魄雄伟，可称世界第一。古时称蒙古为塞外，因它在长城以北；并位置于新疆以东，辽宁、黑龙江两省以西，俄属西伯利亚以南。它是一个广大的高原，因戈壁大沙漠横亘在中央，故分为内外二部：即漠北为外蒙古，漠南为内蒙古。民国以来，内蒙因汉蒙杂居的范围日广，政府依照行省之制，将它改设为热河、察哈尔和绥远三行省，又将西套蒙古一部分划归新设的宁夏省管辖。但日本分称内蒙为东蒙和西蒙，以便为侵略的张本。据我们的考察所得，东蒙是指热河全境及辽宁一部，西蒙是指察哈尔和绥远。据林道源〔原〕《东〔部〕蒙古形势考》云："塞外迤东为承德府，即俗称热河；南界万里长城，北达西伯利亚，西界独石口，西北界多伦诺尔；东以柳条边（在辽宁省内法库门一带），东北至盛京（即沈阳）所属为界。截长补短，东西约千里，南北约一千五百余里。"准是以谈，则所谓东蒙者，当以今之热河为主，略及察哈尔及外蒙车臣汗部之地。而日人之所谓东蒙，系外蒙古之车臣汗及土谢图汗二部，以及内蒙之哲里木、卓索图、昭乌达及锡林郭勒之东四盟，及热河、察哈尔二省；至于西蒙，除绥远以外，那日本所出版的《蒙古地图》，竟把宁夏及甘肃、新疆一部亦包括在内！

据《申报年鉴》的统计：外蒙面积共有六二二，七四七平方哩，人口为六，一六〇，〇一六人；内蒙面积共有二八四，四九〇平方哩，人口为一〇，三七三，二五五人。依此计算，外蒙古的人口密度为每平方哩约十人；内蒙古为每平方哩约三十七人；内外蒙古合计人口密度，为每平方哩约十九人；人口密度最高的热河，每平方哩约为九十八人。虽然这个统计，也有不甚确实之处，但蒙古土地广大人口稀少的情形，也就可以想见。因为蒙古地广人稀，于是一般人就觉得蒙古荒凉不堪了，实则蒙古荒凉，仅限于沙漠一带；除沙漠而外，俱是可耕的牧地。要之，这绵延数千里的牧地，便是蒙古天然的宝藏。不过关于蒙古天然富源向来没有翔实的记载，因为蒙古的政府和人民，排斥外国人和中国本部的人，遂致丰厚的矿产，从来没有调查。在过去，有几个俄国探险家，不断地搜集这个材料；最近日本亦开始蒙古的资源调查工作。但前者的调查范围，是限于外蒙，而后者则限于内蒙。

现在，蒙古的地域有了很大的变化。从政治上来说，可以把蒙古居住的区域分为三大部：外蒙古、内蒙古，和现在伪满（所谓兴安省）的一部分。因而，现在的情势是：一部分蒙古人是心向着莫斯科，并且在苏维埃联邦扶掖之下，开始了社会主义的建设；另一部分名义上是爱戴中国；还有一部分则在日本的支配下。

在地理上，内外蒙古接近满洲，在日本的"满蒙政策"上，满洲和蒙古原来是二位一体的。换言之，日本夺取了满洲，也必要取得蒙古。这其中的道理谁也知道谁也不知道，我就不用去说明它了。

日本："你还不懂得我怎样经略满洲，
让我再扮演一次给你看，墨翁！"（英报）

三　日本的见地

自从"九一八"日本发动领土攻击战取得满洲以后，有许多人以为日本大陆政策有了止境。至少，日本是不会以夺取满洲的手段来夺取蒙古。可是，日本参谋本部则认为这些手段之运用，是有必然底阶段和步骤的。

热河事变的发生，表明日本夺取蒙古的计画已经开始。关于这一点，日本参谋本部授命于关东军的计画，大概如下：

（1）将东蒙（热河境地）的政治形态改变，将旧有的政治组织粉碎，置于伪满体系之内。

（2）再扶助西蒙亲日及亲满当局，组织自治政府，形成半独立的局面。

（3）然后将东蒙及西蒙镕成一体，实现"大源共和国"的计划。

（4）以"大源共和国"的力量，打击外蒙，并夺取外蒙的统治。

关于第一项，日本自取得热河以后，即将东蒙王公制度及盟旗组织完全粉碎，并将东蒙所属及满洲四省各旗，悉直接统治于"兴安总署"之下，好像一个小型的"蒙古国"。在"兴安总署"之下，又建立兴安分省：北部为"兴安北分省"，东部为"兴安东分省"，南部为"兴安南分省"，热河则为"兴安西分省"，轻轻地便把东蒙分裂了。关于第二项，日本曾诱引西蒙锡林郭勒盟副盟长德穆楚克栋鲁普（简称德王）脱离中央自治，加入伪满"兴安总署"体系，并计画将来建立"大源共和国"。这件事因为中国中央政府应付周密，在不脱离中央系统原则之下允许自治，将它和缓了下去。其实，这时候因为关东军要改变"满洲国"的政治机构，对于蒙古所抱负的计画也要同时改变。

日本在紧急的场合下，将"对满国策"加以改变；接着华北问题逐渐严重，暂时也和缓了内蒙的情势。另一方面，日本在反苏口号之下夺取华北，也不得不在北满高揭"准备武装对抗苏联"的旗帜。可是，苏联并未因这刺激而发动战争，反而对日本予以最大的让步（如中东路的出卖）。

这时候，日本的见地是：苏联放弃了中东路以后，其远东国际政策方向，将集中于外蒙与新疆，这是一种反日反"满"的作用。因为"苏联为外蒙武装"，便是"满洲国"前途最大的威胁。——因而，日本反苏的重心，决计移转在打击外蒙的手段上。一九三五年一月二十四日哈尔哈庙事件的发生，便是日本指挥伪满"兴安总署"及"兴安北分省"，进行打击外蒙工作的开始。

在哈尔哈庙事件发生以后，日"满"方面喧传着许多惊人的消息，不是说苏联红军开抵库伦，便是说外蒙将开始攻击满洲。

日本参谋本部及关东军，张大的宣传是说：现在外蒙"赤化"势力威胁着"满洲国"及华北，中国对于蒙古（指内外蒙古），既不能加以保护，或加以防御，则日本为保障"满洲国"安全起见，对于蒙古的"赤化"，自将予以保护。——这样，日本显然要夺取外蒙了。最近上海日本武官室发表了一本英文小册子，说明外蒙之实况，更显露它们底意向了，据说：

> 倘若传闻已久之日俄战争，果在最近之将来爆发，外蒙自将成为苏俄进攻或守御之右翼。果如此，则战争必在中立地域。因吾人假定外蒙系一独立国家，并不因苏俄以抗日也。姑不论战争之胜利谁属，外蒙之受战争影响，则毫无疑义。外蒙对此险境，将采取何种态度乎？加入苏俄方面，以期获得最后之胜利及应有之报酬？抑或趁此时机而谋真正之独立乎？

> 日人觉蒙古民族之重要，已非一日。自"满洲国"建立以后，即采取步骤，创造半独立性质之兴安省，由蒙人统治蒙古，健全统一蒙古之独立运动，外蒙亦应有此同情。……

这就是说：外蒙要在"满洲国"的兴安省统治之下，建立所谓"蒙人统治蒙古"的独立国家，或者是要将现有的蒙古统一起来！日本以这个诱惑而狡狯的手势招到内蒙，威胁外蒙，要把他转化为反苏的傀儡国。

急急忙忙涂着地图（美报）

四　满蒙纠纷的激化

从日本的见地看来，日本对于外蒙的作为，是要使外蒙脱离苏维埃联邦体系，而在"满洲国"统治或保护之下，将现有的蒙古地带统一起来，重新建立一个傀儡的"蒙古帝国"。

在这个意义之下，所谓蒙"满"纠纷，其意味也就不难知道了（关于蒙"满"纠纷真相，参见拙著《蒙满纠纷与日苏关系》，载本志三卷十四期）。"满洲"曾经向外蒙这样说过："一切边境纠纷（如哈尔哈庙事件及犬养被捕事件），都是由于外蒙关闭门户的原故。"因而，日"满"方面对于蒙"满"纠纷的解决，在满洲里的蒙"满"会议上，向外蒙代表团提出以下的要求：

（1）"满"政府要求在外蒙共和国内设置"满"政府代

表机关（即"满洲"侦探机关），以免将来发生各种纷争。

（2）该代表机关与本国政府间，当有通信之自由，如蒙政府承认此事项，则"满"政府亦准蒙政府在境内设其代表机关。

（3）"满"蒙两国互相接近，两国交换代表机关为国际上应有处置，且为"满"蒙两国间应办之急务。

（4）请贵代表即将此项提议传达库伦政府。

此项要求，系于一九三五年七月十七日，由"满洲国"外交部政务司长神吉正一，向外蒙代表国〔团〕主席托布卡扪的第二次要求。据关东军领袖声称：如外蒙当局不允接受满方第二次之建议，互换代表，则驻于汤木苏克庙之外蒙军队，将予以驱逐。这样一来，便将满洲里的会议送终了。

满洲里蒙"满"会议停止以后，蒙"满"形势日益紧张着；外蒙政府的答覆是："对于代表交换问题，尚有疑义，但愿在九月上旬双方在满洲里开会，讨论一切，哈尔哈庙及海拉尔（即关东军测量员犬养从海拉尔越入蒙境被捕事件）等地事件，亦可在该会折冲。"结果"满"方容纳了这个答覆。

到了满洲里会议重开的时候，双方又不可避免地牵涉到双方代表交换的问题。"满"方代表口口声声说："外蒙必须开放自己的门户，两国代表的交换，是圆滑彼此外交关系的表示。"但是外蒙坚决地拒绝"满"方的要求，其理由实因外蒙恐惧日本势力伸入外蒙境地；而苏联更不愿日本的势力，过于接近苏联之领土。假如日本的势力伸入外蒙，则西伯利亚西部直到乌拉尔为止，将公开受日本之攻击，结果所遭受的危险，将与目下西伯利亚东部的情形相同。

因为这个关系，蒙"满"纠纷更加复杂与严重了，十月二十九日外蒙发表严重的宣言，表示"满"方以最后通牒方法进行谈判，使双方之关系，顿告严重。蒙政府对于"满"方以最后通牒之方式，要求外蒙接受其派遣代表驻库伦之要求，同时拒绝蒙古代表方面之提议办法，加以考量，认为无任惊奇之至！所谓"满"方最后通牒的内容是什么？即不外要派遣代表驻库伦及外蒙各地，并设立常务机关，有通信之自由，否则即对汤木苏克庙之外蒙军队予以驱逐！

很明显地，"满"方这个要求，外蒙决不能接受；结果满洲里会议争执到十二月间，完全僵硬下去了！

满洲里会议发生波折的原因，除了双方意见不能调合以外，便是十二月十九日及二十四日，蒙满军队在边境发生冲突。冲突的原因，由于"满洲"军队侵入蒙境，意欲向汤木苏克庙一带深入，被外蒙军队阻止，双方发生冲突多次。"满洲"方面的意见，认为这事态："当外蒙长此拒绝与满洲国缔结友交之际，满洲国对于侵略者，自应予以惩戒。"按此乃系指外蒙拒绝与"满洲"交换代表而言。而外蒙方面，亦认为双方已无交涉之余地。外蒙政府主席，最近曾作莫斯科之行，对于日"满"威胁苏维埃联邦一员的外蒙共和国，已下最后决心，准备抗敌。据报纸所载：外蒙对于此种非常事态，早有准备：将全境王公之私有财产，没收为政府公有；全境籍民皆可服兵役，步骑尤耐于沙漠、平原之战，且步骑兵队，近亦配备机关枪及大炮，并于库伦附近建筑军用飞机场，全境已陷入战争的状态！"

这样，蒙古布满着战争的风云了。

五　包围外蒙的形式

日本关东军领袖，对于外蒙与"满洲"间的纠纷，其最初所持之见地是，欲借满洲里会议的外交方式，抑压外蒙屈服。可是，一年以来，这个手段已失却它底效能！现在，关东军对于这个事态，将准备出现它新底雄姿！

墨翁说："你倒爬上了！"（美报）

据《密勒士评论》所载，关于日俄对华北的问题，日本计画之最近发展，即为"满"方之蒙古军队，自十二月中旬，经过察哈尔省南部，自〔向〕绥远西部前进，至今尚未停止。同时长春方面，又要求察东六县，割让于"满洲国"，此事实行之后则由北平及张家口至库伦之通商大道，即将横被切断，并在内蒙东部，创立一"真空性质之国家"，以包围外蒙。现在已经明显之计画，即欲得内蒙各首领与德王之合作，在华北与外蒙之间，成立日蒙缓冲国家。关于这件事，据一九三六年一月十八日上海《大美晚报》的消息，谓德王已在内蒙东部宣布独立，成立所谓"自治政府"，其作用实与殷汝耕的"冀东反共自治政府"并无两样。其所不同的，就是内蒙东部的"自治"，是以蒙古人反对外蒙政权；当然这一策动，是日本包围外蒙计画的一环。

现在，外蒙受着两方面的威胁：一方面是"满洲国"兴安省，已准备从海拉尔开始向外蒙袭击。据最近的消息，"满"方的军队已侵入蒙境，并不断发生小冲突，将来的发展必更严重。一方面是内蒙东部所树立的反苏集团，这是内蒙的新势力，它的企图从张北直达库伦的打通，与所谓"满洲国"兴安省势力汇合，而成为反对外蒙的夹攻形势。事实上目前这个形势已经开展了，在一九三六年的亚洲版图上，势必出现一层极浓厚的暗云！

　　究竟，这个暗云将如何转化？是否可以掩蔽蒙古晴明的天空？这个暗云的流布，也许将南下及于中国本部，漠北的炮声也许将钳住了英美帝国主义的正义之口，禁住了中国羔羊的蠢动吧！

一九三六，一，二六，上海

《新中华》（半月刊）

上海新中华杂志社

1936 年 4 卷 3 期

（朱宪　整理）

苏俄之新东方政策与外蒙之地位

〔日〕吉冈文六 著　　龙守成 译

一

苏俄自"满洲"事变以后，其新东方政策，以阻止日本势力向大陆活动及"赤化"中国为目标。苏联邦政府成立以后，东方政策，根本上与帝俄时代无弊〔别〕，即以中国为目标，企图支配极康〔东〕一蒂〔带〕，惟对帝俄时代之压迫、干涉、侵略等等，代之以援助、协力、同化而已，以巧妙之手段，笼络接壤地方之民族，使其成为苏俄之傀儡。对于中国，则以"弱小民族之解放"及不平等之废弃为口号，实非出于本心。此种方式，首先表现于一九二〇之《对华宣言》，其次则为一九二四年之《中俄平等条约》。在该项条约，苏俄对中国约定：

（一）即时恢复两国外交关系。

（二）废弃帝俄与中国间所缔结之一切条约，以一九二〇年之《对华宣言》为基础，缔结相互平等条约。

（三）废弃帝俄与第三国所缔结而有侵害中国主权之一切条约。

（四）承认中国在外蒙之主权。

（五）承认中国以资金收回中东铁道及其一切附属财产。

（六）放弃租借地一切特权。

（七）放弃庚子赔款。

（八）撤废领事裁判权。

（九）协定相互平等关税等等条款。

中国认此条约，为苏俄对中国友谊之表现，中俄关系，愈增亲密。然苏俄已着手"赤化"中国领土之外蒙古。一九二一年，以驱逐侵入外蒙之白俄为口实，援助外蒙古组织临时政府，更于是年，缔结《蒙俄条约》，使外蒙成为苏俄之保护领土。一九二四年六月，以蒙古为共和国，使其渐次同化于苏俄，尔来，外蒙事实上已与中国脱离关系。其次又利用一九二四年《中俄平等条约》后之中国亲俄空气，开始"赤化"中国全土，派遣鲍洛廷、加伦等至中国活动。当时，中国全土几乎完全被其"赤化"，此为世人周知之事实。即当日苏俄表面上表示援助协力之态度，暗中进行"赤化"之侵略，然终为蒋介石之反共政策所挫折。同时，苏俄自身，因斯丹林之独裁政治实现，而"赤化"中国政策，加以改革，表面上似乎由中国暂时退出，但其后苏俄东方政策，仍以中国为目标，其采用之方法，对于接壤地，极力笼络，以固后防，然后由后方压迫中国。首先"赤化"外蒙，以作侵略新疆及"满洲"之准备工作，在国内，则努力完成铁道网及加强军事、产业诸施设。而斯丹林之东方政策，在无声无臭中秘密进行，虽未引起世界注意，实际，坚强而有力。当时，日本之大陆政策，尚未发展，苏俄之东方政策与日本势力之对抗，尚未达到深刻之程度。

然自一九三一年满洲事变后，日本势力乘势以非常速度发展于大陆。苏俄认为此种新时局，为日本对俄之威胁，遂以"满洲国"国境为中心，扩张极东军备，对于外蒙，迅速确立政治、军事之支配权。此种情势，使日俄之对立关系，愈趋尖锐化。利用此种关系，苏俄之极东政策，采取从来未曾有之坚强态度，乘满洲事变以来激化之亲俄风潮，着手结成中俄共同对日战线。对此事实，若更即〔加〕以具体说明，即为蒋介石势力范围内之一部中国与介于两国间之地域，将渐次构成苏俄之一联邦，蒋之势力与古列母宁之势力，直接联络，构成包围日"满"之阵形，蒋介石、斯丹林间成立之同盟，集中中国一切势力，向抗日之途进行，俟时机到来，"赤化"全中国，此即苏俄之新东方政策也。

二

在此新政策下之外蒙地位，非常重要。外蒙，为苏俄入中国之最捷径，其与华北接壤地带，当"满洲国"西方对付日"满"军之要冲。散居该地居民，殆全部与外蒙古之住民同为蒙古民族，故苏俄若能由外蒙支配全蒙民族，则对华北侵略，将更形活跃。同时，又可向"满洲国"西方之蒙古人宣传"赤化"，似此苏俄可以造成一对日"满"势力之巨大防壁，对于外蒙，已能自由指挥，故苏俄现以外蒙为中心，积极进行其蒙古政策。"满洲"，自日俄战争后，已非苏俄至华之通路，而苏俄乃采取外蒙为赴华之捷径。在冯玉祥极盛时代之外蒙，西北路线与张家口路线等，尚有不少恐佈〔怖〕之印象存焉。

满洲事变以来之极东军建设，使日本受重大刺激，因此日本对俄备战之途径，必然趋向蒙古边境。苏俄建设其极东军之一部于蒙古，并加强其军力。外蒙自一九二一年以来，即受苏俄支配，古列母宁（莫斯科政府所在地）之欺瞒政策，一方，声言外蒙为完全之独立国，他方，对于阴险之对蒙、对华政策，戴上援助弱小民族之假面具，移转世界舆论之攻击，暗中则以外蒙为秘密地域，除俄人外，其他一切禁止出入，至军事、政治、经济、文化等，皆连结于莫斯科。一九三四年十一月二十七日，蒙俄间缔结

军事密约类似之协定，迭次召唤外蒙要人至莫斯科，协议对日
"满"策略，指示外蒙应取之态度，同时，加强其军备。在此期间
中，"满"俄国境之日、"满"、俄纷争，日趋恶劣。此种恶劣，渐
使外蒙之对"满"态度强硬，终于一九三五年一月发生哈尔哈事
件。以此事件为中心，召集会议于满洲里，会议中，外蒙对于树
立"满"蒙间之亲善关系（即"满洲"之和平工作）予以拒绝，
会议竟至决裂，而蒙"满"关系已逢着难关。该会议决裂后，苏
俄召唤耿东以下及当时之外蒙要人赴莫斯科，并召集外蒙古唐努
乌梁海，布蒙、蒙古"满洲国"附近三共和国之要人，开俄蒙会
议，讨论对日"满"军事同盟之强化。苏俄之此种准备工作，即
时在"满洲国"境着手进行。东部、北部俄"满"国境纷纠事件，
为满洲里会议不调之反响，情势突然恶化，终于酿成连续不断之
日蒙兵、"满"蒙兵之冲突，事件竟至发生如阿兰河喀、托兰恶性
事件。在此等事件进行中，一面，太田驻俄大使与斯摩托尼柯夫
次长会晤时，对于从来所否认之俄蒙间之紧密关系，表示承认，
继而三月一日，在哈瓦特与斯丹林会晤时，竟公然声明"苏俄对
外蒙之积极援助"。在此合〔会〕议中，斯丹林以充满自信之态
度，发表如下挑发〔拨〕之谈话，即谓："若日本政府攻击蒙古共
和国，或危害该国之独立，苏俄政府，对于蒙古共和国，当予以
援助。"斯托摩尼柯夫外务人民委员次长，最近对于日本大使太田
为吉，曾详述一九二一年以来俄蒙两国间之亲善关系，并传达以
上之方针。苏俄政府，将采取一九二一年当时同样手段，援助蒙
古共和国政府……日本或将企图夺取库伦，此次斯丹林之谈话与
满蒙边境事件日趋严重，遂使日俄关系极度紧张。四月八日，莫
斯科方面，突然发表俄蒙相互协助条约，在其声明中，略称"该
条约之签字，系于一九三六年三月二十日，在外蒙古首都库伦，
外蒙之苏俄代表戴洛夫与蒙古人民共和国喀和尔丹议长阿模儿，

又该国首相兼外相耿东之间执行。……俄蒙西〔两〕国政府，于一九二一年，对于侵入俄领之白俄军及因与此事件有关占据蒙古领土之军队，以赤军之援助驱逐之。根据当时以来之友谊，且以维持极东和平与增进两国间关系为目的，苏俄或蒙古人民共和国，若受第三国之侵略或有豫防侵略之必要时，应相互援助。一九三四年十一月二十七日签字之绅士协定，依左列之议定书，得以确定。"该条约以四条构成，约定对于外敌，俄蒙应互相援助，从而记载苏俄军得驻屯外蒙古之文句，因此，以日"满"两国为敌而俄军之驻屯外蒙，成为合法之行为。

似此，苏俄已完成支配外蒙工作，于是，由"满"俄、"满"蒙国境问题，而日"满"、俄蒙之关系，益趋恶劣，同时，亦为俄蒙积极政策之表现。由此等事实，显见苏俄对于外蒙之支配，抱有绝对之自信力。且吾人确信，苏俄在外蒙方面，已完成对日"满"关系恶化时之各种准备。

三

然则，外蒙现在苏俄化之程度如何，苏俄之对日"满"阵营加强工作之程度如何，试观次述之事实，即可了如指掌矣。外蒙对外贸易百分之九十，为对俄贸易，各种产业，勿论其在资本上、技术上、组织上，悉受苏俄支配。一切交通，皆与苏俄联络，最近更计划建设亚〔西〕比利亚之乌兰乌得、乌兰巴脱尔间，赤塔、三伯斯间等重要军事铁道，又于乌兰乌得、乌兰巴脱尔间，赤塔、三伯斯间，乌兰〔脱〕巴脱尔、三伯斯间，开设航空路。外蒙军备之确数，虽不得而知，但据某方面之情报，由骑兵与特别国境警备军所编成之正规军三军团、步兵二旅团、炮兵、特别国民军（约五千）、机械化学兵团、飞行队（约二百台），其各部队之人数，虽无从探悉，但此两年来，确增加一倍以上。机械化学兵团、飞行队，皆非常优秀。乌兰巴脱尔市，全市军事化，有二兵工厂，有发电所、化学兵器工场、无线电台等设备，除苏俄人外，其他不得出入。飞机场多建设于首都、重要都市及"满"蒙国境方面。此等部队，以乌兰巴脱尔与三伯斯为中心，集中于"满"蒙国境方面。此等军队，由苏俄将校指挥，在各种部队之中，均有多数俄兵。若论政治，外蒙之政治，完全由苏俄代表戴洛夫之意思执行，各机关均设有顾问，顾问对于蒙人有绝对权力。若论外蒙之上级政治机构，视其身居要职者之与苏俄之关系，即可明了个中情形。外蒙有三年开会一次之全蒙代表大会之大国民议会，及一年二次之中央执行委员会之小国民议会。此小国民议会之议长，为多克萨姆，与在莫斯科之莫洛托夫之地位相同。多克萨姆深得斯丹林之信任，曾受教育于莫斯科。其下有人民政府，蒙古军总司令（待米托）、总理（阿穆儿）、第一副总理（乔约衣巴尔残）、第二副总理（待米托）、内防处处长（那穆沙那）。内阁总理阿穆儿之下，有八大臣，内务乔约依〔衣〕巴尔残，外务由阿穆儿兼任，军务由待米托兼任，财务托布金，商工交通门德，司法清吉浦，文部保健龙郡，牧畜农务（不明）。此中最有权力之阿莫〔穆〕儿、德米多〔待米托〕、乔约依〔衣〕巴尔残、那穆沙那等皆曾受教育于莫斯科，为斯丹林所最亲信者也。此等人，若称之为蒙古人，宁可称之为苏俄人。

四

如上所述，外蒙举凡一切，皆已苏俄化。又如第二节所述，苏俄在外蒙，即对外事件，亦得自由发言，自由行动，对于外蒙与他国间所发生之问题，与本国国内问题，同样处理。此种积极态度更使外蒙成为苏俄对华、对日"满"政策之基础强化，愈加深刻。

当苏俄发表曝露外蒙真相之《俄蒙相互援助条约》之际，负有游击队任务之中国共产党，即"窜入"山西（因篇幅有限，此项说明，俟诸他日），同时宣传与南京政府有密约，因而中国之抗日运动，弥满全国，达于最高度，此种运动，系由于中俄提携而来。成为疑问之中日密约之存在，证实后，更属明了，即该项密约，自昨年夏华北事件发生以来，两者间一再折冲，由于鲍格莫洛夫在南京、华北及驻俄颜大使在莫斯科之活动，双方逐渐接近，于本年初在南京完成签字手续，中国方面代表为孙科、于右任、冯玉祥，苏俄方面，代表为鲍格莫洛夫大使、塔斯上海支局长。中国方面，以承认苏俄存在外蒙、新疆之特殊权利，及中俄共同抗日为基本。此项条约成立之消息，因孙科为解决西南问题，赴广东与陈济棠、李宗仁等会晤之际，于无意识中泄露，即孙谓"（一）蒋介石于去年末之五全大会闭幕后，即着手组织有系统之抗日组织。蒋之抗日，与西南异，为全面的工作。（二）上述之抗日工作，非中国单独进行，有联络苏俄与英美之必要，因此，现正进行联俄计画，由余与冯玉祥、于右任等贡献联俄意见。陈果夫之入莫斯科，即其结果"云。又谓："根据此结果，南京军事要人等，拟定在江苏、浙江、福建、河南及长江下游以江苏为中心一带地域，着手构筑阵地，以备抗日战争之需"云云。似此，《中俄密约》与中国之抗日统一战线之消息，已曝露于世。去年八月召集之第七次国际共产党大会，根据多米诺夫与汪氏之演说，其所采取之新方针，即为"由苏俄援助中国之赤化扩大，以抗日为目的，中国应努力实现民族之统一"，此即所谓中国之抗日统一战线问题。中国共产军之高唱"为日本帝国主义，共同武装奋斗计，须全民众、全军政结成抗日统一战线，因此，虽各地军阀、资产阶级，或蒋介石氏，若愿参加此运动，即可与之停止斗争，对外停止从来之排击一般帝国主义之行动，并与欧美帝国主义者极力谋提携，唯对于日本帝国主义，则以武器相向"。华北共党之暗中活跃，中俄密约之实践，其次如集中于山西西部之毛泽东等共产党之活动，"满"俄、"满"蒙国境问题等，其性质完全相同，苏俄自今春以来，关于俄蒙关系，逐步予以说明，在最后发表《苏俄〔蒙〕相互协助条约》之经纬，即苏俄对日"满"之阵容，自海参威〔崴〕、伯利、黑河、多伦经外蒙与华北相含接，完成一马蹄形。吾人对此不认为南京政府抗日政策之延长。吾人一想到此马蹄形，即感觉外蒙为重要之一环，更加入中国而形成对日"满"包围阵之堡垒，不胜栗然。苏俄之此种煽动政策，待日本知觉之时，已达到相当程度，此种情形，就秘密主义之古列母宁政治家，今春以来之大胆表现，亦可了然。

《边事研究》（月刊）

南京边事研究会

1936 年 4 卷 4 期

（李红权　整理）

绥东问题的前前后后

巴文峻　撰

一、绥东五县沿革　查察哈尔在清初即编入左翼四旗、右翼四旗，并牛羊马群及太仆寺，设置都统，以理旗务。其左翼四旗距张家口较近，沿长城各口，设置张理厅、独石厅、多伦厅（民国后改称县）以理民事，隶直隶省管辖，即今河北省；至右翼四旗亦于清季中叶，设置丰镇、宁远（后改为县，宁远改称凉城）两厅，抚理民事，隶山西省管辖。嗣以人民繁聚，垦地日广，于前清末季，复行设兴和、陶林两县。在贻谷开垦以后，奏设新添县治，距何省近者，即归何省管理；以兴和、陶林离山西较近，即归山西管辖。迨至民国二年，绥远改为特别区域，而丰、凉、兴、陶四县即划归绥远管辖。其右翼四旗蒙旗事务，仍由察哈尔都统处理。又民国四年，察哈尔特别区域因辖境太小，当经呈准复将丰镇等四县划归察区管理。民国十九年间，经察区呈准在平地泉地方，又添设集宁县治。十七年国军统一以后，由太原政治分会阎锡山提议，呈经中央核准，即将河北省口北十县，划归察哈尔省管辖，察省之丰镇、陶林、兴和、凉城、集宁等五县，划归绥远省管辖，以此分配，而便就近治理焉。

一、纠纷起原　查察哈尔旗组织，系左翼四旗、右翼四旗、牛羊群、大马群、太仆寺等，隶察哈尔都统管辖。各旗群原各设总管一人，以总其事，相沿已久，尚无问题。于民国廿二年，各监

〔盟〕旗要求自治时，经吴鹤龄将察哈尔各旗群改称一盟，附带于要求自治条件之内。嗣改盟虽经中央核准，而组织却仍旧。迄上年十月间，百灵庙蒙古地方自治政务委员会开第二次大会时，即决议，察哈尔正式组织盟政府，委卓什海等为正副盟长，且在张北日人监视下，就职视事，惟其他各总管多不同意。因各总管原属同等阶级，骤然多一长官，以致均抱不满。然卓什海亦无如何，遂经日人唆使，向绥省索要绥东右翼四旗，并由日人代讨。正在弓满弩张之势，而绥省府应付得法，暂告平息。今绥东四旗匪伪各军预备西侵，目前业已发生，经绥省军及迭木凌苏龙蒙古部队会同击退矣。

一、山川形势　查绥东丰、凉、兴、陶、集五县，即位于右翼四旗境内，东邻张北县境；南至长城得胜口、杀虎口，与山西右玉县连界；西至绥省归绥县东（距省城仅九十里）；北与商都县及西〔四〕子王旗毗连。地势重要，山川险峻，如大青沟系由集宁通商都之孔道，实为军事上必争之要隘；灰腾梁高而且险，亦如集宁之屏蔽；其他如十八台、隆兴庄等处，既为蒙汉交易之商场，又系繁富重要之区域，亦军事上必争之要点。现省县公路多已修筑，交通便利，行动只在顷刻耳。

一、绥东五县交通关系　查绥远省县公路重要处所，多已修筑完成，如省城至凉城公路，凉城至杀虎口公路，均已接筑完成。由杀虎口至绥远省城系二百四十里，其他如凉城至集宁（即平地泉）、丰镇，均已修筑公路。由集宁至陶林亦筑有公路，计程不过百余里，交通均称便利。惟平绥铁路由大同至绥远、集宁，为平绥铁路中心重要之点。米粮之出运，货物之往来，该地系属枢纽，关系极为重要，其军事行动亦只在指顾间耳。

一、绥东五县与西北国防及晋绥关系　查绥远地居边陲之中央，形势最为冲要。东邻察、热，西通甘、新，南界秦、晋，北连外蒙，广袤千里，山河险要，为内外蒙疆之咽喉，华北各省之锁钥。对于西北国防上，实占重要优胜地位。设绥东五县一旦不保，则晋绥交通遮断，接济亦必断绝，恐绥省亦难永久保持，而绥省如非我有，则藩篱等于尽撤。而华北、秦、晋、甘、宁等省之紧张与危险，自不待言。所谓唇亡齿寒，晋、绥关系尤为綦切。且绥远收入赋税，为数亦属不赀。如平、津各货输出甘、新等省，及绒毛、皮革入内地者，均须经过绥远，而后始能分途运销。是以所收税捐亦属可观，希望国人对于绥省，非下决心保持不可，当勿漠视之也。

一、日人企图 查日本国策本为满蒙大陆政策，东北侵略之后，则改于西北之推进，自必更形积极。以日俄对策言之，日本非占有内蒙古，不能包围苏俄；又非将中国西北之地区全行占领，不能威迫苏俄之后路。是以日人企图之内蒙古并拥护蒙古成立帝号者，系在国策原则之下，非偶然也。国人当已注意及此，精诚团结，协力御之。

一、中俄关系 查中俄复交后，日人为侵略中国及威迫苏俄计，故将张北六县占据，张库汽路遮断，以资阻隔。并欲将内蒙古及西北各省侵占，以断中俄之国际交通。然中俄国交之亲疏，当与日本甚有关系焉。

《边事研究》（月刊）

南京边事研究会

1936 年 4 卷 4 期

（计麟 整理）

大时代到临之绥东问题

此非地方事件望国人注意
从解决两广说到开始攘外

作者不详

喧扰亘二三月之粤桂事件，陈济棠出走，粤事已早无问题，而桂事近以居、程、朱等斡〔斡〕旋，复告解决，回忆自袁世凯逝世以后，迄今二十年，统一之局，始克再现，吾人为国家民族前途，深为庆幸。

然吾人以我国近数十年来，为内忧外患两恶魔所纠缠，外的恶魔，所加于吾人之危害者尤甚。今内忧既平，是内的恶魔已除，而外的恶魔，现正复张其爪牙，肆其毒螫，直欲结束吾人生命。吾人今后唯一工作，自在与此外的恶魔作殊死战。九一八以后，吾人对此外的恶魔，忍让备至，如通邮、通车、设关、冀东问题、察北问题等等，恒采"有取必与，无欲不遂"政策。其所以采此政策之动机，则为"先安内而后攘外"，今内既安矣，吾人当开始攘外。

在今日攘外之工作，首须保全绥东，盖自去年十二月察北六县先后失陷以后，绥远形势即日渐恶化。原来日方军事计划，在首先占领绥东，再进窥绥远省城，夺取晋北，以席卷华北。

八月十五日麇集商都一带之伪军，在绥东集宁与驻军傅作义部发生重大冲突，战事相当激烈，所幸在此时，绥远地方当局，坚决表示维护国土。

八月廿二日以后日方鉴于伪军失利，乃在百灵庙会议，议决军队改编，以伪满蒙自治军成三师，伪蒙军编四军，每军辖四师，人数号称十万，且有日方尽量供给新式枪械。

八月廿六日并传板垣赴绥，向绥当局提出要求，谓绥东五县前身，原属察北四旗，应与察北六县一致，并极力怂恿德王、李守信等，积极东侵。

在日方想打通内蒙途径，以为防俄准备，已为不可掩之事实，只以内蒙伪军，实力未充，而匪首王道一被击毙以后，其部下还在整理之中，故两周前似乎又转趋沉寂。

最近闻关东军方面，参谋长板垣，曾令冀东殷汝耕，拨调伪保安第一、二总队张庆余、张砚田两部五千余人，开往察北，转向绥远侵扰，并由东北兵工厂补充重火器，即将于本月二十日左右，下动员令，取道古北口，经察、热边境，与伪蒙军会合，进攻绥东，倘仍不济事，则再由关东军出动，以达其目的。

夫绥远地居西北之中央，东邻察、热，西通甘、新，南界秦、晋，北接外蒙，为内外蒙疆之咽喉，华北各省之锁钥，今日东四省沦陷，其国防上地位，尤为重要。而绥东五县，又为本省之最重要地点，彼方意欲占领此地，向西沿平绥路以侵略我西北各省，向南沿同蒲路以掠夺山西，如此，外蒙之大包围成，中俄国际交通断绝，而我北方各省，为所囊括，其整个的大陆政策，遂得实现。以故绥东问题，非地方事件而为大时代到临之前奏，关系我国存亡至巨。

虽然，今日绥省当局，非不抵抗将军可比，有愿成仁表示，颇具守土决心，惟吾人以晋绥力量有限，非中央乃至全国增援不可。在此粤桂事件解决、内忧已平之今日，吾人深望攘外工作即日开始。

《边事研究》（月刊）
南京边事研究会
1936 年 4 卷 4 期
（朱宪　整理）

察北问题之严重性

作者不详

就察北六县之地理形势言之，其地控制张库公路，扼中国与外蒙及苏联交通之咽喉，张库公路截断，中苏商务，即无法进行，库伦与北平之间，无法交通；张北南下，即可控制平绥铁路，而平绥铁路，实为内蒙及察、绥诸省命脉之所在。日本之计画，不但使南满铁路与北宁路相接，且图北宁、平绥之接轨，使日本军队自大连来者，既可经南满、北宁、平绥而直达内蒙，又可由各路连接张库公路，陈兵于外蒙境界而威胁库伦。此种计画设竟实现，朝鲜与绥远可以直达通车，而内外蒙与绥、晋、陕、冀诸地，将无宁日矣。

日本之图内外蒙也，原有具体之计画，沽源六县之被占，为此计画之开始实行。在土肥原辈之眼底，所谓"蒙古国"之制造，较"满洲国"更为重要。盖唯控制蒙古，方可达到控制亚洲大陆之目的，亚洲历史所昭示者，唯长城以北之势力，可以长久的控制中国也。故满洲伪国产生之时，日人即将满洲境内之蒙古族，划为一"兴安自治省"，予以相当之自治，使成为"蒙古国"计画之基点。兴安省内，有蒙人二三百万，其总数为蒙古人口之半，日人即以呼伦（海拉尔）为策动蒙古脱离中国运动之根据地，一方面威胁外蒙，一方面引诱内蒙。今日本既伸手于察哈尔省，不但百灵庙方面之政权，危若累卵，库伦方面，亦如利剑在腹，生命受危，事态严重，方之于九一八，犹有过之。

　　日本对付吾国之手段，其最酷烈者，厥为在我国领土制造许多傀儡国，直接由日本籍之官吏统治，由日本军队占据，满洲伪国，已制造完成之傀儡也，所谓"冀东反共政府"，则第二傀儡之核心也。日本不但无取消此伪组织之意，且欲将冀察政委会并入，而完成其所谓"华北国"之计画。内蒙方面，日本亦以"兴安自治省"为核心，制造又一扩大的傀儡组织，蒙古政委会，已为日人欲夺为己有之对象矣。沽源六县，一失难返，将来大漠以南，不幸而沦为满洲第二，此实嚆矢。北方危机，严重若斯，国人其尚可因循坐视，而不思亟起以图挽救乎！

（一月十八日《申报时评》）

《新中华》（半月刊）

上海新中华杂志社

1936 年 4 卷 4 期

（朱宪　整理）

日本侵略外交政策下的内蒙危机

李之葵　撰

一

　　本来日本也和中国一样，是一个完全封建，实行着所谓锁国主义的国家，但这种坚固的壁垒，终不免为欧美资本主义所冲破。自一八五三年，美国兵舰开到日本，迫令开国缔结条约以后，日本便在外力压迫之下，成为欧美资本主义国家的榨取目的地，半殖民地的国家了。但至"明治维新"以后，经过它自身的努力，终于离开了半殖民地的被压迫国家的境地，走向了半封建的帝国主义的道程。

　　因为日本这个国家和欧美的先进资本主义国家的发展过程，略有不同，它不是由下而上，纯自然的发展，而是由上而下，半人为的发展，所以从封建的、半殖民地的国家，开始走向资本主义国家的阶段时，便已受到当时国际形势的影响，带着帝国主义的倾向了。同时，因为资本主义的生产方式未能极完全的发育起来，致直到现在还残存着封建的渣滓，不能像别的先进资本主义国家，是在相当的长时间内，保持着纯资本主义的性质和形态的。因此它的外交政策，也是一离开了被人压迫的阶段，便带着了压迫别人的性质。

当明治政府的政权刚一巩固，它便向列强要求修改不平等条约，实行其向先进资本主义国家力争对等地位的奋斗外交政策。而在另一方面，因为日本资本主义，内受国内市场狭隘，资源缺乏的限制，外值世界资本主义已由自由竞争走到独占阶段的时期，所以他就借口朝鲜乃至中国为其生命线，而向这落后的国家，试行着帝国主义的侵略外交政策了。

二

日本之进攻朝鲜乃至中国，是希以此为发展其自身，并加入世界帝国主义之林的主要手段。可是这样一来，首先便和当时把满蒙及中国北部乃至朝鲜，当做独占禁脔的俄帝国主义冲突了。所以继中日战争之后，日俄战争亦随之爆发，而结果是日本胜利了，使它得列入了世界帝国主义国家之林。

然而事实往往不能尽如人愿的，日本在日俄战争后，虽已获得了对于中国开始积极行动的机会，但因各帝国主义在华势力的均衡和美国的阻止，使日本仍不能飞跃的发展。等到欧战爆发，不仅世界的势力均衡，尤其是各国在华的势力均衡破坏了，就是欧洲大部分国家的产业，也都破坏无遗，于是便给了日本一大飞跃的机会，完成了它的帝国主义的形态。同时，露骨地实行它帝国主义的外交政策，而向中国提出了"二十一条"。

这一下，本可以实现它统治亚洲的迷梦了，谁知欧战不久即告结束，欧美各帝国主义马上又注意到了远东问题。这时美国固然愈加露骨地表示着对日压迫与进攻，就是日本多年的同盟国——英国，也在中国问题上，和美国站到一条阵线上来，阻止日本势力之过度发展。为着这种种原因，日本只好改变方针，采取了避免和英美公然冲突的外交政策。但日本侵略中国之积极政策，并不因此而稍受打击，且有乘机加强之势，以图实现其一贯的大陆政策。同时，日本资本主义自身，在这十余年来，积极发达的结果，本已有更加向外发展的大欲，加以一九二九〈年〉发端的世界经济恐慌，使各资本主义国家，都不能不以向外发展的方法，缓和其国内的危机，日本当然不会成为例外，在这些客观的需要之下，便发生了"九一八事变"。

九一八事变，发生在标榜和平的民政党内阁时期，可知并不是偶然的冒险行动，而是日本资本主义自身所认为不可避免的必要行动了。何况"明治维新"以后，征服满蒙以至中国全土，已是日本外交政策的中心了呢。因为日本的资本主义发达虽速，可惜出世太迟，只剩下中国这块肥美的处女地可让其插足，所以它就以宰割中国为其资本主义发展的条件，因此在大战中以至大战以后，日本帝国主义便拼命抓住中国，不肯放松一步，而喊出"如欲征〈服〉世界，必先征服支那"的吼声。

三

日本"征服支那"，是有着其一贯的步骤的，第一期征服台湾，第二期征服朝鲜，第三期征服满蒙，第四期便是征服支那全土。截至现在止，台湾与朝鲜是并入日本的版图了，满洲也在四年前被日本占领了，但是第三期的征服满蒙，还不能算是完全实现。所以内蒙将为日本铁蹄下的牺牲品，乃是不可避免的事实，"防止赤化势力南侵"不过是日本用来掩护其侵略行为的烟幕而已。

说到日本的侵入内蒙，是用着双管齐下的方法的。一方面利用蒙古的王公贵族阶级，另方面又利用正支配着无数有势力的寺院的高级喇嘛。日人的策略虽是各色各样，但要言之，也不外乎贿赂与威胁，不是以军火或金钱来利诱，便是以民族独立的巧语来怂恿，以增厚蒙古人对于汉人的仇视。此外更嗾使日人的走狗，蛊惑在蒙古的中国军阀起来横行胡为，以扰乱地方的安宁，借作它进兵的口实，这种类似和平的侵略政策，已经在九一八之后，把东三省及其所包含的内蒙各部，并热河全部和察哈尔的一部攫取到它自己的手里了。但是日人的野心，并不至此而罢休，它还想在察哈尔与绥远两省境内建立"第二傀儡国"。再西进占取宁夏，仿照满清灭明的故技，对整个华北取大包围的形势，以期侵入长江流域，完成其"如欲征服世界，必先征服支那"的大计划。所谓"防共协定"，也就是它进取内蒙的先声。

四

现在我们来看看日本在内蒙的一切阴谋与设施吧。为便利起见，特分为数点叙述如下：

第一是伪军的活动与内蒙军力的扩充。热河的蒙古人李逆守信，不仅在张北设立司令总部，自称其辖境为"蒙古国"，并且在联合卓世海部等伪军占据察东，将其势力向西伸长到了与平绥铁路的平地泉车站相距不过五十至六十哩的商都后，便在张北设立了两所学校，强迫十五岁到二十五岁的蒙古青年前往就学。这种学校，名义上虽是寻常学校，而实际是军事学校，训练人才，以供成立蒙古军之用的。同时又利用去冬蒙灾严重的时候，大招兵丁，扩充实力。现在日军不但已决定在绥远、归化和沿平绥路进行驻军，并拟将内蒙直隶军队，在九月前，扩充为"蒙古独立军"二军，每军八千人，共一万六千人，由日军官直接指挥，军火也由日方完全供给。最近更和热边伪军张海鹏部以及零星股匪保持联络，打算向西作军事行动，进占多伦，沿张库路西进，径取滂江，令德王宣布独立。据华联社消息，德王不是已于上月在嘉卜寺先就"蒙古军总司令"了吗？另一方面，日人为掩护伪军进行计，已由关外派去航空队一队，共有飞机二十架，分驻张北、滂江、百灵庙各处，并在那儿开辟了很大的飞机场，预备了极大的蓄油池。在绥远、包头、宁夏各地，还安设了无线电台，互通消息。总之，此次日伪军在察省的活动，一面志在攻占绥东五县，一面将由张北向西南推进，截断平绥路取张家口，再进而进攻大同，控制山西，以完成其包围整个华北的第一步工作。

第二是日人对于内蒙经济的攫夺。日本取得察东后的第一步，便是攫取关税的管理权，借此与伪满发生密切关系。凡是向东经由多伦输出的货物，概行免税，向南运至张家口的，则不客气的征税百分之百，皮毛的赋税是每张三角。由大连及多伦运来的运货汽车之售价，往往比较由天津方面运来的，要便宜四五百元。就是来往外蒙古的货物，也要征收百分之十一分半的通过税。可见其目的不仅要完全统制内蒙的市场，并且还要夺取外蒙古与内地的贸易。从前内蒙的汽车运输业，本来是操于华商之手的，现在也完全被日人夺去了。

第三是文化上的麻醉工作。一月以前日本外务省文化事业部已决定在蒙古方面，拨款十万，于百灵庙附近设立"蒙古研究所"，分政治、经济、文化、历史各部门，就国内各著名大学中，选派人员到那儿去从事研究，以期养成"蒙古通"。现在滂江、百灵庙、包头等各重要地方，日人都已设立了所谓"亲善协会"、"善邻协会"等团体。这种团体所干的工作，表面上多是关于慈善方面的，如像义务施医，救济贫苦等等，但实际上，则纯全是一种宣传机关。他们不但派遣大批日本青年，组织所谓"巡行疗医队"，到各地去免费治病，并且顺便地大放其蒙古自治的谬论，怂惠蒙人。同时还设立许多小学校，实行奴化教育，以麻醉蒙人的子弟。据上海《字林西报》访员的一个朋友，月前从百灵庙回来说："那里真像东京，到处只听见日本语。日人在内蒙的行动跟他们在满洲一样，察省六县的中国农民，都被迫种鸦片。"云云，你看现在的内蒙还是中国的内蒙吗？

<h1 style="text-align:center">五</h1>

德王虽是一个精明强干，很有作为的蒙古青年，但是处在这种环境之下，已使得他变成怀疑主义者，不知道究竟应当如何是好了。现在德王在内蒙的一举一动，都随时被日人监视着，他所要"参谒"的地方，也早已被逼成不是南京，而是长春了。就是一般受过教育的蒙古青年，最近因为一蒙古要人在海〈拉〉尔被暗杀后，虽然已恍然醒悟，对于日人加上了一层恐怖与愤恨的心情，但总觉得自身力量太薄弱，不足以防护其国家领土的完整，大都怀有着失望的情绪了。

从地理上说来，整个的内蒙古，是我国西北的屏障，现在日人这样处心积虑地来计划抢夺这块国防前线的土地，进一步可作为其征服中国的根据，其严重性实不下于一个华北。那么在这里我们就要认识清楚，一个弱小民族要求得生存，决不是用低廉的代价可以换得来的。局部的抵抗或妥协，都是自取灭亡之道，何况政府单独的力量是有限的，而敌人的侵略是有计划的哩！所以现在我们应当赶快大家一齐联和起来，站在政府领导之下，一方面对蒙古同胞予以精神上鼓励，恢复他们固有的尚武精神，展开争取民族生存的英勇斗争，同时还要予以实力的援助，例如交通的建设、畜牧的改良、地利的开发等，务使他们的生活有所保障，然后才可以振奋他们的勇气，铲除失望的情绪，来从事救亡的工作。

《边事研究》（月刊）

南京边事研究会

1936 年 4 卷 5 期

（朱宪　整理）

绥远省境内设立蒙政会

作者不详

中央于一月二十五日明令公布《绥省境内蒙古各盟旗地方自治政务委员会组织大纲》十五条，并发表沙克都尔扎布等二十二人为委员，指定沙克都尔扎布为正委员长，巴宝多尔济、阿拉担鄂齐尔、潘第恭察布为副委员长。二月二十三日，绥境蒙政会在绥省公共会堂正式成立，宣言："于睦邻防共方策之下，提高蒙民生活，发展蒙旗文化，以及一切经济建设，借图增厚实力，巩固边防。"此事在现时以及将来之边事上，意义至为重大，国内各报已多所论列，谨再略述本报之意见加〔如〕左。

当民国二十三年，蒙古王公倡导自治之顷，内政部黄部长曾一度衔中央命前往内蒙视察，便中与云、德两王商讨自治办法，结果有甲、乙两项办法之假定，其甲种办法，即于内蒙设立第一、第二两自治区政府，并拟以锡林果勒盟及察哈尔部各旗编为第一自治区政府，乌、伊两盟暨土默特旗、阿拉善、额济纳各旗，编为第二自治区政府。同年一月十七日中政会通过之《自治原则》十一条，亦拟于察、绥两省各设一自治区政府，当时绥省境内蒙古各盟旗长官，且有分盟办理自治之主张，是知绥境蒙政会之设立，两年前已有成议，嗣经中央一再考虑，以为分别设治，不若整个进行较易奏效，故又有二十三年二月二十八日八项原则之改订，旋即成立蒙古地方自治政务委员会。

岁月不居，蒙政会成立后，屈指已二年矣，考核二年来蒙旗自治试行之经验，以各盟旗间人事之纠纷，地方情形之互异，及种种困难情形，中央亦感觉蒙旗自治事务之推进，以分区自治较易成功。近复以绥省境内各盟旗长官等之电请，各该盟旗有力人士及青年之进言，中央为尊重地方公意起见，乃决定准许设立绥境蒙政会，办理绥境蒙旗地方自治事宜。夷考盟旗制度，本系分区而治，相沿既久，习惯成风，加以地方辽阔，交通不便，故二年来主持自治事务之当局，虽力图振奋，而自治事务，仍不见若何成效。现在绥省境内分设蒙政会，实为免除以上种种困难之最良方法，不惟绥省各盟旗地方自治事务可以因地制宜，进行顺利，而原有之蒙政会，亦得专心致力于锡林果勒盟及察哈尔省境内之旗群地方自治事务，用力既专，收效自巨，同在中央领导之下，分工合作，前途殊可乐观也。总之，中央对于蒙民，以扶助其自治为原则，只有在中央指导分区自治之原则下，进行蒙旗地方自治，始能达到自治之目的。吾人希望绥境蒙政会，能本宣言中"睦邻防共"之旨，不尚空言，埋头苦干，从事绥境盟旗一切文化与经济建设，"增厚实力，巩固边防"，以抒中央北顾之忧，同时吾人更希望原有之蒙政会，亦能抱定原来宗旨，再接再厉，以与绥境蒙政会协力共谋蒙旗地方自治事务之发展也。

《蒙藏月报》

南京蒙藏委员会

1936 年 4 卷 5 期

（朱宪　整理）

冀察交涉之谜

友生　撰

　　所谓冀察交涉，时紧时弛，时断时续，忽传将近解决，忽传尚无结果，真相如何，吾人无从而知。然就实际情势观察，日本在华驻屯军方在扩增，其在津之军部方在强化组织，殷逆汝耕方在跋扈飞扬，走私浪人方在变本加厉，日方武官方在奔走活动，沧石铁路方在日人包办之下而进行建筑，不特冀察问题无从解决，中日关系亦难转好，谁实为之，谓之何哉！

　　吾人以为中日邦交之调整，犹不在冀察问题之交涉，而在全盘问题之商讨：东北政权如何交还，傀儡组织如何取消，日本驻华军队如何撤退，互惠条约如何签订，对等提携如何实现等事，乃为中日关系之根本问题。吾人明知在今日情势之下，而欲与日本讨论此等问题，无异与虎谋皮；然若此等问题不予解决，则其余枝节事件，即令商谈，亦无重大关系，即令解决，亦无真实效用，盖日本恃其武力霸道，往往于商谈一事之中，又进行其他更大之一事，于解决一事之后，又制造其他更大之一事，过去已然，于今为烈。国人饱受经验之教训，对于日本应付冀察交涉之心意，实不敢过于乐观，因而对此交涉之解决与否，亦不敢过于重视，数月来之事实昭然，可以覆按，非故为悲观怀疑之论也。

　　据道路传闻，我方所坚持之条件，为取消冀东伪府，归还察北政权，及自力足以防共三大要点；日方所提出之要求，为冀察政会完成独立组织——政治、经济、军事上之独立——及签订"中日防共协定"。观此可知日方之真正欲求，在于实现过去所传"华北自治运动"之毒计，而注重促成冀察政会独立组织之完成。苟日于此事得如愿相偿，则不啻在华北造成另一范围广大之傀儡，所谓冀东伪府，察北政权，乃至"防共协定"，皆在其中；而表面上日方反可洋洋得意发其外交辞令，曰取消冀东伪府矣，曰交还察北政权矣，曰谅解中国之防共力量矣，曰是可以见日本对于中日邦交调整之诚意矣。但在我国则为因小失大，因名丧实，其祸害隐忧，更有甚于当前局势之所形成者，此国人所不可不慎思明辨之要义也。故吾人以为冀察问题之正当解决，须为：（一）无条件取消冀东傀儡，殷逆汝耕永远放逐，不得再履中华民国之领土。（二）察北治安，日方不得利用伪军及土匪阻挠与扰乱。（三）防共为我国内政问题，日方不得借端干涉。（四）日军飞机不得在我国领空自由飞行，不得在我国领土自由降落。（五）日驻屯军之活动范围，只能限于平、津所谓日租界以内。（六）浪人走私漏税，已为肆无忌惮之公开秘密，应请当地日方军事及外交人员严行制止。（七）殷逆在叛乱期间与日方所生之任何关系往来，概作无效。（八）关于冀察地方之交涉事件，嗣后应由双方外交人员依外交常轨办理之，军人不得干与。（九）关于冀察各地之生产建设等企业，非有互惠合作之正式契约，日人不得自由经营。（十）冀察政会为吾国之地方行政机构，受中央政府之指导而运用治权，日方不得顾问掣肘。必如此而后可谓问题解决，亦必如此而后解决始有意义。

但就事实言，日方军人既煞费苦心而制造冀东之变，构成察北之乱，以为遂达侵蚀中国领土之工具，势非获得效用更大之新工具，决不肯放弃其旧工具，实无疑义。迩来关于宋哲元与多田骏在津交涉之内容及经过，谣传颇多，有谓已签订"防共协定"者，其要点为：（一）平、津改为不驻兵区域；（二）二十九军开入冀南一带；

（三）中日合组防共委员会，殷逆汝耕加入为委员，取消冀东伪组织。果尔，则日本所企图之新工具，又已获得，而旧工具依然名去实存，如是而曰折冲樽俎，交涉了结，又何益于吾国领土之保障，与主权之维持！

《前途》（月刊）

上海前途杂志社

1936 年 4 卷 5 期

（丁冉　整理）

绥东事件

——华北通信之一

周金　撰

八月间，察北匪军进攻绥东的事件，曾耸动了中外的视听。

察北匪军，一共有两万人，枪械只有几千枝。这些匪军的成分，大都是过去那些饥寒无告，因而流落为匪的那些可怜而无知的同胞，经过汉奸们四方八面地招揽而凑合起来的。可是凑成匪军之后，他们也还是在过着饥寒无告的生活。"友邦"只要驱使他们，但平常却不发饷给他们，甚至枪械和子弹，"友邦"也并不慷慨。"友邦"要他们"立功"之后，才准备"论功行赏"。

这些匪军，当然谈不上战斗力。而"友邦"的所以重视他们，实在也并不是重视他们的战斗力，而是重视他们可以作为友邦直接进军的烟幕。友邦打算：中国当局都是勇于内战而怯于外战的，这些匪军虽则没有战斗力，但因为匪军背后有友邦的威势，这样或可使中国当局望而却步，而×军也便可以踏在匪军的背上前进。

友邦于是开始了第一次的尝试。当然，这时友邦一个钱都不给，也是不行的。友邦拨了两万块钱给王道一，并派了两个友邦军官和他一路，这样就〈指〉挥了四五百个匪军向绥东进发。换句话说：友邦要用两万块钱和两个军官来取得偌大的绥远土地。

可是，事情并不能尽照友邦之意来进行。在绥东和察北的边界响了几口〔阵〕枪声之后，两个友邦军官死了一个，而王道一也率领了全队向后退却。友邦于"赔了夫人又折兵"之后（就是说，花了两万块钱又死了一个军官），把王道一扣留了，中国报说他是被刺杀，然而无疑地是被友邦所枪决了。

当然，这只是第一幕。友邦一方面还是不放松地利用匪军，另一方面，又鉴于匪军的没有力量和不可靠，所以同时又准备亲自出马，但这所谓"亲自出马"，还不是友邦军队要张着××旗，穿着"皇军装"，这样堂堂鼓正正旗前进，而是打算把"皇军"改装为匪军，混在匪军里面，和匪军一块前进。听说要准备这样改装的数目，首先是五百人。这样，不管事成事不成，友邦都可以宣称那是中国的"内战"，与友邦并无关系。大概，这第二幕戏，不久就要实行搬演。那时绥东的危险，就要千百倍于第一幕戏的时候。

友邦目前的经营绥远，主要的是在利用绥远各方面的弱点：一方面利用绥远的地方偏僻，人口稀少，民族的情形至为复杂，同时军队的力量也较为薄弱，另一方面又利用绥远当中的帝国主义矛盾比较不大，友邦在这里动作，可以稍避国际其他帝国主义者的注意。绥远既然有这许多弱点，同时绥远却又为友邦吞灭全华和准备大战一个重要关键的地带：友邦一得绥远，那末，山西的门户和西北各省的门户全失，友邦可以一面南下山西，一面直趋西北，同时又转而和他占领冀、察、晋的调度相呼应；这样，中国本部的半壁江山就将完全成为友邦的囊括中物，这是第一。第二，友邦一得绥远，对于外蒙包围的形势，就可以达到一大半，而在遂行"以蒙制蒙"的策略上（即利用内蒙的王公来反对外蒙）也有决定的作用。从这两点看来，友邦对于绥远，无论如何，是不会放松一步的。最近关东军参谋长板垣特地到绥远走了一趟，访问傅作义，主要的就是在打听傅作义的意向和绥远地方情形的虚实。板垣这次的实际调查，对于友邦当前在绥远问题上的动向，将有重大的作用。

晋绥军队上次对于匪军的还击，是很可喜的，然而此后抵抗的保证还是要看民众的力量督促如何。平、津各救国团体于绥东事件发生后，即函电交驰和派代表慰勉晋绥当局，要求晋绥当局抵抗到底，北平并已组织绥东后援会。平、津各救国团体应该利用这时机，尽力扩大援助绥东的阵线，扩大到那还没有实行参加救国阵线的各界去——如商会等。援助绥东阵线的扩大，同时即是救国统一阵线的扩大。

要求晋绥当局务必与民众力量合作，保卫绥东。要求政府当局把各方面的军队集中到华北和绥东来，实行抗战。这同时是各方民众援助绥东的呼号。

抵抗不但是制止外敌侵略惟一的法门，而且也是解消汉奸力量最有效的办法。比如：察北的匪军，其中实在死心塌地要当汉奸的，可以说也是极少数。匪军战斗力的薄弱，的确说来，还不是因为他们的缺乏枪械和子弹，缺乏平日军事的训练，而是因为他们在政治上的"士无斗志"。如果有个坚决抵抗的力量在他们的前面，而为有力的政治号召，叫他们报国赎罪，那末，他们最大的部分，不但可能自动地情愿解甲，而且还可能供抵抗的先遣队或别动队。

九月一日

《通俗文化》（半月刊）

上海通俗文化社

1936 年 4 卷 5 期

（朱宪　整理）

内蒙自治与蒙绥关系

方秋苇　撰

一　序幕底开展

中国本部与蒙古间的近代关系，是沿着两重历史路线导来的。第一，是满人的征服中国本部；第二，是满人的主宰蒙古。满人与蒙古东部的联盟，就是满人征服中国本部的一个重要序幕。满人征服中国本部的时候，对于蒙古事件是以参与者自居的。在内蒙与外蒙之间，由于地理上和民族史上根本因素，常常存在着一道鸿沟，但它们最近的分裂，则我们可以从历史上找出它的线索。第一次的满、蒙联盟，在内蒙前线上建立了一种力量，保护满人对于中国本部的征服，至于利用内蒙当作满人势力伸入外蒙的支柱，还是以后的事。

随着满清的沦亡，中国本部与蒙古间的重要联系亦告中断，外蒙的蒙古人，立刻从事建设他们自己的国家。自从一九一一年以后，中间除了一九一九年至二〇年短时期以外，外蒙实际上脱离中国本部而独立，在这个时候，内蒙与外蒙间民族破裂更加明显。而革命运动的爆发，内蒙较外蒙为早，但以后内蒙的革命运动没有进步，许多革命领袖也就退入了外蒙。

一九一一年满清政府被颠覆以后，中国本部不断地爆发着革命运动，内蒙也有几度想独立及与外蒙联合的期愿。可是，因了许多关系，结果都归失败。一部分原因，由于内蒙的贵族，唯恐独立后他们自己将被外蒙的贵族所统治，一部分原因，则由于他们在经济上对于中国本部的倚赖性。中国本部对内蒙的移民与建立行省，尝使蒙古人恐怖其自己地位的低落，贵族王公们几次拼命的反抗，后来因为王公们自觉到中国本部并未损伤他们的地位，所以他们就未公开的脱离中国。

蒙古人抵御中国本部的一切努力失败以后，日本就乘隙替"满洲国"计画了一种"满洲国"的蒙古政策。依据日本的见地，"满洲国"的蒙古政策，不仅可以支持蒙古人抵抗中国本部，且可伸张其势力于西比利亚。现在，兴安岭以东，到辽宁、松花江一带地方的蒙古境地，已经过"满洲国"蒙古政策的润泽，建立了一个"兴安省"。其他如察哈尔蒙古、绥远蒙古、宁夏河套蒙古、青海左右两旗蒙古等盟旗，日本正依据它对蒙古的政策，要润泽到每一蒙古盟旗及每一个蒙古人。

现在我可以介绍两个蒙古人，是支持这个运动之进展的，一个是察哈尔蒙古锡林格勒盟副盟长德王，他一手支持着百灵庙的内蒙自治政务委员会，倾向着日本，最近且有继"满洲"傀儡独立的传说。另一个是蒙古保安司令卓什海，他是"满洲国"兴安省的产儿，现在他作为了"开辟蒙古新境地的前卫"了。察哈尔蒙古的一片净土地，有了德王及卓什海的踪迹，已经开始变换它的颜色，并逐渐的向绥远蒙古等地推进中。不过，我们得要注意，绥远蒙古尚不会很快地染上污泥，也许"满洲国"的蒙古政策，进展过察哈尔蒙古的时候，将逢遇着很大的暗礁吧？

本文的动机，是要说明这个事态之动向，并且窥测它未来的情势。

二 从自然条件上看蒙绥关系

现在，我要来说明内蒙与绥远的关系，特别是在自然地理条件下的关系，有首先说明之必要。这一点，于政治上及经济上的意义都很大。

绥远，原来就是内蒙之一部，位于蒙古西南。前清末季，借地移民，设官分治，全境地域，或属于山西，或属于察哈尔，并无"绥远"之称。及至民国初年始行划定经界，与热河、察哈尔两省同为三特别区域。民国十七年，始易特别区为省治，改特区都统为省政府主席，所谓绥远省的奠定，便在内蒙地域体系之内而产生，故其疆界是不能严格地划定的。全部面积约有一百一十二万三千余方里，其中除设县治的所占五十三万七千余方里可以称为绥远省区外，其余尚有五十八万七千方里，应称为内蒙的地域。再以人口所占面积而言，全境人口共为二百一十一万五千余人，其中汉人占有一百九十六万五千余人，蒙人仅有十五万余，即蒙人当汉人十三分之一。换言之，此十三分之一的少数人口，却占全境面积半数以上，而多数之汉人（一百九十六万余人），反只占五十三万七千余方里，且其中除去沙漠、河滩及碱盐不堪耕种之地以外，已垦之地亦只仅有二十九万六千余顷。

根据以上所论，有几点是值得吾人特别注意的，现在简单地来说明如下：

（1）绥远省本为内蒙地域体系中而成立的，与内蒙在自然地理条件上，有不可分离的关系。特别关于疆界，从不能将它严格地划清。

（2）全境人口，有多数的汉人（一百九十六万余人），是属于绥远省区域，少数的蒙人（十五万余），是属于内蒙体系之内的。以当汉人十三分之一的蒙人，而在五十八万七千余方里区域之内，其经济条件无论任何方面，都较之绥远省汉人占优势。

（3）以一百九十六万余人，而属于五十三万七千余方里的绥远省区，再除去沙漠、河滩及碱盐不堪耕种之地外，汉人在绥远省区之经济条件，无论在任何方面，其生产与分配，都应该比较内蒙部分贫弱！

但我们得要注意，这里所谓"内蒙"，是指绥远蒙古部分而言，至于整个内蒙，依据现在的规定，除了在热河部分已经沦亡外，现存的察哈尔与绥远，均应在内蒙范围之内。我为了便于说明起见，将察哈尔部分称为察哈尔蒙古，绥远部分称为绥远蒙古。

三　绥远蒙古之形势

总括全内蒙，可大别为东四盟、西二盟两大区域，细分之则为六盟，二十五部，四十九旗（详言则为五十旗）。此外尚有察哈尔、归化城土默特两部，即内属蒙古。现在东四盟中的哲里木盟、卓索图盟、昭乌达盟，已成为伪满兴安省的境地，东四盟之一的锡林格勒盟及内属蒙古之察哈尔部，也在伪军李守信及卓什海与德王的统治之下，倾向着日本，所以说察哈尔蒙古已陷入灭亡状态。刻下仅存的，只有西二盟及内属蒙古的归化城土默特部，即我所谓的绥远蒙古。

现在，我可以将绥远蒙古的盟旗状况来说明：

（一）乌兰察布盟　乌兰察布为其会盟地（在四子部落之境），所属有四部六旗。四部者即（1）四子部落（Durban Kcuked）一旗；（2）茂明安（Mow Mingan）一旗；（3）乌拉特（Urad），分中、前、后三旗；（4）喀尔喀右翼（Khalk Latoindo）一旗。全盟所在地，位于戈壁大沙漠之南，山西之西，鄂尔多斯部之北，阴山山脉之阴，即今之绥远领属。有如下表：

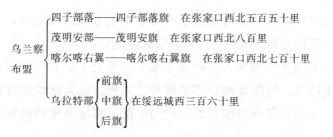

乌兰察　四子部落——四子部落旗　在张家口西北五百五十里
布盟　茂明安部——茂明安旗　在张家口西北八百里
　　　喀尔喀右翼——喀尔喀右翼旗　在张家口西北七百十里
　　　乌拉特部{前旗/中旗/后旗}在绥远城西三百六十里

（二）伊克昭盟　伊克昭乃大寺的名义，亦为会盟地，所属仅有一部，分为七旗，部名鄂尔多斯（Ordos　Ordous），分为左右二翼，每翼更分为中、前、后三旗。此外右翼尚有一前末旗。所在地，位于陕西、甘肃二省之长城西、北、东三面，环以黄河，即所谓河套之地，今仍属于绥远境内，有如下表：

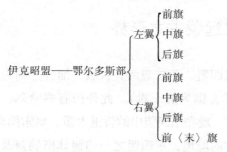

伊克昭盟——鄂尔多斯部　左翼{前旗/中旗/后旗}　右翼{前旗/中旗/后旗/前〈末〉旗}

（三）归化城土默特部　为内属蒙古之一部，民国以来改编入中国本部，但并未改变其原有的政治形态。位于山西省北部之绥远所辖境地。清太宗征察哈尔时，将此地征服，遂名内属蒙古，而区别于其他之内蒙古。现在绥远省的归化城及包头镇，即在归化城土默特部，有如下表：

归化城土默特部——四特别旗{归化土默特旗/阿拉善旗/伊克明安旗/额济纳旗}

以上所述，即为绥远蒙古之盟旗状况。因为绥远省与绥远蒙古在自然地理上，有不可严格划分的关系，所以在政治上、经济上

的关系都很密切。这一点，是绥远蒙古与察哈尔蒙古所不同的
地方。

四　蒙古自治后之难关

绥远蒙古与察哈尔蒙古，虽同属内蒙体系的蒙古人，但他们的
情感从来就不很融洽。尤其绥远蒙古盟旗贵族王公的"王爷气派"
与察哈尔蒙古盟旗的少壮派的王公，在各方面的见地，都不很相
同。大致说来，绥远蒙古的王公，是保守的、稳健的，察哈尔蒙
古的王公，则是活跃的、前进的。因为这个关系，绥远蒙古倾向
中国，察哈尔蒙古则否。日本是善于乘隙利用这种机会的，所以
它能够抓住察哈尔蒙古。

民国二十二年冬，内蒙部分王公（即指锡林格勒盟）要求
"高度自治"，欲建立一个"独立"的政府。中国政府一方面为了
相当满足部分王公的"自治"要求，一方面为了适应内蒙目前之
艰巨环境，与夫中国本身之宗主立场，组织"蒙古地方自治政务
委员会"，设于百灵庙。

"蒙古自治"问题解决以后，一般人以为今后的内蒙可以相安
无事，甚至可以使内蒙政治领袖感受现代实际的洗涤以后，予蒙
古社会以政治的及经济的各方面的革新，使"落后的蒙古"成为
"现代化的蒙古"。殊不知，接二连三的日"满"势力的进攻，便
成为内蒙前途最大的隐忧。另一方面，内蒙的现政治机构，更未
能导诱财政收支各事宜于正当途径，致公私经济不能区分，税收
制度无从建立，故蒙古地方自治政务委员会成立以来，财政问题
之难关重重，至于其他的枝节问题，也就逐渐增加起来了。以蒙
政会的财政收入状态言，依照中央规定，其经费每月为三万元，
除此以外，并无其他收入。如此原无一定正额之税收，本不能用

以供给定额的或经常之支出，又何况蒙政会乃一庞大组织，其所计画举办的事业很多，如设立学校、设立毛皮工厂、设立牧畜厂、兴办长途汽车、修筑公路、建设村落、修筑政会会址等，所需经费大有可观，以中央每月接济的三万元，当然不能举办此项事业。同时，中央对于蒙政会每月三万元经费之接济，自二十三年四月至二十四年初，仅拨下二十三年十月及十一两月份之六万元，其余积欠，中央仅允补发。

在这种经济竭蹶情形之下，节流既无路，开源又无门，于是内蒙只好"自筹办法"，可是危险的因子，就因之而生了。

五　蒙绥纠纷的延扩

蒙古地方自治政务委员会，因为财政的无出路，便树立一种税收政策。本来，内蒙的税收，并无一定平额的收入，而现在要来讲求"整顿税收"以开源，只有在甘肃"特种货"及其他货物过境上着眼了。据蒙政会财务处长包悦卿谈："这些税收，都是在绥省府范围以外的，约有蒙盐、皮毛、牧畜、驼载以及其他过境货物等税收，各盟旗每年约有三万乃至二十余万不等，全年共计约在百余万左右，中以盐税为大宗。"其实这些税收，向为绥省府的巨额收入，如果蒙政会截为所有，又不啻为绥省府财政之致命伤。因为这个原故，便酿成民国二十四年上半年，蒙绥冲突的导火线了。

至于内蒙税收政策的内容，据报纸所载，乃是一种"过境税"。大凡蒙绥边境都设立有征收局卡，若宁夏、甘肃、新疆、绥远等省来的货物，经过该地时均一律纳税。其税率除烟酒、"特货"征收最高额以外（大概照其规定，每二百四十斤，各征洋四十元），其余各货则分五等征税，其规定等次，有如下表：

蒙古过境税税率表

税率等级	种类	按货值抽税比	备考
特等货	狐皮、鹿茸、红色珠宝、虎皮、犀牛角等	百分之二	其他另有价值较贵者由该局估价抽税
一等货	狼皮、紫羔皮、绸缎、绒呢、玉石、丝织物等	每二百四十元抽洋一元	至与其他货物价值相似者列入此等税率
二等货	颜料、茶叶、冰白糖类、哈密瓜果等	每二百四十元抽洋二元	同上
三等货	各种纸张、驼毛、牛马皮、丸散膏丹等	每二百四十元抽洋一元	同上
四等货	米面、煤炭、砖茶、织布、盐碱等	每二百四十元抽洋五角	同上
其他	骆驼每头 骡、牛、马 驴	征洋一元 征洋五角 征洋二角	以上各种牲畜凡经过蒙古境内吃草、喝水者均得征税，而在蒙旗内牲畜得免半税

如果从上表加以分析，蒙政会所实行征收的"过境税"，则好似一个国家所树立的关税壁垒一样，且无论输出或输入，或过境者，均得完纳此项高额税率，否则即实行没收。这样，新绥商路就受了许多阻碍，绥远省的财政也发生很大的问题，结果构成一幕蒙绥纠纷的恶剧。

蒙绥纠纷的导线，最主要的是百灵庙蒙古当局的征收过境税。此外，察哈尔蒙古与绥远蒙古的不和谐，也与蒙绥纠纷有关。因而，百灵庙的政治首脑德王，便与绥远有所行动了。

六　现在的蒙绥关系

现在，绥远蒙古有了"绥境蒙古地方自治政务委员会"的组织，明显地，这和百灵庙"蒙古地方自治政务委员会"是相对立的。这种对立，一方面是德王与绥远省当局的对立，一方面则是察哈尔蒙古与绥远蒙古的对立。

目前，察哈尔蒙古的内部，充满着反抗绥远的空气，所谓蒙古保安司令卓什海部，便企图侵入绥远蒙古的境域，假如日本能够指挥察哈尔蒙古去夺取绥远，我相信是会发生战争的。第一，绥远蒙古的贵族王公，决不容许少壮派的蒙古人，凭借外力作用来统治他们；第二，绥远省当局为了自身的存在，他决不会放弃绥远的地位。若绥远陷落，便打开了日本深入山西的大门。关于这件事，上海《大美晚报》（二十五年一月九日）有这样一个记载："绥远军政当局深信伪满军队与蒙古保安队此举（即占领察东六县）实为侵入绥东企图之先声，现已积极准备应付此项侵略。据悉由商都侵入绥远之举如果具体实现，负有绥远一省最高权责者，将因被迫而出于一战。"假如这个消息不会大错，日"满"及察哈尔蒙古欲攫取绥远的计画，必将遭逢着最大的暗礁吧。

但是，日本所抱负的"蒙古政策"势必要完成这个计画的。据日人在北平主办之《亚洲民报》载称："日方现在正计画在绥远、宁夏间布置'反赤阵线'"，这就是说，日本攫取察哈尔蒙古的计画已告成功，现在要逐渐推移到绥远蒙古及宁夏河套蒙古去了。

是这样的，现在的绥远，又将发生着怎样的变化呢？这又是以后的事了。

一九三六、二、十

《新中华》（半月刊）

上海新中华杂志社

1936 年 4 卷 5 期

（朱宪　整理）

论汉蒙民族之渊源

企云　撰

慨自近年以来，外侮频仍，边事日亟，蒙古僻处北鄙，国防上之价值，尤称重大。重以交通不便，文化闭塞，中央鞭长莫及，以是蒙古之危机，愈形深刻。当此时也，边疆同胞自须轸念时艰，努力团结。要知我中华民族虽有汉、满、蒙、回、藏五族之分，论体系原有不可分离之渊源，五族一家，早成铁案，兹仅就汉蒙两族之间关系言之。今日之蒙古，即古之匈奴，不惟居处相同，即以其生活言之，韦鞲毳幕，以御风雨，膻肉酪浆，以充饥渴，今昔初无二致。夷考匈奴之源，即可证知蒙汉两族，原出一系。《史记》有云：“匈奴先祖夏后时〔氏〕之苗裔也，曰淳维。”按淳维为桀之子，桀为夏禹之后，禹为黄帝玄孙，汉族向以黄帝为惟一可以稽考之鼻祖，今蒙族既与匈奴同其源，而匈奴又为黄帝之裔，则汉蒙一元，已属毫无疑义。

英人威尔思（H. G. Wells），今日闻名世界之史学家也，氏所著《世界史纲》第三十三章亦曰：“蒙古初见于中国匈奴、突厥之故居，蒙古民族渊源，显与此辈相同。”则汉蒙关系之密，更属显然可见矣。乃自九一八空前事变以还，伪满即有兴安东、南、西、北四分省之设立，迹其初意，无非野心者对我蒙古民族币重言甘之诱致，而自热河覆亡、察北告警以来，西三盟危机愈深，料我素明大义之蒙古民族，必不为蜜饯砒霜政策之诱惑，姑无论征诸以往历史，蒙族无可自外之理，即以目前论，五族待遇平等，早已溶成整个中华民族集团，以整个力量，为我上下五千年之中华古国纾其国难者，更属刻不容缓之举也，我至刚至大之蒙古同胞其勉旃。

《蒙藏月报》
南京蒙藏委员会
1936 年 4 卷 6 期
（朱宪　整理）

《苏蒙互助协定》之签订及其影响

君平　撰

《苏蒙互助协定》成立后，世界各国都甚注意，尤其是我国，因外蒙古乃为我国领土的一部分，今苏俄居然公开与外蒙订约，此实蔑视我国主权，所以我国外交当局曾两次提出抗议，表示我国并未放弃外蒙之宗主权。至在日本方面，因《苏蒙协定》之成立，实为日本进攻苏俄之唯一障碍，反对尤烈。此外《苏蒙协定》之签订，对于远东局势与世界和平也有很大的关系和影响。我们既然知道《苏蒙协定》的重要性，而日俄战争之气焰又在日见高张之时，我们对于这个最近发生的国际问题，实有探讨的必要。

一、《苏蒙协定》的由来

《苏蒙协定》为什么签订？苏俄为什么要与外蒙急急签订这个协定？这是我所先要讨论的。《苏蒙协定》签订的最大目的，是在阻止日本的侵略，也就是在保障俄国南部西伯里亚的安全，也就是苏俄和平政策的继续。所以苏俄之与外蒙签订此项协定，至少有下面的几个原因：

（一）由于日本之侵略政策所促成——自"九一八"事变后，因我国之不抵抗，就激起日本贪得无餍的侵略野心，东四省既被吞并，华北又受威胁，进一步想实行进攻苏俄，华北驻军的强化，察东六县的强行占据，在苏俄方面看来，都是在包围外蒙，作为进攻苏俄之军事准备。如果外蒙一旦被日本占据，则苏俄之西伯里亚南部地带就要直接受到威胁，苏俄既看到外蒙在军事上所处地位的重要，就不得不和外蒙作进一步的联络。

（二）由于中国无力保障外蒙的安全——在一九二四年所签订之《中俄协定》中，虽然规定外蒙为中国领土之一部分，但因外蒙与苏俄领土相接，我国与外蒙之关系，早已不及其与苏俄之密切，且自北伐以来，我政府一方要应付国内的叛乱，一方要应付帝国主义之压迫，早已无暇顾及外蒙，事实上外蒙早已被苏俄势力所支配。并且自"九一八"以来，日本再三侵犯我国主权之结果，已使我政府穷于应付，欲使外蒙不成为东四省第二，事实上已不可能。中国既不能保护外蒙，而苏俄又极不愿外蒙被日占领，所以苏俄乃进一步与外蒙缔结军事互助的协定。

（三）俄伪边境冲突——日本占据察东六县，进迫绥远，实为促成苏蒙成立协定之近因。俄伪边境之屡次冲突，就使日俄关系日趋紧张，一般人都认为日俄战争是不能避免，加以日本之嗾使伪满强占察东六县，进迫绥远，益使外蒙地位日见危险，日本进攻苏俄之野心，也益显明。苏俄看到日本之步步进逼，乃不得不和外蒙合作，以巩固自己的阵线。

有了上面的几个原因，苏俄为了巩固国防，外蒙为了求自己的生存，就不得不互相合作，在同样的条件下，以对付来侵略的敌人，于是《苏蒙协定》就这样的产生出来了。

二、《苏蒙协定》之公布及其内容

去年冬季，日本鼓动华北自治的时候，外蒙古代表肯顿等赴莫斯科，日本就认为目的在与苏俄缔结军事同盟。

今年二月二十一日，苏俄外次斯托蒙耶科夫对日本驻苏大使太田说："蒙古人民共和国如果受第三者攻击时，苏俄对他负有援助的责任。"可见当时苏蒙早已成立谅解。

到了今年初，日本对苏、蒙挑衅益烈，尤其是在日本二·二六政变后，日本军部已操纵一切，对苏、蒙，对中国，都甚急进。苏、蒙当局认为事机紧迫，到了三月十二日，苏蒙的军事互助协定就正式签订，十八日，索性把互订协定的消息直率地公布出来了。我国政府闻悉后向苏俄提了二次抗议，苏俄拒绝我国的抗议，认为并未侵犯我国的主权，四月八日并将协定全文完全公布：

第一条　苏联或"蒙古人民共和国"之领土，如受第三国家或政府之攻击威胁，则苏联及"蒙古人民共和国"应立即共同考虑发生情形，并采用防卫及保全两国领土所必需之各种方法。

第二条　苏联及"蒙古人民共和国"政府，承认在缔约国之一国受军事攻击时，相互予以各种援助，包括军事在内。

第三条　苏联及"蒙古人民共和国"政府，认为缔约国中一国军队根据互助公约，为完成第一条或第二条之义务起见，屯驻另一缔约国内，至无此必要时，应立即退出"蒙古人民共和国"领土，此乃不言自明。

第四条　此项草约共有二份，一用俄文，一用蒙古文，两份俱有同等效力。

此项草约均将于签字后发生效力，于此后十年内继续有效。

三、苏蒙协定的影响

《苏蒙协定》对各方面的影响都很重大：

（一）使日俄间之紧张空气暂时变为弛缓　自去年底至今年初，日、苏、伪、蒙边境之冲突日趋剧烈，战云弥漫，好像有一触即发之势。自《苏蒙协定》公布后，苏、蒙与伪满之边境冲突已不像以前之紧张。日方认为要进攻苏俄须先有相当之准备始可发动，而苏俄也认为要应付强敌，须先积极从事强固边防。目下双方既无法消弭未来的日苏大战，而苏俄所提出的日苏互不侵犯条约又被日本拒绝，所以双方就只有暂时隐忍，以积极从事准备未来的战争。因日方既认外蒙为其进攻苏俄必经之道，而外蒙自与苏俄缔结军事同盟后，日方实行进兵外蒙，就等于与苏俄开战，自然非有相当的准备是不能发动的，所以在《苏蒙协定》成立后，就使日本不敢急急进兵外蒙，使日苏间的形势暂时变为沉寂。

（二）使中国处境愈感困难　外蒙是我国的领土，这是在一九二四年的《中俄协定》中说得很明白的，现在苏俄既和外蒙签订军事条约，事实上苏俄已承认外蒙的独立。依照目前的形势，日本实有进一步侵占外蒙的可能，但是我国既不愿外蒙变成东四省第二，又不愿苏俄侵犯我外蒙的主权而与外蒙订约，但在另一方面自己又不能以武力保护外蒙的安全，目下我国所处地位的困难，可说是已到了极点。国力既薄弱到不能自守，空提抗议有何用处？

（三）使远东大战愈有爆发可能　苏俄既认外蒙是一个独立国家，和他结为军事同盟，与日本成为对立的局面；日本也当伪满是一个独立国家，和他结为好友，而与苏俄对立。这种外交阵线的对立，是极易引起大战的爆发的，历史上的例子很多，也用不到再证明。向无外交计划的我国，在这种局面下实含有极大的危险，我们既不愿敌人割裂我整个的领土，但又没有相当的武力可阻遏敌人的侵略，有什么办法呢？

《女子月刊》

上海女子月刊社

1936 年 4 卷 6 期

（朱宪　整理）

蒙政会职员离开百灵庙经过

作者不详

自从去年年杪伪军李守信部侵入察省，未几占领察北六县以后，一时蒙政会秘书长德王及蒙古保安队队长卓世海独立的消息传遍中外，并有谓德王已更易年号为成吉思汗七百三十余年，及另制红、黄、蓝、白的四色国旗之说。其后虽经德王一再否认，顾卓世海之在察北一带跳梁，则是不可掩饰的事实。又中委兼蒙委尼玛鄂特索尔，因卓世海之召赴张北晤商察旗问题，在距张北三里的某地被人狙杀毙命，与夫吴鹤龄被扣等等传说，则内蒙危机之重大，已不难想见。到了二月二十五日蒙政会保安科长云继先①、民治科长苏鲁岱、教育处科长贾鸿珠、财委会科长任秉钧、参事康济民等忽发出离开百灵庙，另觅地点集中，并听候中央及地方当局援助的电报。电中关于蒙会及德王近事言之颇详，兹录如下：

> （衔略）继先等服务百灵庙蒙政会，二年来矢勤供职，深愿我蒙古在中央领导之下，服从德王，增民福利。乃自去冬德王东去不返，庙方环境日非，或谓西苏尼特旗已组织军政府，或谓德王委李守信为军政部长，或谓察北六县改年建号，谣诼繁多，莫衷一是。尤以消息隔绝，既无面晤申白之机会，又无

---

① 后文又作"荣继先"。——整理者注

从转达下情，而会中负责者，一切均讳莫如深，甚至有危害生命。继先等不得已，遂率同官兵千余人，并联合职员百余人，于二十一日离开百灵庙，在庙南觅地集合，听候中央及地方当局之援助。兹特声明如下：（一）继先等均系南京、北平各大学及军事学校毕业之内蒙青年。（二）近因德王情况不明，且消息隔绝，感受生命危险而出走，在激于爱国热忱及不背叛国家原则下，无所谓斗争，更无所谓叛变。当出走时，留庙之对方只十余人，彼等对继先等虽横加非礼，但继先等绝不报复，离庙时毫无惊扰，未取分文。经过地方，亦从严约束，秩序如常，可反证继先等之所为，谓之避祸可，谓之爱国反正亦无不可。（三）绥境蒙政会已成立，旧蒙政会职权，当然限于察省之行政，区划至属明显。继先等西蒙青年为多，不应再受旧蒙政会之指挥，故此次脱离，虽情非得已，然亦为当然之处置。诚恐远道传闻失实，或会方横加诬陷，谨布经过，尚希垂察。保安处科长云继先，民治处科长苏鲁岱，教育处科长贾鸿珠，财政委员会科长任秉钧，参事厅参事康济民，率同仁暨官佐、士兵千余人同叩。径。

考此事之发生，我们不能不回述到旧蒙政会的成立。旧蒙政会的组织辖境虽广，但实际参加的，仅为锡勒果盟、乌盟的达尔罕旗、土默特旗及察哈尔各旗之一部，表面上王公与新派青年的合作，实际上乃为新派所领导。德王为王公中之新者，故一般新进青年多在德王领导之下。此辈新进青年分子，以西盟的土默特人为多，察哈尔次之。百灵庙自治运动的酝酿及其成熟，此辈新青年无异为其主体。蒙政会成立以后，德王为东盟人所包围，行坐食宿都有人伴之不离，于是与西盟青年逐渐疏远。此种现象，至去年春，益加明显。而东盟分子的在蒙会中者，又复作威作福，加深西蒙分子的反感。去冬蒙谣发生，西蒙青年，皆引以为忧，而从此以后，德王到庙的机会更少。直至最近，绥境蒙政会成立，西盟青年乃决定脱离德王，通电就这样发出了。

二月二十一夜，西盟青年荣继先、朱实夫、唐济民、贾鸿珠等多人密谋发动。荣、朱同为德王部下的两青年军官，一为滂江守备队长，一为教导队长。是夜十一时许，荣等持手枪将所有职员武装解除，并赚开军械库，将库存新枪五百余枝悉数发给士兵，旧枪甚多，亦悉带出。其同离庙者计文武官兵约共千人。荣等离庙以后，一面派代表与绥方接洽，一面发出上记的通电。目前这一千余爱国不愿叛变的西盟青年，正在蒙边静待各方的援助哩。

《新中华》（半月刊）

上海新中华杂志社

1936 年 4 卷 6 期

（朱宪　整理）

晋、绥农民生活杂话

吴亿　撰

足踝遍踏晋、绥者，一定鉴赏了许许多多的高山峻岭。这些高山峻岭，实在可以描画出晋、绥几千万劳苦农民的特性：他们像高山峻岭那样的浑厚，他们像高山峻岭那样的雄壮，他们也像高山峻岭那样的笨重和弛〔迟〕钝。

在晋、绥，俗呼劳苦的农民是"受苦人"或"受苦汉"，这种称呼，对于晋、绥的劳苦农民，是万分的适当；他们锅底似的脸盘和脊背，整年里如烤鸭子似的在太阳底下烤炙着；他们的劈材〔柴〕似的两双手和足，天天在田野里蚂蚁似的辛勤着，忙乱着；他们活到一辈子也不晓字典里的"闲"字是怎样解释，在他们的脑壳中，满满的拥戴着"辛"和"苦"，因为他们只知道"辛苦"是可以换取食料的。

在晋、绥农村里，有三种农民最普遍：一种是雇农，一种是佃农，一种是自耕农。

雇农有"长工"和"短工"两种分别。整年里在地主家院里和田野里日无夜无操作的是"长工"。这种农民，是封建制度下奴隶制的遗留，常常要受地主的约束和压迫，他们可以说是以最低的价值，将自己的身体出卖与地主。地主怕他们因为受不过约束和压迫而中途停工或逃跑，规定了一个"春三"、"夏四"、"秋八百"的办法。所谓"春三"，就是一个雇农，如果中途停工或逃跑，他们的工金，是要受春天三折的处分，"夏四"、"秋八百"也是夏天四折，秋天八折处分的意思。因此，晋、绥这种雇农，是深处在十八层地狱之最下层者。

论月或论日出卖苦力的叫"短工"。短工普通只在田野里劳作着。在一年中，这种雇农，有一半日子是可以度着清闲自由的生活，同时也可以说有一半日子是度着受冻受饿的生活。

佃农在晋、绥是有"作地"、"代种"、"食租"三种。把地主的家院细事及田野农事一年四季辛勤的操作着，只待农田收获下来三分之一享受的，俗叫"作地"。这种佃农，是没有任何本钱的，只有"汗"和"力"是他们的本钱，他们时刻的把一颗心放在禾苗上，又怕雨，又怕旱，又怕风雹与虫蝗。所谓"代种"，就是以自己的苦力和肥料种地主的田地，只能亨〔享〕受二分之一的收获。不过他们是少有田亩的，比"作地"的生活要舒适的多多。至于"食租"，就是"代种"的另一形式，只是"食租"是以租价奉送地主的，而"代种"是以收获之半奉送地主的。

自耕农的情形，与各地大致相同，不再赘述。

世界经济恐惶的波动和国内天灾人祸的降临，使晋、绥的农村，完全陷落于破产之中。晋、绥是产有相当数量麦子的农区，但劳苦的农民是不能够常食麦面的，因为麦子在市场中可以多换几个万能的金钱。从前晋、绥农民食用麦面普通在一年中至少是有十天的，如元旦日、破五日、十子日、元宵日、二月二、端午节、七月十五、中秋节、重九日、腊八日。但是，时至今日，晋、绥农民在元旦、端午、中秋三个隆重的时节，不食麦面的，几及半数。晋、绥人食醋是最闻名的，其实食盐，晋、绥人也是同醋有一样的嗜好，但是，近几年来，农民无钱置盐、醋食用的，又几及半。从前晋、绥农民在一年辛勤的劳作中，有三件娱乐——以低微经济购置的娱乐，一为赴四外看庙会，一为在村中唱社戏，一为在村中筹办玩意儿（如抬阁、肩阁、跳鬼判、跳狮子之类）。但至现在，这些以低微经济购置的娱乐，也购置不起了。这些这些，已够证明晋、绥的农村，着实是已破产了。

晋、绥农民有一样经常的习惯，就是抽烟。抽大烟，他们不够那末富豪，抽纸烟，他们没有那末文明；经常他们所抽的烟，是他们自己种殖的"小兰花"或"大叶烟"或极省钱购买的"皮烟"。这几种烟，都是用烟袋来抽的；普通他们所用的烟袋，也有很严格的差别，年老的农民是用大长烟袋，年青的农民是用短小烟袋，所以，一见烟袋，就可以辨别他们的年龄。此外，从他们的烟口袋上也可辨其年龄，年老的，总是硕大的，笨重的；年青的，总是精小的，玲珑的。

这种抽烟习惯，最近是与年俱深了，因为他们整日里勤苦的忙乱着，使他们的身体，疲劳过度，只有抽烟，可以给他们一种安慰和刺激，因此，晋、绥农民抽烟，总爱闭上一双眼睛。

在晋、绥住过几天的人，容易发出这样的感触：晋、绥农民具有黄牛的风度和驯良。不错，晋、绥农民是有那末一点。平常走路和说话，总是不慌不忙的，悠悠慢慢的，有很多的，更是一个没嘴的葫芦，不大爱说话的，有时候人给他们一种取笑的话或讥刺的话，往往他们是微微一笑，不置应答。但是，一旦事情做错了或言语说错了，惹得他们愤怒起来，他们是会拿着白刃进去，红刃拉出来的，所以在晋、绥一年里凶杀的案件总是比其他各省要多几倍。可是有一样和其他各省迥然不同，就是尸者总是奸诈作伪的人；这几年，农村经济破产，凶杀的尸者，更多剥削的资本家。负有这种性格的农民，将来在解救民族的阵线上是最英勇的，忠实的。

拉杂的写了一顿，是为的要使一般人肤浅的认识了晋、绥的劳苦的农民。

《西北论衡》（月刊）

西安西北论衡社

1936 年 4 卷 7 期

（丁冉 整理）

蒙古问题与日俄战争的危机

亚历山斯基　撰　　李万居　译

Gregoire Alexinsky：La question mongole et le danger de guerre Japone-Sevietique，载法国《大杂志》（La Grande Revue）第四十卷第一期，一九三六年一月。

蒙古问题在今日是个举世注目的问题。为得指出这个问题的现在性和严重性，我仍以客观的态度来引证最新而且极重要的资料。一九三六年一月三日，莫斯科的官报如《新闻报》、《真理报》和《红星报》发表蒙古人民共和国内阁总理银东氏（Guendoum）的一篇极长的宣言。这个共和国就是世称外蒙在军事与政治方面都受苏俄的指挥。还有一个内蒙，现为日本的囊中物。虽然这两地方原为中国的领土。

银东近应俄国之邀赴莫斯科，曾向美报界的代表作重要的宣言。现将其问答摘要于下：

第一问题："蒙古人民共和国的领土有无被日'满'即刻侵略的危险？"

银东氏答："日'满'军队在蒙境的活跃，最初于一九三五年一月二十四日，袭击我国的部队。在'满洲国'未成立之前，我们边境相安无事，从未曾有什么冲突发生。但自日军抵满之后，形势骤形变更。日军袭我军队，占我领土，任意横行，并向我国提出前所未闻的'哀的美敦书'。我们的要求和企图只在和平的妥协，但结果无效。自六个月以来，我们在满洲里车站与日本代表会谈，以解决纠纷，并预防未来的新冲突。我们建议设立边境混合委员会，以处理双方的纠葛，然均遭日'满'方面之拒绝。日人之居心何如，于此可见。"

"在满洲里车站开大会的日'满'代表向我们解释，他们欲与我国成立正常的外交关系，但事实却不然。日代表又向我们说，满、蒙人均为亚洲人，所以我们要有共同目标和共同政策。但我们却认为这不能以皮肤色地来决定，我们不愿为'满'、韩以及其他被压迫的亚洲民族之续。"

第二问题："蒙古共和国是否相信日人的复杂动机，乃希望将来向苏联边境进展？"

答："我相信（银东说）诱引蒙古共和国，其目的乃在破坏我们的独立，夷我国为新'满洲国'，如是便容易向中国和苏联进攻。我们不愿假外力，而纯欲以自力保卫，并继续保卫我们的边境和我们的独立。"

第三问题："蒙古共和国是否认定复杂形势会诱引其他国家参加日'满'的对蒙战争呢？"

答："对于日'满'军侵蒙时所能发生的国际情形，我不能预言。不过就目前的情形言，我们可推测，破坏一处的和平，必会激起其他国家的大动摇。"

第四问题："蒙代表团来访莫斯科政府，其目的是不是欲借苏联之助，在此种战争爆发场合，以保障蒙古人民共和国呢？"

答："我国与大苏维埃联邦有着密切的友谊关系，她对我国常有最友谊的注意和最大的援助。蒙古农民个个都知道苏联是我国的毫无自私的朋友，她诚恳地希望蒙古共和国能自由而安谧地发展。我们个个都希望苏联能帮助我们，如果我们被强权侵略的话。"

　　银东氏又说：全蒙古人民愿以其最后的一滴血，来保护其自由和独立。至于有若干能作战的军队，却没有正确的答覆。他说他相信凡爱和平的民族，尤其美国会对该国予以同情……云云。

×　×　×　×

　　外蒙总理在莫斯科所发表的宣言，乃在苏联的外交家和军事领袖的指挥下草成的。蒙代表团赴莫斯科乃欲与布尔什维克协商同盟，以防"满"、日的侵入。但俄政府却表示对蒙只予以精神、政治和技术的援助，对军事同盟则加以否认。

　　如果苏联政府真实拒绝给外蒙以军事的援助，这就是指明她惧怕日本，不敢抵抗侵蒙的日军，像她不敢抵抗侵"满"的日军，卒至放弃中东路一样。反之，如果苏、蒙正在预备军事合作，那么，日、苏的武装冲突已成为极迫切的实在情形。

　　日人现在设法从西伯利亚铁路、西贝加尔湖切断俄国与远东方面的交通。他们青年军人自命是被独裁的共产党所压迫的民众的保卫者，他们愿与蒙古联合，从苏维埃的束缚里解放蒙古民族。内蒙大部分已在日军的支配下，他们想以外蒙和西贝加尔湖的苏维埃领土，给蒙古人作为诱骗的钓饵。

　　在日军占领下的蒙古领土内，"泛蒙古运动"已开始进展了。此种运动乃与"泛苏维埃运动"相对抗。所谓"泛蒙古运动"现成为日军的重要口号。

　　但是此种运动幕后乃系日本及其在满军队所操纵，"蒙古问题"已成为日本与红军的斗争的地盘了。

《时事类编》（半月刊）

南京中山文化教育馆

1936 年 4 卷 8 期

（丁冉　整理）

苏联与外蒙关系之面面观

赵毓麟　撰

以外蒙问题为中心的苏日关系，是在日益紧张着了。近几月来"满"蒙冲突事件，渐有因量的增多而成为质的突变的倾向。起初还是非军事的翻脸，如苏联拒绝"满洲国"在苏境内及外蒙境内设置领事馆，日本要求苏联签发视察"满"蒙护照被拒却等事。现在武力的冲突，已一幕又一幕地在那里表现。苏日双方的军官兵士，已不复藏头露尾的在暗中替蒙"满"牵线，他们早已大刀阔斧的进行直接行动了。这两个代表根本不相容的体系的国家，前哨既已频频接触，大队的正面搏斗，自然无法避免，只待战神的银角一鸣，怕不重演一次上届的血战！

我们若不是健忘的话，当然还记得"沈阳事变"后，苏联对日企求和平的态度。有人或要因此怀疑：中东路既可出让，那么外蒙问题，也能援例作一和平解决，未必引起两强间的大规模战争罢？这种过分乐观的怀疑，实因忽视了苏联与外蒙的关系，把苏联在满在蒙的地位，没有度量轻重。假如纯用客观的眼光，将苏蒙关系分析清楚，便能坚决的说一句：苏联是决不会放弃外蒙的。

一　历史的背景

现在苏联的前身，是沙皇政府（Tzarist Government）统治下的俄罗斯帝国。要考察苏蒙关系，不得不把过去帝俄与外蒙间一段悠久的历史，作一简单的回顾。

帝俄与外蒙发生商业往来的关系，远在一七二七年（即前清雍正五年）缔结《恰克图条约》之时。在这条约里，中国除允许俄货在蒙边零星贸易免予征税外，还划定中俄两国边界。现在的伊尔库次克之南，为西伯利亚铁路所经过的那几达数十万平方里之地，就是在这次条约中由外蒙划过俄国版图去的。以后为了疆界问题，在一八六四年、一八六九年、一八七〇年及一八八三年一再续订。结果，阿尔泰诺尔乌梁海二旗及唐努乌梁海十佐领地，也从外蒙割裂过去，就是现在的塞米巴拉敦斯克。雅片战争以后，清政府的弱点，日益暴露，帝俄便乘机节节进取。一八六〇年的《北京条约》，中国把新疆天山南路的喀什噶尔开放；一八六二年《北京陆路通商条约》设中俄两国国境百里免税地带，还许俄商以种种减税的特典；一八八一年《伊犁条约》复确定免税地带的制度，使俄人得自由输出输入一切生产物；以及一八九二年的《中俄邮政条约》，约定北京到恰克图的电线架设的时候，应为俄商的利益，协定电报费。帝俄一面与清室订立前述条约，一面又要求欧洲列强承认它在蒙古的特殊利益。有名的一八九九年《英俄协约》，就是英国承认帝俄在长城以北建设铁路权利的铁证。

帝俄不独取得条约上的权利，同时并极意怀柔蒙古王公，利诱喇嘛教徒，积极收拾人心。一九一一年（即清宣统三年）七月，蒙亲俄派首领抗〔杭〕达多尔济亲王于帝俄援助之下，约会各盟重要首领，开一会议，议决外蒙政治上、宗教上的独立。俄亦以保护国的语气，照会中国政府，要求停办新政，一面派兵驻扎库伦。驻库伦大臣三多急电政府，政府遂于九月，照会俄公使，谓已变通缓办新政，以慰蒙心，但终究不能遏制蒙人独立的企图，结果遂出现了以哲布尊为大皇帝的大蒙古国。

当外蒙举起"独立"旗子的时候，正值辛亥革命，国内战乱频仍，自顾不暇。帝俄乃乘机干涉外蒙内政，迫订《俄蒙协约》，在外蒙取得种种工商业利权。同时进一步的为谋永久的控制计，又组织蒙古军队与邮政，创办俄文学校，发行俄文报纸，设立商业银行等。民国成立后，袁世凯也曾去电外蒙，劝其取消独立，好容易经中俄双方代表二十余次会议的折冲，才于一九一三年十一月订立《中俄北京条约》。依这个条约，中国承认外蒙的自治权，帝俄承认中国在外蒙的宗主权。关于外蒙底土地、政治、交涉等事，由中俄协商办理，外蒙则列在参与的地位。自此以后，中国对于外蒙仅有宗主国的虚名，实际上外蒙已成了俄国的领土。以上是帝俄与外蒙关系的略史。

在俄国革命骚动的那几年中，帝俄政府自身崩溃，再无力量顾及外蒙。因此外蒙自治，逐渐黯淡，到一九一九年，自治政府遂被宣告了死刑。当时北京政府如果有心整理外蒙，确是一个大好机会，但目光浅短的当局，毕竟不懂把握时机，只弄些有名无实的边吏去敷衍了事。白俄谢米诺夫乘机占据外蒙以延长其残喘，日人则从背后供给军火，期获渔人之利。当白俄残部计划进攻中国边境时，苏联政府曾再三请求中国会剿，经中国严辞拒绝。一九二一年，库伦被白军占据，维克尔入城唆使活佛宣布独立，组织临时政府，时我国内奉直战争方酣，无暇北顾。而苏联则因国内秩序已恢复常态，对白军残部盘据在与其边境密接的外蒙，当然大感不快，因此一再向中国政府发出声明，谓中国如不派遣军队驱逐维克尔，则苏联政府认为有出以适当的处置之必要。不久，外蒙临时政府因青年派不满意谢米诺夫的设施，发生了内哄，苏联就援助青年大众，把谢米诺夫赶走，产生以活佛为元首的"蒙古国民政府"。一九二四年五月活佛去世，"蒙古人民共和国"便在苏联指导下出现了。同时，完全模仿苏联宪法的《蒙古共和国新宪法》也颁布了。第一次外蒙宪法会议，就推举加里宁、撤齐林及其他苏联领袖为名誉议长，事实上外蒙已无异成为苏联的一邦。

本来在帝俄时代已接受俄国同化政策的蒙人，再经苏联政府一番循循善诱的陶冶，自然是倾心诚服的了。考察外蒙的人回来都说，外蒙现已成为一个现代化的国家，政治机构全照俄国苏维埃制度，农业、工业都广用俄国新式机器，司法制度、公共卫生以及教育系统，都由莫斯科帮派专门家去组织和发展。日本帝国主义者的魔掌，想抓住外蒙的支配权，时期已经不允许了。

二　地理上的环境

外蒙北与苏联边境交错，达三千俄里之长，地理上的环境易于使苏蒙关系密切。普通不知道外蒙确实地利的人，提到外蒙，脑海里便泛起一片荒凉贫瘠、尘沙飞舞的景象。其实蒙地荒凉，只限于中贯的瀚海一带，瀚海以北，草地渐盛，开发的希望极大。尤其叨林以北，水草丰茂，十分肥沃。再向北到唐努乌梁海，更是物产丰盈，有人谓外蒙之有乌梁海，犹福建之有台湾，实非夸张的话。其次，外蒙出产畜牧的富饶，更为人所称羡，据克拉米息夫的《蒙甘新之经济地理》一书，言蒙古畜牧，可分马、牛、骆驼、绵羊、山羊五类，共计牲畜有一千五百余万头，因出生于寒带，所以都雄骏坚壮。帝俄过去时常购用外蒙牲畜，即缘此故。

至于矿产之富，色楞格河许多支流旁边蕴藏着的金矿，足与黑龙江相并。即以库伦金矿而论，自清光绪三十一年（一九〇五）至宣统三年，短短的六年内，共淘出金沙六十万两。金矿以外，还有银矿、铜矿、铁矿、煤矿等。其余如产盐的富饶，在科布多一处已有十二个盐池。有这般伟大天赋的外蒙，于苏联来日的发展，显然有重要地位。

况且，目前日本大陆政策进行的顺利，更使苏联觉得外蒙乃防止日人势力扩张的一个必不可少的缓冲国。苏联一方面因为内部经济计划，还有许多急待完成，在未完成之前，不欲与东亚的浪人发生正面冲突，以损害其整个一体的力量；另一方面希脱勒挑战的怒吼，使它在西境不能不有所戒备，所以苏联希望公开的战争，发生得愈迟愈好。外蒙夹在日苏势力之间，便有阻滞大战立即爆发的作用。如一旦外蒙入于日人之手，则日本问鼎西伯里亚的雄心益急，双方大规模的国力战，便爆发得愈快，洞烛日本野心的苏联，在维护外蒙地位这一点，是决不会放松的。

三　经济的重要性

帝俄时代与外蒙商业上的来往，姑且不谈，单说近年苏蒙经济关系的密切。自从一九二四年《苏蒙协约》规定：凡属非所有者的土地，应分给蒙古贫民及苏联人民，而命其耕作；蒙古天然资源的开发，以及生产事业的发展，应由苏联协同组合办理。在这两点情势下，苏蒙经济关系，自然一天密切一天了。现在单把贸易一项来说，已可看出梗概。下面是从一九二三年度至一九二七年度苏联对外蒙的贸易情形，数量单位用吨，金额单位用千卢布。

	一九二三—二四		一九二四—二五		一九二五—二六		一九二六—二七	
	数量	金额	数量	金额	数量	金额	数量	金额
总输入额	五,七四六	一,五〇四	六,四一四	二,七六九	八,六〇〇	三,六七〇	一〇,九四三	四,六三三
食料品	四,一八九	六五八	三,九九〇	一,二五一	五,四三七	一,四八七	七,四一〇	一,七七四
工业原料及半制〈造〉品	九一六	三二三	一,九一七	五七一	二,〇八一	五六一	二,〇八七	七二七
制造品	六二	五二二	九〇五	九四七	一,六四〇	一,六四一	一,四九六	二,一三一

　　我们再看蒙古中央组合的原料品销路百分比，其对苏联输出的比率，真乃与时俱增，如下表所示：

	蒙古内	对苏输出	经由苏输出	直输他国
一九二四—二五	六	二五	——	六九
一九二五—二六	一六	三〇	——	五四
一九二六—二七	七	四五	——	四八
一九二七—二八	八	六〇	——	三二
一九二八—二九	六	七三	一八	〇·三
一九二九—一九三〇	九	五〇	四一	

　　而世界经济恐慌最烈的几年中，苏蒙贸易的对流，及其进展之迅速，看了下表，便能明了：

	由苏运蒙	由蒙运苏	合计（单位用千卢布）
一九二八—二九	一六，四〇〇	一五，二〇〇	三一，六〇〇
一九二九—三〇	一七，八一九	一九，七四五	三七，五六四
一九三〇—三一	三七，三四三	二八，八三二	六六，一七五
一九三一—三二	四一，三九五	一九，二七八	六〇，六七三

　　据苏联通商代表部的报告，一九三五年三月第二部的记载外蒙在苏联对外贸易总额上所占的地位，有如下表（单位：千卢布）：

	一九三三年		一九三四年	
输出	三八，五六二	七·八%	四四，八〇六	一〇·七%
输入	一七，二六九	四·九%	二〇，五六一	八·八%

　　注：以上数字统计，得自今年一月号之《苏俄评论月刊》。

再据本年一月份的美国《现代史料》杂志（Current History）所载，一九三五年上半载苏联输出额中，外蒙站在世界的第七位，胜过意大利、日本、比利时与荷兰。由此不难想到外蒙购买力的伟大，与苏联经济关系，自然越发密切了。现在外蒙商业，由苏联贸易公司及蒙古中央合作社所统制，中央合作社与蒙古银行，则是外蒙金融与经济组织的中心，它已形成为整个苏联经济之一环。

四　紧急时期的苏蒙

近两月来日伪军侵扰蒙边发生纠纷的事，已接二连三不断的出现，苏联在远东的戒备，当然愈趋积极，苏蒙关系跟着也愈益显明。去年十二月十一日外蒙古共和国总理盖顿、陆军大臣台米德、内阁书记官长乌基端希尔，及外务部局长那萨姆拉等抵莫斯科，与苏联党政巨头史太林、莫洛托夫等会议，目的即在讨论日伪军侵略行动的对策。盖顿在俄发表的谈话中，有"余等不愿屈服，但愿保障余等之边境及独立。余等可以预言，在蒙古共和国受日'满'军攻击之际，必将引起其他各国更大之反响"这段强硬的声明，便可推知苏蒙间必有一种军事的协商，所以外蒙有恃无恐。苏联官方虽明白否认日本盛传的俄蒙军事联盟，但伪蒙冲突时，蒙方有俄军官指挥，却早已成为一种公开的秘密了。

苏联决心应付远东事变，在意阿战争发生，国联对意实施制裁时，已可隐约看出。事实上，意大利侵略阿比西尼亚，对苏联并无利害关系。苏联帮助国联对意实施制裁，一方面是因为站在社会主义同情弱小民族的立场上，另一方面在获得未来苏德或苏日战争爆发时国联会员可能的同情。这次制裁的结果，要是墨索里尼屈伏在国联权威下，也可稍戢希特拉插足乌克兰的野心，即使对日本不会有多大影响的话。这样，苏联应付远东日本，至少是有利益的。

蒙边纠纷，日益严重，远东风云，日益紧急了！我们难道眼看人家积极准备战争，自己还粉饰太平吗？

二十四日晚于南京

《新中华》（半月刊）

上海新中华杂志社

1936 年 4 卷 8 期

（李红权　整理）

《苏蒙互助协定》的认识

文强　撰

苏俄与外蒙古缔结军事同盟之说，自"九一八"事变后，恒由日本报纸传说之，而国际间对于苏蒙军事同盟亦毫不诧异的，认为必有其事，正如苏俄报纸之宣传日德军事密约，同一性质，同一作用。吾人纵观最近五年来的历史关系，每次当中日外交恶化之时，欧洲政局紊乱紧张之时，日本报纸则尽量宣传苏蒙协定种种事实，盖其用意，实别具野心。远者姑不置论，"九一八"事变后，日报盛传曾有三次，足可测量日人用意之所在。如：第一次为热河事变正急迫时，日报盛传苏蒙军事协定成立，苏俄一部分军队入外蒙设防，并助外蒙军队近代化。第二次为去年秋间，英、义关系因义阿战争而呈现紧张之时，日本报纸盛传外蒙军事领袖团赴莫斯科缔结苏蒙攻守同盟，并举其同盟条约之要点。第三次为本年一、二月间，在日本"二二六"事变之前，日本报纸又盛传苏俄除在西方缔结法苏、捷苏、罗苏等互助条约以外，更与外蒙结有互助条约。征诸过去日本报纸一而再，再而三之传宣，类多揣摩想像之词，不但国际间未如何加以注意，苏俄官兵亦仅守缄默之态度，两强相争，各有所图，其攻讦之宣传，自不足以为世人所惊奇疑惧的了。

苏俄当局于三月二十八日，在莫斯科之所以毅然决然宣布苏、蒙政府已于三月十二日缔结《苏蒙互助协定》者，实为日本"二二六"政变后，军人内阁成立，日对苏外交更采行积极政策所致。故于三月廿五日珲春附近日苏边境冲突事件发生，苏俄给予日本以挑衅行为的一个有力警告，苏俄于宣布《互助协定》时，且夸言如"外蒙受侵略，苏联将举其远东部队一百三十万以助之"。语气之豪，不啻向日本作最后警告，可见苏俄已具战争决心。远东局势之紧张，可说由《苏蒙协定》之公布，更向前推进一步，非往昔互相攻讦，密云不雨之形势可比。自然时至今日，吾人尚不能断言日苏战争立即爆发，但以日苏大军咫尺相峙，"日"、"满"、"苏"、"蒙"边境事件不断的发生，前哨战之接触，随时皆有激成大战可能。最近几月来，日苏关系之恶化，恐从此再无谅解和缓之余地，此敢于断言者。

吾人为研究《苏蒙协定》，庶可作正面之认识起见，将该项协定全文照录于下：

苏联政府与蒙古人民共和国，现因两国友谊，自一九二一年蒙古人民共和国得红军之助，将与侵占苏联领土军队互相联络之白卫军队逐出蒙古领土以来，始终不渝，且因两国俱愿维持远东和平，继续巩固两国现存友好关系，故已决定将一九三四年十一月廿七日即已存在之《绅士协定》正式长订此项草约，规定以全力互相援助，以避免及防止武装攻击威胁，并于任何第三国攻击苏联及蒙古人民共和国时，彼此援助。为此目的，余等签订此项草约。

第一条　苏联或蒙古人民共和国之领土，如受第三国家或政府之攻击威胁，则苏联及蒙古人民共和国应立即共同考虑发生情形，并采用防卫及保全两国领土所必需之各种方法。

第二条　苏联及蒙古人民共和国政府，承认在缔约国之一国受军事攻击时，相互予以各种援助，包括军事在内。

第三条　苏联及蒙古人民共和国政府，认为缔约国中一国军队根据互助公约，为完成第一条或第二条之义务起见，屯驻另一缔约国内，至无此必要时，应立即退出，有如一九二五年苏联军队之退出蒙古人民共和国领土，此乃不言自明。

第四条　此项草约共有两份，一用俄文，一用蒙古文，两份均有同等效力。

此项草约将于签字后发生效力，于此后十年内继续有效。

上项蔑视我国主权之非法协定，由我国外交当局多方查询证实，先后两次抗议，以其有违《中俄协定》第五条"苏联政府承认外蒙为完全中华民国之一部，及尊重在该领土内中国之主权"的规定，吾国之抗议书提出，实理直气壮，为维护领土主权所必须采取之步骤。然而处今日中国之地位，介乎日苏两强之中，随处都有遭遇困难之可能。在日本方面，于《苏蒙协定》未正式公布之前，曾迭次造谣谓中俄两方有某种密约之成立，如何如何，像确有其事，用意所在，岂待赘言。而在苏俄方面，自接到抗议书之后，企图掩饰自己之非法行为，而转变国际间之视线。此日苏两方事前事后所采取之态度。查本月九日苏俄答覆我国的抗议书，强词夺理，并未丝毫承认有违一九二四年五月三十一日之《中苏协定》，第二次抗议，置之未覆，而我国政府似更难采取如何有效之办法，以否认该项协定在实际上之效力，将来亦不过成为中苏问题之一悬案而已。

更进而言之，最近国内舆论界，尚有为苏俄辩护者，谓外蒙自逊清以还，即在俄国卵翼之下，尤自一九一七年俄国大革命后，外蒙已于无形中脱离中国之掌握，今中央既鞭长莫及，无力予外蒙以护障，外蒙又介乎两强之间，不降之于俄，即失之于日，处吾国之态度似可暂时置之不问可也。此种论调如吾人认为有一部分理由存在，不啻数典忘祖，认贼作父。在正确观念说来，一个国家，或一个民族，为维护自身之主权，一切非法协定均应予以否认，致谓中央之力量能否及于边陲以维护，则为另一问题，岂两事〔两事岂〕能混为一谈。且吾国边陲之纠纷，层见迭出，丧权失地，在在皆是，何况苏俄野心国家，得陇望蜀，与日人之得寸进尺，不过程度上之差别而已。今舆论界持上项论调者，其观念之谬误，实不啻代人张目，为极可耻之事。

根据上述一切，吾国抗议之理由，固为正义之词，非苏俄之毁谤所能掩饰之者。不过因《苏蒙协定》刺激日本所积极进行中之所谓"中日防共军事同盟"之组织，为今日吾国外交上最感棘手之问题。"防共剿匪"，为我政府历年来安内根本政策，而今日之"匪"势已大挫，期将全部肃清，更无所谓防共同盟组织之必要。然而日本则凿凿有词，积极与冀察政委会商谈此事，无理要挟，莫此为甚！日苏两强，直视吾国为愚呆，互以"共同防俄"、"共同抗日"为借口，以牺牲中国之利益，吾国政府为维护主权，应排除万难，予以坚强之反对，此今日不容犹豫之态度也。

《警光周刊》

浙江省警官学校编辑委员会

1936 年 4 卷 10 期

（李红权 整理）

俄蒙公约签订之后

René Laligae：Après la coaclaion du pacte Soviéte-
Mongol L'Europe Nouvelle"，19e Arnée
No 949，18 Avril 1936

拉敏 著　　李万居 译

　　《苏蒙互助公约》于本年四月八日公布后，颇引起关心远东问题的各国的注意，尤其是引起日本的特别冲动。按蒙古本为我国领土的一部分，但当辛亥革命爆发时，帝俄乘机煽动外蒙独立。自此外蒙即为俄国所占有，而内蒙则为日本所攫夺。九一八事变以还，日本想囊括内外蒙全部为己有，由是苏俄对于外蒙所采取的政策更加积极。表面上，日、俄均揭出为正义与扶助弱小民族的旗帜，然而事实何尝如是！读者如欲明了日、俄对蒙的用心以及日、俄的关系，请参阅本刊第三卷十八期《中国的命运》与第四卷八期《蒙古问题与日俄战争》。

（译者）

　　四月八日苏维埃各报公布了三月十二日苏联与蒙古人民共和国所订立的《互助公约》的条文。在斯太林向贺华德（Roy Howard）声明日本占领蒙古人民共和国，苏联这方面看做是宣战的理由之后，此项条约的订立足以指明远东局势紧张到什么程度。这个重要问题既经确定，对于发生危险的利益以及在这块亚洲内部的高源〔原〕所争论的势力有加以研究的必要。

　　自十九世纪末叶以来，有三个国家：中国、俄罗斯和日本即侵入①这块领土。中国自昔在整个蒙古就行使其宗主权，直至一九一一年，没有人对于这种权利提出抗议。

俄国对于中国的反抗

　　一九一一年至一九一二年的中国革命把蒙古的政治组织推翻，而创立一个北蒙古或称为外蒙古和一个南蒙古或称为内蒙古，这两个地方在地理上给戈壁沙漠隔离了。一九一一年十一月三十日，蒙古兵把中国代表及其军官逐出库伦。俄国鼓动由中国的政治所刺激而成的反抗运动。她自好多个月前就知道蒙古王公不再承认中国的宗主权了。实际上一九一一年七月会议的结果，外蒙王公曾向帝俄政府提出如下的请愿书："蒙古王公为其臣民的主宰者。蒙古土地的收入足供安谧的生活。但是自从中国官吏握权、参加蒙古的政务以来，一切便变更了……"

　　在俄国执政者的眼中看来，这是一块好地方。农民、喇嘛和王公都是给与中国重利贷借人和商人榨取——每每一个比一个还要加倍厉害。蒙古人民，这个游牧民族，要靠它收获不丰的土地，很不容易生存，他们把羊毛、皮和牲畜卖给中国的唯一中间商人。中国商人则以面粉、茶、烟草、皮革和布匹与他们交换。蒙古人永远是中国人的债务者，他们的负债一年一年增加。中国当局对于私人债务，设立了部落须共负的集团责任。

　　帝俄政府的官吏波洛凡（Bolovan）于一九一四年在圣彼得堡刊布的报告书中曾经计算过，一九一二年蒙古人民负欠中国各银

---

　　①　原文如此，用词不当。——整理者注

行和各商家的款项约一千万至二千万卢布，这个数目与整年国家岁收的数额相当。

俄国不难激起反对中国人的仇恨。当外蒙利用中国革命的机会宣布独立时，即刻向布克多汗提出一个协定。此后有三种外交资料可调整外蒙的未来：一九一二年十月二十一日俄国政府与布克多汗的协定、一九一三年十一月二十三日中俄宣言与一九一五年五月二十五日中国、俄罗斯与蒙古自治政府所签订的三方协定。

俄国，虽然第一次协定明白授与她以在蒙的优越权，然而须与中国谈商，并承认中国在外蒙的宗主权，虽然外蒙拥有受俄国的间谍所鼓动的自治政府。协定上允许俄国经营商业得以自由行动。俄国计划排斥中国的货物，但是俄国的贸易中间人所采用的方法显然是依照中国商人的老法子。

一种秘密条约

在一九〇七年一月所订立的秘密条约中，日本承认俄国在外蒙有"特殊利益"，日本则专注意其对内蒙的关系。并且自一九〇三年以后，日本曾企图与内蒙王公贡桑成立关系。一九〇六年日本政府鼓动创办由日本教师所主持的非宗教的学校。日本的女教师三坂（Kawara-Misaka）是个文化侵入的真正开拓者，她在贡桑的势力范围内主持一个学校。

日本仿照帝国政府的办法，煽动蒙人反对中国的移民。但是一九〇七年与一九一一年同样，俄国人在外蒙古比较日本人在内蒙前进了好多，盖内蒙各地较便利于中国人统治之故。

在世界大战的期间，这两个敌国：俄罗斯和日本暂时联合，彼此仅仅注意亚洲大陆而已，保持并确定她们的阵地。这确实是日本，她因不费吹毛之力获得德国在远东所占的领土，而沾润着所有的利益。大战告终，把一切既得的地位都推翻了。

日本的干涉

日本决心竭全力经营亚洲大陆。当苏俄与白俄军队格斗，并驱逐干涉的军队（日本加入干涉的圈内）的时候，日本帝国并不忘记她在外蒙建立基础的时机已到了。自一九一八年起，日本曾三度想取俄国而代之。为欲贯彻此种目的，她利用俄国将军谢米诺夫（Semenoff）、徐树铮将军和另一个白俄安冈恩伯爵（Ungarn）。谢米诺夫将军曾企图在赤塔召集蒙古各部落会议，以创立一个"大蒙古"。日军的铃木少佐和黑木大尉列席以充顾问。徒劳无益的外蒙装痴作聋。这是当时中国回想起她在蒙古的宗主权，盖为俄国既成积弱，可利用此种时机，以恢复其旧时的地位。负此使命者徐树铮将军，他恰好是个与日本有友谊关系的人，因为此时日本要在这班军人中找寻一个忠诚的朋友。她在满洲想勾结张作霖；在外蒙则勾结徐树铮。手段玩得很好，但是蒙古人却似乎不大识货。徐树铮既经恢复中国人放重利的权利，债务的恶魔又重新压在这些游牧人民的身上了。徐氏的统治并继续不久。

日本也想利用安冈恩伯爵，他被红军驱逐出贝加尔湖的地带之后，避匿于蒙古境内。但是一种新势力兴起了，它把这些计划推翻了，这就是人民革命党。

蒙古人民共和国的产生

一九一九年年底，当徐树铮占领库伦时，人民革命党正好组织成功。当安冈恩和他的军队以外蒙为其反抗红军的活跃的中心之时，该党占着很重要的地位。人民革命党组织的临时政府采用三个口号以从事斗争：驱逐白俄以建立独立的蒙古，取消债务，摧毁王公和喇嘛的势力。苏俄自然是帮助主张消灭白俄的蒙古政府的。与安冈恩斗争，间接与日本斗争，苏联和蒙古临时政府终于战胜了。

一九二一年外蒙建立自由共和国，于一九二四年取名为蒙古人民共和国。

蒙古共和国与苏联发生了友谊关系。如果结果相反，那就使人惊异，为什么？因为这是苏维埃帮助人民党夺得政权之故。另一方面，该党党徒主张欲与俄国达到同样的目标，不过其所经的途程较为遥远而已。他主张避免游牧民众经济发展的资本主义时期，他们不能像俄国人一蹴即就，其理由很明显：蒙古人民（很落后的游牧民族）完全受僧侣阶级所支配，僧侣阶级的世俗权力与宗教权力是同样的大。人民党希望渐渐地——同时有利于游牧民族——毁灭喇嘛的势力。苏联曾经给与该党以谨慎的劝告。些微错误的步骤都会激起蒙古人民的不满，甚至这样都会有利于日本的活动，她正在蒙古边境的对面伺机而动。日本在外蒙的势力将使日本与另一个蒙古共和国接触，它是布里亚特蒙古共和国，系苏维埃联邦的一部分。外蒙被占领将威胁着远东红军特别队的腹心，并会造成进攻的危险，在贝加尔湖这方面，苏维埃滨海各省将会被切断。虽然人民革命党自然同情于苏维埃的统治阶级，但是后者却很谨慎，不敢把外蒙列入苏维埃联邦的版图中。一九二一至一九二四年，确有此种可能性。苏联决心帮助边境被侵略时的蒙古人民共和国，并不自今日始。

苏联在外交政策的领域上所允许的帮助，对于蒙古人民共和国政府的内政从未曾加以妨碍。在研究蒙古政府的政策时，我们就可看到。

★　　★　　★

蒙古人民共和国政府执政以来，有一个急切的问题：游牧人民的债务的清算。在宪法上有一段特别规定关于此项问题：

在外国人所加于国家经济和民众的重压时期，蒙古所负外
国重利贷借人的私债和公债，宪法批准政府的决议案，决将旧
债取消，集团责任废止。

蒙古的主要富源：家畜

此种措置可使人民革命党在那班被中国的重利贷借所榨取的游
牧民族中增加民望。此种措置可使国家经济在新基础上发展。有
一个确切的证据可证明，这就是该国的主要富源家畜的增加。俄
国的著作家马伊斯基氏（Mayski）估计——根据一九一八年调查的
数字——外蒙的家畜一千二百七十万头。该地报纸《现代的蒙古》
曾统计一九二五至一九三四年家畜的数目如下：

年度	家畜头数（以千头为单位）
一九二五	一六，四五一
一九二六	一九，二四二
一九二七	二〇，一八三
一九二八	二一，三六五
一九二九	二一，九五〇
一九三〇	二三，六七六
一九三二	一六，〇二二
一九三三	一九，五三〇
一九三四	二一，一〇七

一九三〇年牧畜业达到了登峰造极。一九三二年家畜减少了
七百万头以上！人们会自问这是什么理由？理由如下：政府想仿
效苏俄，强制游牧民族组织集耕农场（Kolkhozes）。如果在苏联有
停止对于农民所加的政治压迫的必要，如果斯太林本人宣布集耕

农场并不建设在命令之上，最大的理由，在尚落后的蒙古，这种过早的措置会激起人民的不满，这是必然的事。然而七百处的集耕农场却组织成功了。

蒙古的集耕农场

苏维埃的著作家莱采氏（Risch）这样地描写这个时期："七百处的集耕农场集合了游牧人民的财产之一半。私人商业可说已经没有存在了，这是合作制度——距离这个目标尚远——应当保障并满足人民的需要。政府设法抑低喇嘛的威权，消灭喇嘛的势力，使之降为普通的人民。反对喇嘛、封建分子、商人和富裕的地主在蒙古日益加强。但是忽视实际情形的政治，却产生不良的结果。牧畜业退步了。反革命分子：喇嘛、王公和大地主利用此种事实以反对政府，并以之鼓动不满意的人民。'某强国的使臣'已开始在扰乱了。不急于事功，须一步一步做去的劝告是对的。这意见并且给接受了，蒙古共和国总理银东氏（Guendoun）向第七届议会大会的报告书里面曾经承认自一九三〇至一九三二年的期间所犯的错误。"

自此之后，他们就采取如下的战略：证明集产的好处，不威压"个人"，反之鼓励他们大量牧养家畜。此种内政的改革已著成效。

政府也同样注意到冬天家畜寄牧习惯的合理保存。因此，牧场的面积扩大了，新的水井凿了许多。冬天家畜藏身的畜棚不断地增加起来。

日本人的证据

人们不必偏袒于任何方面，可推断蒙古人民共和国的人民比较

满洲这方面的蒙古各地的人民繁荣得多。一九三六年三月十日的
"Excelsior"（注一）上面，特麦特尔氏（Demaitre）恰好作相反的
肯定。可惜此种肯定并没有根据什么证据。作者单单声言"日本
人势力"下的蒙古人所过的生活比较蒙古人民共和国的蒙古人为
佳，如是日本在满洲建设一个诱惑所有蒙古民族的中心地。不过
日本人的言论并不能举出这样好的论证。

（注一）巴黎的日报之一种。

《改造杂志》的编辑山本氏在《哈尔滨日日新闻》上面曾写一
段反映关东军的意见的语〔话〕：

> 把外蒙古的中心地库伦拿来与内蒙古的中心地海拉尔
> （换言之即所谓"满洲国"的蒙古各地）比较，外蒙在经济、
> 文化和军事方面享受着特殊的地位。这是十五年间受苏联所指
> 导的成果。我们对于今后我们的活动应当注意及此。

苏维埃的援助

苏联并不讳言她给与蒙古政府关于谋经济发展上的援助。苏维
埃的专门家在库伦地方建筑一个"工业区"，在 Khatkhylsk 地方建
筑一间羊毛洗涤厂。此外有一间二千五百瓩的电力厂，库伦地方
建筑一间制革厂和一间织布厂。一九三四年，这些企业雇用一千
一百九十四名的工人。其余有百三十八个工人在 Khatkhylsk 工作，
六百五十三名的工人则在各种工业如锯木厂、煤矿、印刷厂、发
电所里面工作。最后运输业方面使用一千五百名工人。这些数目
虽少，但可看出蒙古游牧民族形成固定的劳工阶级的初步。

货币制度已经成立了：以金本位为基础的 Tougrik 使原始形态
的交换手段的双重货币，如以皮、丝等等的物换物的混乱状态
终止。

在人民革命党第九届大会（一九三四年）席上，银东氏在其报告中曾检讨政府为改正"初期"的错误所提出的措置。这些措置所生的好结果消灭了日本的野心，盖日本曾想干涉蒙古的政治。

日本军部实施干涉

但是自此时期后，内蒙的日本军部与蒙古人民共和国当局即不断地发生许多冲突。边境的事变一直增加。一九三五年一月十四日当日本军在 Bui-Nor 湖袭击蒙古的分队时所发生的事件为最严重。自这地方著名以来，流血的冲突有规则地在此地方发生。这个地方是属何国？日本人断定边境没有严格划定界限，总而言之，Bui-Nor 湖地方宁谓属于内蒙，换言之即属于日本。外蒙当局认为边境的界标极其明显，两世纪前中国的地图也是这样证明的。事变之前，在东京刊印的地图也确证此种事实。

每次事变之后，蒙古政府即建议清算这个问题，设立混合委员会勘定边界。但是关东军不赞同此种办法。它要求蒙古共和国承认"满洲国"，在其首都招待"满洲"代表。

不过外蒙完全没有意思招待日本人。这并不是日人金木的残暴方法，参加边境事变调整会议的"满洲"代表团主席能使事件易于解决的。

广田要怎样做法？

一九三六年二月，所谓"满洲国"的外务大臣张燕卿与蒙古共和国总理银东氏交换若干新的外交觉书。"满洲国"断定蒙古侵犯她的边境，蒙古拒绝此种判决，同时维持彼此所争议的领土是属于她的。

　　俄蒙条约就是为得处理这个问题的。苏联反对"蒙古人民共和国"被占领，决定援助这个善邻，苏维埃的报纸都这样写着。

　　银东氏主持的政府所贯彻的目的和战略的理由就是采取此种态度。

　　东京政府明了此种决议不轻易做到。精明的外交家广田想缓和日本军人的欲望，他们是想破坏外蒙的神秘的（金木氏的话）。

译自法国《新欧罗巴周刊》第十九卷九四九期，

一九三六年四月十八日

《时事类编》（半月刊）

南京中山文化教育馆

1936 年 4 卷 12 期

（李红权　整理）

《苏蒙互助协定草案》之真面目

W：The Soviet-Mongolian Protocal
"The Contemporary Review" No. 847, July, 1936

W 著　　马润庠 译

《苏蒙互助协定草案》已于本年三月十二日签字，四月八日公布，依据这个草案的内容，规定"缔约者之一，如被第三者攻击，则其他缔约者之一方，将以全力援助"。按外蒙古为叛离中国之特殊区域，今苏联事前未得中国政府同意，径与其缔结攻守同盟条约，不啻自食前言（一九二四年五月卅一日苏联与中国缔约，承认外蒙古为中国领土之一，并尊重中国在该处之主权），破坏中国领土及行政上之完整。本文对苏蒙关系及其野心，曾详加分析，结论直斥苏联之举动为荒谬，并认为中国应依《国联盟约》第十八条之规定将此事提交国联或海牙国际法庭处决，以获世界之同情云。

（译者）

先是，在一九三六年四月八日《苏蒙互助协定草案》正式公布以前，据三月二十七日库伦电讯，谓"蒙古人民共和国"第二十届小国民大会（Little Khural）（译者按：蒙古共和国的组织，有国民大会（Great khural）及小国民大会，前者每年开会一次，后者每年开会二次），对于政府所采取之现行外交政策，已完全同意，尤其是关于"蒙古人民共和国"与苏联所缔结之《互助协定草案》方面（注一）。关于这一点，由四月一日苏联外交次长士参门尼克天〔夫〕（Stomoniakoff）与日本公使在莫斯料〔科〕之谈话中，更加得到一层证明。他对日本公使说：如有第三个国家攻击"蒙古人民共和国"，苏联将予以援助，在这一方苏联所负的义务，自从一九二一年"蒙古人民共和国"与苏联同意于共同保卫彼此的疆界，以防一般的袭击，在口头上彼此订定以来，已经存在了。不过，这种口头上的义务，在一九三六年三月十二日，改用条约上的方式写明就是了（注二）。

（注一）见一九三六年三月廿八日之《伊士威斯吉亚报》。

（注二）见一九三六年四月一日之《伊士威斯吉亚报》。

我们记得，在一九二一年，日本参加协约国侵入西北利亚之军队，尚未撤去；斯丹伯（Baron Engern von Sternberg）公爵，就利用外蒙古当作军事动作上的根据地，以攻击赤色的政府；此时之中国政府曾用剧烈的方法，以攻击蒙古的叛逆及其反苏维埃分子。而斯丹伯氏的举动，遂给予苏维埃以进兵干涉最好的借口了。苏联不顾中国的抗议，将红军与西北利亚军的混合队及蒙古革命军（此系借苏联之助，在中国领土上所组织者），长驱直入蒙古境内，攻库伦，下之，而斯丹伯氏之军力，遂完全消灭。跟着人民革命政府遂宣告成立。新政之第一步动作，即要求苏联政府不将军队撤〔撤〕去，以至"完全不受敌人的威胁为止"。关于这项请求，苏联政府"除表示完全同意外，认为此尚非其时"（注三）。苏联政府为表示与新政府之友谊起见，乃于一九二一年十一月五日，与其缔结秘密条约，承认其独立（注四）。

（注三）见 Leo Pasvolsky, Russia in the Far East P. 176; we gh. Ken Shen Rosso-Chinese Diplomacy, pp. 203-9.

（注四）For Text of treaty, see Scott J. B Treaties and Agreements

1919-1929, pp. 53-6.

　　苏联与蒙古自从缔结这一项条约后，其政府彼此间的关系，是值得注意的。一九二四年元月三日，当苏联驻蒙大使华西力夫（Alexei Vasilieff）呈递国书至"蒙古人民共和国"的时候，说苏联此时并不愿意承认蒙古的独立，以至独立与自治的分别达到理想的境域为止（注五）。复次，苏联人民外交委员会委员长直查陵（Chicherin）于一九二五年三月三日在达夫力士（Tiflis）举行之第三届中央执行委员会中，报告国际情势时说："我们与'蒙古共和国'已有较密切的接近。我们承认这个共和国为中国共和国的一部。但是，这个国家，因为幅员广大，故其内部生活，不但不容许中国的任何干涉，并且还可以追寻其自己的独立政策。"（注六）

　　（注五）China Year Book, 1924, p. 582 North China Herald. CL, March 15th, 1924 p. 402.

　　（注六）China year Book 1925 p. 428; For text of treaty, see Scott op. cit, pp. 13-41.

　　苏联于进击斯丹伯一役后，留驻了六千五百红军于蒙古领土。这一批红军的继续存在，实为防〔妨〕碍中苏邦交恢复之一个主要的原因。但是，加拉干（Mr. Karakhan）氏却于一九二四年五月卅一日与中国缔结一条约，根据该条约第五条，苏维埃政府承认"外蒙古"为中国领土之一部分，并尊重中国在该处之主权。自一九二四年后，蒙古国际政治生活，遂至最后一阶段，然而却渐次成为所谓独立国有如伪满洲国的现象了。在这种情势之下，其最困难之一点就是这样，任何足以引起"满洲国"与蒙古的纠纷，在实际上也就是日本与苏俄的纠纷，前者为"满洲国"之协约国及保护国，后者却为苏联之协约国及友邦。

　　日本欲与蒙古作较密切的接近，系基于经济上及军事上的原因。在经济上，日本欲开放蒙古之门户，正如八十年前伯力氏

（Commodore Perry）开放日本之门户一样（注七）。在军事上，日本如能统制蒙古之北部，将使苏联在背加湖（Lake Baikal）的西北利亚防线的后部受严重的威胁。如果苏联在这一条战线上崩溃，那末，日本对于麇集苏联与"满洲国"交界的二十万红军及六百架飞机，将无须恐惧了。

（注七）The Times，London，July 25th，1935.

然而，蒙古边疆的安全，也就是苏联边疆的安全。语云：唇亡齿寒，因此，斯潭文尼加夫（Mr. Stomoniakalf）在口头上与蒙古成立的谅解，就很有价值了。跟着这一次谅解成立之后，在一九三四年（译者按：原文作一九二四，与事实不符，恐系手民之误，故改为一九三四）就有了一个口头上互相谅解的"绅士协定"，依据这个协定，设有第三者对苏蒙二国攻击，则缔约国将互相帮助，包含军事上的帮助（注八）。

（注八）Izvestia，April 8th，1936；Pravda，April 9th，1936.

一九三五年的紧张情形却因"满洲国"与外蒙古疆界上发生许多纠纷而加重。有时其紧涨〔张〕的程度，几乎使战争的发生，不能避免。蒙古人认为日本与"满洲国"军队的动作，目的在废除蒙古的独立及将其改变为第二个"满洲国"，借此，将来对中国及苏联的攻击，就较为容易。在这种情形之下，他们认为苏联对于使蒙古人民共和国自由是无自私自利的作用，同时，并用一种和平的方法，以谋蒙古的发展及繁荣。因此，假若在一旦被人攻击的时候，就盼望苏联能够帮助他（注九）。

（注九）Izvestia，Decem 29th，1935.

蒙古盼望苏联帮助的愿望已趋于实现了。当"满洲国"与蒙古边疆的纠纷达到高度热的时候，史他林氏于三月一日曾发表一次非常重要的谈话，他说："如果日本进而攻击'蒙古人民共和国'及侵害其独立，我们将必须予以帮助，我们将用一九二一年帮助她的方法去帮助她。"（注十）但是，在史他林发表这样谈话的时候，《苏蒙互助协定》并未公布，不过，它确已完全预备好，只要等待签字罢了。最后的商谈在事实上证明蒙古政府早在一九三六年元月及其后，曾函请苏维埃政府将一九三四年口头上缔结之君子协定，正式用文字的形式重加规定。这个要求蒙苏联政府采纳，因此，三月十二日之《协定草案》就在库伦签字了。这个《协定草案》包含绪言一章及条约四条，规定如苏蒙二国被第三者攻击时，两国将立即商议并互以实力相助（注十一）。这个协定在三月十二日签字，但直至四月八日始公布。但是该协定之原本已于四月二日由苏联驻华公使提交中国外交部。

（注十）Izvestia, March 6th, 1936.

（注十一）Ibid, April 8th, 1936.

中国政府在四月七日对苏联政府提出一个强硬的抗议，这个抗议书，其内容除了先行提及一九二四年条约关于外蒙古的部分以外，谓苏联此次与蒙古缔结的协定，废弃其自己对中国政府的保证，实妨碍中国的主权及破坏一九二四年《中苏协定》，这种动作是不合法的，故中国政府，对于这个协定，绝难予以承认，故亦不受其缚束（注十二）。

（注十二）For text of Chinese Note, see Izvestia, April 9th, 1936.

苏联政府收到中国政府的抗议书后，于四月八日回覆中国政府，谓一九二四年之协定，即容许苏联保持其留驻蒙古之军队，故此，苏联签订此项协定及其他条约，并无丝毫防〔妨〕害中国之主权，盖苏联始终未有侵占中国及"蒙古共和国"领土之野心故也。关于是否有权与中国自治区域缔结协定问题，苏联政府复援引一九三四年九月之《苏沈协定》（Soviet-Mukden agreement），谓其时中国政府并未反对。苏联政府并引许多事实解释，谓此项协定并未妨碍其他国家之利益，因为这项协定，只在苏联及蒙古的领土被人侵占而被迫不得不自卫以保卫其自己的疆界时，才能有效故也。总之，苏联政府认为此项协定的缔结，是负了维护蒙古与中国人民之责任的〈（注十三）〉。

（注十三） For text of Soviet note, see Izvestia, April 9th, 1936.

中国政府为回覆苏联的答辩书起见，于四月十一日致苏联政府以第二次抗议书，反对苏蒙协定之缔结，认此为妨碍中国之主权，认此举为完全违背一九二四年缔结之《中苏协定》，将前次抗议书所坚持各点，反覆申述（注十五〔四〕）。

（注十四）关于中国抗议书之全文，可参阅廿五年四月十二日之《大公报》及《申报》。

由这个《协定草案》及其最后的答辩书看来，第一件事值得注意的就是缔约国的目标，乃在缔结一种协定草案，其性质并没有如缔结一种条约、协定及公约那样郑重。因为与苏联缔约的是中国的自治区域，又因为事前没有通知中国政府及得中国政府同意，故用协定草案这个名词较为适合。复次，"蒙古人民共和国"一名词，出现于条文之上，这个名词是显示独立的性质较自治为多，故亦值多注意的。我们应该记得，"蒙古人民共和国"是创于一九二一年，并已宣布脱离中国独立。苏联在《协定草案》的条文上，不称外蒙古（这是以前在各项条约上所惯称的，其意系表明蒙古为中国之一部）而称"蒙古人民共和国"，也就是愿意其独立的意思。因此，这个《协定草案》就独创一个先例，与以往所承认的传统习惯不同了。

就《协定草案》全部言，可由法律及政治两方面去看。法律上苏联的地位是无根据的。因为苏联政府承认外蒙古为中国内部一区域，任何其他国家，俱不能与其缔结条约。苏联的反辩是这样，她认为《协定草案》是一种地方上的协定，其结论并引东三省当局前曾与苏联缔结《苏沈协定》，而中国政府并未反对为辩论根据。但这种声辩，是完全与事实上相反的。我们可以记得，当缔结《苏沈协定》消息传出后，中国政府曾提出强硬的抗议，唤醒苏联政府注意。事实上，一个友邦，未得有关系国家的政府同意，径自与该国家所属的地方官吏缔结条约，这种举动，实违背国际惯例，不啻承认东三省的独立（注十五）。固然，北京政府在此事发生之后，曾以命令方式，承认此项协定有效。但当时中国致苏联的抗议书中曾有下列这样规定："直至此项协定得中国政府赞同及完成各项法律手续之后，中国政府始加以批准。"

（注十五）Nonsth China Herald CLII, Oct 4th 1921, P. 2 Oct. 11th, 1924, P57.

苏联的报纸对于这个《协定草案》的批评，认为《协定草案》中其规定之各款，系建筑在维护疆界安全的利益上面，关于这一点，曾载于一九二四年条约第五条第二段中，是以这个《协定草案》的缔结，是绝对正当的。可是，这里须特指出者，就是这个《协定草案》，应由中国中央政府与苏联政府讨论，不应由苏联政府与正在叛离中国中央政府之外蒙自治政府讨论。

苏联的答辩书谓，《协约草案》并没有妨害其他国家的利益。然而，我们考查过去数年远东的不安状况，我们可以见到军事上攻击的威胁的存在，是以苏蒙两方，有缔结这个互相防御疆界的条约，就是基于这个理由了。可是，蒙古实难有余力以帮助苏联防御疆界，这是显而易见的。故这一次互助的性质，与其说是双方的，无宁说是片面的。在执行她的义务的时候，苏联有权在外蒙古采用"各种保障领土安全的方法"。自卫及防守计划的范围是很广泛的。它们不但包含军队的调动和布置，同时，一切工业上的动员及在现代战争上各种应有设备，均在其指挥和措施之列。为着保证战争上的成功，则整个外蒙古马上要完全放在苏联的保护之下，一切政治、军事及经济上，都要受苏联的支配和指挥。

在这种情形之下，还说中国的主权并没有受到丝毫的影响，那不是骗人的吗？

依照《协定草案》的规定，如苏联被人攻击，外蒙古须以全力相助。但外蒙古为中国内部之一，故在上述的情形之下，中国应站在苏联的地位，与敌人开战。这样一来，就不容许中国自由采取中立态度，及使中国对友邦，履行在这个条约上的义务，是很明白的了。抑尤有进者，假定战争之结果，敌人获胜，要求合并外蒙古，那末，其结果，我们处境的不堪，将为历史上所空前未有的了。因为这种对外战争，中国在实际上并未参加，但因此却不得不失去其领土之一部分，这岂不是冤枉的事吗？纵使我们承认这是一种地方上的事件，与中国的全部无关，但结果也是一样。

一九二一后，外蒙古不顾中国之不欢悦及劝告，就叛离祖国而独立了。自从一九二一年苏联在事实上近于承认蒙古的独立以后，苏联与蒙古之间，就有一种永不变易的友谊关系存在了。假若中国在目前或在最近的将来，改变对蒙古的方针，使其成为中国境内的区域，第一用政治的劝告，如其无效，则诉诸武力，在这种情形之下问题就发生了，依照《协定草案》的解释，究竟中国是不是将被苏联认为是第三者呢？同时，苏联曾承认外蒙古为中国领土的一部，并尊重中国在该处之主权，故中国无论采取哪一种方法以保障其主权时，苏联俱无权否认。

在作者写这篇文章的时候，关于这个问题，苏中二国正在交换意见。如中国得不到完满的答覆，中国政府将采取何种进一步的计划，实难臆测。苏联与中国既同是国联会员，中国自有权将此事提交国联处决，或提交海牙国际法庭裁判，关于这一点，有《法苏互助公约》的先例可援。在另一方面，苏联政府，可依照《国联盟约》第十八条之手续，将此《协定草案》交国联秘书厅注册。如果苏联不这样做，那末，这《协定草案》就失去其法律上的效力了。

苏联报纸对于《协定草案》，最后则侧重于政治方面，详细加以讨论。《伊斯威士〔士威斯〕吉亚报》（The Izvestia）于社论中，谓现今南京政府对于保证外蒙古领土之不可侵犯及其疆界之安全的程度还比不上北京政府在一九二四年缔结《中苏协定》的时候。如果中国政府不能防护其主权所在的外蒙古领土，那末，中国绝不能防止蒙古不被别国攻击或掠夺，也不能在中国主权名义之下，获到能够〔能够获到〕有力的国家的帮助。该报社论复宣称：在这种情形之下，《苏蒙协定草案》成立以后，蒙古在中国主权之下，可以得到苏联之助，而苏联〔蒙古〕人民因为得到苏联的帮助，也不至成为帝国主义掠夺下的牺牲品，中国政府对此应当表示感激。该报最后复宣称："我们深信，苏维埃政府给予'蒙古共和国'之帮助，只足以增加中苏两国间人民之友谊云。"（注十六）

（注十六）Izvestia, April 8th, 1936; Pravda, April 9th, 1936; Moscow Daily News, April 10th, 1936.

苏维埃报纸复认为中国政府之抗议是在日本压力之下写的，如果中国政府不这样，那末，日本必认为中国与苏联之间，有一种秘密协约存在，其结果并认为必将加强共产党在中国之威胁（注十七）。此种主张之真实程度如何，可不具论，但就中国之权利及义务的立场言，固不论是否受外力之压迫，但对于苏联与蒙古缔结一种如此重大的条约，包含其领土及主权在内，中国实应提出抗议。

（注十七）同前。

最后，今日中国政府及其人民当前之最大危险有二，一为外来的侵略，一为"共产党的威胁"。在这两种威胁中，哪一种对中国较为有害，各人见解不同。中国的自身正如其政治家所反覆宣称一样：必须容许她在其自己的国境之内，造成其自己的命运，绝不容其他外来的干涉。

　　　　译自英国《现代评论》第八四七期，一九三六年七月

《时事类编》（半月刊）
南京中山文化教育馆
1936 年 4 卷 16 期
（朱宪　整理）

苏联、日本与外蒙

André Pierre：L'U. R. S. S. et La Mongolie exté-
rieure，"Revue de Paris"，43e Année，
No 20，15 Octobre 1936

毕耶尔　著　李万居　译

　　本文作者毕耶尔氏为国际上闻名的著述家，对于苏联的一般状况，如政治、经济、外交、文化等均有深刻的研究和了解，而对于苏维埃政府的一切措施亦颇表同情，凡是关心国际问题的无不知道，这儿毋庸介绍。这篇文章前半部系叙述近十多年来苏联政府对于外蒙古的建立所谓独立国家如何擘画与赞助，以及红军开入外蒙的真实原因。后一部分则完全站在客观的立场分析苏联在外蒙的一切行动不无妨害我国的主权，虽然苏联曾经声辩本年三月该国与外蒙订立《互助协定》的理由，但其矛盾之点实无从掩讳。在这一部分，关于年来日苏纠纷亦有详细的描写。他认为苏联未必有占领外蒙领土的企图，但她经营外蒙乃欲保障其本国的安全，却是事实。最后他断定苏联目前无意与任何国家寻衅，而日本帝国主义则勠力侵吞中国，所以世人纷纷议论的日苏战争不致那么快就爆发的。

译者

一

日本急速侵入华北和内蒙，东京政府一手造成了"满洲国"，两年来在远东地方发生许多事变，这些最近已引起全世界人士对于外蒙古予以注意，外蒙乃为苏联的附庸，这是举世周知的事。

无疑地，读者诸君总还记得六年前陆军中校法勃尔（B. Favre）在《巴黎评论》发表一篇关于蒙古问题的内容充实的文章。作者在那篇文章里面叙述俄国侵入蒙古有损中国的主权，一面说明中国在蒙古比较俄国有权利的根据，他结论道："中国应须知道时时自谋……她应须建立一个巩固而强有力的政府。当她各处都恢复秩序，领土完整，使财政稳固，军队坚强，交通完备和建设现代式的工业时，她就不必需要什么演说和法律上的争论了。"可惜中国政府并没有副他这些期待。我们目前看见国际分子的中国领土的沦陷，而今日在远东从事角逐和冒险的只有两个强国，这就是苏联和日本。因此，我们觉得这儿有重新检讨外蒙问题的必要，盖为此地骤然起了变化的缘故。

二

开始我们要简略地叙述一九二四年以来正式宣布成立的"外蒙古人民共和国"究竟代表什么。

外蒙位于中亚的北部，北而与苏联毗连（其广袤一千九百公里），东北界于内蒙的布尔肯省（现被日本划入"满洲国"），西部、东部和南部与新疆、宁夏、绥远和察哈尔相连接。

在这个百五十万四〈千〉方公里的广大国土（约比法国大三倍），有九十万居民，其中百分之九十是蒙古人。中部和北部的人口为最繁密。主要富源为畜牧，约占全国收入的百分之七十。据苏联的统计，估定全国的家畜达二千二百万头，即马、角兽类、骆驼、绵羊、山羊等。蒙古的畜牧乃在游牧的农民手中，他们为得找寻兽类的养料，每年须迁徙几次。农业很不发达，有人估计该地耕种的面积只有四万五千公顷，所种的谷类为小麦、燕麦、大麦和黍。至一九二一年该地还绝对没有工业。自这个时期之后，受着苏维埃的影响，才有几种企业产生。如是于一九三四年在外蒙的首都库伦建筑一间混合的工厂，从事鞋子、毛织品、羊皮外套的制造，另一方面着手在那林地方采掘煤炭。但是工业显然正在开端，在蒙古当然还没有无产阶级（Prolétariat）的存在。在行政上，外蒙分成十二个行政区。该国的首都距离苏联三百五十公里。

俄国革命必然地对这个长期在封建和神权制度统治下的国家发生影响。由莫斯科传来的新思想对于王公和寺庙的喇嘛不利，他们拥有一大部分的牧场，同时对于几乎垄断整个蒙古商业的中国经纪人也是有害而无利。大家都知道当好多年间（一九一八至一九二一）蒙古领土成为可怕的内战的舞台，日本想利用这个混乱的机会，以加强她在库伦的势力。他们援助白俄领袖谢米洛夫和名震一时的安惹·斯丹麦尔男爵（Ungern-Sternberg）领率的"亚洲军"。但这两个军队的领袖却要求向当地勒索军需，征发家畜，威胁农民，这样做法只能激起外来的侵略的反抗者和王公、喇嘛的革命情感，在安惹占领库伦（一九二一年二月）之后，王公与喇嘛曾接受以佛教僧侣呼图克图为最高领袖组织政府。立刻有个"民族革命党"组织成功了，该党领袖系从农民阶级出身，他们起草一个行动的政纲，要旨如下：谋民族解放，打倒封建制度。他们组织起来与安惹·斯丹麦尔抵抗，因而请求苏维埃政府予以援助。自一九二〇年就在莫斯科开始谈判，代表外蒙的却是个奇怪人物，名为喇嘛波达（Lama Boda）。结果重新采取一九一二与一九一五年间有损中国主权的蒙古自治派所主张的专制因袭。莫斯科政府于一九二一年四月自然做到超过蒙古人民党（在安惹占领库伦的两个月之后）的希望之上，红军部队继续把白俄驱逐出境。

民族解放之后，外蒙革命党并没有立刻握到政权。该党仍维持呼图克图的职位，不过大量地限制他的威权罢了。蒙古变成立宪的君主政体，呼图克图就是这个政体之王，但是当时的政府依照一九二一年十一月一日发表的"庄严契约"强迫他差不多须批准全部的命令。然而呼图克图于一九二四年五月去世了，他的去世乃是真正的社会的和政治的革命的先兆。国民大会于是年十一月在库伦召集，该会确认政府取消君主政体的决议案，并宣布蒙古人民共和国的成立。该会于一九二四年十一月廿六日通过苏维埃的法学家帮助草成的新宪法。

这宪法是世界上唯一受苏维埃俄罗斯共和国的直接影响（在苏联成立之前）。这宪法乃以苏维埃为基础，在蒙古称为"Khourals"，但并不是社会主义的，该国的经济的和社会的组织太简单，不能实施马克斯主义的原理。最高政权由"大呼拉尔"（等于俄国的苏维埃大会）行使，在国民大会开〔闭〕会期间则由"小呼拉尔"（与俄国中央执行委员会相同）行使。"小呼拉尔"约有三十名会员，每年开会两次，这两次会的实权操于常务委员会（会员三名）和内阁手中。下列就是一九三六年三月以来的内阁组织：内阁总理兼外交部长阿摩尔（Amor）；第一副总理兼内政部长巴山（Tchoi-Balsan）；第二副总理兼陆军部长特密德（Demid）。本年三月由杜克桑氏（Dokson）任"小呼拉尔"主席。

一九二四年草成的宪法准许十八岁的男女公民有选举权；而"掠夺"他人的劳动：封建贵族、喇嘛、商人和重利放贷者则被除外。土地、矿藏、水道和森林均收归国有。

　　蒙古国民革命党草成的急进宪法的种种实施，这儿要加以详细叙述，是不可能的事。消灭封建和宗教制度分成了几个阶段。这种举措曾激起旧王公和高级僧侣的有组织的反抗，另一方面，该国所采取的"苏维埃化"的政策也嫌过激。这个统治外蒙的政党里，也像她的强大的邻国苏俄的共产党一样，有着左倾和右倾的集团。在急进的社会主义化的时期（一九二九至一九三二）之后，大家都承认外蒙不〈宜〉轻易从事土地集产化的尝试，土地集产化（像在苏联的情形一样）曾使全国的家畜减少约七百万头。他们于是不得不恢复游牧农民的私有财产和私人贸易，在一九二六年的政策分离宣布之后，对于僧侣的信仰措置也改变了手段。第七届的"大呼拉尔"召集之后，就采取这种柔和制度，有点像一九三四年大家在莫斯科看到的那样。当人们认清一九二一年以来共产党和苏联政府予外蒙以很大的影像〔响〕，就会想到库伦政府的经济政策的突然变更乃系受莫斯科的激动。

　　目前的情形如何？我们且看四月八日的《真理报》发表一篇内容很充实的文章怎样叙述："一九二一年的蒙古革命开始时好像是反帝国主义的，经过长期的斗争之后，卒变反对封建的革命。但蒙古革命的第二工作还未完成。封建制度和封建的关系已经动摇，却还未完全消灭。只要指出封建时代的制度完全继续下来就可明了：寺庙里面现在仍养活约八万名的喇嘛。"（注一）

　　（注一）在旧制度之下究竟有若干喇嘛？这是难得正确地明了，不过其数目似乎超过十万人。一九三〇年特将喇嘛的家畜没收而分给贫困和中层农民；当局允给穷喇嘛以一部分家畜，如果他们放弃他们的僧侣生活的话，有人说，其中有一万二千人已离去了寺庙。

　　然而，蒙古的僧侣阶级已失掉其经济势力："寺庙在革命前拥有该国的家畜的百分之二十，现在只有百分之一；另一方面喇嘛对于人民的无限制的势力已因文化的普遍进展而大大地减少。”

《真理报》又叙述一九二四年的蒙古宪法废止王公和贵族的特殊的称呼和徽号以及宗教领袖的特权；宪法主张没收大规模牧场，取消从前寺庙征收的什一税；它解放了喇嘛的农奴（Chalinars）；采用对外贸易的专营，消灭了中国大经纪人剥夺蒙古人的行为；简单地说，在政治上和经济上它解放了中小层的农民，但是虽然如此，蒙古还没踏上社会主义之路。《莫斯科日报》写道：

> 蒙古人民共和国是个资产阶级的民主共和国。游牧农民的畜牧造成其国民经济的基础。除了少数在国家规定的企业中畜养的畜群外，所有的家畜都是农民的私有财产。

该报的编辑者承认采用这种私有财产制度，一部分人民挖取另一部分人的财富是不可免避的事，但是政府要好好地维持贫穷和中层阶级，一面限制较宽裕的农民的财富增进，一面给他们担负重税。随后，他对于这点下这样的结论：

> 蒙古共和国一面从事巩固共和政体，为该国的生产力的最大限进展和为提高群众的文化而奋斗，消灭封建制度的痕迹，制止榨取的资本主义的分子，保护国家以抵抗外来的威胁，一面在准备必须的条件，以谋渐进地跑上非资本主义的进化之路。因此，她是个新型的资产阶级的民主共和国。

由《真理报》所说的几个字看来，人们可了解在这些条件之下外蒙不能算是苏联的一部分，曾有人这样想，实是错误，因为苏联的联邦共和国必然是苏维埃的和社会主义的。但是这样却没有阻止莫斯科政府在库伦的支配权。组织“蒙古革命军”和供给其军需器具的都是莫斯科政府。外蒙的一些军用和民用飞机，运输的和公用的汽车都是苏联的工厂制造的。训练工业的技术人材，促起该国的文化发展也是莫斯科。蒙古青年渐渐赴苏维埃各大学和莫斯科的东方语言学院从事研究。蒙古的代表定期赴莫斯科研究各种行政的运用，并趁此机会听受政治的指导。另一方面，俄国科学团往蒙古从事开采天然富源的合作，或研究蒙古的语言和文字的问题：字母拉丁化、文学的语言的草创、戏剧和电影的组织等。

　　库伦与莫斯科的这种密切合作颇为有效，因得苏维埃的拓殖（这个字用得并不过分），各方面都很落后的蒙古民族才与西洋文明接触，而与中国疏远。《真理报》又追溯俄国革命之前，蒙古没有非宗教的学校，寺庙就是唯一的文化中心："自革命以来，该国设立许多民众学校。现在有小学七十所、中等学校五所、技术学校三所和许多职业学校。一大部分青年则上识字学校补习。"

　　蒙古的智识分子还很少，但是已经有些小学教员、工程师、医师和护士。在俄国的势力未入蒙古之前，人民不知道欧洲的医学，他们患病时请喇嘛医治，治病的人使用西藏的医药，或施行法术和魔术。该地于一九二三年才有苏俄的医师，并组织公共卫生机关；现在该国约有六十所的固定的或巡回的健康机关，不但农民去受医治，喇嘛亦不能例外。

　　蒙古并且要在莫斯科刊行报纸。在旧时原没有报纸，人民只阅读喇嘛所著的历书或日历。有人或者以为仅有苏维埃的报纸（这并且是灌输该国的智识的唯一来源），在库伦已发刊五种蒙文的日报和九种杂志，此外还刊行通俗科学小丛书。并且自几年来，就建筑排演通俗剧本的国立戏院，这是以唤起蒙古的过去为目的的。一九三四年外蒙建国十周年纪念时，加拉罕所领率的苏维埃代表团曾看到排演争蒙古独立的开国英雄 Souhebator 的奋斗的剧本。

三

　　谈到蒙古独立……外蒙与其强邻苏联有着极密切的关系，虽然后者不断声明绝对尊重外蒙的领土完整。苏联与日本所不同者乃为没有伸张国势的计划。大家都知道苏联在原则上是"反帝国主义的"，只要展开地图就知道她的领土之大，而她的物力可使其人口每年增加三千万左右。

十五年来，苏联在形式上、法律上都尊重蒙古的国际条款，这些条款很特别，因为外蒙于一九二一年驱逐安惹的党徒之后，便宣布独立，然在理论上却属于中国的宗主权。依照一九二一年十一月五日苏联与库伦的新人民政府订立的条约，却承认蒙古独立。不过一九二四年五月卅一日苏联与北京政府订立的条约，却承认中国在外蒙的主权。请看该条约第五条：

> 苏维埃社会主义联邦共和国政府承认外蒙为中华民国领土之一部分，并尊重中国在该地的主权。

在此时期，红军占领外蒙已有三年，但是苏联却特别声明这是应库伦政府的请求，而将其军队开入蒙古，并非要消灭她的独立，相反地而是要求援助她抗御外患。蒙古边境的危险如继续存在，这些军队依然驻扎那儿，至一九二五年年初才开始撤退，这也是应外蒙政府的请求的。据一九二五年二月廿七日的照会，外蒙政府对苏联表示其军事援助的谢忱：

> 政府谨代表全蒙古民众，异常感谢红军给他们解放土匪的束缚以及文化、经济和法律的发展的援助，并感谢它帮助树立真正平民政权的所不能忘的功绩，请将蒙古的劳工的最大谢忱及其永久的感恩和永恒的友谊转达保护被压迫的群众的唯一英勇红军的工农，他的指挥机关和贵国政府。

照会有着这样的一句话：

> 敝国的人民和政府如遭遇着与一九二一年类似的情况，她实需苏联和红军的援助。

这是蒙古政府对于红军和苏联表示援助的感谢。莫斯科的人总说这保护是中国本身的利益。四月八日莫斯科《新闻报》对此点曾举出伟大革命家孙中山氏的话为证。该报刊载孙先生和一九二三年一月苏联驻华代表的共同宣言的通讯，他在这篇宣言中声明俄国即刻撤退驻外蒙的军队既非绝对必要，也非中国的真正利益，尤其是因为当时北京政府在撤军之后，不能阻止白俄军反苏的新阴谋，又不能阻止比较目前更艰难的局势的产生。

《新闻报》又指出上述一九二四年《北京条约》第五条里面所载，苏联不但承认中国在蒙古的主权，而且承认俄国的军队须要召集边境安全的必然措置的会议之后，才可退出蒙古领土。会议没有召集，但俄国军队却于一九二五年春退出蒙古。

一九二五年至一九三四年外蒙继续过着和平的日子，并继续与苏联保持着友好的关系。在这十年间，边境都是安谧〔谧〕的，中国政府因陷入内战和混乱中，并没有想到打倒苏联在库伦逐渐占着优越的势力。但是中国对于名义上保持着主权的外蒙的丧失似乎隐忍不言，而日本在"满洲"则取中国而代之，于一九三二年创造一个"满洲国"，并依秩序地要贯彻其在华北和内蒙的侵略计划。

日本这种侵略渐渐引起库伦政府和它的保护者莫斯科政府的忧虑。一九三四年年底蒙古人总认为日本及其属国"满洲国"威胁她们的独立；日"满"军队驻屯她们的邻境乃系给她们以警告。"满洲国"和外蒙的边界纯是任意圈划的，实无界限可言，因这两国都是中国领土的一部分，无论哪一边在国际法上都没有法律的根据。遇着日本的威胁，外蒙内阁总理乞援于莫斯科，并唤起它履行一九二五年的诺言。苏维埃政府允许在必需时将给与援助：一九三四年十一月廿七日的《绅士协定》纯是口头的宣言。自此红军的部队便开入外蒙以增强蒙军的力量。

一九三五年，特别是六月廿三和廿六日，边境的极严重的事变爆发了。随后，七月四日所谓"满洲国"政府和日本的关东军参谋部要求蒙古政府允许其在库伦常驻代表，并建筑"满"蒙间的特别电线。这些要求卒被蒙古政府予以驳斥：这些要求与蒙古人民共和国的独立相冲突。虽然两方成立边境委员会，然而事变仍是不断发生，一九三五年十一月杪，委员会的工作便停止了。当时银东氏（Guendoun）认为有领率代表团赴莫斯科之必要。他于十二月杪到达莫斯科。他与美联社代表会见时，声称危机严重，该国一旦受日"满"侵略时，希望苏联给与该国以援助。在与苏联政府人员谈话时，则要求将一九三四年的口头约束写成条文。后来于一九三六年一月廿五日外蒙革命党中央执行委员会主席阿摩尔和内阁总理银东致苏联执行委员会主席加里宁和人民委员会主席莫洛托夫的函件中，又正式请求苏联予以援助。

　　莫斯科政府诚悦地接受这要求，但是谈判严守秘密。仅于三月一日美国司克利普贺华德社社长贺华德氏（Roy Howard）与斯太林氏的会见时，才知道苏联所订立的诺言。兹将两氏的谈话节录于下：

　　贺华德——一旦日本决定攻击蒙古人民共和国时，苏联的态度如何？

　　斯太林——日本一旦决定攻击蒙古人民共和国并危害她的独立时，我们准备给蒙古以援助。李维洛夫的助手斯托摩尼阿可夫（Stomoniakav）最近对这个问题曾向日本驻苏大使声明，追述一九二一年以来苏联与蒙古共和国所保持的坚固的友谊关系。像以往一九二一年那样，我们势将援助该国。

　　贺华德——这样，日本企图占领库伦会引起苏联的积极行动吗？

　　斯太林——是的。

　　几天之后，即三月十三〔二〕日由苏联代表泰洛夫（Tairov）

与蒙古人民政府阿摩尔和银东共同签订《互助议定书》。此项《议定书》延长十年有效，里面分为四条。这是简短的参考材料，可将原文译述于下：

第一条——苏联或蒙古共和国受第三国的侵略的威胁时，该两国政府即刻共同审查造成的局势，并采取一切能保障其安全的必须措置。

第二条——苏联与蒙古两政府在订约国之一方受军事的侵略时，须互相准备一切的援助，包括军事援助。

第三条——苏联与蒙古两政府认为不必要时，根据相互协商，为得履行第一和第二两条记载的约束，其中的一方驻扎于另一方的领土的军队须即刻撤退，如一九二五年苏联军队退出蒙古共和国领土一样。

第四条——《议定书》以俄、蒙两国文字草成两份，两种条文均为有效。自《议定书》签署之日起施行，其有效期间继续十年。

我们看出此项《议定书》规定两个场合：如第一条的侵略威胁与第二条的"军事侵略"。据第一条所载，一旦两缔约国受威胁，允许苏联军队开入外蒙。另一方面，"互助"自然是纯粹传统的外交条文，援助只是苏联给予外蒙……

条文于签订一月之后即四月八日始正式在苏联报上公布，但于四月二日即将抄本送达中国。中国政府于四月七日提出抗议，声言此次新条约破坏一九二四年五月廿六日《中苏条约》，依照《中苏条约》，苏联承认中国在外蒙有完全的主权。李维洛夫氏即刻提出反驳。他在四月八日的备忘录上认为中国的抗议没有根据：三月十二日《苏蒙议定书》的任何条都没有损害中国的主权，而对于中国乃至蒙古都没有领土的野心；一九二四年五月三十一日的条约依然有效。李维洛夫说，谈到我们有权与中华民国的自治部分订约，只要指出一九二四年九月廿日苏联与东三省政府订立条约就够了，这项条约并没有引起中国政府的任何抗议；中国政府并且承认它与五月卅一日《北京条约》有同等价值；最末，《苏蒙议定书》没有损害任何国的利益，因为它只假定苏联或外蒙成为被侵略的对象，就应互相保护其领土。

四月九日莫斯科《新闻报》写道：苏联的照会的证据极充分，所成为问题者乃欲知道为甚么中国政府认这次有抗议的必要。该报认为这抗议是在"日本的压迫下"写成的。该报继续写道，中国人民完全明了苏联是她的朋友，苏联人民愿意看到中国强盛起来，而能保卫她的独立，如果中国能保障其他的国家，使在她的主权之下的领土不成为攻击他们的大本营，他们是多么高兴。不幸"满洲"成为日本帝国主义的要塞，而中国人民却没有加以阻止。同日《真理报》发表一文，题为《东京压迫下的抗议》，叙述《北京条约》规定讨论保障蒙古边境的安全的会议没曾召集，因此苏联政府应地方或中国当局之请，有权把其军队开入外蒙，无论是为保护蒙古边境乃至苏联的边境。该报断定外蒙为日本军阀梦想的用兵之地，外蒙被征服造成贝加尔湖、西伯利亚铁路和苏属远东受直接威胁。

中国于四月十五日又提出抗议，但以后就没有再继续下去。中国政府并没有向国联提出对苏联的抗议，大家总还记得当"满洲国"宣布独立以及该国与日本订立协定时，中国曾在日内瓦提出抗议。这足以证明苏联的言论不无理由，她也许有意思保障中国领土完整而抵制日本势力的伸张。

四

现在还有一个问题，我们应须加以研讨：苏联与蒙古人民共和国对于日本所怀的疑惧有没有根据呢？日本今日有无把外蒙并入她的伸张的计划中呢？

有些悲观论者认为日本又在贯彻一九二一年安惹在她的援助下梦想要实现的计划，想制造一个集合散在"满洲"和内外蒙的蒙古人的傀儡式的蒙古国。要实行这个计划，在日本实在要有"泛蒙古主义"的党徒才行。本年三月十三日这些问题的专家张伯伦氏（William Henry Chamberlin）由东京投寄一篇文章在英国杂志Spectator发表，谓若干关东军的军官，特别是陆军中佐寺田都成为蒙古问题专家，他们懂得蒙古的语言文字，并很了解蒙古的宗教和习惯，兹将该文摘录一段于下：

> 这班军官梦想建设一个日本保护下，而脱离布尔什维克的一切势力，依照首族与悠久成为蒙古宗教中最占势力的喇嘛教的"泛蒙古国"，这是颇为真确的事。外蒙古将成为这个国家的部分，在行政方面，日本军事当局赞成"满洲国"与位置于兴安岭西部的蒙古省份，不过有一个条件，须日本在这个"新蒙古国"的势力能根深蒂固才行。

但是东京政府对于此事怎样想法？远东问题的法国专家迪波克氏（André Duboscque）于本年五月廿日在《巴黎时报》上面发表一篇文章，力请我们安心，他说："外蒙现在并不列在日本的计划中。"

我们祷祝迪波克的乐观论有事实来证明。总之自三月十二日以来，日本就在注意一旦侵略库伦的举动会产生什么结果。迄今日止，苏联在远东充分表示妥协，但她对于外蒙的不折不挠的态度是一种警告，它一面实可抑制日本希望大规模侵入中国的野心计划，一面则谨慎地在避免战争。苏联似乎充满着和平的意念，她仅仅欲为她自身的安全而维持在蒙古共和国的保护权，除非苏联参加欧洲大动乱的漩涡中，使远东局势变更而给日本有机可乘，否则世人常常预测的日俄战争不会那么快就爆发的。

　　　　　　　译自法国《巴黎评论》第四十三年

　　　　　　　二十期，一九三六年十月十五日

　　　　　　　　　　　《时事类编》（半月刊）

　　　　　　　　　　　南京中山文化教育馆

　　　　　　　　　　　1936 年 4 卷 22 期

　　　　　　　　　　　（朱宪　整理）

绥远问题讨论会

作者不详

星期六的下午二时，是照例的开时事讨论会，这次主席是王老师，首先听着王老师的报告：

诸位小朋友，今天的时事讨论，是以绥远问题为中心，希望各位不必害臊，大着胆子，把自己要说的话，不要留一点，说个痛快，现在请吧！

小朋友甲：我觉着敌人进攻绥远，是想完成他们的大陆政策，并吞整个中国，现在有大批飞机、坦克车、铁甲车，许多的新式武器助战，敌人是顷一国之力，来攻我们的一省，而且绥远省地旷人稀，兵力单弱，虽然傅作义将军努力抗战，结果恐难免一失？

小朋友乙：是的，绥远面积在上课时听老师讲过，约有十一万七千余方哩，人口约有二百一十二万余，平均每方哩只有十八人，比着江苏每方哩七百三十人，那真稀少得令人可惊了。当然在这样稀少的人口地域里，以一省之力来抗强敌，的确是很危险的，我们必要要求中央国防军开到绥远前线抗敌，并且要将飞机，也要飞去。这次蒋委员长五十寿辰，各界民众献的飞机，已有七十多架，这些飞机已由蒋委员长献给中央了，这些飞机都是民众拿钱买的，应当保护民众，防卫国土，这些飞机应当马上飞到绥远去抵敌，此外高射炮、坦克车也应当大批运去和敌人抗战，我们才能转危为安哩！

小朋友丙：我赞成这个意见，并且我们大家还应当捐款，接济前线战士。

小朋友丁：捐款是应当的，每人都应当捐，不过要防止有人下腰包。

王老师：这可以组织一个援绥捐款市民监督委员会，来负责监督。

小朋友甲、乙、丙、丁：赞成！赞成！

王老师接着说：现在问题集中讨论"怎样援助绥远"，各位小友，勇跃发言！

小朋友甲：现在我们应当立刻对敌宣布断绝国交，没收敌人的一切在华产业，充作援绥军费，驱逐敌人一律出国，冀、察、晋、鲁各省，一齐出兵抗战，分散敌人的兵力，不能单独对绥。

小朋友丙：这个意见很对，我还要补充一点，就是要肃清汉奸，因为把汉奸除干净，我们的抗敌战线，才能坚固哩！

小朋友丁：我有一点补充，就是我们应当策动华北精锐及国防主力军，第一步收复察哈尔省的南部多伦、沽源、宝昌、张北、庚〔康〕保、商都等县，第二步收复热河，以截断敌人攻绥的归路，这样不但可以解救绥远的危急，并且收复失地也在此举了。

小朋友甲、乙、丙：我们大家赞成这个意见！

王老师：今天的讨论，各位小朋友的见解，大都正确，且很精彩，现在时间不早，我们可以作一个结语，"怎样援绥"：

一、中央国防军，速到前方抗战。

二、飞机、高射炮、唐克车新式武器速运前方应敌。

三、宣布对敌绝交。

四、没收敌人在华财产，充援绥军费。

五、肃清汉奸。

六、集华北及中央国防精锐，收复察、热，断敌归路。

七、捐款援绥，慰劳前方战士。

在雄壮的歌声"东北地方是我们的……"之兴奋中，大家攒着拳头，散会了。

《儿童新闻》（周刊）

上海儿童新闻社

1936 年 4 卷 29 期

（丁荣　整理）

由绥东问题而谈到西北边疆问题

长啸　撰

在国人高呼着"到民间去"、"到边省去"、"到前线去"，正在埋首苦干，积极的向生产建设复兴民族的途程迈进中，先则有两粤事件之掀起，继则有绥东问题之日趋严重，此起彼伏，诚如蒋委员长所云："内政与外交，互相表里"，"无内政即无外交。"盖物必先腐也而后虫生之，欲覆亡我国者，唯恐我"统一"，故当西南问题渐归平淡之时，而绥东又告警矣。

按自去年河北问题解决后，一般人预料其严重形势，必将转移至察绥。果尔，察北六县，突以蒙古保安队而尽失其主权，致绥省各处时有怪飞机之出现，以及特务机关之设立。数月以来，各该地方，交通梗阻，情况混沌。所可知者，股匪集合，已逾万数，军械补充，不少利器，形成今日扰乱和劫掠整个绥远之企图。更有某军二联队为之后盾，可知绥东问题之严重，而绥东问题又为西北问题之核心，我人试先将地理上作一检讨，俾更有深切之认识。

我人所统称之西北，是指新、甘、宁、绥等省而言。考我国地理，西北为一大高原区，东起兴安岭，西经葱岭，北达阿尔泰与萨彦山脉，南至昆仑、祁连与阴山山脉，包有外蒙古的唐努乌梁海、科布多及新疆、甘肃、宁夏、绥远、察哈尔等省。在此高原区内有戈壁沙漠，故又可划分为漠北与漠南二自然区，其在新疆西部则有天山山脉横亘其间，又可分为南北二路（或南疆、北疆二区）。东部阴山北支（贺兰、狼山、大青、阴山等）复将漠南草原分为二部。按此划分，我西北自然疆界应止于阿尔泰山系（最外包有塔尔巴哈台、大阿尔泰及萨彦山脉，位于俄属西伯利亚及中亚与我新疆、蒙古之间）。但是现在西北的边界，因先后经《恰克图界约》（一七二七）、《科布多界约》（一八六九）、《乌里雅苏台界约》（一八七〇）、《阿拉克别克河口界约》（一八八三），一八七〇与一八八三两次的《塔尔巴哈台界约》、《伊犁界约》（一八八二）及一八八二与一八八四两次的《喀什噶尔界约》的划分，我国丧失的土地，有乌梁海、阿尔泰河、阿尔泰山、斋桑泊附近地方及霍尔果斯以西一带及科克沙勒河流域地方，并将帕米尔高原作为中［中］、英、俄三国的未定界地（光绪廿二年，此地虽曾为英俄所私分，但因其原属我国，我国人绝不能承认，故仍视为中英未定界区）。苏俄东侵以后，复唆使外蒙独立（一九一一），民国八年独立之议，虽经一度取消，但至民国十三年，所谓蒙古共和国卒宣告成立，于是漠北的外蒙古、科布多，与唐努乌梁海三区，脱我自主。是以我在西北的政治势力，现在所能达到的最外界线已退至戈壁沙漠，而在此漠南一带的察、绥、宁三省，蒙人及新疆的回人因受日俄之煽惑鼓动，又多已采行地方自治，成为半独立之状态。由此看来，我西北的阿尔泰、戈壁大沙漠，与昆仑南山及阴山的三道自然防线已失其二，现在所余的，惟有最内一线，其重要性自然益发加大。

就目前政治势力而言，我西北边疆问题，较之东北，尤为复杂，四围强邻，除日俄二国外，还有在西南方面的英国势力。再就西北的地位讲，不独在国际上是为我国西北的屏障，在交通上也极其重要，以其位于中亚，为欧西与东亚陆上交通必由之径，在海禁未开以前，我国与中亚及欧西的贸易，莫不通过此处，而为欧亚大陆上交通的枢纽。近来航空交通日渐发达，我西北位置适中，地面广阔，对于欧亚航空站的建设，极为适宜。且欧西与远东空中来往，亦以经过此处为最便捷。

因绥东问题而影响的整个西北边疆问题，其最大原因，固由于我国自己之不努力，而其近因，则在于日本大陆政策之进展无已，故西北地位，渐成为国际势力角逐之场。按本年二月，土肥原中将在东京演讲"日本大陆政策与满苏及内蒙之关系"时，已明指出苏俄之武装外蒙，意在包围"满州〔洲〕国"，而将日本大陆政策根本推翻，故主张日本应使内蒙古团结坚固，包含于日本势力之内，以使俄国远东作战，大感困难。易言之，日本之企图，欲将内蒙古之察、绥各地，控制在握，则等于将苏俄势力之外蒙古包围，军事上可占极优越地位。故日方无所不用其极，以坚植其大陆政策，使苏俄大受威胁。不过双方虽则在剑拔弩张，忽弛忽缓之情势下，目前尚不至于正面冲突。诚如本年六月英国《圆桌季刊》载有《东亚之安定》一文，内称"日俄边境冲突，只为一种虚声恫吓，作讨价还价之姿势，并非日本真有意与苏俄开战。因苏俄富源在欧洲与西比利亚西部，而不在西比利亚东部与外蒙古。是以日本经济目标，不在海参崴、库伦，而在天津、上海。质言之：日本大陆政策之目的在中国，不在西比利亚，特为实现其目的便利起见，必须在中国与苏俄间取得一块土地，将中俄分开，并在蒙古树起军事的边界以防苏俄"。由此而论，已可测知绥远之重要性，况乎绥、晋唇齿相依，近日报传日方拟与我合筑沧石路，其居心更为明显，不过绥省环境虽如此复杂，只有以简单方法应付之，就是决心守土，一步不退，以保持我领土主权之完整。如绥省一入他人掌握，则不啻授人以侵略整个西北之坚强根据地，而晋、冀，亦必成为囊中物矣！

《励志》（周刊）

南京励志社宣传股

1936 年 4 卷 33 期

（李红菊　整理）

由绥事说到虚声恫吓以华制华

陈昭天　撰

　　中日事件，我以不丧权辱国为原则，彼以蚕食鲸吞为能事，目的既殊，调整自难有望。既往糊涂账，设日本不彻底觉悟，再行侵占，我方雪耻有心，战争终难避免。推过往测将来，截至现在，日人对我所用之手段可分为三期。

　　当九一八之前，日人利用时会，扶乙倒甲，及乙得势，则又扶丙危乙，循环推演，我国政变几无次不有日人之从中捣鬼。日人即利用此以直接、间接向双方索取报酬，而无形之取得，尤难计算，是为"暗攫时期"。及郑家屯炸案，张作霖惨毙，张学良内附中央，日人利用之时机既少，因而以武力侵占四省，继及冀、察之后，我方节节退让，日人遂愈来愈凶，是为"强抢时期"。此两时机日人对我可谓左右逢源，无求而不自得，实为日人侵华之黄金时代。后因我方不断努力，似亦知骑上虎背，非压倒中国殊难安居，种种要求愈益广泛。胁迫五省自治不成，退而利用殷逆割据冀东，强迫中央接受之原则不得，退而接济粤、桂，处心积虑无非欲以最小代价得最大利益，是为日人欲望最大时，束我之缚国〔束缚我国之〕最力期，结果一部分成功，一部分完全失败。是日本势力已如已望之月，由满而亏，渐趋后退。迨及最近挟其"共同防共"、"华北特殊化"两原则，迫我自署卖身契不成，恼羞成怒，挑起绥东战争，星星之火势将燎原。吾人团结既坚，由牺牲以求安全，援百灵庙迫商都，王匪受伤，德逆遁逃，外务省虽矢口不承参与绥事，关东军则自认参加。此时期究为日本对华之何时期，及我国对日之何时期，全在国人之如何应付。

考日人侵略四省渐及华北，其得于虚声恫吓与我方自动退让者占其十九，利用武力十不及一。九月间成都、上海案件相继发生，日人小题大做，上海日军不断示威，平、津驻军亦大举演习。外务省更竭力压迫，所谓"中日交涉已至最后关头"、"日本忍耐只容极少限度"，迷恋从前我国不抵抗美梦。以破裂国交为威胁，扰乱秩序，表示张惶，装腔做势，以为华人经此威吓定可如愿以偿。故凡外交上之危词危语引用殆尽，不料我方处以镇静，迫得自行停锣止鼓。日舆论界亦以索价太高认为憾事，外务省至此遂不得不另变方针，师从前李守信侵占察北六县故技，一方面由关东军指使蒙匪发动绥事，一方面由外务诿为地方事件，以为中国人投鼠忌器，不敢直接与日人冲突。"察北事件"既由日本主特〔持〕签订《大滩协定》，则此次蒙匪犯绥，关东军已自承撑腰，中国亦必转向日本交涉另订不驻兵或更优越等条件，日本虽不得志于中央，不费一兵不折一矢，绥远"特化"亦足遮断全西北。"防共"问题事实上亦已如愿以偿，不知"大滩会议"中国统一未成，无力对外，不得不蠖尺以求直寻。近则步伐齐一，悉民族已陷入垂死关头，赫然一怒，匪伪遁逃。恫吓之术既穷，外务省双重外交惯技遂无所施展，而日本虚声恫吓政策，国人想可全部认识。再进而言之，此次《日德协定》据外电所传，当签字消息传至东京时，有田特将希特勒相片吻而纳诸怀，以庆成功，以示欣忭。有田欣忭至于此种程度，其欣忭密约之已另订耶？然既称密约自应讳莫如深，不以边际示人，殊无如是表示之理由，若徒欣其之〔几〕条协定之［条］议定书，此种结合，世人早已料及。苏俄强硬态度，非战败疆场，似非此种条约所得束缚，东西远隔，军事上未必能生极大效果。国际情形，瞬息万变，以利害结合者，利终则离，善撕国际条约之两雄，尤难望其必遵守。则此协定之签订究亦何用其如是欣忭，欣忭则另有原因。缘日俄积不相能，原因发端于中国，此约之签订，在日人口中为"防共"，实际威胁吾人。照议定书第二条"两缔约国将采取严厉措置，以对付直接或间接在国内或国外为共产国际效劳或促进阴谋分子"，其含义之广，始欲干涉日德国境之外之共党活动，越俎代庖。日人必挟德人以自重者，认百年来中国由排外而畏外，德国科学发达，对德人尤觉敬畏（松室少将月前上书日当局，力陈中国之恐日病，在日人眼光中，中国人又有所谓畏德病），有田之吻相纳怀种种作态表示成功，特以示中国谓日德已行结合，中国即不赞成"共同防共"，日本已有法强迫其实行"共同防共"。即十一月二十七日，伪满与关东军所发表公告称"内蒙军在绥远作战，乃因中国共党及与共党组织有密切关系之中国军人团体压迫日甚，故不得不以此而自卫，内蒙之目的与日本及满洲国紧急国策相吻合"；又谓："日本军事当局因盼望内蒙之成功，故足对于妨害满洲国之安宁与秩序，或使中国全土布尔希维克化之事变，不能漠不关心"，与外务省所发表之声明书，一再言及中国，一再言及新疆，蒙古，其欲干涉中国，借重于德、日协定来相威胁，尤昭然若揭。但据本〔东〕京德方负责人声明，缔结此协定时切实遵守不干涉他国内政之原则，对他国之利益绝无影响，更不牵涉中国之主权及利益。德方所传者如此，而日本所解释如彼，双方立场不同，其利用协定之方法自异，日方虚声恫吓至此，又可得一确实之证明。我中宣部发言人发表真正态度于先，廿八日我外交部亦发表谈话于后，词严旨正，已与世界以认识。日来伪匪虽不断集中兵力企图再犯，我方策画已定，将士用命，虚声恫吓，徒见其心劳力拙，毫无收效之可能。至此不得不明白为日本人告者，即刻下之中国非复从前之中国，中国人根本无所谓恐日病也。

日人谋绥，两路进攻，绥东、绥北同时发动。约而言之，绥北利用蒙军驱使德王、包悦卿，绥东则策王英、李守信，中间虽派大批日籍军官实地指挥，而大部分士卒全为中国人。月来军匪交绥，双方互有死伤，在日人方面观之，彼所驱者为异类，我所杀者为国人，胜则日人坐享其成，败则中国人之自相砍杀，自损实力。战争拖延愈长，中国之损失愈巨，彼反可养精蓄锐，效卞庄之刺虎，或更蓄其力以待后日之对俄，或应付世界大战，冥顽不灵的匪类，我方固不宜投鼠忌器，自养疽患。但诛一志在戒百，剿伐系使匪类革心，对方利用以华攻华毒辣手段，则我对此手段不得不利用宣传，使已入歧途者费〔废〕然知返。盖五族一家，蒙人或受挑拨而自蔽，汉奸被招，半迫于饥寒，半迫于我方之宗旨不定，设能立定主旨，继以宣传，谁无血性？相信其未失身者不虞其变节，其已坠陷阱者亦必设法自援〔拔〕，则从前日人利用汉奸以华制华，此后汉奸陆续反正，则其制华之手段必被制于华。据报载：三十日李守信之驻卜嘉寺者实行反正，并捣毁该处伪司令部，李守信本人亦决归诚。王英累次失败，所部反正者正多，王本人不谅于某方，亦将归顺。德王态度消极，回驻本旗，某方加以严密监视，故不能有所活动。此种消息虽未证实，设我方能将国家思想，中国人不杀中国〈人〉的口号普向匪方宣传，其功效当必更大，即将来策军东进收复失地，在东省数千万同胞，数十万义勇军，亦必陆续响应，驱逐外寇，还我河山，其效力更胜于军队之步步作战。而被收编之东省军队与民团虽对方如何麻醉，中国人究竟为中国人，一灵不昧，在相当时期亦能以华利华，吾人更断定后日失地之收复虽不能脱离武力，而驱逐外寇之力量，大部分或在于东省之本地人民，及从前所谓汉奸之反正。在刻下绥东形势，对方因利于拖延，使我正式军队与匪伪互相砍杀，相持愈久，军匪之积恨愈深，渠更多方挑拨，匪伪遂更受其利用。我方应付方针，应竭其全力以迅速手段厘平匪气，宣传国策，恩威并济，感激洗心者自多，畏威来投者亦众，彼骑墙派之思汉奸者，亦可决定态度不受人利用。近中央军陆续北上，其主守主攻，事关军事，惟去恶务尽，非扫穴犁庭将匪伪之根据地打破，绥事纠纷将益延长。即以最近事实证之，百灵庙不复，德王之态度不致消极而追悔，王英等匪亦必竭力西扰，沿途之愿为汉奸，供其驱使者当必更多？廿九日蒋委员长在洛阳军校训话认："百灵庙之攻克，足以使全国人心振作，士气发扬，并使全国军民，知只须全国统一，决心奋斗，必无丧失寸土之理，故百灵庙之收复，实为我民族复兴之起点，亦即我国家安危之关键。"其重视士气民心，更甚于百灵庙之本身，要言不烦，暗合"剿赤"时所悬之三分军事七分政治，与"匪"争民非与"匪"争地之方略。近关东军虽发表狂妄公告，思正式干涉我内政，关东军是否有此决心，或只系威吓作用，我方已郑重声明，不受第三者之借口干涉，但在其未正式干涉之前，我方无妨以事实证明，决心〈使〉其受［使］相当打击，不敢作进一步企图。故收回察北，进围滂江，不特国际陆路交通得以通达，而消祸无形，计实无逾于此。而况十一月十八日，日外务省发言人正式宣称："绥东军事与日无关，纵有日本人参加蒙军作战，亦应认为个人行动，与日本政府、日本军队渺不相涉。"廿一日，日外务省再发文告称："日本帝国对于毗连满洲国各地之局势固常关怀，但对目前蒙绥之冲突，则视为无关，因此纯为中蒙纠纷之结果也。故日政府或日陆军对内蒙之军事行动，均未给予任何协助一节，无庸说明。"其对记者团更表示："绥东战争，纯系中国在其本国领土之国内事件，不致影响满洲之安全，中国政府处置此种情势有充分自由，即宋哲元参加防击内蒙事，日本亦觉无反对之理由"云云。是中国军队在中国境内平定土匪，日本似无反对之词，而快刀斩乱麻，事实一行进展，汉奸自可遁形，土匪亦行匿足，所谓以华制华毒计，亦可根本推翻。

最终吾尚有一言为日本告者：中国统一，团结亦坚，虚声恫吓既难收效，以华制华亦难见功，野心不戢，难免直接冲突，相见疆场，兵凶战危，日本是否已有十分把握？田中奏疏所谓"欲征服世界，必先征服亚洲，欲征服亚洲，必先征服中国"，怀抱虽大，试问日本今日的实力是否超过一九一四年前之德国，德国因野心十余年不能复振，日本如蹈其前辙，其结果将较德国为必惨，站在同文同种的〈立〉场，又不得不为日本悲矣。

《边事研究》（月刊）

南京边事研究会

1936 年 5 卷 1 期

（朱宪　整理）

冀察自治问题

谦　撰

土肥原奔走于平、津之间，自称其目的在为帝国不费一弹，而获得广大的领土。反之，我们中国则须不费一弹，而丧失广大的领土。他人获得领土如此之易，而吾人丧失领土亦如此之易，两两相较，则他人忠于祖国为何如，而吾人则不免以国家领土为儿戏矣。

诚然，偏狭之爱国主义者，未必即能有利于国家。战前之德意志，今日之意大利，何一而非由于其领袖及人民过度爱国，只知本国之利益，而不知他人之利益，结果反引起种种麻烦。德意志固已因之而丧师失地，而意大利在国际制裁下，亦颇难乐观。是以吾人对于热烈勇敢之日人，如土肥原者，其愿作进一步之劝告，既知日本之利益，并须知人类之共同利益，既知日本须向外发展，并须知人类共同之安宁幸福，对于中国强力压迫，或尚不若热诚援助之能有利于日本。但单纯之军国主义教育，偏狭之爱国观念，常致过于重视目前一时之利益，而忘其远者大者，殊可痛惜。但无论如何，其忠于祖国之态度，则足令吾人为之愧死。

至必须不费一弹而获得领土，其意义何在，则亦甚显然。盖日人直至今日，对于中国之经营，并无充分之准备，与确切之把握。满洲事变，不过因中国革命势力之日益巩固，日人在华投资，且受英美资本之排斥。即以称为满洲东印度公司之满铁论，亦亏累不堪。日人若无变更之策划，以资补救，则不久之将来，其在华势力，将根本消灭，故不得不挺而走险，以图侥幸于万一。而吾国始终以不抵抗相应付，日人乃得小试而有利，现〔观〕当时日本举国惶然，以为系吞一炸弹，可见在日人本身亦自知此为若何之冒险行动。

日人自占领东三省后，以军事言，义勇军无法肃清，方疲于奔命；以经济言，在今日之疲乏状态下，倾全国之力以建设东三省尚感不足，自无余力以及其他。而对我空洞之威胁与恐骇，反时有所闻，此盖过去已证明中国为愚呆，决不足以当其一骇，故敢放手做去，其实在中国进一步之发展，从任何一力点言，日人不独毫无把握，且亦无此能。其之敢如此，正因中国领土，可以不费一弹而取得。若必以弹换取领土，则日人早已无取得中国领土之必要与可能。

华北问题紧张，终至冀察自治之实现，此乃继东省之后，日人向我第二步进攻之结果。或亦因中国整个问题之解决，恐不免以费弹，因而转向于可以不费一弹之华北。结果竟能不费一弹，而使冀察自治实现，虽日〔曰〕仍依附中国行政系统下，而实际已表现充分之脱离倾向。

日人之对付中国，常喜区分为某某部分，此实为对吾人之莫大侮辱，盖仍以中国为不完整之非统一国家，而任意施行其分化手段。国家观念薄弱，而只知本身利害之地方武人，每至陷于日人圈套中而不自知。如华北发生自治运动，纯为此种戏法之表演。国之将亡，个人利益诚不知又将依附于何处，卖国以求荣，则其终为空幻，临危处变，而无慷慨牺牲之决心，不过自愿遗臭万年耳。

但此种错误，亦并不纯在地方。至于中央，吾人亦极盼能于任何地方，皆有同一之对外政策，以保持国家领土之完整，而无所歧视。并应早确定强有力之外交政策，使任何地方必须纳入于中央之外交轨道中，而不能单独离异。如此则可以表现中国为完整之统一国家，他人亦无从得为化分，则将来一切类似华北之不幸事件，自可免除。

《国防论坛》（半月刊）
上海国防论坛社
1936 年 5 卷 1 期
（朱宪　整理）

绥境蒙政会成立之前后

——从筹备成立写到潘王晋京报告成立经过

陈墨希　撰

一　导言

自国民政府一月二十五日明令公布《绥远省境内蒙古各盟旗地方自治政务委员会暂行组织大纲》，及委员人数；至该会二月二十三日在绥远公共大会堂（原为九一八纪念堂之改称）开正式成立大会，正副委员长及各委员宣誓就职；二十四日，阎锡山指导长官在山西太原绥署就指导长官职；三月三日，该会全体工作人员，就于马路街前省党部旧址开始办公；三月八日，副委员长潘德恭扎布，晋京报告成立经过并请示今后会务进行；及三月十日，由行政院将《自治指导长官公署暂行条例》令发到绥后，则绥境蒙政会之进行，至此已告一段落。是时，个人正寄迹塞上，适逢其会，得躬自参与成立，引为非常荣幸！乃以身所经历，或较内地报纸披露者详细而确实，故愿就该会成立前后之一切情形，全盘记出，用供一般研究边事者留作将来参考。

二　成立原因

　　现存之百灵庙蒙古地方自治政务委员会，系于民国二十三年三月，经中央一再考虑后，得以正式成立。乃以所辖区域，包括察、绥两省之锡、乌、伊及其他宁夏、青海各盟旗，范围过广，益以交通困难，大有鞭长莫及，难见事功之憾；而乌、伊两盟各王公，亦已早见及此。又值兹陕共猖獗，企图窜扰之时，绥省各盟旗，非及时团结，不足以防共自卫；非各盟分区，另组自治委员会，以各旗扎萨克为委员，请中央优发经费，派遣干员协助，不足以因地制宜，保全国防。故于最近将此种特别困难情形，电陈中央，吁恳允许绥远境内各盟旗，另组地方自治政务委员会，以应当前切迫之需要！中央据电后，即交付讨论，认为可行，遂于一月二十五日，由国府公布《绥远省境内蒙古各盟旗地方自治政务委员会暂行组织大纲》（全文见第三段），准予另行成立绥境蒙政会。

　　绥境蒙政会产生之原因，蒙藏委员会黄委员长对新闻记者发表之重要谈话，甚为朋〔明〕白，谓：

　　　　该会（指绥蒙政会）原根据绥境各盟旗官民请求。中央于蒙政会（百灵庙蒙政会）成立时，原拟渴望蒙古自治，在整个统一组织下进行。近以试行结果，困难殊多，始允其划区分治之请。至各盟旗制度，原属分治，强以合一，不免事倍功半。今绥境蒙政会成立，可因地制宜，进行较便！原有之蒙政会，亦得致力于锡盟及察境旗群事务，收效自巨。今后同在中央领导之下，分工合作，蒙古地方自治之前途，殊可乐观。

　　吾人至此，应知绥境蒙政会之成立，自有其事上之需要，故非如一般人之所臆揣者也。抑尤有进者：绥境蒙政会之设立，乃各王公自动之要求，中央认为于防共、自卫两有裨益，方始允之。

其于旧有之百灵庙蒙政会，不特可以并行不悖，实际可以分工合作，收集思广益，群策群力，分头并进之效。旧有蒙政会辖境，过于辽阔，重以交通不便，在因应上当然发生困难，如欲在事实上取得便利，唯有合力自救。是则绥境蒙政会之成立，自有其不可忽视之意义与价值；尤其于革新旗务上，有极大的好处！吾人甚希望该会正副委员长及各委员，从此脚踏实地，努力前趋，其勿负中央倚卑〔俾〕之至意也可。

三　国府公布之暂行组织大纲与委员人数

国民政府于二十五年一月二十五日，明令公布之《绥远省境内蒙古各盟旗地方自治政务委员会暂行组织大纲》，全文共计十五条，照录如左：

第一条　国民政府为促进绥省境内蒙古各盟旗地方事业起见，设立绥远省境内蒙古各盟旗地方自治政务委员会（以下简称本会）。

第二条　本会办理左列各盟旗地方自治事务：

乌兰察布盟所属各旗；

伊克昭盟所属各旗；

归化土默特旗；

绥东五县左翼四旗。

第三条　本会直隶于行政院，并受中央主管机关及中央指导大员之指导；遇有关涉省之事件，应与省府会商办理。

第四条　本会会址设于伊金霍洛。

第五条　本会设委员九人至二十四人，由行政院就绥省境内各盟旗之盟长、副盟长、扎萨克或总管，及其他资格相当之人员中遴选，呈请国民政府派充之。并于委员中指定委员长一人，副委员长三人。

第六条　本会每月开会一次，遇必要时得召集临时会议。前项会议，以委员长为主席，委员因事不能出席时，得派代表列席。

第七条　本会委员长，执行前条会议之议决案，并处理会务，监督所属职员；各副委员长，每年轮流驻会四个月，辅助委员长处理会务。委员长因事不能执行职务时，由驻会副委员长代理之。

第八条　本会设左列各处，分掌各项事务：

（1）秘书处　掌管机要文电、会议记录、文书编译、统计、会计、庶务等事项。

（2）参事处　掌管撰拟审核本会之行政计划及法案，章规命令等事项。

（3）民治处　掌管关于民治事项。

（4）实业处　掌管关于实业及交通等事项。

（5）教育处　掌管关于教育事项。

（6）保安处　掌管关于保安事项。

（7）卫生处　掌管关于卫生事项。

前项各处，除参事处外，均分科办事，秘书处之科长，均以秘书兼充之。除秘书、参事两处外，其余各处，应斟酌情形，报请中央机关核准设置之。

第九条　本会各处设职员如左：

各处处长各一人（简派）；秘书四人（荐派）；参事四人（荐派）。

各处科长十二人至十六人（荐派）；科员四十人至六十人（委派）。

第十条　前条各职员，除科员外，统由委员长遴选具有相当资格及学识能力者，报请中央主管机关核转派充之。

第十一条　本会添设参议十八人，由委员长就各盟旗佐治人员中派充之，常川驻于本会，代表各本盟旗接洽并办理一切事务。

第十二条　本会因事实之必要，得酌用技术人员及雇员。

第十三条　本会经费，由本会依照会计年度，编制预算书，报请中央主管机关转呈核定，由中央就国库或地方税收中指拨之。

第十四条　本会会议规则及办事细则，由本会拟具草案，报请中央主管机关转呈行政院核准行之。

第十五条　本大纲自公布日施行。

国府于一月二十五日，同时发表绥境蒙政会委员共计二十人。其中指定沙克都尔扎布兼委员长，巴宝多尔济、阿拉坦鄂齐尔、潘德恭扎布等三人兼副委员长；乌济勒百雅尔，因系伊盟准噶尔旗代理扎萨克，故为代理委员；迄后于二月十八日行政院二五〇次会议，加派绥东正红旗总管鄂斯克济勒格尔为委员。吾人因名之曰加派委员。截至现在止，正副委员长及委员共为二十一人，照《暂行组织大纲》第五条"本会设委员九人至二十四人"之规定，尚差三人足额。兹录委员名单如次：

委员并指定兼委员长　　沙克都尔扎布　（伊盟盟长）

委员并指定兼副委员长　巴宝多尔齐　（乌盟盟长）

委员并指定兼副委员长　阿拉坦鄂齐尔　（伊副盟长兼杭锦旗扎萨克）

委员并指定兼副委员长　潘德恭扎布　（乌盟副盟长兼四子王旗扎萨克）

委员　齐色特巴勒珍尔　（乌盟达尔罕旗扎萨克）

委员　齐密的尔凌沁胡罗瓦　（乌盟茂明安旗扎萨克）

委员　　额尔克色庆占巴勒　　　（乌盟东公旗扎萨克）

委员　　凌〔林〕庆僧格　　　（乌盟中公旗扎隆〔萨〕克）

委员　　石拉布多尔济　　　（乌盟西公旗扎萨克）

委员　　鄂齐〈尔〉呼雅克图　　　（伊盟扎萨克旗扎萨克）

委员　　康达多尔济　　　（伊盟达拉特旗扎萨克）

委员　　图布升济尔噶勒　　　（伊盟郡王旗扎萨克）

委员　　噶勒藏罗勒玛岸扎勒扎木苏　　　（伊盟鄂托克旗扎萨克）

委员　　特固斯阿木固朗　　　（伊盟乌审旗扎萨克）

委员　　荣祥　　　（土默特旗总管）

委员　　达密凌苏龙　　　（绥东正黄旗总管）

委员　　巴拉贡扎布　　　（绥东镶红旗总管）

委员　　孟克鄂齐尔　　　（绥东镶蓝旗总管）

委员　　沙拉巴多尔济　　　（乌盟达尔罕旗协理）

代理委员　　乌勒济〔济勒〕百雅尔　　　（伊盟准噶尔旗代理扎萨克）

加派委员　　鄂斯克济勒格尔　　　（绥东正红旗总管）

四　国府特派之指导长官与公署暂行条例

中央当局鉴于过去百灵庙蒙政会之指导长官公署迄未成立，指导长官虽仍对该会负相当指导责任，究未能正式就职，此次绥蒙政会成立，为顾全事实起见，关于指导长官一席，煞费斟酌。乃于二月十一日，行政院二四九次例会席上，特派阎锡山为绥境蒙古各盟旗地方自治指导长官。消息传到绥远，汉蒙人士，非常欢迎，莫不认为满意。

阎指导长官接奉中央任命后，不便谦辞，即于二月二十四日上午，在山西太原绥靖公署自省堂，举行宣誓就绥蒙政会指导长官职典礼。到各机关长官、员兵达千余人，中央派赵戴文监誓，并致训词。阎当答词谓：现值绥蒙多事，锡山敬聆训词，决竭尽绵薄，扶助绥蒙自治，安定绥蒙地方，为中央负整理绥蒙之责任云。

当阎氏就指导长官职以后，即电中央请简派石华岩为指导长官公署参赞，当经行政院二月二十五日二五一次例会席上提出，决议通过。

石氏则于二月二十六日，代表傅作义主席，参加绥蒙会第一次委员大会闭幕礼。并即席演说，大意谓："委员长，副委员长，各位委员：今天是第一次大会闭幕之日，傅主席特派本人代表出席，参加盛典，非常荣幸。我们知道现在国家民族，与从前不同，从前消极可以存在，现在则须求进步，励精图治，自强不息，方能存在。我中国处现代环境中，则非求进步不可，在绥远尤为重要！中央此次允许成立本会，最大义意在防共，其次在为蒙古发展前途，造福将来。所以需要大家能精诚团结！此次本会成立期中，各委员开会时能虚心，不为自己某个人打算；办事人能努力负责工作，都是很好的现象。第一次如此，将来十次百次一定是好的，敬祝本会前途无量！"云。

石氏以参赞资格，一方面代表傅主席，他方面代表阎指导长官，第一次出马，短篇致词，讲来尚称得体。现石氏已离并返绥。连日在太原会商指导长官公署组织及指导事宜，殊极辛劳。至长官公署，为求办事便利起见，决在绥远城内觅适当房屋成立。

其次《指导长官公署暂行条例》，十一日始由行政院令发到绥。条例全文如次：

　　绥远省境内蒙古各盟旗地方自治指导长官公署暂行条例

　　第一条　绥远省境内蒙古各盟旗地方自治指导长官，承行政院之命，指导该省境内蒙古各盟旗地方自治事宜；并调解省县与盟旗之争执。

第二条　指导长官一人，由行政院呈请国民政府特派之。

第三条　指导长官公署设参赞一人，由指导长官呈请行政院简派之。

第四条　指导长官公署其他职员另定之。

第五条　绥远省境内蒙古各盟旗地方自治政务委员会开会时，指导长官应出席指导，或派参赞出席指导。

第六条　绥远省境内蒙古各盟旗地方自治政务委员会，呈报行政院或蒙藏委员会之公文，须同时呈报于指导长官公署。

第七条　绥远省境内蒙古各盟旗地方自治政务委员会，处理事件或发布命令，指导长官认为不当时，得纠正或撤销之。

第八条　绥远省境内蒙古各盟旗地方自治政务委员会经费，由指导长官公署转发之。

第九条　本条例自公布〈日〉施行。

五　正副委员长及各委员之来绥与筹备成立

当国府一月二十五日公布之《绥远省境内蒙古各盟旗地方自治政务委员会暂行组织大纲》，于同月二十九日在此地之《绥远日报》揭载后，各界都极注意！然吾人固早知驻在地当局之信使奔驰，已有日矣！独以局外人无从知其底蕴耳。三月一日以来，报纸重要地位，都完全为绥蒙政会消息占去，市面亦日渐繁荣，呈新兴之象。

（一）沙委员长来绥

二月十三日午后一时二十五分，伊盟盟长兼绥省府委员、新任绥境蒙政会委员长沙克都尔扎布，及其子扎萨克旗扎萨克鄂齐尔呼雅克图；东公旗扎萨克兼绥省府顾问、新任绥蒙会委员额尔克色庆占巴勒；达拉特旗扎萨克兼伊盟七旗防共总指挥、新任绥蒙会委员康达多尔济等，偕眷属、秘书、副官、随从、卫士，共六七十人，随省府欢迎专员赵锦彪等，由包头搭坐省府特备专车莅绥。

事先绥市遍悬欢迎沙委员长、康委员、鄂委员、额委员□绥旗帜，桃红色布幔飘扬于空际，作街头点缀品，军、警、宪严加戒备，由车站至南顺城街沙委员长行辕，沿途加岗；军、警、宪同时并在站台列队欢迎，军乐队于沙王下车及登汽车时，先后奏乐；欢迎人士入站台者，皆佩上书"欢迎"二字之红帛为标识。时在绥之蒙古王公有乌盟副盟长、四子部落旗扎萨克兼蒙旗剿匪区司令、新任绥蒙政会副委员长潘德恭扎布；伊盟副盟长阿拉坦鄂齐尔代表李春秀；镶红〔蓝〕旗总管、新任绥蒙政会委员孟克鄂奇尔；正黄旗总管、新任绥蒙政会委员达密凌苏龙；镶红旗总管、新任绥蒙政会委员巴拉恭〔贡〕扎布；正红旗总管（二月十八日加派绥蒙政会委员）鄂斯克济勒格尔；南京监察院委员巴文峻；土默特旗总管代表森寿彭；正黄旗总管署秘书胡凤山；蒙古文化促进会委员经天禄、贺耆寿等多人；地方长官有省府秘书长曾厚载，及民、财、建、教四厅长袁庆曾、李居义、冯曦、阎伟，省府参事兼蒙务组长陈玉甲等多人；地方士绅有温廷相、张钦、杨令德等多人；此外各机关代表甚多。站台上跻跻跄跄，无一隙地。一时蒙汉装束，红黄僧衣，相映成趣。人群中用蒙语交谈者尤众！"赛那"之声（汉语问"好呀！"之意），不绝于耳，盛况空前，热烈异常！沙王下车后，由曾（厚载）秘书长引导，向列队欢迎之汉蒙群众一一介绍。沙王须发苍白，步履颇缓，精神尚佳，貌极慈祥，含笑与各欢迎人士默〔点〕首为礼，并操蒙语致谢，于群众敬礼中，徐出站台，即于军乐悠扬声中，登汽车径赴南顺城街天源客栈行辕休息。旋在行辕发表谈话："伊盟现极安宁，各旗配备骑兵五百名，联合防匪，我在绥约有一月勾留。绥境蒙政会首次筹备会召开日期，俟各委员到齐后再定。绥境蒙政会一切事项，将遵照中央颁发工作大纲，逐步进行。"关于绥境蒙政会成立经过，沙王谈称："我们绥远盟旗，北有外蒙，派人宣传活动；南接陕北匪区，时有侵入伊盟之企图。在此情况下，蒙地辽阔，非盟旗自身有力量，有组织，不足以防止赤化之宣传；非利害相同之盟旗，互助相扶，不足以抵抗共匪之侵入。本会系上述意义而成立，此外对任何方面，都是善意的。希望各界，多加指导"云。

在沙王未发表谈话之先，吾人固知其有不得已之苦衷；读过谈话以后，益见此老存心厚重，令人肃然起敬。

十六日，西公旗扎萨克石拉布多尔济，及郡王旗扎萨克图布升吉〔济〕尔格〔噶〕勒来绥。

（二）阿副委员长来绥

十八日下午一时五十分，伊克昭盟副盟长兼包西护路副司令、新任绥蒙政会副委员长阿勒坦鄂齐尔，偕眷属、秘书、参谋、卫士、随从等一行四十余人，随省府派往欢迎之专员朱命三，由包头乘专车抵绥。届时到站欢迎者甚众，与沙王当日情形稍异。阿王当即发表谈话："自中央发表本人为绥蒙政会副委员长后，以才疏学浅，不克胜任，曾一度踌躇。嗣念边疆多事，蒙旗自治，亟待推进，不得不勉尽绵薄，为国效劳。原拟早日来绥，参加筹备，奈因腿疾迁延。兹幸稍痊，始克前来。绥境蒙会，经沙王在绥远主持，一切已筹有头绪，本人尚无若何意见！一俟日内商洽后，当有微末贡献也。刻中央已任命阎主任（锡山）为绥蒙指导长官，本人甚所钦仰，惟盼早日就职，入蒙指导，则造福绥蒙无既矣。敝旗毗连陕北，防共重要，即与各旗商有效办法，以奠安宁。旗中庶政，暂由东协理及梅楞代折〔拆〕代行；治安方面，亦有保安队等负责坐镇，可保无虞云。"

与阿王专车同时抵绥者，尚有鄂托克旗扎萨克、新任绥蒙政会委员噶勒藏罗勒岸扎勒扎木苏等十余人。

（三）沙委员长召开谈话会

十九日晚，沙王以各委来绥者，已超过委员额绝对多数，遂召开首次谈话会，共商一切进行事宜。计出席者：委员长沙王，副委员长阿王、潘王（最早来绥）；委员石王、额王、康王、图王、噶王；荣、巴、鄂、孟四总管。七时起，各委陆续到达，八时宣布开会，由沙委员长主席。首由主席报告绥境蒙政会产生经过及所负使命，对中央维护蒙古之至意，及绥省府傅主席之赞助，全体委员一致表示感谢。复次沙委员长以各委员惠然肯来，均甚辛勤，对各委员饮食起居，一一加以慰问，各委员以委员长关切垂念，无不表示敬意，当一致奉答，来绥之后，均极安适，请委员长释怀。旋即讨论大会一切进行事宜，各委员先后发表意见颇详，直至十时始散会。当议决重要案五，记出如次：

（1）绥境蒙政会成立伊始，诸凡草创，需款孔多，请中央增发经费及开办费。

（2）各旗交通不便，在沟通消息上，亟须设法，请中央发给无线电台，务期每旗至少安设一座，以通消息。

（3）民十九年以来，中央对各旗王公之任命，大都称扎萨克，应请中央明令保障王公制度，维护亲王、郡王等各种爵位。

（4）全体委员联名电绥蒙政会阎（锡山）指导长官，请早日就指导长官职，并入蒙指导。

（5）决先设绥蒙政会筹备成立事务处，设处长一人，副处二人。聘请荣祥担任处长，巴文峻、鄂齐尔胡〔呼〕雅克图担任副处长，即日积极筹备。并通知各副委员长及委员，由各该旗中指定一人为筹备委员，参加筹备工作。

（四）正式成立筹备处

荣祥等受命负责进行筹备事宜后，即举行首次筹委大会。当决议要案五件，并发出聘任书与通知书。其案如次：

（1）本处定名为绥远蒙古各盟旗地方自治政务委员会筹备成立事务处。

（2）事务处地址，设大马路省党都〔部〕旧址。

（3）事务处组织，设文书、交际、事务三股。

（4）处内设汉蒙文秘书各二人，每股设股长一人。文书股职员五人至七人；交际股除将招待处原有职员归并外，如不敷分配，随时酌量选派；事务股设职员九人至十一人。

（5）决聘胡凤山为委员长，旺庆、爱兴额〔阿〕为蒙文秘书；经天禄、章济民为汉文秘书；贺耆寿为文书股长；苏穆雅为交际股长；僧格林沁为事务股长。其余白音仓等为各股股员。

二十二日复举行第二次会议：决定事务处暂设土默特旗旗政府，一俟旧省党部修理完竣，再行迁移；蒙政会成立大会议事规则，由巴文竣拟定，全文共十六条，除已呈沙委员长核阅，并送达各委员知照。

（五）徐永昌及那代表前后到绥

二十二日下午一时三十分，乌盟盟长兼绥蒙政会副委员长巴宝多尔济氏代表、中公旗协理那僧敖齐尔，中公旗扎萨克、新任绥蒙委林庆僧格，茂明安旗扎萨克奇密的尔林庆忽罗喇①等二十余人，随绥省府秘书康世义，由包乘车抵绥。据林王谈话："巴盟长接到中央明令，另组绥蒙政会之消息，并简派为该会副委员长，深表快慰，

---

① 即上文的"齐密的尔凌沁胡罗瓦"。——整理者注

本人忝任委员，亦有同感。盟长与本人，本拟早日来绥，出席绥蒙会筹备会，嗣因旗务缠身，未克早日登程。日来迭接各方电催，且沙委员长及各委员，均大多数来绥，不便再事迁延，故于十九日就道，而临行之际，盟长终以年高力衰，老病缠绵，不堪跋涉之势〔劳〕，中止来绥，特派协理那僧敖齐尔代表前来，与各委共商蒙会成立各事。旗内现颇安静，唯沿途积雪甚厚，行走艰难，而牲畜冻死亦多。"

二月二十二日午后七时，阎指导长官代表、山西省主席徐永昌莅绥，将参加绥蒙会成立大会，代阎指导一切。届时绥蒙政会正副委员长及全体委员；省府主席傅作义及军政长官、地方士绅多人，均纷纷到站欢迎。徐下车后，即在车站候车室接见各王公，旋由傅主席陪赴交通银行行辕休息。当徐下车后，即由傅主席介绍各王公会见；寒暄后，徐即起立发言："阎指导长官本拟亲自来绥，嗣以陕北剿匪军事，现颇吃紧，须在并主持，又兼政躬近日违和，稍染微恙，故派本人为代表来绥与诸君会晤，阎指导长官并嘱本人，代向诸君竭诚问候。"

徐讲毕，即由胡凤山译为蒙语，各王公、总管同声致谢。会见完毕，各王公遂分返行辕。

（六）通知开成立大会

截至二十二日止，绥蒙政会筹备成立事务处，积极工作，大致就绪；同时委员方面，国府明令发表之二十一人中；副委员长巴宝多尔济氏，已派代表前来；达尔汗旗之扎萨克齐色特巴勒珍尔，及协理沙贝子，因有他事，亦不能来，其次乌审旗扎萨克特固斯阿木固朗，亦均来与会，计此次共到沙委员长以次十八人。

在该会大多数委员意见，亦希望大会能提前成立，因事实上无从容较长时间筹备。曾电阎指导长官来绥指导，现阎之代表徐永昌

氏已莅绥，指导该会成立，不成问题；中央即晚亦电派傅主席作义
为代表中央监誓大员。所以筹备成立事务处漏夜工作，即于二十二
日晚，发出二十三日上午十时之成立大会通知，并将誓词译为蒙文，
分别送达各委员。是则正副委员长及各委员之来绥与筹备成立，即
告一结束，誓词另录。

六　成立大会之盛况

绥境蒙政会，于二月二十三日上午十时，在绥省公共会堂开成
立大会。沙委员长暨各副委员长及各委员，举行宣誓就职典礼。汉
蒙各界人士参加者三千余众。绥远省立男女中学及师范学校学生，
均全体到会观礼。是日全市商民一律悬党国旗志庆。厕身街头，远
望红光一片，新气象笼罩了空际。

十时一刻，宣告开会，全场一致肃立，傅监视大员，徐代指导
长官，沙、阿、潘正副委员长，依次登台就位。各委员横列台下，
如仪行礼后，由沙委员长用蒙语领导各委员，举右手宣读誓词。其
誓词如左：

余誓以至诚，奉行总理遗训，服从长官命令，报效国家，
维护地方，如有违背誓言，愿受国法制裁，此誓。

读完誓词以后，依次由沙委员长报告开会意义，傅、徐致训词。
来宾日武官羽山喜郎，用日语讲演，由三十五军参谋处长李英夫，
及正黄旗府秘书胡凤山，分别译成汉、蒙语，极饶意味。次政界代
表建厅长冯曦，军界代表宪兵司令张家诒，士绅代表李正乐，蒙旗
代表监察委员巴文峻等讲演，末由沙委员长致答词，十二时礼成。
并于礼成时，宣读蒙藏委员会黄慕松委员长等贺电。此会之仪式隆
重，气象和穆，汉蒙人材，会萃一堂，意见极其融洽，实亘古未有
之好现象。所有沙委员长报告词，傅、徐训词，大会宣言等，在未

来边政史上，都极有价值，用特分志于次。

（1）沙委员长报告词　博监誓大员，徐代表指导长官，各位来宾，各位委员：本会今日开会意义，简要言之，因本省各旗地面辽阔，人烟稀少，北毗外蒙，南邻陕北，"共匪"跳梁，殊堪危虑！我各盟旗非有强有力之组织，势难抵御"共匪"之肆扰及宣传，故中央根据此种情况，以明令公布组织本会，本席忝任委员长，保全盟旗，责无旁贷。今日率各委员宣誓就职，即为本会工作之开始。伏查中央规定本会所辖区域，只以绥境各旗为限，本会职责，专在办理盟旗地方自治，我各旗自今日始，凡关盟旗地方自治事务，均应在本会指导之下，努力发扬我盟旗固有文化，促进一切生产事业，以期增加蒙民福利，冀无负中央培植之至意焉。

（2）博监誓大员训词　沙委员长，各副委员长，各委员，各位来宾：今日绥境蒙政会成立，沙委员长暨各副委员长各委员，举行宣誓就职典礼，作义奉行政院令莅止监誓，深知正副委员长暨各委员就职之后，蒙政会一定有很大发展。

以奉令监誓言：愿正副委员长及各委员，遵照誓词，尽忠职务，希望大家在沙委员长领导之下，对地方事业，共同努力，尤愿本会成立之后，勿成为一个有名无实之空机关，而成为一个有精神有效力之机构。

绥境蒙政会成立之日，即绥境蒙胞幸福开始之日，故吾人希望正副委员长及各委员，努力绥靖蒙旗地方，发展蒙旗文化，提倡蒙旗教育，促进蒙旗生产，改进蒙民生活，并愿同居一地的各民族联合起来，共谋同居其此地人民幸福。现在当前最要紧的问题，为防止共产党，愿各委员向此特别努力，同时委员会成立后，不必注意位置的分配，要注意本会的使命，为人民谋幸福，为地方谋安宁，所以我望各委员精诚团结，对权利要互让，对责任要争负，兄弟以监誓大员资格，代表中央所希望于本会同仁者如此。

其次，愿以绥省府主席资格，略致数语：作义今日得参预盛典，实觉荣幸！绥省处境，因"共匪"之猖獗，极为危险，一年以来，政府对于防共工作，即已十分努力，十分注意，惟各蒙旗地域辽阔，组织散漫，即使十分努力，现仍未能臻于彻底安全。我相信委员会成立之后，一定能与政府团结一致，合力防共，盖其党军队并不可怕，所可怕者，乃其宣传。蒙旗地方辽阔，每数十里方有一蒙古包，朝居夕迁，漫无稽考，人民之间，多不相识，乡里关系极浅，彼此认识不深，设有共党假冒人民，在包居住，暗地宣传，无论怎样防止，总不容易，即欲稽查，亦属维艰！所以我特别盼望委员会对各旗人民，应有一特别严密编制，实行"闭境"制度，使"共匪"不能肆其宣传伎俩。即使今后外蒙难民或伪称被压迫者向本省逃来，如无确实证据把握，即不能容留。更望委员会对于蒙旗保安队，要切实整理，互相联络，以防止"共匪"窜扰。在乌盟要格外注意外蒙，在伊盟要格外注意"匪共"，凡有水井粮食之地，均应特加注意管理。此后省府与蒙会，当精诚合作，相亲相爱，在绥远地方，互相扶持，以达到防共自救，为人民谋幸福之使命。

（3）徐代指导长官训词　今天绥境蒙旗地方自治政务委员会成立，鄙人代表阎长官来绥参加，非常荣幸！此次中央发表阎先生为指导长官，因阎先生过去与各蒙旗王公、总管感情素笃；尤其绥远与陕北毗连，本会成立，关系防共，十分重要，故极愿竭尽绵薄，担此重任，与诸君其负防共自救之伟大使命。现委员长、副委员长暨各委员，惠然肯来，济济一堂，宣誓就职，可见诸位对于防共自救，具有同情！从此蒙会与政府，必能益收互助之效。鄙人恭与荣典，目睹盛况，万分欣幸，谨此预祝蒙政会前途光荣，蒙旗人民福利。

（4）大会宣言　其词云：绥境各盟旗，北控外蒙，南邻晋、陕，当兹陕北共党企图"北窜"，打通国际路线，而外蒙"赤化"，又时时活动之秋，以各旗地域之辽阔，民居之散漫，毡幕相距动辄数十百里，移徙无定，稽查维艰，非就其固有组织加以严密之联络，不足以防止赤色之宣传，非使利害相同之盟旗，团结一致，加强力量，不足以阻遏"共匪"之侵扰，为适应斯种需要，爰经中央明令，成立本会。本会仰承中央寄托之重，复受蒙众拥护之诚，誓当本斯意旨，于睦邻防共方策之下，提高蒙民生活，发展蒙旗文化，以及一切经济建设，借图增厚实力，向防共之目标，努力迈进，用期勿负使命，巩固边防。谨此宣言。

七　内部组织之形成与各处、会人选之决定

关于该会内部组织，在一月二十五日，国府明令公布之《暂行组织大纲》第八、九两条，都已明白规定，无庸赘述。不过事实上当各委员向大会提案时，对于各处处长及职员之分配，特别注意求事实上之平均，主张由各该旗分别保荐。不特此也，因全会整个推动枢纽为秘书处，所有军权在保安处，虽说各委员都能深明大义，铨〔权〕衡自己能力，颇知自爱，然而"当仁不让"，这两处竟成问题。结果一再详商，除依照中央颁发《组织大纲》内设秘书、参事、民治、保安、实业、教育、卫生七处外，就事实需要，添设"防共训练委员会"，另由秘书处、实业处，划出财政、建设两部分，设财政委员会、建设委员会，各处设处长，委员会设主席与常务委员，限由全体委员中遴选充任，又特设绥东四旗剿匪司令部，其司令〔部〕由绥省府委充，俾不害及原有之省地方行政及军事管制。各处、会设主任，由各该处处长、委员会主席或常务委员保荐，处以下设第一、二科，其人员由各旗推荐四人，交全体会议决定。在此四人中，任科长、科员不限定，大体上以能力为标准，但各旗实际无是项人材者，仍可由自行保荐各该旗现有汉文秘书或副官、参

谋，用蒙名或汉名出任之，此为该会内部组织形式之大略也。兹将职员表如左。

绥境蒙政会现任重要职员一览表：

（一）秘书处

处长阿勒〔拉〕坦鄂齐尔

主任贺耆寿（或将易贺云章）

秘书乌济时（吴友南）

秘书苏木雅

秘书爱兴阿

秘书布林托克托

科员桑如布等六人

（二）参事处

处长沙贝子（达尔汗〔罕〕旗协理）

主任鲍印玺（或有更易）

参事胡凤山

参事章巴拉多尔济

参事那僧格济尔

参事周士英

科员赵连璧等五人

（三）民治处

处长林庆僧格

主任那僧敖齐尔

科长奇布格扎布

科长殷石麟

科员巴拉济尼玛等五人

（四）实业处

处长额济〔尔〕克色庆占巴勒

主任奇天命

科长色楞达尔计（史均澄）

科长朋素道尔计

科员翁靖国等六人

（五）教育处

处长荣祥

主任经天禄

科长云健飞

科长恭布扎布

科员吴斌明等六人

（六）保安处

处长潘第〔德〕恭扎布

主任奇凤鸣

科长鄂齐尔巴图

科长图孟巴雅尔（李文盛）

科员诺尔布仁庆等五人

（七）卫生处

处长孟克鄂齐尔

主任僧格林沁

科长巴明孝

科员敏珠多尔济等五人

（八）"防共训练委员会"

主席康达多尔济

委员石拉布多尔济

委员特固斯阿木固郎〔朗〕

委员齐色特巴勒珍尔

委员奇文英

科长那森诺力格尔

科长图布升巴雅尔

科员张韵荪等五人

（九）建设委员会

常务委员图布升吉〔济〕尔格〔噶〕勒

常务委员噶勒曾鲁拉木旺扎勒嘉木苏①

常务委员巴拉恭〔贡〕扎布

科长周自然

科长贡色楞扎布

科员白景山等五人

（十）财务委员会

主席鄂齐尔胡〔呼〕雅克图

委员齐密的尔林〔凌〕沁胡罗喇〔瓦〕

委员鄂斯克济勒格尔

科长苏瓦迪

科长白音仓

科员瑞辑五等四人

（十一）绥东四旗剿匪司令部

司令达密凌苏龙

八　会务推进之实况

绥境蒙政会于三月三日始正式开始办公，会址内部，尚未修理完善，只好因陋就简，求事实上之表现耳。关于会务之推进，计有左列诸事：

———————

① 即前文"噶勒藏罗勒玛岸扎勒扎木苏"。——整理者注

（1）中心负责人　任何机构，都有个重心，行政的推动，自是有个枢纽。三月三日，该会临时大会议决，各副委员长，为兼顾旗务计，决定轮流驻绥，每人以四个月为掉换期。该会之中心负责人，现为秘书处阿勒〔拉〕坦鄂齐尔，其人今年五十，办事稳健，开始办公后，每日必按时到会，颇能以身作则。

（2）工作之推进　该会现假前省党部旧址办公，办公时间，由秘书处于三月四日公布，为每日上午八时至十一时，下午一时至五时；每星期三、六两日，举行例会，星期一合开纪念周，星期日照常放假。

至于工作推进之计划，目前因在草创期间，一切均未入正轨，第一次委员大会提案，尚待详细整理。

为事实上之需要，绥境蒙政会在南京设驻京办事处，同时因某种人事关系，亦决定在北平设驻平办事处。其处长南京为巴文竣，北平为恩和巴图尔（陈树仁）。

九　潘德恭扎布晋京报告成立经过并请示

当绥蒙政会第一次全体委员大会闭幕时，咸推举民治处长林庆僧格晋京报告成立经过及请示今后会务如何推进事宜，无如林氏一再坚辞，以父病乞假返旗。因之副委员长潘德恭扎布即以晋京自任，沙委员长与阿副委员长，又各自另派代表，与潘一同去京，代表接洽一切。潘氏此行所负之任务，为下述数点：

（一）答谢中央德意；（二）报告绥境蒙政会成立经过；（三）请求增加该会经费；（四）会址移设伊金霍洛后，交通不便，请发汽车；（五）筹〈设〉驻京办事处。

作者在短时间草成此文，对于任何方面，毫无个人主观见解的诠释，该□产生与进行成立，都有意想不到的顺利！其成立经过，均已介绍如前，无待赘述。吾人深盼该会一本初衷，为国家尽职责，为蒙民谋福利！

《蒙藏月报》
南京蒙藏委员会
1936 年 5 卷 1 期
（李红权　整理）

晋绥关系及其蒙旗对策

边衡　撰

一　引言

绥远为小西北之一部分，在昔有高度之繁荣，与包头早成口外三大镇之一，在边远区域中，被目为前途最有希望之枢轴地。不料，外蒙频演改变，终坚持其排汉与锁境主义；不但汉人在外蒙原有之商号，概被没收，而使商务根本破产；即今后之商业复兴，亦从此绝望。影响所及，绥远遂首蒙其殃，各类商号，相率倒闭，现金把注之来源既失，百业无不江河日下，市面以此日形紧缩，繁荣景象，显难维持。迨新疆之警报频传，商人亦裹足不前，至此，绥远恃为两大通商区域之外蒙与新疆，乃先后陷落与衰败；而宁、甘、青等之通路，获利原亦有限，今且因种种关系，同臻衰落时期。自此之后，绥远所恃以弥补出超者，仅恃本地之食粮出口，为唯一可走之正当途径。然食粮未必年年丰收，售出之数，究极有限，故大烟之播种，成为普遍现象。烟税专款之收入，一变而为救济之靠山，所谓市面之破碎繁荣，及军政各费之开支，无不惟此是赖，经济危机，至是已达极端。

然而，此不过就汉人所受之厄运而言，蒙旗同胞，连年因世界经济不景气之影响，各地商路断绝之波及，原始之牧畜经济，亦遭重大打击，物价低落，产品滞销，而日常之生活用品，价格且相继提高，现金流出，无法遏止。曩年班禅经历各旗，蒙人更倾囊相赠；今日所有者，殆完全为放牧之牲畜，益以连年水草不佳，牧畜事业，已不如昔日兴旺；加以去冬今春之大雪，各旗牲畜冻饿而死者，十之七八。天灾惨状，诚属空前，安危救死，尚待统筹。故今日蒙古同胞生活之危机，并不亚于汉人。

自察北六县发生问题，绥东情形，顿现紧张，整个绥蒙，已成"山雨欲来风满楼"之势，幸赖晋绥当局之敏锐与决心，及时布置，足遏隐患。绥境蒙政会之设立，遂使混沌之绥远局面，暂趋开朗，但一切危机，固仍潜伏。新蒙政会虽如期成立，进行顺利，而旧蒙致〔政〕会却未根本改组。二者关系如何？各方因立场之不同，言人人殊。旧蒙政会之会址，且仍设百灵庙，遂致绥境成为两蒙政会之所在。中央既含混从事，地方更无改善纠正之能力，前途暗礁，不难逆睹，外交环境，亦日渐复杂。晋绥情形，早已捉襟见肘，今后政治、军事之演进，亦已临严重阶段。

吾人以为保绥远，即所以保整个西北，环境是否许可，自有问题，然人事之努力，亦绝不可松懈。绥属蒙汉官民，久已相安无事，感情融洽；百灵庙蒙政会成立后之波折，愈足透视绥属蒙汉关系，决不容许挑拨离间之伎俩。但今后绥蒙之保全，必须视晋绥当局与蒙旗关系之新的估价而决定。盖晋绥虽为一体，而晋绥与蒙旗，亦不能稍分。曩境内之蒙汉关系，固甚融洽，惟此仅足表示感情上联络之成分居多，积极求事业之合作与携手，前此并不显著。现晋绥同为华北及西北之国防线，故各方面〈负〉担之责任，迥异于昔。曩汉蒙只有感情上之融洽，已足相安，今则非积极求事业上之合作与携手，决不能共存。此乃铁一般之事实，固无待啧啧烦言，亦为稍明大势者周知。第斯后事实进行之成分，早已孕育于曩昔关系中，值此事态演变尚未显著之际，吾人检讨晋绥当局之蒙旗政策，借以窥测其将来，诚属必要之举。兹为检讨便利起见，对于土默特旗及新划归管辖之绥东四旗，暂置不论。盖土默特旗所属，已全部设治，情形自异于乌、伊两盟；而绥东四旗，除已设县治外，曩日隶于察省，与晋绥关系甚少，亦不能相提并论。

二　绥晋之关系

晋北自天镇县境迄西以至河曲，均与绥境之丰镇、和林、托克托等县毗连。河曲县辖境一部分，原为绥属准噶尔旗地，两省犬牙相错，虽有长城为界，而晋西北突出之部，疆界显然难分，即气候之升降，亦颇近似。故二省，受自然之赐予，遂造成一切深厚关系之重因，如居民之转徙杂居，籍贯混合；经济之相互依赖，共图挣扎；政治之相辅而行，亲善提携；文化种子之播种；保安之维持等，无不显示晋绥明为二省，实则早已融为一体，有太原绥署以收统治之效，有最高领袖以司军政之责。吾人进一步而发挥其种种关系，则个中详情，一切不难明了。

绥远全境，原为蒙汉两族在历史上角逐区域之一，蒙汉杂居已历有年所，汉族居民，概来自关内冀、察、豫、秦、陇各省，内中尤以山西徙来者为多。盖古之偏关、雁门关，无不为出境要道，交通亦以此等处称便，故凡在关内生活困难，或怀抱经济野心者，无不暂舍故乡，而至近邻地广人稀之绥远，务农、经商，俱可救济一时，胜于待毙。晋人耐劳忍苦及长于商业之精神，久冠全国，虽塞外苦寒，草径寂寞，彼等固甘之若素，乃能有今日之成绩也。吾人在绥所遇各界人士，若叩其籍贯，或云山西，或祖籍山西，或徙绥数十年，已入绥籍云云。此等现象，极为普遍，即在蒙旗所遇之谋生汉人，无论工商或受雇牧羊者，亦几全为晋籍。良以他省客居绥地之汉人，多集中都市或县城所在地，独晋人因壤境毗连，久历年所之故，虽以外蒙之远，亦常涉足其间。内蒙各旗，自早践踏已遍，遂常在旗境逗留，以谋生计。此亦为晋人独到之绝技。彼辈多略懂蒙话，与蒙人往来，甚受欢迎。他省之人，无此长处，遂致草地商业及一部分雇工，几为晋人专利。此等汉人，虽多晋籍，又以大同、左云、右玉、偏关、河曲、代州及浑源等县之人民为众。今以绥远省会之人口为例，根据二十五年元旦日公安局之报告，省会共有人口八三九五零，计男五六七一二，女二七二三八；内计客籍男三零四七四，女一三二八四；本籍男二六二三八，女一三九五四。客籍、本籍之人口相较，客籍人口数尚浮于本籍三五六六人；而客籍之四三七五八人中，晋籍人口，又过半数，占全省会人口四分一强。且立于士农工商及劳动技能等各界者，即有七八二五人。此则就省会一隅论，若其他各县，晋籍人数之比例，或又过之。故晋绥两省居民关系之密切，待不可胜言。

曩者，绥远之繁荣，概建筑于商业上，而经营之者，又多为晋人或改入绥籍之晋人，故其在绥之经济势力，早已筑成壁垒。迨后北路商业丧失，新、伊之交通，亦频受打击，晋人所受损失，殆不可以数计。第彼等与绥远之经济关系，相沿有年，根深蒂固。商人由各地摈归者，借其残余资本，或在省会栖身，或假各县措足，或仍经营草地蒙人之买卖。以晋人忍苦耐劳、不屈不挠之精神，从少自甘丧气者。仅以元旦日公安局公布省会一隅晋籍人口职业分类之统计数字，其有关于经济者，商贩三三二三名，工艺一一四四名，雇佣三二九名，劳动五一四名，技能四八名。以省会职业人数之简单，晋籍者竟能占如是其多，尤以工商数目，不特在量的方面，甚有可观，即在质的方面，更有惊人事实。本地种种制造赖晋人以促成，自不待言，而本省之金融大权，尤操诸晋商之手。山西省银行之势力，除平市官钱局外，其他在绥之银行，均不能与争。此固不特因经营得法之故，其他政治的、商务的关系居多。绥远之繁荣，恃晋人维持一日，则此等现象，定可继续保持。再以支持绥远目前繁荣及政府财政极大收入之大烟为例，而阐明晋绥之经济关系，颇为有趣。查绥远目前财政收入，仅靠大烟税，乃为公开之秘密，此等大烟，或为绥产，或为西路运来，曩日能畅销于平、津一带，故市场颇为活跃。市面繁荣，深借支持，政府收入，亦极有保障。自九一八事变热河失陷后，日人开放四省烟禁，奖励种植，并向关内推销，至此则曩日吸收一部分西路烟土之关外与热河，今且反客为主，将全部掠夺西路烟土之市场。于是绥远积货之销路，仅靠山西维持。否则，绥远之虚伪繁荣及政府财政，将无法应付。

绥远昔为一特别区域，人民向少受政治陶冶，地方风气闭塞，早年教育情形，亦殊幼稚，曾受高等教育训练之青年，为数极少。夫教育乃为培植人材之根本，其情形既有如是之落后，自难望产生良好人材，以供地方之用。但保境安民，地方不可一日无官，故借助他山，势所必然，于是晋人近水楼台，向占优越地位。西北军后退，晋人出仕绥远者，更与日俱增，而绥远政治之能逐渐走入轨道，亦晋人扶助之力居多。查绥远省政府现用之职员录，可得晋绥从政者之统计数字如下：省政府共有职员一零八名，内晋籍占四七，绥籍占二九；民政厅共有职员五一名，内晋籍占八，绥籍占七；财政厅共有职员四七名，内晋籍占三二，绥籍占四；建设厅共有职员一七，内晋籍占十二，绥籍占二；教育厅共有职员二三，内晋籍为零，绥籍为十八。吾人观察上列数字，可知晋人在绥远政治上之位置，决非绥人所能比拟。原因奚在？由于绥境教育创办较迟，本省人材，根本不敷应用。又以连年晋绥早打成一片，实际上整个绥远，早在晋人领导下求进步，非如此恐不为功。惟绥远地方教育，迭经当局之努力，近年已甚发达，下级人材，储蓄不少，此次推进义教，主持乡训，办理地方保甲等，干部人员，几全为本籍，又以地方教育基础渐定之故，深造之青年亦渐有增加，日后政治取材，决多趋向本籍，此可预言。惟目下之关系，则全恃晋人之扶助也。

　　绥远各县局面积，共约五十八万余方里，乌、伊两盟十三旗面积，共约八十六万余方里，合计全省面积约为一百四十九万余方里。人口统计，全省共有二百二十七万五千零七十二，内乌、伊两盟蒙人为二十一万八千七百五十，汉人十五万六千四百，各县局暨土默特旗、察哈尔右翼四旗之人口，计占一百八十九万九千八百二十二名。以全省面积言之，每方里平均不足二人，而人口密度较大者，又为沿平绥线各县。土地面积既如是其广，人口又如是其稀，每年省财政之收入，为数极有限。且以人民五方杂处之故，治安上之维持，甚感麻烦，于是军队数目及饷需之来源，遂发生问题。盖军队数目少，则宵小横行，治安难望有力之保障；扩充军队，又以省财政困难，饷需无处筹办。故历年绥远之省军，殊难独成系统。在昔受西北军统率时，热、察、绥排成一气；奉军主持之短期间，又赖关内调兵镇压，晋人主持绥政，军队更由山西遣派，绥远全境防务，始能巩固，土匪始告敉平，而饷需之筹措，亦略可维持，此不得不归功于晋绥在军事上有密切之关系故也。

　　绥远之文化事业，社会情形，无不逐渐开展与进步，即以语言一端而论，除一部分人讲北平官话外，而主要者即为山西口音，不特在一般绥远住户中通行，连蒙旗草地，亦以此种语音为普遍。近来绥远虽逐渐形成一种方言，然此乃由山西口音中蜕变而来，应无庸议；其他晋北一带之风俗习惯等，无不影响于绥远社会要素之成立。夫以壤境毗连，而造成居民转徙之唯一机会，由此更影响于经济之连贯，政治之提携，军事之关连，文化之缓助，以及一切社会习惯之薰染。时至今日，晋绥两省民间关连之密切，已不待言。而政治上、军事上，又形成合作统一之局面。两省当局，概在太原绥靖主任阎氏指导之下，共谋策进，晋绥乃如一刀之两面，其关系之密切，自极显著。

三　晋绥当局之蒙旗对策

晋绥当局之蒙旗对策，一言以蔽之，"恩威并用"而已。此种政策乃为中国筹边之一贯政策，如汉朝之于匈奴，唐朝之于突厥，无不或先恩而后威，或先威而后恩，虽有时与并用之原则违背，而其结果则仍未分离。恩威并用政策，至满清始集其大成，而收治边之效亦最宏。晋绥毗连蒙旗，实际与蒙人发生关系，故欲保境安民，维持地方，非采取一定之蒙旗政策不可。夫筹边安圉，国家本应有固定统一之国策，然自民国肇建以来，除有新式标语、口号外，筹边并无新献。晋绥地方当局，承袭满清"厚往薄来"、"抚绥镇压"之故技，亦殊有见地。故吾人对其恩威并用之方法，殊有检讨之必要。

先就其施"恩"方面言之：所谓施恩政策之精髓，以委任蒙人为官及馈送蒙旗军械为主，另佐以平日往来之欢迎，及礼品之赠送等。绥远省政府除罗致乌、伊两盟盟长沙克都尔扎布与云端旺楚克为委员外，并在绥垣辟乌、伊两盟十三旗驻绥联合办事处一机关，罗致两盟副盟长任正副处长之职（嗣以乌盟副盟长巴宝多尔济不愿就副处长职，乃改委达尔罕旗东协理沙贝子继任），处内另设秘书、参议及驻班员、办事员等官，以便罗致各旗有力之事官来绥任职。而太原当局，亦常聘蒙旗能员为顾问，晋绥两地，更常召各旗王公来谒，返时馈以枪械、子弹及礼品。若遇某王公家逢喜庆，地方长官又常赠厚礼，极尽联络之能事。此等实惠之待遇，彼蒙人何乐而不受，故蒙汉之往来益殷，感情之联络亦愈密。

查晋绥对蒙旗施恩政策，自百灵庙蒙政会成立后，愈觉显著，在委派官吏方面，除两盟长之仍为省府委员及阿勒坦鄂齐尔（伊盟副盟长）与沙拉巴多尔济（即沙贝子）分任两盟办事处正副处长外，在绥远省政府方面，加委四子王旗扎萨克潘德恭扎布（现兼任乌盟副盟长）及东公旗扎萨克额尔克色庆占巴勒为省府顾问，达拉特旗扎萨克康达多尔济为达旗剿匪司令；而两盟办事处原虽有设参议之计划，但曩日只有秘书一人，办事员二人，及各旗每年派一人值班三月而已。今则参议之数目，已有如下其多：乌勒济巴雅尔（达拉特旗管旗章京）、贡色楞扎布（茂明安旗东协理）、乌清山（东公旗协理）、萨克都尔扎布（西公旗代理扎萨克）、恭布扎布（郡王旗西协理）、旺庆扎布（鄂托克旗记名扎萨克）、僧格林沁（扎萨克旗梅楞）、巴图僧格尔（乌审旗书记）、色楞布（西公旗带兵官）、黄文锦（四子王旗翻译）。此外另有咨议白音仓（扎萨克旗副官）、顾兆忠（杭锦旗副官）二人。十三旗较活动之事官，已为收罗殆尽。而太原绥靖公署前委伊盟副盟长阿勒坦鄂齐尔为绥西护路副司令（正司令为王靖国氏），去冬又先后委四子王旗扎萨克潘德恭扎布为蒙旗剿匪区司令，乌盟副盟长（现已升正盟长）巴宝多尔济为绥北护路副司令（正司令由傅主席兼），并加委达拉特旗扎萨克康达多尔济为伊盟七旗防共总指挥。

至于在馈送枪械方面，吾人只计其自去秋开始，已有可观。去秋八月，西公旗扎萨克石拉布多尔济赴太原，领到步枪三十枝，子弹若干。旋沙贝子派员赠马与傅主席、王师长，傅氏发给步枪十余枝，子弹数不详。准噶尔旗代理扎萨克奇文英去岁十月游太原，绥署发给步枪百五十枝，子弹两万发，炮弹百余颗，以供充实该旗"防共"之用。旋郡王旗扎萨克图布升济尔噶勒携眷下五台，返时在太原逗留，亦领到军械一批。去冬中公旗扎萨克林庆僧格与东公旗扎萨克额尔克色庆占巴勒先后莅并，同向绥署领到步枪百枝，子弹一万发，归两旗分用。是时沙贝子又派队长车庆轩等来绥，向省政府领到步枪十七枝，子弹若干。凡此叙述，殆多揭露于报端或为该当事人面告者，至于去岁潘德恭扎布下五台及今春康达多尔济赴太原，究领到军械若干，尚无所闻。忖二人皆担任蒙旗"防共"、剿匪之要角，谅太原绥署颁发之军械，定不在少数。

凡各旗有力王公莅绥者，除省府欢宴外，各机关长官，又多举行盛大宴会，于公于私，招待无不周到；即在太原之情形，忖亦类似。若遇各旗佳会，或王公等办理喜庆，地方长官对于礼品之馈赠，亦极丰富。如去秋九月，四子王旗选〔举〕行赛马摔跤大会，绥远稽查总办靳瑞萱氏，专员送礼；冬季沙盟长儿子续弦，省府及各长官私人，均有馈赠；本岁巴宝多尔济氏升任乌盟盟长之令发表后，省府特派康宜亭秘书携礼往贺；日前伊盟副盟长阿勒坦鄂齐尔在绥举行五秩寿诞，晋绥当局各要人以次，均有馈赠，礼品盈椽，盛况空前。

总之，晋绥当局之恩待蒙人，从委官吏、送枪械、馈礼品等各方面看来，莫不极尽人事，无以复加，而蒙人回敬者，不外马匹、奶品等物，所谓"厚往薄来"，诚然名符其实。（略）①

"威"之方面所表现者，首为防务之设备。绥远全境，除警宪及各县保安队不计外，原有三十五军两师与王靖国之第七十师驻守，后以三十五军之李生达师调往江西"剿匪"，复员后又调陕北，故绥远防务，乃由傅主席自兼之七十三师及王靖国之七十师担任驻防之责，为便于保卫计，傅师驻绥东，王师驻绥西，举凡邻旗各县及蒙旗要津如乌兰花（武川东百里）、察察（距百灵庙百里）、黑沙图（距中公旗公署四十里）、三顶帐房（距西公旗公署五十里）与〔及〕五原、临河、沃野沿陕北伊盟边境一带，无不驻有重兵把守，即平日亦警戒甚严。使知地方当局设防周密，武力雄厚，彼等一足以喜，一足以惧，喜治安之有保障，无盗类扰乱蒙人生活，惧重兵

---

① 以下文字，据《西陲宣化使公署月刊》1936 年 1 卷 7、8 期合刊补入。——整理者注

在邻，恐防引起不测。于是蒙人之认识晋绥当局，除接待之殷勤，馈赠之丰富外，常能从武备中知其为不可侵犯，故常乐于听命，未稍拂意。且绥远省政府又积极边远工作，如武川、固阳、临河等地，虽财政甚感拮据，对于清查户口、编订保甲、训练壮丁、整顿县容等等，均甚积极，尤使蒙人耸然起敬，不存貌〔藐〕视心理，而怀求助之念，故绥境蒙汉，乃能相安。

四　晋绥当局蒙旗对策之影响

恩威并用政策，在前清得着极大之收获后，今日晋绥当局踏垄〔蹈袭〕之，至目前为止，结果亦殊不坏。事实所表现者，自晋、绥一贯之蒙旗对策施行以来，绥境蒙汉两族，颇为安谧，不特晋绥当局与各旗王公及事官，相处甚善，毫无裂痕，即蒙汉人民，亦殊无争执表现。绥远省政府之地位，原相埒于昔日之绥远将军，对境内各盟旗，本有管辖治理权，第以恩开额外之故，绥省府对各旗行文，概用照会，各旗长官来绥，亦屡待以客礼。蒙汉之所以相安，感情上之成分不少。且山西对于乌、伊各盟旗，事实上不啻自处于中央政府之地位，蒙旗长官，亦因赴京觐见不易，常乐以〔于〕接受太原之指导与援助。而晋绥当局，则借此二重关系，弛张自如，从容推进其既定方策。此就各方面言之，为谋边疆部分的和暂时的安宁，厥功甚伟。虽经内蒙近年来之波动，而绥境之蒙汉合作，犹能维持，晋绥当局努力之成效，固已昭然若揭。

然而晋绥当局之地方政策，其所及范围究有限。在民国成立以后之长时期，中央主管边事机关，虽几经改组，而革新之一贯筹边政策，则始终未经任何主宰中央边事机关者提出。即偶有人发表宏论，亦未为边事之百年大计打算，未成立整个国策。在此中央对边务把握不住，而外患压境又日趋险恶之际，蒙旗青年、王公，对中央失望之余，遂乘机图谋自救。而各省地方当局对蒙旗之政策，自未能如晋绥有同样之努力，于是百灵庙蒙政会成立后，晋绥当局之蒙旗对策，显然与东蒙和察省之蒙古青年自治主张相冲突，亦即在思想、认识、主张各方面，东西蒙有力王公根本上之冲突。故当德王等在百灵庙谈判自治时，伊盟副盟长阿拉〔勒〕坦鄂齐尔居于调人地位，此即明白表示德、阿二王对于要求自治之认识与主张异趣，亦即东西蒙王公代表意见之格格不容。当时谈判自治之结果，有分区自治及设立整个自治机关之两种办法，苟中央最后决定前者，则事实上予绥蒙不少便利。不幸中央竟以整个自治，便于指导和统辖，于是设立蒙古地方自治政务委员会，其一切职权又只空洞规定，而会址设于绥境之百灵庙，遂致绥蒙之风波，纷至沓来，似无宁息。查绥境各王公对自治之认识，既与德王不同，故蒙政会虽成立，除一部分委员与德王虚与委蛇外，多数概不到会，间隔之裂痕，乃起自王公等本身。而蒙政会之有力者，既不能从釜底抽薪，采取有效之团结手段，反误会晋绥当局有离间之嫌。百灵庙既在绥境，而东蒙又因外患关系，蒙政会之工作，似拟倾全力注意绥境蒙旗。从事实言，蒙政会与绥省府，极应取得诚意联络，进行始为便利。不料竟有大谬不然者，税务纠纷，为初期明显之裂痕，西公旗事变起，更足伤乌、伊各旗王公对德王等感情。加以去冬察北变动，绥东一度告急，谣诼繁兴，传闻可畏，而蒙政会与晋绥当局及乌、伊两盟各王公之裂痕，遂致无法调和。考其原因，不外为晋绥当局蒙旗对策之影响也。

　　绥境蒙政会之产生，自有其必然性，为一般人所承认者，莫不以为百灵庙蒙政会辖境过广，鞭长难及，分区自治，可符实情。但促成绥境蒙政会成立之近因，实为晋绥当局守土决心之表现。至于能如期成立，顺利进行，又为晋绥"蒙旗对策"之最大收获。苟晋绥当局无平时之准备与联络，各旗王公对晋绥无深切之认识与信任，则一旦宵小捣乱，全境汹汹，彼晋绥当局固感手足无措，而各旗王公又岂愿探手外望耶？有一分之努力，必有一分之成绩，平时能准备，临时始不致仓皇，此言益信矣。

自绥境蒙政会成立以来，绥东之事态，亦趋沉寂，推波助澜者，无处施其伎俩，而绥蒙亦得到暂时之安宁。此在表面上观之，阴霾四布之局面，已被澄清，今后敌人纵欲进攻，亦须明火打劫，而晋绥当局及绥境蒙政会诸公，苟仍保持最初之决心，不为威胁利诱，则绥蒙必因此而得到长期之保全。混浊空气，既已澄清，今后蒙汉贤达，必须切实携手，共谋绥蒙自卫力之充实，人民生活之改善，文化之提高，实业之发展。由过去之联络，进而求事业之合作，由感情之融洽，实行互相之提携，此在高瞻远瞩之晋绥当局及贤明之蒙旗领袖，必将有以慰国人之望。

晋绥当局蒙旗对策之影响，一言以蔽之，保境主义之成功而已。惟其保境主义成功，绥境之蒙汉两族始能相安，感情始为融洽，各王公始能与晋绥地方官取一致之行动。又惟其保境主义成功，自始即含有类似之"排他性"，故与东蒙及察省蒙人主持下之蒙政会必然冲突，而分区自治之原则，终当实现，绥境蒙政会势必产生，而遇有危害绥蒙治安之事态，必倾全力对付，以符保境之事实。晋绥当局之苦心孤诣，自能见称于国人。

五　结论

晋地山脉连亘，耕地较少，凡可种之区，无不人烟稠密，鸡鸣狗吠相闻。其人口之增加，虽不甚速，然已有可观。毗连之邻省，又皆为文化较高、人口过剩之区，惟有北邻之绥远，原为一未尽开辟之地，虽天然环境稍逊，要亦无碍晋人刻苦之经营，于是绥远乃一变而为山西人口之倾泻地，遂由此发生种种不可分之关系。两省

居民，固已籍贯混合，两省之军政诸端，已早成为一体，由此产生
晋绥当局之"蒙旗对策"，愈显示其步骤整齐，施行无阻，只事优遇
与羁縻，而各旗王公等，即能倾诚结纳，蒙汉赖以相安。至于布置
防务，巩固要津，积极边县工作，尤为晋绥当局勇于负责、见识深
透之表现。其政策之影响，虽不免与百灵庙蒙政会几度纠纷，此实
不能为晋绥当局病。因百灵庙蒙政会之成立，本为适应环境、风云
动荡中之产物，名为整个之蒙古自治，而要求成立者只为少数蒙人，
其后自治地域之范围，更涉及六七省，而负责推动自治者，仍为倡
导自治之一部青年，彼辈纵然热心服务，奈为人事及天然所限何，
以一部分热心分子，出而推动整个蒙旗自治，其才力实不敷筹划。
以交通闭塞之草地，成立辖境万里之自治机关，安能名符其实，故
结果引起各方面对蒙政会之怀疑，引起一部分之误会，在所难免。
此不能为晋绥当局咎，亦不必为蒙政会负责之人咎，确因事出仓卒，
且有国际问题淆乱一般人之视线（德王等要求自治时，正当热河失
陷未几，平、津告急之秋），以致负责核订蒙古自治办法者，疏忽实
情，铸成大错。晋绥当局之"蒙旗对策"，固可宣告无愧。

　　吾人于此有宜注意者，即中华民国固为一整个不可分之国家，
中国对待边地少数民族之关系，亦应有统一不可分之国策，且必须
为国家、为边疆、为中华民族之百年大计打算，否则，纵有任何部
分的、暂时的努力，其结果不但事倍功半，且不免引起纠纷。以晋
绥当局沿袭恩威并用政策之得体及推动之努力，成效之显著而论，
犹不免引起边人之不满，埋藏边地未来之纠纷。若其他地方当局之
采行此策者，成就自更难望晋绥之项背，而纠纷恐亦愈多。此无他，
晋绥当局之蒙旗对策乃部分的、地方的，仅以地方力量推动之，而
非整个的、全国的，且有中央政府之实力推动之故也。自绥境蒙政
会成立后，绥蒙虽赖以安定，但今后该会之进行如何，成效如何，
蒙汉进一步之合作，其前途又如何，均有待于日后事实之表现。而

因此引起之嫉妒，潜伏之危机，他日爆发时，其力量究有若干，波及又将至［将至］若何程度，斯时亦无人敢作断语。故晋绥当局之蒙旗对策，以地方一隅之眼光视之，自已大见成效，若站在中央立场言，收获如何，尚难谈到。但吾人鉴于地方当局之努力，确不应怀疑其前途。中央既迁就蒙绥之事实问题，今后理应乘机加以实力援助，使地方当局之努力，有进无退，其过去之收获，不致成为日后之祸端，而地方政策亦因有保障，有指导力之故，并从中酌加改善与纠正，未始不可一变而为中国整个的筹边政策。则今日绥蒙表露之曙光，即为实现复兴之良好阶段，巩固西北与华北均利赖之。

《新蒙古》（月刊）

北平新蒙古月刊社

1936 年 5 卷 1 期

（朱宪　整理）